中国政法大学外语教育论丛

顾 问

李国强　张　清　张法连

张　磊　张艳萍

中国政法大学外语教育论丛

Theories and Practices in Foreign Language Education at
China University of Political Science and Law
(Volume Ⅱ)

【第二辑】

主　编◎田力男
副主编◎王　敏

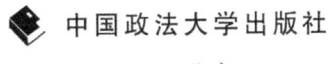

中国政法大学出版社

2022·北京

声　明　1. 版权所有，侵权必究。
　　　　2. 如有缺页、倒装问题，由出版社负责退换。

图书在版编目（CIP）数据

中国政法大学外语教育论丛. 第二辑/田力男主编. —北京：中国政法大学出版社，2022.6
ISBN 978-7-5764-0235-3

Ⅰ.①中⋯　Ⅱ.①田⋯　Ⅲ.①外语教学-教学研究-高等学校-文集　Ⅳ.①H3-42

中国版本图书馆CIP数据核字(2022)第086034号

出　版　者	中国政法大学出版社	
地　　　址	北京市海淀区西土城路 25 号	
邮　　　箱	fadapress@163.com	
网　　　址	http://www.cuplpress.com（网络实名：中国政法大学出版社）	
电　　　话	010-58908435(第一编辑部) 58908334(邮购部)	
承　　　印	北京九州迅驰传媒文化有限公司	
开　　　本	720mm×960mm　1/16	
印　　　张	25.25	
字　　　数	439 千字	
版　　　次	2022 年 6 月第 1 版	
印　　　次	2022 年 6 月第 1 次印刷	
定　　　价	79.00 元	

前　言

《国家中长期教育改革和发展规划纲要》明确指出"高等教育承担着培养高级专门人才、发展科学技术文化、促进社会主义现代化建设的重大任务",随着中国与世界各国在政治经济、科技、人文等领域的交流日益频繁,外语教育应如何"为党育人""为国育才"以满足国家战略发展需求已成为外语教育工作者和高校外语教师的重要课题。

以往的高校外语教学几乎全部重心都落在对学生语言知识与技能的培养上面,这在一定程度上不仅造成了教学的机械化,也导致了学习的被动化。随着高等教育人才培养目标的提升,高校外语教学在提高学生语言运用能力的基础上,着力加强对学生跨文化交际能力、批判思辨能力、调查研究能力、学术表达能力、自我评估能力等方面的培养,以满足学生精进外语学习的需求和提升专业素养的渴求。近几年,高校外语教学得益于"课程思政"教育理念为高等教育铸魂引路,紧紧围绕立德树人根本任务,将中华优秀传统文化和社会主义核心价值观融入外语专业课程教学全过程,极大地提升了学生的文化认同感和归属感,增强了学生的民族自豪感和文化自信心,为学生在国际舞台上讲好中国故事奠定了坚实的基础。

中国政法大学外语教学立足我校"国际型、复合型、应用型、创新型"的"四型"人才的培养目标,主动服务国家教育发展战略,在教学目标与要求、课程设置、评价与测试、教学方法与手段、教学资源、教学管理、教师发展等方面始终坚持守正创新,近几年,完成了由通用英语教学向学术思辨英语教学的转型,建立了以学术英语为核心、以分科英语为特色,通用英语与学术英语交流能力并重,英语与专业、语言与文化相结合的多元大学英语课程体系;开设了培养"一精多会,一专多能"的高素质国际化复合型人才的第二外语通识必修课;瞄准国家涉外法治人才队伍建设需求，建设了法律英语交叉学科；2020年英语（法律英语）专业成功入选"国家级一流本科专业建设点"；多门外语课程入选"课程思政"示范课行列，等等。这些成果均体现出我校外语教师积极响应国家高等教育方针政策，积极发挥自身理论和专业优势，坚持"三全育人"的教育情怀和责任担当。

作为新文科背景下新时期外国教育教学改革成果的总结，本书共收录一线授课教师和教学管理人员的教育教学研究论文49篇，分为"课堂教学""课程思政""课程建设""培养模式""教研管理"五个部分。其中"课堂教学"部分记录了新型教学思路与方法的探索和应用；"课程思政"部分探讨了思政元素在外语课程教学中的融合与实施效果；"课程建设"部分囊括了通过教学改革提升的外语课程理论与实践经验；"培养模式"部分主要包括新时期外语教学服务人才培养举措的创新与实践；"教研管理"部分着重讨论教研管理机制的发展与完善。

本书得以出版，要感谢中国政法大学教学与科研部门各级领导对外国语学院外语教学改革的鼓励与支持，感谢校内外外语教育同仁的交流与启发，感谢外国语学院各位老师的辛勤耕耘与团结协作，感谢广大学生的信任与配合，尤其要感谢中国政法大学出版社编审老师们的细心审定与耐心校对。本教育教学论丛文集不仅是对过去外语教育教学成果的反思和总结，也是对未来外语教育教学改革的督促与推动。衷心期望中国政法大学外语教育水平能够再上新台阶，为推动国家外语教育的蓬勃发展贡献应有的力量，为国家建设和社会主义事业发展培养出更多更好的建设者和接班人。

编　者

2022年4月20日

目 录

一、课堂教学：新型教学思路与方法的探索和应用

王立平
"互动假说理论"对学术英语网络教学的启示 ... 3

魏 萧
法律术语翻译多元方法融合教学 ... 11

高 莉
如何以教促学：对疫情期间基础德语课程线上教学活动的反思 ... 21

刘小妍
"超星学习通"系统下法语课堂的混合型教学模式探究 ... 28

周雪纯
浅谈语言输入的频率分布模式对动词论元构式习得的影响 ... 34

谢 芹
在《跨文化交际》课堂中使用纪录片电影
——以《傻瓜在国外》第一季为例 ... 47

李 昕
在线教学的问题与建议
——以疫情期间《学术英语读写》课程教学为例 ... 55

孙晓磊
基于输出驱动假设的《商务英语》口头报告教学研究 ... 62

张卓娟
关于如何在学术英语教学中提高口头报告有效性的研究 … 68

陈丹丹
本科西语入门教学中的英语迁移应用研究 … 76

王 芳　李雨纯
诠释学视角下的法律翻译能力研究 … 83

二、课程思政：思政内容在外语课堂中的融入

王 敏
大学英语课程思政教学之初探
　　——以中国政法大学《英语影视文化》课程为例… 95

李 烨
课程思政在外语专业教学中的融入维度和路径
　　——以《综合德语》为例 … 101

付 瑶　黄宇桂
人类命运共同体观照下"一带一路"沿线国家法庭口译现状与对策 … 109

张洪芹
《英语语言学概论》课程思政教学改革 … 117

蔺玉清
思政教育在英美文学名著选读课中的践行 … 125

欧小琪
将课程思政融入英语专业课教学的初步探讨
　　——以"综合英语"课程为例 … 132

田力男　王 欢
《英汉对比与翻译》课程思政建设研究 … 143

张洪芹
《英语写作》课程思政探索与实践 … 152

赵静静　金 鑫
在高校外语教学中推进思政教育的路径探究 … 159

于中华
课程思政与综合英语教学实践研究 ... 166

张　清　高嘉楠
新时代高校外语类专业课程思政建设思考 ... 173

刘艳萍
"课程思政"视域下大学英语教学方法研究 ... 182

三、课程建设：课程理论与实践的提升

杜洁敏
多模态教师支架教学模式下的研究生听说课程架构设计 ... 191

范小菊
商务英语案例教学法初探 ... 199

吴康平
在线口译课堂开展
——以 MTI《视译》课程为例 ... 205

张　楠　叶　洪
外语教学法主要流派评述 ... 212

郝轶君
后疫情时代大学日语教学思索
——慕课对大学日语教学的影响与对策 ... 221

辛沂君
跨文化视野下的文学翻译教学研究 ... 229

刘　艳
从通用英语向学术英语的转型研究
——以中国政法大学为例 ... 235

辛沂君
基于"学习通"等平台的听力课网络教学探究 ... 243

刘艳萍
二语听力环境与听力理解的构建 ... 249

四、培养模式：人才培养的创新与实践

赵洪芳
基于"译者翻译能力理论"的 MTI 法律翻译教学模式探析 ... 261

闫 琛
外语专业教学中的"在线混合式协作学习模式"探究 ... 269

丛凤玲
新时代公共俄语教学改革思考
——以中国政法大学为例 ... 278

李小龙
基于平行语料库对德汉翻译课程的教学研究 ... 286

杜一雄　王卉妍
建构主义教育观阙域下新时期涉外法律法语人才培养范式探究 ... 293

王 敏
学术英语口头报告能力的培养与实践
——以中国政法大学为例 ... 301

史红丽
基于生态语言观的学术英语写作能力发展研究
——以语言专业与法学专业学生复句写作为例 ... 307

刘 华
准确定位法律英语培养涉外法律人才 ... 315

雷 佳
在线教学模式影响公共第二外语学习动机的调查研究
——以中国政法大学意大利语选修课为例 ... 325

刘瑞英
疫情背景下以任务型教学法为基础的英美诗歌课线上教学模式研究与实践 ... 333

张立新　董小双　庞凯垣
法律视域下英美文学的教学与研究 ... 338

霍颖楠
在线教育背景下外语教学面临的机遇与挑战 ... 348

张艳萍
"外语+法律"本科生复合型人才培养过程中的问题与思考 ... 355

五、教研管理：管理机制的发展与完善

郭步云　闫俊
翻译类科研成果评价制度指标建设
——以译著为例 ... 363

马晓宇
教师岗位类型调整的个体需求：背景、价值衡量及制度路径
——以中国政法大学外国语学院为例 ... 371

宋波
关于高校研究生教育质量保障体系建设的几点思考 ... 381

薛羽晨　王静娴
MTI 教管实践探索
——以中国政法大学 MTI 教育中心微信公众平台转型为例 ... 389

一、课堂教学：新型教学思路与方法的探索和应用

王立平[*]

"互动假说理论"对学术英语网络教学的启示

近些年来,由于网络的快速发展和普及,使用网络手段实现教学目的,不仅在教育界讨论越来越激烈,技术支持方面也是竭尽全力推广。各方列举各自的优势,试图说服使用方接受本方的观点,尽快促成网络教学的广泛使用。虽然传统与现代以及理论与技术的冲突始终不是一下子就能决出胜负,以一方取代另一方而结束,但这样的僵持局面却随着新冠肺炎疫情的降临被打破。

一、疫情下学术英语网络教学实录

(一)广泛使用前提

突如其来的一场疫情使得人们对于网络教学与线上工作有了快速了解,人们在出人意料的被动形势下开始广泛接触并使用各种APP,不管你是否擅长,是否感兴趣;也不管你身在何地,大中城市还是乡镇山村;不管你年龄几何,是年逾古稀,还是黄口小儿。只要有网络,拿起手机,打开电脑,下载各式APP,就能与老师、学生展开互动。所以说,这种现象真正应了那句话"时空已不再是问题"。

(二)网络教学优缺点

1. 与面授不同。

第一,由于缺乏现场交流,授课几乎是老师的"独角戏",是"干讲",需要老师投入更多激情,讲出色彩。所以讲课技巧就要调整——语速适当放慢,语言风趣,词语丰富……

第二,因为互动少,互相启发思维的机会几乎没有,教学相长的优势无法显现,即老师现场发挥的机会少。

基于以上的原因,老师投入备课的时间更多,准备更加充分,需要预设学生

---

[*] 王立平,中国政法大学外国语学院副教授。讲授大学英语、法律英语。

可能出现的问题，并配以相应的练习。

2. 网课的优缺点。对于老师来讲，网课的好处一是减少了路途的奔波，可以用这些时间备课，查询资料，丰富课件；二是网上发布资料信息更快捷、方便。从深层次而言，其实网课也是未来教育的大趋势，能与时俱进，跟上时代的潮流也是老师的幸事。

然而，网课的弱点也不容忽视，其一，老师无法及时了解学生对教学内容的掌握情况。其二，无法及时针对学生具体问题给出建议。

在学生们看来，网课的优缺点也是显而易见的。对170多名学生的一项调查显示，几乎无一例外认为，网课的好处是"学习时间自由灵活，弹性大，可以反复收听老师的录音，复习起来更方便"。还有一些同学认为"提交作业方便，反馈快"，另一些同学认为网课能"减少紧张感，大胆发言，在讨论区可以看到其他同学的看法，不需要太强的听力和口语能力了"。同学们认为网课的缺点集中在以下几方面：缺乏真实课堂体验感，学习氛围差；不仅师生互动少，同学之间交流也不多；日常琐事影响，不能完全集中精力学习；口语练习少，无法提高；如果兴趣不高，惰性较强……

当然，优缺点的问题需要客观对待，每个人看问题的角度和态度各不相同，而且各自语言基础不同，给出的答案必定是基于自己的理解和实际状况，所以会有所差异，甚至较大差异。比如，在"讨论环节参与性强和学习环境好坏"的问题上就无法辨别优劣。

（三）实际网络课程安排结构及效果

网课在实际操作上比面授要复杂，其结果也有些出人意料：

第一，由于许多学生没有课本，老师需要发放比面授时多得多的背景材料和教材，让学生预习，材料形式包括文档、PPT、视频、音频等。

第二，在讨论环节，老师需事先发放题目，要求学生在讨论区讨论，效果很好，讨论非常热烈，比平时发言积极得多，因为不必顾及自己的发音与否，只要表达自己的观点即可。期间老师要适时对发言进行点评。由于人数太多没有进行视频互动环节，所以无法进行集体讨论，这种缺憾导致口语练习缺乏，也是大家都感到遗憾的地方。

第三，学生对于背景知识讲解和单词讲解比较感兴趣，感觉有内容。课文讲解时，学生很认真，但缺点是无法即时得到学生反馈，不能很好地根据学生的反馈调整讲课内容及速度。

第四,练习和作业的发放数量很高,而学生完成的质量和速度超乎想象。这应该就是网络的一个优势——方便快速。

(四)网课的要求

网课看似要求不高,但实则并非如此。首先,对网络设备的要求——网络通畅,不卡顿。其次,需要老师的课讲得生动有趣,又不乏知识性。最后,需要学生有较强的自律能力,在没有监督和外界学习环境压力的情形下坚持自学。

尤其对于语言的学习,大多数人都感觉枯燥乏味。如何解决这样的问题,老师们绞尽脑汁,设计各种方法提高教学质量。很多语言学家对此提出了他们的理论,试图开启人类学习语言的密码,加快人们掌握语言的速度。

二、网络学习中的理论应用

(一)"互动假说"理论

20世纪后期,随着信息科技的发展和普及,世界经济文化迅猛发展,许多发达国家积极推进研究学习的各种实践。美国著名教育学家Micheal Long 在"话语分析""输入假说"和"认知功能"等理论思想基础上,形成了自己的理论,因此,基于会话实践的"互动假说"理论诞生,也被广泛用于二语习得的过程中。不同于Krashen(1980)的"输入假说"理论,Long 的"互动"理论更侧重于语言习得过程中的互动,即"意义协商"(Negotiation of Meaning),他认为它是语言学习的决定性因素。[1]

而所谓"意义协商"是指"学习者和高水平的说话者,为了交际的需要,彼此提供和领会会话理解与否的信号,从而对语言形式、会话结构和信息内容的其中一项或者全部做出调整,直到实现彼此理解的过程。"[2]

至于"互动"是指两种非常不同的活动,即认知互动和社会互动。认知互动理论强调语言环境和学习者内在机制的共同作用,认为语言输入与学习者的内在机制之间的互动导致习得的发生;社会互动理论则认为学习者之间的交流导致习得的发生,人与人之间的互动是对语言学习极其重要和必要的手段。Long 的"互动假说"理论遵循"输入——互动——习得"模式,把输入和互动进行分

---

[1] 见豆丁网,载http://www.docin.com/p-1008268275.html,最后访问时间:2020年9月18日。

[2] 见百度文库,载https://wenku.baidu.com/view/1288fdf67c1cfad6195fa765.html,最后访问时间:2020年9月18日。

离,提出了互动是语言习得的充分必要条件。[1]

由此看来,任何语言的习得都必须有互动——实践并掌握的过程,否则没有意义。

(二)任务型教学法

任务型教学法(Task-based Language Teaching)是一种强调"在做中学习"(learning by doing)的语言教学方法,是交际教学法的发展。任务型教学法是以杜威的实用主义作为教育理论基础的教学模式,强调以学生为中心,认为学生是知识的主体,是知识意义的主动建构者。[2]

任务型教学法具有结构性,它由教学目标(goals)、信息输入(input)、活动方式(activity)、师生角色(teacher/student role)、教学环境(setting)等要素组成。任务型教学法与传统教学法之间的差异在于前者注意信息沟通,活动具有真实性而且活动量大。英语课堂教学应具有"变化性互动"的各项活动,即任务。学生在完成任务过程中进行对话性互动,尽可能实现语言习得。由此,在英语课程改革不断深化的背景下,倡导选择和运用任务型教学以期更好地完成课程目标就成为一种历史的必然。

任务型教学法的理论基础是语言习得的研究成果,课堂中师生和生生的互动和交际有助于学生运用语言,学生在完成任务的过程中产生语言的习得,并最终达到掌握语言的目的。这个理论基础是输入与互动假设(input and interaction hypothesis)(Rod Ellis,1999)。Skehan(1998)对任务有如下论述:意义优先、任务完成为主、评估基于任务完成与否。也就是说,任务应重视学生如何沟通信息,而不强调学生使用何种形式;任务具有在现实生活中产生的可能性,而不是"假交际";学生应把学习的重点放在如何完成任务上;对任务进行评估的标准是任务是否成功完成。[3]

作为交际法的一种发展形态,任务型教学法本质上仍旧属于交际法的范畴。Rod Ellis(2003)提出其教学理念主要体现在以下几个方面:

(1)教学的根本目标是完成诸项语言任务。

---

〔1〕 见百度文库,载 https://wenku.baidu.com/view/db3b45367a3e0912a21614791711cc7931b77834.html,最后访问时间:2020年9月18日。

〔2〕 见搜狐网,载 https://www.sohu.com/a/231737026_256799,最后访问时间:2020年9月18日。

〔3〕 见百度知道,载 https://zhidao.baidu.com/question/1819310488270615068.html,最后访问时间:2021年9月20日。

(2) 强调语言学习是一个从意义到形式、从功能到表达的过程,反对听说法对某种句型的反复机械操练。

(3) 鼓励学习者创造性地运用语言进行交际。

(4) 完成语言任务的过程中,表达的流畅性重于表达的准确性。

Ellis 认为语言,尤其是第二语言习得的目标之一是二语习得的描述,其次是解释;然后确定内外部因素,解释学习者获得二语的原因及方式方法。外部因素之一是学习发生的社会环境。社会条件影响学习者必须听到和讲语言的机会,以及他们对语言的态度。另一个外部因素是学习者接收的输入,即学习者所接触到的语言示例。没有一些输入,语言学习是不可能发生的。一个相当感兴趣的问题是,什么样的投入有助于学习。[1]

语言学家 Bernard Spolsky 也认为"语言的主要用途之一是交流意义……[2]"。

虽然 Ellis 的语言学理论最初针对的是二语习得的初学者,但其理论的延展同样适合中等级别的二语习得者。在一定的语言和知识积累的基础上,加上学生确立了目标兴趣的同时——对语言的态度,为学生创造机会进行输入,然后练习实践,就会达到事半功倍的效果。

三、综合教学方法

如今网络教学的广泛应用看似是形势所迫、疫情所致,但实则又是大势所趋。疫情期间的教学实践为我们带来了许多思考,优点显而易见,缺点也不容小觑,据此可以通过以下一些做法相互补充,达到线上线下完美结合,更好地实现教学的目的。

(一) 精讲多练原则

1. 赵元任理论。语言是习得来的,不是听来的。听只是输入吸收;没有输出就没有消化。输出就是实践的过程,包括说和写的基本能力,是技能的培养。语言学家赵元任先生说过语言是一种技能,不断训练和实践才能够获得。按照赵元任先生的观点,学习一种新东西,首先要有兴趣。有了兴趣,自然就会花时间和精力去实践这个兴趣,实现成功的感觉。而对于现阶段大学生而言,外语的学

---

[1] Rod Ellis, *Second Language Acquisition* (《第二语言习得》),上海外语教学出版社2000年版,第4~5页。

[2] Bernard Spolsky, *Sociolinguistics* (《社会语言学》),上海外语教学出版社2000年版,第3页。

习已经不再是单纯的兴趣问题，更多地具有目的性——考研或出国等。那么如何在此基础上为学生的学习增加兴趣，培养他们的目标兴趣，就要依靠老师的启发和引导了。

2. 学习金字塔。学习金字塔是美国缅因州的国家训练实验室研究成果，它用数字形式形象显示了：采用不同的学习方式，学习者在两周以后还能记住内容（平均学习保持率）的多少。它是一种现代学习方式的理论，最早是由美国学者、著名的学习专家爱德加·戴尔于1946年首先发现并提出的。

在塔尖，第一种学习方式——"听讲"，也就是老师在上面说，学生在下面听，这种我们最熟悉最常用的方式，但学习效果却是最低的，两周以后学习的内容只能留下5%。

第二种，通过"阅读"方式学到的内容，可以保留10%。

第三种，用"声音、图片"的方式学习，可以达到20%。

第四种，"示范"，采用这种学习方式，可以记住30%。

第五种，"小组讨论"，可以记住50%的内容。

第六种，"做中学"或"实际演练"，可以达到75%。

最后一种在金字塔基座位置的学习方式，是"教别人"或者"马上应用"，可以记住90%的学习内容。

爱德加·戴尔提出，学习效果在30%以下的几种传统方式，都是个人学习或被动学习；而学习效果在50%以上的，都是团队学习、主动学习和参与式学习。[1]

全球疫情的暴发，彻底改变了学习的社会环境，学校不得已采取的线上授课，优缺点显而易见，对语言学习来讲更是显得一言难尽——缺少面对面的情感交流，以及临场发挥产生的意想不到的效果，结果使得很多人对学习兴趣索然。

下表是笔者对所教授的学生做的调查。共发出去190份问卷，收回172份。

---

〔1〕 见百度百科，载 https://baike.baidu.com/item/学习金字塔/9515094?fr=aladdin，最后访问时间：2020年9月20日。

表一 学习环境线上（家）与线下（学校）之比

学习环境（家）	好	差	一样
人数	56/172	56/172	60/172
百分比	32%	32%	34%

表二 学习效率线上（家）与线下（学校）之比

学习效率（家）	高	低	持平
人数	39/172	104/172	29/172
百分比	22.7%	61.4%	16.9%

另一个调查是关于学生线下每周投入到英语学习的时间，五小时以上的137人（79.7%）。

虽然可能因为各种因素使得这个调查的结果不能完全反映学生的学习情况，但至少可以看出学生花费的时间并不少，环境因素的影响也没有我们想象的大，但效率并不十分理想。所以，我们要思考的是，调查得出的所谓网课的优势是否真的达到了期待的效果，还是"伪优势"？

（二）与现实紧密结合原则

结合前面 Micheal Long 和 Rod Ellis 语言学家和教育家的理论，在语言学习中，输入的过程固然重要，但输出更重要，而输出的渠道就是要进行互动或者完成任务，在无法实际完成互动的情况下，可以模拟输出，或者制定任务，要求学习者完成。

实际授课中，需要与现实结合，多练习，然后逐一修改，找出普遍错误，重点讲解。比如《学术思辨英语》中在讲解动物权利这一单元时就可以结合新冠肺炎疫情期间最初热议的话题——滥食动物。所以在留作业时，笔者就在讨论区发布了几道有关的讨论题，结果学生讨论热烈，各抒己见。在讲解课文时加入热门词汇，比如，"在家办公学习"的用法，讲解 work from home 和 at home 的区别，以及"控制疫情"如何表达等，讲解前发布作业190人份，提交180份作业，超过95%的人想当然认为"在家工作"用 work at home 或 in home，认为"控制疫情"用 under control 的更是高达98%。作业回馈之后，再出现类似的词汇，大家基本都不再出错。

在作业讲评时，除指出错误之外，笔者还讲解了 control 与 contain 区别，outbreak、epidemic、pandemic 和 burst out 等近义词使用情景，game/wild meat/bush meat 野味儿的表达与不同，以及引入 go/get back to work/business 复工复产、恢复商业活动和 close off/ shut down 关闭（娱乐场所）、"封城"（quarantine）、"群体免疫"（herd immunity、herd protection）等时事词汇。

除了一些时事词汇外，还要关注网络词汇或网红词汇，毕竟是网络时代，使用学生们熟悉的词汇，不仅与时俱进，也有亲近感、接地气。比如在写作文时，提醒学生词汇用法上的时代感，就像中文"后遗症"——syndrome，如今人们更愿意使用"阴影"，通俗易懂，比"后遗症"更容易接受，听起来没那么刺耳。诸如此类的词汇和用法需要老师课下留意、收集和总结，最终才能够在课堂上使用。

结语

社会大环境影响着语言环境，疫情暂时改变了我们的教学语言环境。语言环境，即语境，指说话时人所处的状况和状态。语言环境有多种：一般地说，有自然语言环境、局部语言环境和自我营造的人工语言环境。自然语言环境是指以该语言为母语的生活环境。局部语言环境是指学习者部分时间生活或学习于该门语言环境中。而人工语言环境主要指学习者在头脑中用该门语言复述、描述、记忆或营造某些场景。[1] 不管是自然语言环境还是局部语言环境的改变，我们个体对此无法改变，能够做到的是尽可能地去适应这个环境，理清学习目的，通过不同的手段和方法学习掌握知识，实现最终目标。

---

〔1〕 见百度百科，载 https://baike.baidu.com/item/语言环境/5884655? fromtitle = 语境 &fromid = 5872735&fr = aladdin，最后访问时间：2020 年 9 月 20 日。

魏萧[*]

法律术语翻译多元方法融合教学

一、法律术语翻译

法律术语是在法律领域中表示相对单一法律概念的专门用语或表达。法律术语彼此间相互联系,形成系统,体现法律文化的精髓。法律术语翻译是法律翻译研究、实践和教学的一个重要领域。涉及法律翻译教学的系列课程中,各类法律文本翻译,笔译或口译,都需要处理法律术语翻译的问题,因此,法律术语翻译的教学凸显其重要性,教学内容和方法需要厘清脉络,逐渐系统化。

其一,法律术语首先是一个词,可以是动词、名词或词组。教学可以从术语的"词"的特性出发,利用词汇语义学的方法理解术语的含义以及它和其它词的关系,为翻译打好基础。其二,学者们普遍认为法律体系之间存在差异是造成术语翻译问题的主要原因[1]。法律具有地域性,各个社会的结构、信仰与风俗习惯十分不同,法律制定的技术表达也有很大差异,法律术语翻译时,源语和目标语必然有不对等的情况,这成为法律术语翻译的一个难题。针对此问题,教学可以用法学方法,发现不对等,分析不对等,找出背后原因,解决翻译问题。其三,法律术语翻译的最终目的是恰当地用目标语表达源语的术语,学生还需掌握源语到目标语转换过程中的方法和技巧,教学中也要加入相关翻译理论以指导翻译实践。本文便从这三个方面论述法律术语翻译教学的内容。

---

[*] 魏蘅(1974—),女,北京人,应用语言学博士,中国政法大学外国语学院副教授,硕士生导师,研究方向为法律翻译、法律语言。本文为教育部人文社科项目"中国当代法律翻译及其对法律文化建构研究"(17YJA820031)的阶段研究成果。

[1] De Groot Gerard – Rene, "Legal Translation", in Smits Jan M. ed., *Elgar Encyclopedia of Comparative Law*, Cheltenham: Edward Elgar, 2006, pp. 423 – 432. Šarčević Susan, "Creating a Pan – European Legal Language", In Gotti, M., & Williams, C. eds., *Legal Discourse across Languages and Cultures* (Vol. 117), Berlin: Peter Lang, 2010, pp. 23 – 50.

二、词汇语义方法

一个词在语言中不是孤立的，它与语言中的其他词构成了错综复杂的关系，词义也因为这样的关系得到显现。词义是一个词与人的思维和人在客观世界中的经验的关系中所形成的意义，或者说是词与词之间的关系所形成的意义。常见的词义之间的关系有同义、反义、上下义、局部与整体关系[1]。翻译法律术语的第一步，便是要分辨原文的语义，即术语在具体的法律语境中与其它相关术语之间的关系。

以"民事权利"和"财产权利"为例，从词汇语义角度，二者可以是整体与局部的关系。民事权利是法律赋予民事主体享有的利益范围和实施一定行为或不为一定行为以实现某种利益的意志。民事权利有多种分类方法，可以按内容、作用、效力范围、依从关系、派生关系等分类[2]。如果按内容分类，民事权利包括人身权和财产权。财产权利是民事权利的一部分，二者可以看做局部与整体的关系。"民事权利"和"财产权利"的关系也可以看作上下义关系，即包容和被包容、概括和具体的关系，因为财产权利是一种民事权利。

再如图一中几个法律术语之间的上下义关系：

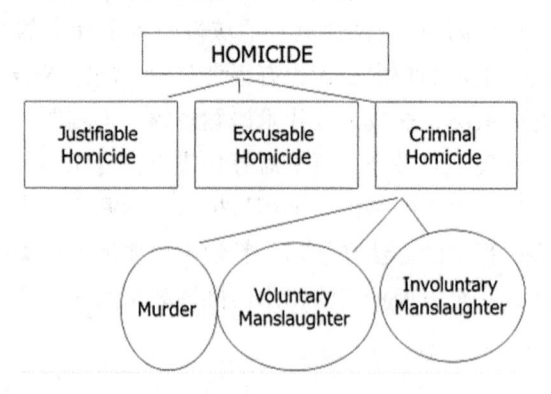

图一　Homicide 相关术语上下义关系

Homicide 意为杀他人，其下义词包括 justifiable homicide（有正当理由杀人），

---

[1] 王文斌：《英语词汇语义学》，浙江教育出版社 2001 年版，第 190~233 页。张绍全：《法律术语的认知与翻译研究》，复旦大学出版社 2018 年版，第 68~91 页。

[2] 环建芬、胡志民、周建平编著：《民法学原理》，上海交通大学出版社 2004 年版，第 17 页。

如执行死刑；excusable homicide（可被原谅的杀人），如正当防卫；criminal homicide（杀人罪）。而 criminal homicide 又可以根据犯罪故意分类，下属类别可以看做是它的下义词。Murder 是有蓄谋的故意杀人，voluntary manslaughter 是有外因刺激的激情杀人，involuntary manslaughter 是过失杀人。此外，和"杀人"相关的一些术语还可以继续在图一中添加。Suicide 和 homicide 并列，killing 是这两个词的上义词；Lawful homicide 可以作为 justifiable homicide 和 excusable homicide 的上义词；First degree murder, second degree murder 是 murder 的下义词等。

利用语义学的方法，可以分析出法律术语的概念轮廓，与其它术语之间的并列、包容等关系。充分认识术语在法律体系中的位置，是翻译法律术语的必要准备。

三、比较法方法

Šarčević 提出的"功能对等"是典型的翻译与比较法结合的方法[1]。Šarčević 借用 Nida 动态对等及后来发展的功能对等（functional equivalent）的概念[2]，即目标语读者在理解和欣赏译文时的反应，与原文读者对原文的理解和反应基本一致，在其基础上赋予法律功能的内涵，提出了全新含义的法律术语翻译"功能对等（functional equivalent）"的概念[3]。Šarčević 的功能对等术语是在目标语法律体系中存在的术语，其法律功能与源语术语相同。通过功能对等的法律术语，目标语法律体系的读者就会理解原文术语在源语法律语境中的概念和含义。

法律具有天然规范性，法律功能指的是法所固有的对社会生活发生影响的功用和性能，即对社会主体和社会关系具有调整、指引和保障的功能[4]。判断术语功能，需要分析术语的概念。Šarčević 依据比较法方法，提出了系统的解决方案。术语的概念，可分为核心（essential）和次要（accidental）特征[5]。核心特征指概念的至关重要、不可缺少的部分，而次要特征指概念附加、额外却又无

---

[1] Šarčević Susan, *New Approach to Legal Translation*, London: Kluwer Law International, 1997.

[2] Nida, E. A., *Toward a Science of Translating: with Special Reference to Principles and Procedures Involved in Bible Translating*, Leiden: E. J. Brill. 1964, p.159.

[3] Šarčević Susan, "Bilingual and Multilingual Legal Dictionaries: New Standards for the Future", *Meta: Translators' Journal*, 36 (1991), 615–626.

[4] 周旺生："法的功能和法的作用辨异"，载《政法论坛》2006 年第 5 期。

[5] Dahlberg I, "Conceptual Definitions for Interconcept", *International Classification*, 8 (1981), 16–22.

法避免的特征。法律概念的核心和次要特征，从以下几个方面分析：一是概念适用事实的范围：具体一类法律事实可以归入到相应的抽象法律概念，进而形成具体的法律关系和法律秩序。如果目标语术语明显比原文适用法律事实范围大或小，或明显不在原文的常用语境中，它们的功能不属于对等。二是所属法学领域：同一法律主题下的系列法律规则，如合同法、公司法、程序法或破产法等。需要注意的是，各法律体系对法学领域的划分不完全一致，原文和译文分属不同法学领域不一定导致功能不对等。三是适用效果：适用法律概念的后果，例如取得或丧失权利，满足犯罪构成要件等。四是司法程序对概念的解读和适用：法官是适用法律的主体，法官解读法律的方法、程序决定术语在实践中形成的概念。

以英美法的"statute of limitation"和中国的"诉讼时效"的为例，从上述四个方面分析二者的对等关系。从适用范围看，"statute of limitation"指时间上的限制，"诉讼时效"也是指法定的一段期间，二者在适用事实范围上一致。从法学领域看，"statute of limitation"在英美法中是民事和刑事诉讼程序的概念，中国法律体系中，"诉讼时效"指民事诉讼中权利人提起诉讼、主张权利的时效期间。刑事诉讼中相应的术语是"追诉时效"，指追究犯罪人刑事责任的有效期限。因此，"statute of limitation"和"诉讼时效"所属法学领域基本相同，"诉讼时效"比"statute of limitation"稍窄。在适用效果上，无论英美法还是中国法，超过法律规定时间限制都导致原告丧失请求权，这一点上二者是一致的。司法程序中，相关的案例没有对"statute of limitation"和"诉讼时效"概念和含义的争议，一般的争议涉及诉讼时效的时间计算。

根据法律概念的四个方面可以分析一个术语的法律功能，也可以比较源语和目标语术语的功能对等程度。译文法律术语很难与原文完全对等，何种程度对等可以接受，何种不能接受，要看术语的核心概念的相似程度。Šarčević对此也有系统论述[1]，她把对等分为三个层次，近似对等、部分对等和不对等：

近似对等是A、B术语拥有共同的核心特征和绝大部分次要特征（交叉关系）；或者A包含B所有的特征，而B拥有和A一样的核心特征和大部分次要特征（包含关系）。

---

[1] Šarčević Susan, *New Approach to Legal Translation*, London: Kluwer Law International, 1997, p. 238.

交叉　　　　　　　　　包含

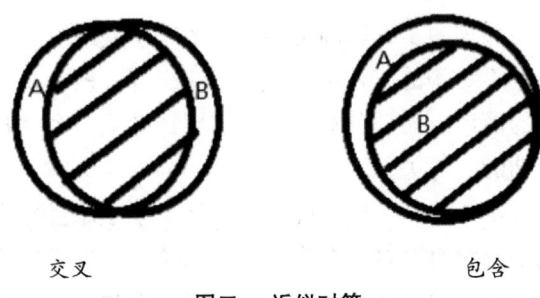

图二　近似对等

　　部分对等是 A、B 两术语的大部分核心特征相同，部分次要特征也相同（交叉关系），或者 A 包含 B 的所有特征，但 B 只包含 A 的大部分核心特征和一些次要特征（包含关系）。

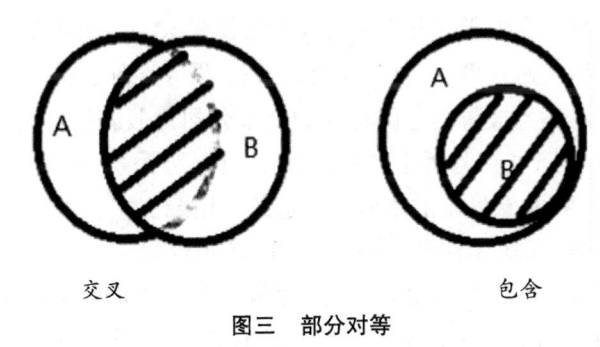

交叉　　　　　　　　　包含

图三　部分对等

　　不对等是当 A、B 术语的核心特征只有一小部分或根本没有交叉（交叉关系）；或 A 包含 B 所有特征，而 B 只包含一小部分或不包含 A 的核心特征（包含关系）；或 A 和 B 没有任何相同特征（排斥关系）。

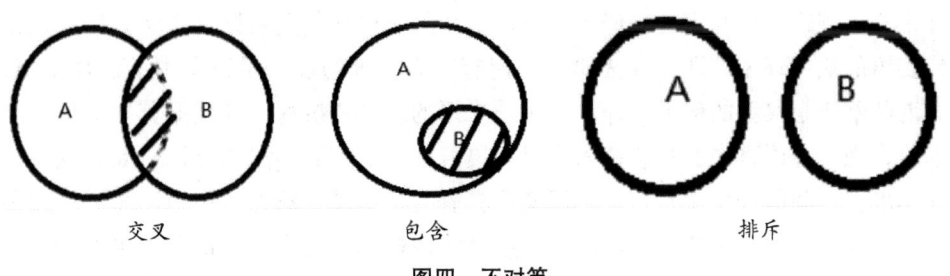

交叉　　　　　包含　　　　　　排斥

图四　不对等

以上三种对等关系表明了术语间可能存在的概念差距。一般而言，近似对等是可以接受的翻译。不对等的三种情况由于仅有少部分核心特征相同，整体差距过大，是无法接受的翻译。而部分对等术语需要译者依据个案判断。下面举例说明如何判断术语的功能对等关系。

再看"statute of limitation"和"诉讼时效"，它们概念的适用范围、适用效果一致，司法实践中也没有对这两个概念本身的争议。二者的差异在于，"statute of limitation"是刑诉和民诉部门法的概念，比"诉讼时效"稍宽，刑诉中的"追诉时效"与"诉讼时效"有一字之别，如果在刑诉语境里用"诉讼时效"，一般也会被理解为"追诉时效"。由此，"statute of limitation"和"诉讼时效"核心特征基本一致，两个术语可以归为近似对等关系。

部分对等以证券法中的"虚假陈述"和译文"false statement"为例。证券法中的虚假陈述是指信息披露义务人违反证券法律规定，在证券发行或者交易过程中，对重大事件做出违背事实真相的虚假记载、误导性陈述，或者在披露信息时发生重大遗漏、不正当披露信息的行为。上市公司虚假陈述侵害中小股民权益，符合条件的受损股民可在起诉条件成就后，以提起民事诉讼的方式要求赔偿。"False statement"指故意做出的虚假、捏造的言论或文字，如刑事案件中为掩盖犯罪行为做的伪证。《美国法典》18章1001条规定[1]，用任何手段故意捏造、隐匿或掩盖重要事实可以构成犯罪。"虚假陈述"和"false statement"适用的事实范围基本一致，都是不实言论。但所属法律部门不同，一为证券法，一为刑法。适用的后果也不一样，虚假陈述引发的是民事赔偿，而"false statement"引发的刑事责任。由于这两个术语适用的事实范围相似，它们部分核心特征交叉，可归为程度较低的部分对等。

如果目标语没有功能对等的术语，可以从语言层面操作，采取中性词、借用外来语、创造新词和字面翻译等方法。借用外来语和创造新词的方法多用于双语或多语的法律环境，即一部法律文件拥有效力相等的多语平行文本的法律语境，香港和欧盟是典型的例子。译文借用外来语的发音或拼写，或根据其含义创造新术语，把一种语言中的概念植入到另一语言中。汉英之间法律翻译，除合同等平等民事主体间的法律文本，一般译文不具有与原文平等效力，中国法律英译或美国法典汉译即是此种情况，创新术语不具法律效力。又由于汉语和英语发音、拼

---

[1] 18 U. S. Code § 1001. Statements or entries generally.

写系统相差甚远,除前沿的比较法学研究,译者较少使用借用源语和创造新词的方法。

对于法律制度不对等造成的功能对等术语缺位,根据翻译实践,汉英之间一般采用中性词的解释性翻译、字面翻译或二者混用的方法。

例如美国不动产法的"fee simple absolute",指永久拥有的全部房地产权利,即所有者有生之年对房地产具有绝对的、无条件的处置权,并可根据遗嘱让渡给其继承人或法定代表人。我国房地产制度与美国截然不同,所有者没有绝对的永久的所有权,因此中文里没有功能对等术语。该词一般译为"绝对房地产所有权"或"完全的不动产权",便是解释性的翻译,而没有根据源语的字面意思翻译。

再如"案由"译为"the subject matter of the case"的方法便是字面翻译。案由指案件性质、内容的简要概括;民事案件的案由是原告起诉提出的诉讼请求,如离婚、继承、收养、损害赔偿、返还财物等;刑事案件的案由是被告人被控所犯的罪名,如盗窃、杀人等。目标语中的"subject matter"通常是在书籍、电影、讲座、绘画等作品或活动中的主题,可以搭配的词范围很广。因此"the subject matter of the case"可以理解为案件的主要问题、类型或性质,含义比"案由"宽泛。

功能对等本质是类比,是在两个法律体系中寻找功能相同的概念或法律制度。当目标语有可以接受的功能对等术语时,优先选择功能对等,这是在法律层面的判断和决策,是在法律机制下的交流。当功能对等不存在时,才选择语言层面的策略,通过解释含义、翻译字面意思进行交流。再拿"案由"为例。英美法体系中,有术语"cause of action",指提出民事、刑事诉讼的法定理由,如原告依据的一系列事实提出赔偿等诉求。"Cause of action"与"案由"具有相同的法律功能。"The subject matter of the case"既不是法律术语,所指范围也比"cause of action"要宽泛,为目标语读者带来不必要的阅读负担,应是没有功能对等情况下的替代。

四、充分利用检索技术

比较法律概念,找到恰当的功能对等术语,译者需要掌握有效的工具。传统的工具包括汉英、英汉法律词典、双语法律词典、单语法律词典等。常用的《元照英美法词典》收录5万余词条,包含英美法各领域的基本概念。Black's Law

Dictionary 是经典的法律术语大百科全书,收录了超过 43 000 条解释和 3000 条引文,是了解美国法律必备的工具书。这些工具书是译者首要的资源。

随着互联网的发展,网络提供了丰富的语料,可以帮助译者判断并做出翻译选择。当译者无法确定一个术语翻译是否是功能对等时,可以用 google 作为语料库,了解术语的语境、词块、搭配,甚至其法律功能。例如,"案由"应译为"cause of action"还是"the subject matter of the case"可以通过检索查证来决定。第一步在 google 分别输入"cause + of + action"和"the + subject + matter + of + the + case",查看 news 栏结果,"cause of action"命中 10 600 000 次,"the subject matter of the case" 4 580 000 次[1],前者明显高于后者,说明 cause of action 的搭配更常见。第二步分别查看两个搜索词条出现的具体语境及其搭配。"Cause of action"在所有命中网页的搭配没有变化,且约前 50 项搜索结果都为该术语的定义和解释。搜索"the + subject + matter + of + the + case",只有极个别结果和搜索项用词搭配相同,均指案件的主题、性质等;同时,google 自动联想与"subject matter"常用的其它搭配,列出了百余个"subject matter jurisdiction"(基于案件性质的管辖权)的链接,可以判断"the subject matter of the case"不是固定搭配,也不是目标语的法律术语。由此,译者可利用 google 判断术语存在与否以及词语搭配情况。除 google 外,一些法律网站也提供搜索功能,如康奈尔大学法学院的法律数据网站[2]等。教学中还可以加入专业语料库的基本功能的介绍,满足进一步查证的需求。例如 COHA 语料库[3],可以比较不同年代词语的搭配和使用情况。

五、翻译策略的选择

翻译策略在此是指当译者有不止一个翻译方法时,选择直译/意译,语义翻译/交际翻译,归化/异化等方法,做出靠近源语或目标语的译文。学者们对法律翻译策略所持观点不甚相同。Cao 认为,法律术语的含义源自它的法律系统,法律术语翻译需遵循源语规范以避免误读[4]。傅郁林也认为字面翻译更加客观反

---

[1] 2018 年 1 月 21 日 google 的搜索结果。
[2] https://www.law.cornell.edu/uscode/text,最后访问时间:2017 年 12 月 8 日。
[3] https://www.english-corpora.org/coha/,最后访问时间:2017 年 12 月 10 日。
[4] Cao Deborah, "Finding the Elusive Equivalents in Chinese/English Legal Translation", Babel: International Journal of Translation, 48 (2002), 330–341.

映源语术语的含义，法律效果较少受损[1]。李克兴提出了不同以往的静态对等的策略，它"要求深层意思、表层意思、语言结构、风格、格式与原文的这些方面完全对等，还要求译文最大程度地再现原文作者的写作意图"[2]。Sin[3]和Chen[4]根据语言符号学理论，提出同一法律体系中，可以通过言语行为创立术语翻译的对等。Šarčević结合了比较法的方法[5]，认为法律翻译是法律机制下的交流，术语翻译应当比较它们的法律概念，体现源语术语的法律功能。Sandrini也认为术语翻译要比较法律概念[6]，但术语翻译之前，需要描绘源语和目标语的术语概念全景，以便了解每个术语的法律概念及术语间的关系。

对于各执一词的法律翻译策略，教学中，应融入翻译功能主义、目的论等理论，强调翻译行为、翻译目的的影响因素，引导学生更加宏观地看待法律术语翻译问题，选择恰当的翻译策略。

法律翻译行为是一种社会活动，是在一定的社会环境中发生的，受这种社会环境影响，因此，翻译法律术语不应只看字面和文本，还应当考虑翻译过程中涉及的社会和文化的各种因素。译学中的功能主义和目的论把文本的功能，翻译行为的目的融入视野，可以有效指导翻译策略的选择。具体到法律术语翻译，应当考虑术语所在的文本类型，文本功能，翻译的目的，译文是否具有法律效力，翻译委托人的要求，译文读者的身份地位，译文所处的目标语文化，源语与目标语法律文化的差异，时代变迁带来的法律观念、概念的变化等因素。

例如"取保候审"的翻译。目前各词典或法律数据库都有该词的参考译文，有道词典的参考译文有"release on bail pending trial"，"obtain a guarantor pending trial"等，北大法宝还有"bail"。从翻译策略上讲，"obtain a guarantor pending trial"使用了靠近源语的策略，译文和原文基本字对字翻译，服从了原文的选

---

[1] 傅郁林："法律术语的翻译与法律概念的解释——以海上货物留置权的翻译和解释为例"，载《北大法律评论》1999年第1期。

[2] 李克兴："论法律文本的静态对等翻译"，载《外语教学与研究》2010年第1期。

[3] Sin King Kui, "A No-fuss Approach to the Translation of Legal Terminology: Some Examples from Hong Kong's Law Translation Project", *T & I Review*, 3 (2013), 59-83.

[4] Cheng Le, Sin King Kui, Cheng Winnie, "Legal Translation: A Sociosemiotic Approach", *Semiotica*, 201 (2014), 17-33.

[5] Šarčević Susan, *New Approach to Legal Translation*, London: Kluwer Law International, 1997.

[6] Sandrini Peter, "Comparative Analysis of Legal Terms: Equivalence Revisited", in Terminology and Knowledge Engineering. *Proceedings Fourth International Congress on Terminology and Knowledge Engineering Vol. 26*, Indeks Verlag, 1996, p. 28.

词、词序，充分体现了原文的语言特征。"Bail"则是用了靠近目标语的策略，使用了英文中已有的术语，其概念和原文十分相近[1]。把翻译活动放在法律文化交流的过程中，结合翻译目的，译者会做出不同的选择。如果"取保候审"出现在学术文章中，目的是讨论中国的取保候审制度的特征、价值，并与国外的相应制度进行比较，采用靠近源语的策略可以避免与国外相应制度混淆，充分体现中国制度的特色。如果"取保候审"是法律法规中的术语，翻译法条的目的是让外国律师快速了解中国刑事诉讼制度，只要不引起概念混淆或误读的后果，就可使用目标语中的已有术语，达到译文读者快速有效地获取信息的目的。此外，决定翻译策略的因素还有目标语法律体系。需要注意的是，一般的法律翻译，如中国法英译，由于译文没有法律效力，主要以传播信息和宣传法制为目的，读者群不固定，译文可以不考虑具体目标语的法律体系，一般定位为英美法，选词趋于中性。但世界上英语为官方语言的国家约有46个，使用英语的国家约有171个，这些国家的法律制度有相似的，但没有完全一样的，如果译文针对性强，只限定于某个法律体系的读者，译者应考虑该法律体系的特殊性，在该法律体系内分析目标语术语概念。例如"最高法院"译成英文，在不同国家、不同州可能为"supreme court""The Court of Appeals（美国纽约州）""House of Lords（英国）""High Court of Australia"等。

六、结语

法律术语翻译具有明显的跨学科特征，教学内容需要安排相应的环节体现相关学科的知识和方法。语言学上的词汇语义、语用学等方法是基础，比较法方法丰富了分析术语的层次和角度，翻译理论指导译者选择，多元的查证技术为译者提供充分信息。上述几个方法相互补充，是法律术语翻译教学不可或缺的内容。

---

[1] Black's Law Dictionary, 8th Edition, p. 425: bail, n. A security such as cash or a bond; esp., security required by a court for the release of a prisoner who must appear at a future time.

高 莉 *

如何以教促学：对疫情期间
基础德语课程线上教学活动的反思

一、前言

受新冠肺炎疫情的影响，国内教育界在 2020 年迎来了前所未有的机遇与挑战。疫情所带来的特殊情境，使得广大师生对开展在线教育教学必要性的认识空前提高，对教育变革紧迫性的认识也大幅提升。2020 年 2 月 4 日，教育部应对新型冠状病毒感染肺炎疫情工作领导小组办公室发布了《应对新型冠状病毒感染肺炎疫情工作领导小组办公室关于在疫情防控期间做好普通高等学校在线教学组织与管理工作的指导意见》（本文简称《指导意见》），提出了"各高校应充分利用上线的慕课和省、校两级优质在线课程教学资源，在慕课平台和实验资源平台服务支持带动下，依托各级各类在线课程平台、校内网络学习空间等，积极开展线上授课和线上学习等在线教学活动，保证疫情防控期间教学进度和教学质量，实现'停课不停教、停课不停学'"的总体要求[1]。

在《指导意见》的引领下，各高校均根据自身实际情况，对在线教学提出了非常具体的要求，开展形式多样的线上教学活动，保证疫情防控期间教学进度和教学质量。疫情防控期间的线上外语教学有其自身的特点，鉴于未来线上线下教育相结合的发展趋势，短时间内积累的经验和教训值得深入总结和探讨。本文以法大德语精读课程为例，对基础德语线上教学的总体设计、优势和存在的问题进行总结与反思，助推基础德语在线教学优质高效地运行和发展。

---

* 高莉（1981—），女，陕西咸阳人，德语语言学博士，中国政法大学外国语学院副教授，硕士研究生导师，研究方向为德语语言学，法律语言学。

[1] 中华人民共和国教育部：《应对新型冠状病毒感染肺炎疫情工作领导小组办公室关于在疫情防控期间做好普通高等学校在线教学组织与管理工作的指导意见》（教高厅〔2020〕2 号），见中华人民共和国教育部政府门户网站，载 http://www.gov.cn/zhengce/zhengceku/2020 - 02/05/content_5474733.htm，最后访问时间：2020 年 10 月 9 日。

二、基础德语在线教学总体设计

决定课程质量的首要因素是教师对课程的总体设计能力，其次是授课能力。在线教学不是学生完全自主的在线学习，更不是单纯的教师直播授课。线上教学依托网络教学平台传递教学内容，将其巧妙融合到教学活动的每个环节。通过高效合理地利用互联网实现与学生的多维度交流，激发学生的学习热情和主动性，保证在时空分离的情况下，教对学依然起到积极的促进作用，并记录和评价学习过程，开展及时高效的教学反馈。[1]由此，基础德语在线教学总体设计的主要目标是以教促学，包括选取网络教学平台、设计在线教学内容和教学活动及创新教学评价三个方面。

（一）选取网络教学平台

在线教学的第一步就是要选取合适的网络教学平台。在学校意见的指导下，笔者主要使用腾讯课堂、超星学习通和微信群辅助平台开展基础德语的教学活动。电脑端开启腾讯课堂后，可以播放 PPT 课件、视频音频等使信息实时同步传递给学生，学生加入课堂后通过教师展示屏幕开始学习、举手讨论，有问即答，确保教师与学生之间的有效互动。超星学习通提供包括班级管理、发布通知、主题讨论、作业、测试与评分、各类数据统计分析等多种功能，贯穿课前、课中以及课后全教学环节，能够有效地督促学生专注于课程学习。微信群是集发布通知、布置作业以及线下答疑辅导于一体的辅助教学平台，使在线学习更高效、反馈更及时。三平台合理构架立体化的师生互动，能够有效促进教师开展多样化的教学活动，提升教学设计和教学水平，又有利于学生对教学内容有进一步的梳理和理解，增强学生学习的主动性和积极性。

（二）设计在线教学内容

教学活动以教学内容为基础，精心设计的教学内容是保证在线教学质量的根本。基础阶段的德语学习以词汇、句式、语篇、语用等内容为主，授课对象为中国政法大学德语本科一年级学生。教学中，如何建构这几种语言要素的关系，影响着外语学习的效果。如果将词汇与句子分离、句子与语篇分离、语法与语境分离，会使得语言教学机械化，难以提高学生的外语交际能力。根据语篇语言学的

---

[1] 参见褚妍:"疫情之下基于'三平台+三维度'大学英语在线教学探究"，载《第十七界沈阳科学学术年会论文集》2020 年 10 月。

理论观点，语言交际是在一定情境中以语篇为单位进行的，为保证表达与理解的相对应，交际双方需要具备共同的知识与文化背景。有效的外语教学应以提高外语交际能力为目标，使学生了解相关知识和文化内容，能够以语篇作为载体，恰当运用相关词汇、句式等语言手段完成交际任务。我们以课程教材第六单元"Zwischen Gestern und Morgen"（昨天与明天之间）为例，这个单元的核心话题是个人成长，主题词中"昨天"意指一个人曾经的求学经历，"明天"指个人的职业梦想。本单元的三篇课文即围绕着这两个主题展开，我们可以将教学内容设计安排如下：

单元主题	"昨天与明天之间"
教学目标	能够描述自己过去的学习生活经历和制作简单的履历表；能够描述自己对未来的规划，畅谈职业理想
文化背景	德国的上学制度，包括四年制小学、文理中学、实科中学、职业学校、高校入学的条件等，与中国的教育体制作对比，介绍德国国内对改革教育体制的讨论；德国青年人的职业理想，讨论跨文化差异
课文精讲	在注重课文叙事性、情境性的前提下，引导学生理解课文的衔接与连贯关系；在课文及文化语境中学习重点词汇（与学业和职业理想相关的名词与动词等）和句式（履历介绍中的典型句型等）；发掘相关的语法表达式（过去式）
知识点总结	梳理并总结本单元词汇及语法部分的知识点，完成教材中的练习题
能力输出	布置口头作文"我的职业理想及人生规划"和书面作文"我的履历"
单元测验	针对本单元的学习难点和重点，结合学生具体学情设计单元测验题，巩固并检验学习效果

实际操作中，我们将教学内容分解为不同的知识点制作成 PPT 课件，并在课前上传至学习通章节板块，方便学生的预习和复习。比如第六单元共有三篇课文，第一篇课文主题为"我的求学经历"，我们可以按照课文情景介绍、语言目标和交际目标整合以下教学内容：

	T1 Mein Leben "我的求学经历"
课文情景介绍	德国教育制度简介、优劣势探讨
语言目标	听力理解"教育与职业理想 – Bernd Schreiber 讲述自己的家庭情况、求学经历和职业理想",完成完形填空练习;梳理课文内容,整体把握与细节理解;学习求学经历情境中相关词汇、固定搭配与句型表达;引导学生关注过去式的语法表达式,学习和练习德国过去式;学习和练习由 während, bevor 引导的时间状语从句
交际目标	能够听懂并复述别人讲述的求学经历;能够口头讲述自己的求学经历,并按要求形成书面的履历介绍

教学中以语篇为教学单位,将词汇学习和语法学习纳入语篇情境和文化情境当中,能够丰富外语学习者对语言的认知,不仅提高语言运用的能力,而且锻炼用外语思维的能力,从而提高外语知识传授的效度。

(三)创新教学评价

传统教学评价使用教师终结性评价,往往按学生的期末考试成绩评定学生的学习情况,评价内容较单一。在线移动式学习可实现评价标准的多元化,更容易突出过程学习的重要性。教师在课前设置量化和质性评价指标,前者包括系统上反映的学习次数、学习时长、学生课上举手次数、参与线下讨论的次数等;后者包括学生的课堂表现、回答问题的质量、各项学习任务(课前测、课后作业、单元测试以及讨论区发言)的完成情况等。教师根据这些数据了解学生学习进度和状态,如发现问题要及时进行个性化的督促和引导,关心学生的课堂表现、完成作业的情况以及疫情期间的心理状况,及时疏导,持续改进。

三、线上教学的优势与存在的问题

第一,与传统线下课程相比,依托腾讯课堂、超星学习通和微信群等多个平台,线上教学更容易实现立体化、多元化的教学模式,包括线上授课、线上讨论、答疑辅导、布置在线作业、进行在线测验等教学活动,创造性地开展各种"组合式"线上教学活动。[1]教师需要制定直播状态下课堂教学的策略,致力构

---

〔1〕 参见彭思祥、罗静:"疫情背景下外语线上教学SWOT分析——以凯里学院为例",载《凯里学院学报》2020年第2期。

建教、学、练、测全方位在线教学体系。老师在课前将每单元的授课内容合理地拆分成相对独立的教学课件，与本单元配套的各种视频、音频和阅读材料一起上传到学习通"章节"和"资料"模块。安排学生在线观看教学资源，按时完成课前预习、课后复习和完成作业、测验等学习任务。通过学习通后台查看学生完成状态、学习时长和存在的问题，收集反馈数据，分析总结学生的学习难点，及时调整授课内容。

第二，线上教学实践让广大外语教师重新审视教师观和学生观。教师对课堂节奏的把握、精心设计的教学内容和教学活动，目的都是促进学生"学"的行为，激发他们的学习动力，提高学习的自主能力。在这个过程中，教师对学生学习过程进行引导、启发，给出活动框架，并思考如何结合教学内容和学生的认知特点确立学习目标、方法与策略，激励学生积极主动地参与课堂互动。课前课后通过发布各种任务强化学生线下自主学习环节，使学生在解决问题的过程中达到语言学习目标，培养语用能力。同时，重视学生个体差异，尽量通过一对一的交流有的放矢地解决学生疑惑，帮助他们树立学习的信心。

线上教学在给我们带来种种便利的同时也存在一些问题。从笔者的教学实践来看，网络教学环境不够稳定、课堂互动形式不够多样化以及学生自主学习能力弱是这个学期线上教学凸显的主要问题。直播状态下的线上教学对网络环境要求较高，优质的网络环境是保证线上教学有效开展的前提。一方面，老师的网络环境直接影响着线上教学活动的开展，笔者在居家授课过程中曾多次遇到信号不稳，甚至被迫中断的情形，只能临时更换上课时间，从而影响课程进度；另一方面，学生的网络环境也参差不齐。有的学生家里网络环境差、信号弱，课上参与互动时几次连线不成功，直接影响线上教学效果。有时教师使出浑身解数调动课堂氛围，激发学生积极参与课堂交流，可有的学生表示没听清问题，有的已经断掉网线，对老师的提问毫无回应，浪费了宝贵的教学时间。

线上教学中，师生互动是在虚拟环境下进行的，受到网络教学平台的限制。基础德语教学采用的腾讯课堂和超星学习通最主要的功能是实现教师"直播"，学生可以看到"主播"老师"讲课"，老师却无法掌握学生"听课"的状况。外语教学由于其对语言交流沟通的特殊要求，线上教学的局限性显得尤为明显。从外语学习必不可少的课堂互动来看，线上交流无法达到线下小班授课师生互动交流的效果。线上交流也很难实现生生互动，学生们在线上几乎无法实现对教学内容的讨论和交流，以至于小组活动很难开展，没有对比和竞争式学习氛围。

强调学生学习的"自主性"是线上学习的重要特征之一,直接影响着学习效果。虽然这几年我们一直在强调要转变教师角色,加强学生的自主学习意识和能力,但线上教学对学生自主学习能力还是提出了更高的要求。学生居家学习的过程中,需要对老师布置的相关任务进行自我计划、监督与检查。自主学习能力比较强的学生自始至终都表现得非常积极,可以在整个学习过程中不断地反馈调节,获得良好的学习效果。然而,此次疫情期间的线上教学还是暴露出一些学生并未养成良好的自主学习习惯,也不能及时调整学习的节奏。线上教学由于缺乏监督,自律性较差的学生不能进行有效的自我约束,更不能进行高效的自主学习。部分学生对老师布置的课前课后任务也因为各种原因不能按时完成,难以取得良好的学习效果。

四、总结与展望

线上教学实践让我们对在线教学的特征有了比较全面的了解,对现代教育技术平台实践了从不懂到会用再到熟练的全过程体会。在"互联网+教育"背景下,不仅知识的更新日新月异,教育技术的更新亦是更加凸显,这对广大教师提出了更高的要求。主动作为、转变角色、认真钻研、严谨治学必将成为外语教师永恒不变的主题。针对学生自主学习能力差的问题,复课后,教师可以结合实际情况,设计合理的教学活动和学习任务调整学生自学内容占比,引导学生改进自学方式,加强自学能力锻炼,养成良好的学习自律能力。同时,教师应调整节奏,耐心引导学生重新进入学习状态,重塑学习信心。另外,可以保留疫情期间使用的各种在线课程平台,使得师生交流不再拘泥于原有的课堂,逐步实现线上线下混合式教学。

教育部《关于一流本科课程建设的实施意见》及《"双万计划"国家级一流本科课程推荐认定办法》明确了2019年到2021年,这3年期间"线上、线下、线上线下混合式"一流课程的建设任务。[1]重视线上教学,特别是线上线下混合式教学。混合式教学能够实现传统教学和互联网优势的有机结合,实现教学资源的优化配置,是未来外语教学发展的必然趋势。此次疫情加速了这一趋势的发

---

[1] 中华人民共和国教育部:《关于一流本科课程建设的实施意见》(教高厅〔2019〕8号),见中华人民共和国教育部政府门户网站,载 http://www.gov.cn/gongbao/content/2020/content_5480494.htm,最后访问时间:2020年10月11日。

展。通过疫情防控期间的线上学习实践，师生均对移动学习的实质和含义有了更深的理解，不受时间和地点约束的移动式学习将成为大学生学习的新常态。后疫情时代，探索线上线下混合式教学模式将成今后一段时期内广大教育工作者所关注的热点问题。

刘小妍*

"超星学习通"系统下法语课堂的混合型教学模式探究

21世纪进入互联网时代以来，以计算机技术为主导的大学教育改革层出不穷，尤其是疫情期间，网络教育平台开始出现并被大范围地应用。"超星学习通"因其较强的实用性和全面的功能成为很多高校的优先选择。本文以"超星学习通"系统下法语课堂为例，探讨大学法语混合型教学模式。"超星学习通"是基于微服务架构打造的课程学习、知识传播与管理分享平台。该平台是由超星公司推出的教育学习系列应用之一，是面向移动终端的较为专业化的移动在线教学平台，具有较强的可扩展性，可与超星公司开发的其他教学应用软件相互兼容。作为一款教学类软件，"超星学习通"除了具备丰富的在线教育资源外，还兼具上课签到、通知、问卷调查、在线笔记、成绩统计、投屏、即时通讯等辅助教学功能。这些功能对提高教学效率、改善课堂气氛等都有积极作用。教师可以在超星学习通电脑端或移动端建设自己的云课堂，上传音频、视频、文字等各种形式的网络资源，进行在线考试等。[1]

一、背景和意义

传统的大学课堂通常以教师为主体，学生为客体。一般的形式是教师讲授知识，学生记笔记。教师主动传授，学生被动接受。在互联网出现并被广泛使用之后，传统的大学课堂出现了些许变化。比如教师可以利用互联网向学生展示更多的素材，进而激发学生的兴趣，开阔学生的视野，启发学生的思考，能够达到活

---

* 刘小妍（1976—），女，辽宁沈阳人，法语语言学博士，中国政法大学外国语学院讲师，硕士生导师，研究方向为语言学。

[1] 杨萍、付童："基于'超星学习通'平台的高校外语混合教学模式实践——以《西班牙语视听说》为例"，载《英语广场》2019年第10期。

跃课堂，部分地改变学生只是被动接受知识的局面。通过微信的群功能，教师也可以事先发布思考问题，学习资料和各种学习任务，课堂随之被延伸至课外。这对于外语这类需要沉浸式教学模式的学科无疑是个很大的优势。但是这只是混合式外语教学最初的形式，课堂依旧是主体，网络只是辅助性的，效果也非常有限。大规模的、系统性的网络教学开始于去年的疫情期间，由于高校无法正常开学，因此全面的网络教学得到了实践。网络教学平台层出不穷，比如超星学习通，智慧树和雨课堂等。其中超星学习通系统因其教学功能全面、使用简便成为众多高校的选择。教师在超星学习通系统中可以利用各种功能实现混合式的教学模式，特别在外语教学方面，超星学习通系统显示了它的超强实用性。本文以法语网络课堂为例，首先对超星学习通系统中课前、课中和课后三个教学阶段进行解读，然后分析超星学习通系统的优势和劣势，最后对互动式的混合教学模式展开探讨。

（一）课前教学

与传统课堂相比，超星学习通系统在课前教学阶段有绝对的优势。传统的课堂无法在课前教学阶段做很多设计，无法监督学生进行课前预习，也无法对学生是否有效地进行了课前预习进行跟踪。而这些功能全部可以通过超星学习通系统进行。法语课堂是一门必选课，每周四节课。而且法语是公认的比较难学的语言，尤其在入门阶段，需要大量的讲解。如果学生可以很好地进行预习，无疑对法语的学习有很大帮助。第一，超星学习通系统中，教师会将整个一个学期的学习内容以课时为单位全部呈现出来，学生在课程之前就可以了解每个课时的学习内容，进而了解整个一学期所要完成的学习任务。教师和学生双方对学习内容都能做到心中有数，这无形之中增加了学习的可预见性和可控性。第二，在每次的课程之前，教师可以根据教学目的的需要在超星学习通系统的资料区发布大量的学习资料，资料的选择形式多样，可以是文本、音频、视频，也可以是课前检测等。这样势必会大大提高学生的兴趣，同时增加了课堂的有效时间，减少课堂的讲解压力。在教学实践中，通常我们为了调动学生的主动性，在资料区留一些彩蛋，提一些问题，引导学生进行主动思考。兴趣是最好的老师，如果成功调动了学生们的学习兴趣，课堂教学便可以事半功倍，而超星学习通系统可以很好地达成这个目的。

（二）课中教学

在传统课堂中，教学的模式非常单一。而超星学习通系统为教师提供了直播和录播两种教学模式，教师可以根据教授内容的特点自主选择。在外语课堂中，直播模式更适合讲授只有通过模仿才能学会的内容，比如语音课阶段。录播模式适合讲授需要不断重复才能够巩固的内容。在法语课堂中，我们可以将两种模式结合起来使用。比如在语音阶段，我们通常使用直播模式，因为需要做很多发音的示范，讲解发音的方法，明确发音的规则。但是在讲解语法的过程中就可以切换成录播形式，那是因为语法知识大多遵循一套固定的逻辑关系，需要大量的例句展示，一般我们会使用PPT的页面作为录播的界面。而且语法的讲解使用录播形式更便于学生们重复收听，加强理解和认知，这也是录播最大的优势。在课程进行中，我们同样可以在资料区存放各种形式的学习素材，在课中向大家展示。这样的课堂虽然不能100%地面对面解决问题，但是可以实现传统课堂的所有要求，并且具有形式多样、可以反复收听等优势。录播模式同时还适用于解答各种问题。在实践中，我们会将学生所有的问题统一汇总，一一解答，学生可以重复收听，收到了非常好的效果。

（三）课后教学

在传统课堂中，课后教学的形式也非常单一，大多是布置课后作业，等到第二次上课的时候再统一对答案。而超星学习通系统显示了它的强大功能。其一，作业的形式可以多种多样。可以最大限度地利用网络资源，趣味性强，克服了以往作业形式单一的问题。教师可以自己制作题目，学生通过网络表单形式完成答题，简单易操作，可以在任何场所进行，不受客观位置的限制。作业的批改可以通过超星学习通系统自动完成，大大节省了时间。教师可以提前知道学生的回答情况。同时教师可以跟踪学生的学习情况，对于作业完成情况一目了然。其二，由于教师可以事先获得学生完成作业的情况，所以可以集中收集问题，分类统一回答，节省时间，教师也可以有足够的时间思考学生的问题所在。其三，可以跟踪学生的作业完成情况，包括完成率和作业质量，及时发现问题。

综上所述，我们发现网络教学具备了强大的功能，能够有效地进行知识的传授和监督学生的学习行为，同时也节省了教师大量的宝贵时间。那么超星学习通系统究竟有哪些优势和劣势呢？

二、超星学习通系统的优势和劣势

在充分了解了超星学习通系统在课前、课中和课后的功能以后，我们将详细地分析超星学习通系统的优势和劣势，以便更好地利用它的优势，并同时弥补它的不足。

　　首先，超星学习通系统具备教学灵活的特点。教师可以根据教学需要和学生的人数灵活选择录播和直播两种模式。上文提到过，在法语语音阶段，直播比较适合。另外听力课堂、阅读课堂、对话课堂此类需要面对面沟通的课程，直播课堂都可以胜任；而另外一类的需要学生反复收听才能达到良好效果的课堂，比如语法课堂，录播的效果会更好一些。其次，在超星学习通系统中有活动库，学生可以进行签到、抢答和讨论。这些功能一定程度上使学生摆脱了语言的枯燥性，增加了趣味性，易于被学生接受，从而活跃了课堂氛围，增加了学生参与的积极性，课程也更为丰富和生动。另外，超星学习通系统具有可持续性使用的特点。在超星学习通系统中，所有的上课内容都可以被回放，弥补了学生在传统课堂上知识遗漏的问题。学生可以无限制地重复收听，以加固所学知识，解决自己的问题，从而加深对知识的理解。教师也可以跟踪每个学生的情况，全面了解每个学生的学习情况，从而给出更加合理的建议。而在传统的课堂，教师一般只会注意到少数表现特别突出的学生，对整体缺乏了解。最后，网络课堂可以更有效地锻炼学生自主学习的能力。学生需要根据教师布置的任务自主地规划自己的学习，需要更多的主动思考，这也是在传统课堂中最缺少的部分。还值得一提的是，超星学习通系统可以全面地跟踪学生的学习情况。每位同学在课前、课程中和课后所有的学习活动，包括预习情况、课堂中的表现以及课后作业的完成情况都一目了然。这是计算机技术带来的变革，是传统的课堂无法比拟的。

　　但是和传统课堂相比，超星学习通系统也有一些无法克服的劣势。其一，受限于网络的畅通与否。在实践教学中经常出现网络不畅，从而影响教学效果的情况。因此，教师一般会做两手准备，尤其在直播课堂上，同时准备一份录播课件，以便在网络拥堵时替换使用。其二，教师的信息化水平有待提高。网络资源虽然很丰富，但是如何寻找、下载、剪辑资源为课堂所用，需要教师具备一定的信息化技术能力。其三，在解答问题的时候，效果不如面对面的讲解好，师生之间缺乏情感交流。超星学习通系统是一种数字教学模式，缺乏情感上的交流，教师对学生的了解仅仅停留在学习结果上，缺乏直观认识。在教育中，人的因素被弱化，整个教学过程虚拟的成分占有太大的比例。其四，学生的任务量增加，增加了学习负担，部分学生产生排斥心理。

三、混合教学模式探讨

基于上文对超星学习通系统优势和劣势的分析,我们来探讨一下线上和线下混合教学模式。目的是发挥超星学习通系统的优势,同时又可以用传统的教学模式来弥补它的不足。

混合教学模式的英文名称是 SPOC,即小规模在线课程(Small Private Online-Course),最初是由美国加州大学伯克利分校的阿曼德福克斯(Armando Fox)教授提出的。Small 和 Private 是相对于 MOOC 中的 Massive 和 Open 而言的,Small 是指学生规模一般在几十人到几百人,Private 是指对学生设置限制性准入条件,达到要求的申请者才能被纳入 SPOC 课程。就在校学生而言,SPOC 是一种结合了在线教学和课堂教学的混合教学模式。SPOC 借助"混合"的方式将线上线下结合起来,使教学在有效监控的条件下有序进行。张萍(2018)[1]认为,SPOC 作为个性化教学的新形式,可以借助网络技术优势,减少教师因批改重复无效作业而浪费的时间,从而将节省的时间投入到其他教学研究之中。贺斌(2015)[2]指出,教师可以参考学生在线学习行为的大数据,对教学进行问题诊断、教学干预和教学决策。周小莉(2017)[3]发现,学生通过 SPOC 平台进行自主学习后,可带着线上学习的问题进入课堂,有效地提升了教学效率和教学质量,并且有利于教师教学角色的转变。[4]

下面我们就以法语课堂为例,探讨一下混合教学模式的具体应用。

(一)课前预习

课前预习阶段,我们以超星学习通系统为主要手段,在资料区发布与教学内容相关的资料。但是资料以趣味性为主,避免增加学生的学习负担,一般不会要求学生记忆。通常是以音频、视频为主,或者设计一些和课文主题相关的内容和背景知识。有时候可以适当地提出一些思考问题,抛砖引玉。比如在法语课堂的

---

[1] 张萍、陈宏、朱丹梅:"SPOC 模式及其商务英语教学研究",载《齐齐哈尔大学学报(哲学社会科学版)》2018 年第 6 期。

[2] 贺斌、曹阳:"SPOC:基于 MOOC 的教学流程创新",载《中国电化教育》2015 年第 3 期。

[3] 周小莉:"基于 SPOC 的英语阅读混合式教学模式的有效性研究",载《普洱学院学报》2017 年第 6 期。

[4] 杨萍、付童:"基于'超星学习通'平台的高校外语混合教学模式实践——以《西班牙语视听说》为例",载《英语广场》2019 年第 10 期。

第29课，里面讲了一个法国诗喃（slam）歌手的童年生活，在课前预习中，我们在网络上找到了该歌手的生平和他的几首代表作。我们把这些资料放到资料区中，引起了学生的极大兴趣，我们还就此在讨论区里进行了活跃的讨论。当我们再上课的时候，很多内容，学生们通过阅读都已经掌握得差不多了，收到了很好的教学效果。

（二）课程进行

课程进行阶段还是要以传统的课堂形式为主，即线下的、面对面的课堂形式。这不仅有助于教师和学生的情感交流，而且有助于教师观察学生的学习情况，掌握课堂氛围。但是课程进行中同样可以借助于网络资源，给学生们提供大量的音频、视频资料，以活跃课堂，避免枯燥，提高学生的学习效果。

（三）课后复习和作业

课后复习和作业以超星学习通系统为主。因为平台为我们提供了大量的丰富的作业模式。一般我们会做成问卷形式，将题目和答案输入系统。这样节省了教师批改作业的时间，同时可以跟踪每一位学生的完成情况。作业的形式，除了试卷，还可以有录音、跟读等传统课堂无法做到的功能。但是要注意作业的数量不能太过庞大，以免造成学生的排斥情绪。

四、结语

相较于传统的法语课程的教学方式，基于"超星学习通"系统的混合式教学模式具有无法比拟的优势，其在提高课堂效率、增加练习的频次和数量、促进课堂内外的交互、提高学生参与度、促进教学的诊断与改进等问题上都具有积极作用。这种混合教学模式融合了网络教学和传统教学的优点，同时又克服了各自的不足。我们认为在外语教学中，这是目前比较合适的教学模式。

周雪纯[*]

浅谈语言输入的频率分布模式对动词论元构式习得的影响

一、引言

在构式语法理论中，构式是语言的基本单位，有关各级语言单位的描述涉及形式和语义/话语功能的配对[1]。具体而言，任意一句话语都是由相互嵌套的构式所组成。例如句子 Today he goes to the library 包含以下构式：词汇构式，如 today、he、goes 等；形态构式，如动词的屈折形式 - es 象征了第三人称单数的现在时；抽象的语法构式，如 Subj、VP 和 Prep；以及动词论元构式，如不及物移动构式（Verb - Locative：[Subj, V, Oblque$_{path/loc}$]）。这些形式相对应的功能都将有助于表达说话者的意图[2]。其中，动词论元构式（Verb - Argument Constructions, VACs）是由不同具体范例抽象概括而来的形式与语义/功能的结合体，通常以动词（或动词短语）后接或前置论元的形式而存在。同时，动词论元构式会支配和影响动词的语义[3][4]。如句子 Bob played the piano to pieces 是结果构式（Resultative Construction：Subj, V, Obj, Predicate$_{AP}$）的具体范例之一，其中动词 play 受该构式的形态 - 句法语境的影响，产生了全新的语义"通过演奏的方式引起乐器在状态上发生改变"。

---

[*] 周雪纯（1994—），女，福建厦门人，中国政法大学外国语学院英语语言文学专业硕士研究生，研究方向为认知语言学，语用学。

[1] Goldberg, Adele E, "Constructions: A new theoretical approach to language", *Trends in cognitive sciences*, 7.5 (2003), 219 - 224.

[2] Ellis, Nick C., and Fernando Ferreira - Junior, "Constructions and their acquisition: Islands and the distinctiveness of their occupancy", *Annual Review of Cognitive Linguistics*, 7.1 (2009), 188 - 221.

[3] Goldberg, Adele E, Constructions at work: *The nature of generalization in language*, Oxford University Press on Demand, 2006.

[4] 蔡金亭、陈家宜："基于使用取向的英语动词论元构式二语研究"，载《北京第二外国语学院学报》2019 年第 5 期。

基于使用的语言习得观，进一步对构式习得过程作出阐释，主张说话者的语言知识来源于"使用事件"（Usage Events），即理解和产出语言的具体行为，因而构式习得常发生在言语交际的过程之中。说话者经由交际情境接触到语言的具体范例，并在这些语言输入的基础上结合一般性的认知机制（如范畴化、图式构成、类比处理等）概括出带规律性的语言形式（Pattern）。由于构式习得源于语言的使用经验，其驱动因素自然会涉及具体实例的出现频率和频率分布，以及这些实例和原型范例（Prototype）在意义上的匹配程度[1][2][3]。

学界中探究频率分布模式对动词论元构式习得影响的文献主要与实证研究相关，较少文献对此进行系统的梳理和对比性分析。鉴于此，本文将首先介绍输入频率的具体类型及其与动词论元构式习得的关系，其次选取四个有代表性的实证研究来对比分析两种频率分布模式下动词论元构式的习得情况，最后会提出对未来研究方向的设想。

二、输入频率对英语动词论元构式习得的影响

本节会介绍输入频率的两种主要类型，形符频率和类符频率，并以此为基点浅谈这两种频率类型与英语动词论元构式习得的关系。由于本文的着重点是形符频率效应，因此会进一步介绍以高频原型范例为中心的偏向输入和各范例都以较低形符频率出现的均衡输入，并探讨其中哪一种频率分布模式对动词论元构式习得具有显著的促进作用。

（一）输入频率：形符频率和类符频率

心理语言学表明语言学习者能够敏锐地感知各个层次形式的输入频率，因而语言频率有助于语言构式的习得[4]。根据输入频率对构式的建构作用，可将其分为形符频率（Token Frequency）和类符频率（Type Frequency）。前者指相同动词在给定构式中出现的次数，它们可能伴随不同的名词短语；后者指的是给定构

---

［1］ Ellis, Nick C., and Fernando Ferreira - Junior, "Constructions and their acquisition: Islands and the distinctiveness of their occupancy", *Annual Review of Cognitive Linguistics*, 7.1（2009），188 - 221.

［2］ 王初明："基于使用的语言习得观"，载《中国外语》2011 年第 5 期。

［3］ 蔡金亭、王敏："基于使用取向的二语习得研究：理论、实证与展望"，载《外语与外语教学》2020 年第 2 期。

［4］ Ellis, Nick C., "Frequency Effects in Language Processing: A Review with Implications for Theories of Implicit and Explicit Language Acquisition", *Studies in Second Language Acquisition*, 24（2002），143 - 188.

式允许存在多少个不同的动词。例如，厨师们在烹饪美食时所发生的对话常包含许多双宾语构式，在这一情境下，研究人员可统计 give 在双宾语构式中出现的形符频率，如 give me a chopping block，give me soy sauce，give me a plate 等，也可统计双宾语构式的类符频率，如 give me a plate，hand him a cup of milk，pass her the apron 等。由于语言学习者并不会细致到对每一个范例的各个方面进行编码，因此在一个给定的构式中，同一个动词的不同范例将以无差别的形式进行表征。换言之，一个动词的形符频率越高，其作用是加强该动词在给定构式中的表征程度而非提高这一构式对其他动词类型的覆盖度（Coverage）。相反，由于类符频率与具有开放动词槽位（Slot）的构式相关，类符频率越高，有助于给定构式更容易涵盖其他新动词，从而提高构式的能产性[1]。本文主要围绕形符频率效应进行探究，未将类符频率纳入探究范围。

已有实证研究探索高形符频率对动词论元构式习得的影响，如 Casenhiser & Goldberg、张晓鹏和马武林证实高形符频率在母语和二语构式习得方面的优势作用，而 McDonough & Trofimovich、Year & Gordon 发现高形符频率并没有发挥显著作用。下文将会对这四个实验展开具体的分析。

（二）英语动词论元构式的习得特点：范畴化

根据 Goldberg 提出的"场景编码假设"（Scene–Encoding Hypothesis），语言使用者能把日常经验视作事件类型，并以这些事件类型作为中心意义进行编码，从而获得与之在意义上相对应的、能反映基本句子类型的构式。譬如语言中存在使役移动构式（Caused–Motion Construction：Subj，V，Obj，Oblique$_{path}$）的原因是，涉及某人使某物在状态或地址上发生改变（如放置物品、邮寄快递）等情境在人类交际生活中占据重要地位。语言使用者通过对这些具体情境进行概括，使得抽象的构式得以形成。在这一情况下，使役移动构式能够独立于单一动词之外存在，如句子 Tom sneezed the paper napkin across the table 并不因 sneeze 是不及物动词而让人觉得晦涩难懂[2]。上述动词论元构式的图示意义（Schematic Meaning）是从出现在动词孤岛（Verb Island）中的某些特定动词类型概括得来，

---

[1] Goldberg, Adele E, *Explain me this*: *Creativity, competition, and the partial productivity of constructions*, Princeton: University Press, 2019.

[2] Goldberg, Adele E, *Constructions*: *A construction grammar approach to argument structure*, University of Chicago Press, 1995.

因为动词相较于其他词汇更能预测句子的含义，并且能够决定句子的句法框架[1][2]。一般而言，动词论元的句法－语义模式具有相当大的规律性：语义上密切相关的动词类型常出现在同一论元结构构式的动词孤岛之中，如使役移动构式中的 put，send，push 等[3]。因此，某类动词论元构式的意义可从这些动词项目中概括而来。

提示：
- Jim put it on the table.
- Mary sent letter to him.
- He put the books on the box.
- She received flowers from Jack.
- Mary pushed the bike to school.

构式习得的范畴化过程：

形态，句法，词汇形式
↕
语义，语用，话语功能

Caused-Motion Construction:
Subj,V,Obj,Oblique$_{path}$
↕
X causes Y to move (to/from) Z

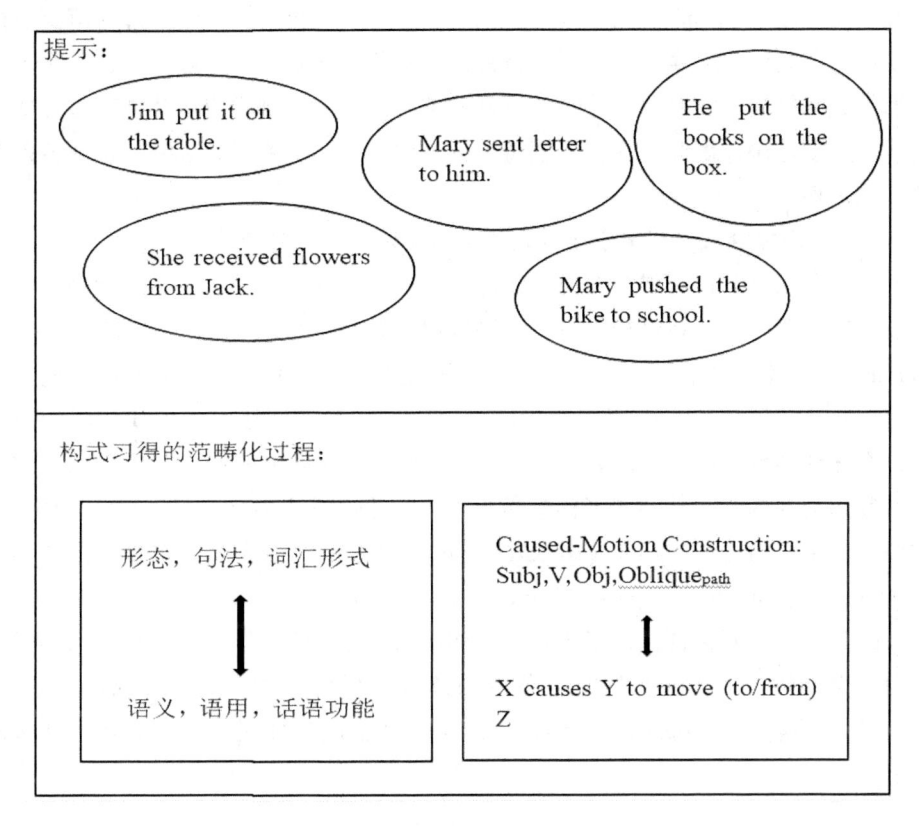

图一 使役移动构式的归纳过程

---

[1] Tomasello, Michael., First verbs: *A case study of early grammatical development*, New York: Cambridge University Press, 1992.

[2] Ellis, Nick C., and Fernando Ferreira - Junior, "Construction learning as a function of frequency, frequency distribution, and function", *The Modern Language Journal*, 93.3 (2009), 370 - 385. 12 Goldberg, Adele E., Devin M.

[3] Casenhiser, and Nitya Sethuraman, "Learning argument structure generalizations", *Cognitive linguistics*, 15.3 (2004), 289 - 316.

基于上述分析，构式习得过程运用了范畴学习（Category Learning）的模式。儿童的语言能力应包含抽象构式的知识，所以他们在看到结构相似、单词完全不同的句子时，依然能识别出它们只是同一抽象构式范畴的具体实例。如个体在听到图一中的提示语句时，他们能够利用这些占据了"动词孤岛"的动词归纳出这些句子同属于使役移动构式，且都具有相同的语义功能（某人使某物在状态或地址上发生改变）。范畴通常具有层级结构，其中原型范例相较于边缘范例更能展现所属范畴的代表属性，因而可被视作范畴归纳的基准。一般而言，一个范例的形符频率越高，它对定义范畴的贡献就越大，这个范例相应地就越有可能成为构式的原型范例。因此，在构式范畴习得过程中，学习者很有必要先接触该范畴的原型范例[1]。

（三）语言输入的频率分布模式与动词论元构式习得的关系

基于前两点分析可得，动词论元构式的习得过程与输入频率息息相关。相关实验研究表明，个体在最初阶段先接触以原型范例为中心的、低方差性（Low-Variance）样本，之后便能更快归纳出目标范畴[2]。因为个体借由低方差性样本能确定目标范畴主要由哪些原型范例组成，直到他们接触到更加广泛的范例后，个体便能清晰地定义范畴的边界[3]。低方差性样本的特点是语言输入中存在重复出现的构式，其动词多样性偏低[4]。再回到"美食烹饪对话"的例子，主厨与助手间的交流中存在许多双宾语构式的范例，但是范例中多包含同样的动词词汇，如 give, hand, pass（give me a plate, hand me a cup of milk, pass me the apron 等）。这个对话便体现了语言输入样本的低方差性，因为其中双宾语构式仅包含三个动词类型，并且所有的范例都遵循相似的形式（verb + me + a/the N）。低方差输入可根据构式中动词的形符频率情况具体区分为均衡输入和偏向

---

[1] Ellis, Nick C., and Fernando Ferreira-Junior, "Construction learning as a function of frequency, frequency distribution, and function", *The Modern Language Journal*, 93.3 (2009), 370-385. 12 Goldberg, Adele E., Devin M.

[2] Elio, Renee, and John R. Anderson, "The effects of information order and learning mode on schema abstraction", *Memory & cognition*, 12.1 (1984), 20-30.

[3] Ellis, Nick C., and Fernando Ferreira-Junior, "Constructions and their acquisition: Islands and the distinctiveness of their occupancy", *Annual Review of Cognitive Linguistics*, 7.1 (2009), 188-221.

[4] McDonough, Kim, and Tatiana Nekrasova-Becker, "Comparing the effect of skewed and balanced input on English as a foreign language learners' comprehension of the double-object dative construction", *Applied Psycholinguistics*, 35.2 (2014), 419.

输入[1][2]。在均衡输入中，构式范例中动词的分布是近乎均等的，意味着每个动词的形符频率都是一样低；与此相反，偏向输入指构式范例中存在一个以较高形符频率出现的动词，而其他动词的形符频率都偏低，这种频率分布方式被称为齐夫分布模式。

依据齐夫分布模式（Zipfian Distribution），在给定的自然语言语料库中，任意词汇的出现频率与其在频率表中次序的常数次幂成反比，频率最高的词汇占据最多的语言形符数[3]。词汇若按照这一模式进行分布，输入变异性（Input Variability）将会大幅度降低，即语言使用者在实际生活中按任意规律性使用的词汇量会比她所掌握的词汇量少一个数量级。因此，语言学习者也就更易于去接触并习得这些在语言输入中高频出现的词汇。Goldberg 和她的同事通过对儿童早期话语的语料库进行分析，发现动词论元构式中的动词也遵循齐夫分布模式[4]，因为在儿童使用的动词集合之中，有一个动词会以绝对高的频率出现在所分析的构式中。例如，go 主导了不及物移动构式（Subj, V, Oblique$_{path}$），put 以最高的频率出现在使役移动构式（Subj, V, Obj, Oblique$_{path}$），give 也是双宾语构式（Subj, V, Obj, Obj2）中最常出现的动词。Goldberg 还发现，上述动词不仅在动词论元构式实例中高频出现，还与构式在语义方面具有极高的相似性，具备该构式的原型意义（见表一），这自然形成了齐夫分布模式[5][6]。后续的研究表明，同样的高频动词也以"偏向"的趋势出现在儿童从父母那里获得的语言输入之中。

---

〔1〕 Boyd, Jeremy K., and Adele E. Goldberg, "Input effects within a constructionist framework", *The Modern Language Journal*, 93.3 (2009), 418 – 429.

〔2〕 Casenhiser, Devin, and Adele E. Goldberg, "Fast mapping between a phrasal form and meaning", *Developmental science*, 8.6 (2005), 500 – 508.

〔3〕 Kingsley, Z. G., *The psycho – biology of language: An introduction to dynamic philology*, Houghton Mifflin, 1935.

〔4〕 Casenhiser, and Nitya Sethuraman, "Learning argument structure generalizations", *Cognitive linguistics*, 15.3 (2004), 289 – 316.

〔5〕 Goldberg, Adele E, *Constructions at work: The nature of generalization in language*, Oxford University Press on Demand, 2006.

〔6〕 Goldberg, Adele E, *Constructions: A construction grammar approach to argument structure*, University of Chicago Press, 1995.

表一 高频动词及其对应的构式意义[1]

动词	构式意义	动词论元构式
go	X 移向了 Y	VL：不及物移动构式
put	X 致使 Y 移向 Z	VOL：使役移动构式
give	X 致使 Y 收到 Z	VOO：双宾语构式
make	X 致使 Y 成为 Z	VOR：结果构式

Goldberg 据此提出假设，偏向输入可能对动词论元构式习得产生积极影响。若原型动词在各个构式实例中高频出现，这将有助于语言学习者察觉这些实例间存在具体的相似性，从而抽象出形式与语义/功能相结合的某类动词论元构式。相反，若构式范例中存在小部分平均分布的动词词汇（均衡输入）或一大部分不同类型的动词（高类符频率的输入），那么潜在的动词论元构式范畴将难以被甄别[2]。下一部分将引入相关的实证分析，以此探讨偏向输入和均衡输入分布在母语习得和二语习得过程中对动词论元构式习得的作用。

三、语言输入的频率分布模式对动词论元构式习得的影响：偏向输入和均衡输入

本节首先会介绍学界普遍认可的一个实验结论，即偏向输入对母语学习者习得动词论元构式具有显著作用；其次引用另外三个二语习得领域的实证实验，以此验证上述结论是否依旧成立。

(一) 偏向输入帮助母语学习者高效习得动词论元构式

Casenhiser & Goldberg 利用实验证实了偏向输入比起均衡输入更能帮助母语学习者习得动词论元构式的假设[3]。这个假设表明，以高频动词为重心进行偏向分布的语言输入将利于动词论元构式的形式和功能的习得。Casenhiser 和 Gold-

---

[1] Casenhiser, and Nitya Sethuraman, "Learning argument structure generalizations", *Cognitive linguistics*, 15.3 (2004), 289-316.

[2] McDonough, Kim, and Tatiana Nekrasova-Becker, "Comparing the effect of skewed and balanced input on English as a foreign language learners' comprehension of the double-object dative construction", *Applied Psycholinguistics*, 35.2 (2014), 419.

[3] Casenhiser, and Nitya Sethuraman, "Learning argument structure generalizations", *Cognitive linguistics*, 15.3 (2004), 289-316.

berg 为实验设计了新的动词和构式"SOV - o",该构式表达了"出现"的功能,如 the king the ball moopo - ed(描述了国王出现在球上的事件),其中动词附加了无意义的后缀 - o。他们透过语音描述短视频内容的形式将类似的语句提供给 81 名以英语为母语的大学生。这群学生在接触完这些刺激性语句后需完成选择任务,将之前没有听过的句子(如 The ball the room sutoed)与同时出现的两个视频内容(球出现在房间里和球在房间里一直滚动的画面)进行匹配,有关"出现"的画面是正确答案。实验对象被分为三组成员,一组接受均衡输入,一组接受偏向输入,一组没有接受任何训练。在前两种训练条件下,所使用的新颖动词的形符频率和类符频率在整体上保持不变。在均衡输入组中,论元结构构式中的五个动词呈均衡分布,意味着每一个动词的形符频率较低(4-4-4-2-2);在偏向输入组中,实验对象听到相同的五个动词,其中论元结构构式中存在一个拥有极高形符频率的原型动词,而另外四个动词仅分别出现两次(8-2-2-2-2)。最终实验测试表明,偏向输入条件下产生的学习效果比均衡输入条件下产生的学习效果要更好,这也验证了原型动词的高频出现将有助于所处动词论元构式的习得。尽管如此,接受均衡输入的实验对象相较于未接受训练的实验对象在构式习得方面依然存在进步。换言之,偏向输入是习得动词论元构式的充分非必要条件。

Goldberg 和她的同事进一步证明在偏向性输入中,若"先"呈现的范例里存在较高形符频率的动词,则范例之间潜在的相似性(拥有相同的且是新造的动词)将变得更为显著,这将帮助实验对象尽快地在认知层面形成相关的构式范畴。因此,同是偏向输入,含有先后顺序的内容比以随机顺序安排的内容更能帮助实验对象准确地识别目标构式[1]。

(二)偏向输入和均衡输入对二语学习者习得动词论元构式的作用

基于上述 Goldberg et al 的研究发现,即偏向输入(高形符频率)有助于动词论元构式的习得,其他学者逐渐把目光转向二语学习领域,考察频率分布模式对二语学习者习得动词论元构式的影响。

Ellis 和 Ferreira - Junior 利用欧洲科学基金会 ESL 语料库研究了二语学习者在动词论元构式产出中动词的使用规律。语料库包含了母语使用者和英语学习者日

---

[1] Goldberg, Adele E., Devin Casenhiser, and Tiffani R. White, "Constructions as categories of language", *New ideas in psychology*, 25.2 (2007), 70 - 86.

常会话的历时语料，主要围绕三类论元构式即 VL（Verb Locative）、VOL（Verb Object Locative）和 VOO（Ditransitive）进行探究。研究表明，二语学习者在这些构式中最先习得的动词同时也是最高频出现、最原型性的动词（如 go 之于 VL，put 之于 VOL，和 give 之于 VOO 构式）。这三类动词在构式中的分布特征都属于齐夫分布模式，这与母语使用者构式产出中动词的频率分布模式一致，可见二语学习者的构式产出与所接触的构式输入频率存在关联。但是，这个研究并没有明确证明偏向输入一定促进二语学习者习得动词论元构式，还需要借由实验操控输入内容的变异量，从而比较被试接触偏向输入和均衡输入后所达到的学习成果[1]。

1. 偏态输入具有显著作用。张晓鹏和马武林借助实验发现中国学生在习得英语抽象构式的初期阶段，接受偏态输入比接受均衡输入更能获得最佳学习效果[2]。为了保证实验效度，他们创造了新的"移动"（Approach）构式，其形式为"$NP_1 + NP_2 + V$"（NP_1 为施事，NP_2 为目标，新造动词 V 表达移动方式），如 The doctor the construction worker feigos（描述了医生爬向建筑工人的事件），其中动词附加了无意义的后缀 - o。实验对象为初三和高三的学生，这些学生通过等级测试被划分为中低水平组和中高水平组，这两组又各自划分为"I"和"II"组。构式的学习过程也是通过看视频和听与视频内容相匹配的旁白进行，其中五个新造动词分别在中低/高 - I 组中以偏态分布呈现（7 - 2 - 2 - 2 - 2），在中低/高 - II 组中以均衡分布呈现（3 - 3 - 3 - 3 - 3）。在测试阶段，实验对象除了要正确选择表示"移动"构式的视频（旁白：The princess the basketball player pookos），还需在下个测试项选择表示不及物构式的视频（旁白：The princess and the basketball player are pookoing），这两次测试的视频不变，从而考察被试是否真正习得目标构式的"移动"功能（见图二）。除此之外，这个实验还考察了实验对象是否习得了正确的连接规则。

---

[1] Ellis, Nick C., and Fernando Ferreira - Junior, "Construction learning as a function of frequency, frequency distribution, and function", *The Modern Language Journal*, 93.3 (2009), 370 - 385. 12 Goldberg, Adele E., Devin M.

[2] 张晓鹏、马武林："语言输入的频率分布对中国学生习得英语抽象构式的影响"，载《现代外语》2014 年第 1 期。

不及物构式　　　　　　　　　　　移动构式

图二　测试视频截图[1]

　　实验结果表明，在学生水平一致的情况下，偏态输入促进构式习得的效果更显著；在频率分布等同的情况下，高水平学生比低水平学生更易习得新的动词论元构式。这个实验与 Casenhiser &Goldberg 在母语学习者中发现的结论一样，二语学习者在习得构式的过程中，需要接触语言输入中形符频率较高的原型范例，并以此为据点，再将其与其他新接触的边缘范例建立联系，最终概括出目标构式。这个实验也证实，在构式习得的初期阶段，均衡输入所发挥的作用并不明显。张晓鹏和马武林认为主要原因是二语学习的难度会给学习者造成一定的认知负担，这迫使学习者无法动用充分的认知资源来归纳这些变异性更高的构式范例。

　　2. 偏态输入和均衡输入都具有促进作用，且不存在显著差异。Year & Gordon 借由英语双宾语构式习得的实验，发现韩国学生在偏向输入和均衡输入的条件下都取得了显著的进步，但与上述实验结论不同的是，偏向输入的优势作用并不明显，而是与均衡输入的促进效果近乎一致。值得注意的是，接受均衡输入的小组更能发挥双宾语构式的能产性，且更善于长期记忆已习得的构式知识[2]。他们认为实验结论不同的原因可由以下几点解释。首先，这个研究是在课堂情境下进行的，课堂教学会激发二语学习者采取显性的学习方式，更加关注形式层面；前两项实验的学生会倾向于使用隐性的学习方式，同时以原型范例为中心的

---

　　[1]　张晓鹏、马武林："语言输入的频率分布对中国学生习得英语抽象构式的影响"，载《现代外语》2014 年第 1 期。

　　[2]　Year, Jungeun, and Peter Gordon, "Korean speakers' acquisition of the English ditransitive construction: The role of verb prototype, input distribution, and frequency", *The Modern Language Journal*, 93.3 (2009), 399–417.

偏向输入可能更有益于隐性的范畴学习方式。其次，上述两项实验的研究周期较短、提供的范例较少，这促使实验对象对已有范例形成依赖，特别是输入中高频出现的原型范例，因此偏向输入的条件会有利；但是他们的实验周期长、提供的范例多，这将鼓励两种类型输入条件下的实验对象形成不以特定范例为主的抽象表征。因此，动词论元构式的学习会基于这个抽象表征，而非高形符频率的原型范例。最后，已知前两项实验注重考查两种频率分布条件下实验对象对目标构式的理解程度，主要运用隐性知识；但这个实验所采取的测试工具更复杂，包含诱导性产出和接受度判断任务，这会导致实验对象倾向于运用显性知识来确定形式的正确性。

总而言之，Year & Gordon 的实验可能由于实验情境的不同（课堂 vs. 实验室），实验周期和构式范例相对更广些，和实验任务所考察的学习方式（显性学习 vs. 隐性学习）的不同等原因，导致实验结果与以往不同，即语言输入中原型动词的偏向分布并不一定在动词论元构式习得上具有优势作用。

3. 均衡输入具有显著作用。McDonough & Nekrasova-Becker 同样对比了偏态输入和均衡输入对泰国学生学习英语双宾语构式的作用，他们发现均衡输入比含有先后顺序/随机顺序的偏向输入在构式学习上展现的效果上更突出[1]。主要原因是，以原型范例为中心的偏向输入可能会固化动词论元构式习得，这促使二语学习者忽略到其他非原型的构式范例也同属于一个构式范畴，从而限制了构式范畴的概括性（只停留在如下模式：动词+人类接受对象+物体）；相反，均衡输入让学习者意识到还存在一个更具有包容性的构式范畴（如动词+任意接受对象+物体）。因为在构式学习阶段，三种输入分布条件下的实验对象所接触到的范例多涉及有生命的接受对象，如 So his students sent him many cards，但在测试阶段，为了保证理解性测试的效力，实验对象所接触的测试范例改成没有生命的接受对象和移动物体，如 So he brought the car some oil。在这种情况下，偏向输入会促使实验对象固化已形成的更为限制性的构式范畴，而均衡输入能帮助实验对象对构式范例进行更广泛的范畴概括。

综上，L2 动词论元构式习得中的形符频率效应研究在结论上还存在争议，

---

[1] McDonough, Kim, and Tatiana Nekrasova-Becker, "Comparing the effect of skewed and balanced input on English as a foreign language learners' comprehension of the double-object dative construction", *Applied Psycholinguistics*, 35.2 (2014), 419.

说明这两种频率分布类型的优势作用除了建立在目标构式的复杂性之上，还与构式学习情境或学习任务所涉及的学习方式（隐性/显性）有关，与实验周期和考察形式有关，还应考虑到母语迁移的影响。因此，本篇文章认为授课教师应采取相对客观的态度，分别衡量均衡输入和偏向输入在 L2 动词论元构式学习上的优势，而非把母语习得方面的研究成果照搬到二语教学的课堂之中，即仅依靠偏向输入来帮助学生学习英语动词论元构式。

四、有关频率分布模式对动词论元构式习得影响的研究展望

扩展动词论元构式的研究类别。上述研究不同频率分布类型对动词论元构式习得影响的实证研究主要集中于双宾语构式和新造构式（表示出现、移动功能的构式），期待未来学界能多关注动词论元构式中的其他子类别，从而完善这一领域的研究成果和理论体系。值得注意的是，并不是所有的动词论元构式都遵循齐夫分布模式，如英语的及物构式（Transitive Construction）并不存在构式的原型范例[1]。

探究在偏向输入和倾斜输入条件下，拥有不同程度先验知识（Prior Knowledge）的二语学习者在动词论元构式习得上的表现有何不同。以双宾语构式习得为例，初学者虽然在课堂上还未正式地学习过这个构式，但是在日常学习生活中，他们极有可能听到老师脱口而出诸如 tell me your answer，ask me question 等指示性的教学语句[2]。

研究频率分布模式的有效性是否会受构式学习任务类型（演绎性 vs. 归纳性）的影响。一般情况下，学习任务不仅涉及隐性/显性特质，还可从演绎/归纳类型进行划分。目前通过查阅文献发现只有 McDonough & Trofimovich 从学习任务类型着手开展实验，证实辅助泰国学生习得世界语及物构式的最优模式是将演绎性教学和均衡输入相结合，其中形态是这个构式的重要线索[3]。因此，学界也

---

[1] Sethuraman, Nitya, and Judith C. Goodman, "Children's mastery of the transitive construction" Online proceedings of the 32nd session of the Stanford Child Language Research Forum, CSLI Publications, 2004.

[2] McDonough, Kim, and Tatiana Nekrasova‐Becker, "Comparing the effect of skewed and balanced input on English as a foreign language learners' comprehension of the double‐object dative construction", *Applied Psycholinguistics*, 35.2 (2014), 419.

[3] McDonough, Kim, and Pavel Trofimovich, "Learning a novel pattern through balanced and skewed input", *Bilingualism*, 16.3 (2013), 654.

可以探索这个研究思路是否也适用于英语动词论元构式的习得实验。

五、结论

本文考察了语言输入的频率分布模式对动词论元构式习得的影响，其中涉及偏向输入（原型范例的形符频率较其他范例的形符频率高）和均衡输入（不同范例的形符频率趋于一致）。总体而言，偏向输入是母语学习者习得动词论元构式的最优模式，因为输入中高频出现的原型范例会使构式表征更加明晰，从而提高学习者对目标构式的识别/提取率。然而，二语习得相关的实证研究取得了与上述结论不一致的发现。除了张晓鹏和马武林验证高形符频率在 L2 动词论元构式习得初期方面的优势作用之外，McDonough &Trofimovich，Year & Gordon 并未发现高形符频率发挥了显著的作用，反而是均衡输入的促学作用更突出。

基于以上结论，本篇文章认为授课老师应对是否利用偏向输入帮助学生习得二语构式这一理论视角持审慎态度。由于把偏态/均衡输入与动词论元构式习得相结合的实证研究较少，因此本文还未能对这个话题作出明确的结论。将来实验可丰富动词论元构式的研究类别，选取拥有不同程度先验知识的二语学习者，采用带有演绎性/归纳性的构式学习任务，从而考察语言输入的频率分布模式对动词论元构式习得的影响。

谢 芹*

在《跨文化交际》课堂中使用纪录片电影
——以《傻瓜在国外》第一季为例**

进入21世纪以来，随着经济全球化和高等教育国际化的拓展和深入，跨文化能力的培养越来越受到国内高校的重视。在此背景下，不少高校陆续开设了以培养跨文化能力为目标的《跨文化交际》课程。

在国内，跨文化交际课堂的学习者往往缺少真实的跨文化经历，而案例被认为可以弥补这一缺陷。胡文仲认为案例研讨可以引起学习者的思考和讨论，能有效地提高他们的跨文化敏感度和跨文化意识[1]。

一、课堂常用案例的局限性

目前，国内高校课堂中使用的案例主要有两个来源：一是教材，二是虚构题材电影。然而这两类案例都有一定的局限性，不利于培养跨文化能力。

源于教材的案例主要有四个方面的局限性：首先，目前国内《跨文化交际》课程常用教材相似度高，所选案例一般较陈旧，缺少时代感。其次，案例的真实性不强。课程常用教材几乎很少对案例的原始出处进行标注，因而难以判断其真实性。再次，这些案例所涉文化较单一，一般以中国和英美文化为主，不能反映多样化的文化生态现实。最后，案例的呈现方式以文字描述为主，这种单一模态的形式难以全面生动地还原复杂的跨文化交际过程。据 Lasswell 的传播模式可知，交际是一个涉及多要素、多环节的复杂过程，单一模态的呈现方式往往会局限观察者的视线，不利于他们形成一幅关于跨文化交际过程的全景图。

---

* 谢芹（1980—），女，北京外国语大学在读博士生、中国政法大学外国语学院副教授，研究方向为外语教学及跨文化交际。

** 本文系教育部人文社会科学研究一般项目17YJC740098"大学英语教育背景下借由《跨文化交际》课程中的反思导向教学法培养学习者的思辨能力"的阶段性成果。

〔1〕 胡文仲："跨文化交际课教学内容与方法之探讨"，载《中国外语》2006年第6期。

因声形兼备、引人入胜的特点，电影片段常被用于跨文化培训和教学中，其效果也已得到肯定。胡文仲指出电影是跨文化交际课程使用较多的教学方法[1]。Champoux（1999）罗列了电影在教学中的八大用途，其中第一大用途是作为案例的来源。[2]

然而，目前课堂中常用的电影片段绝大多数选自于虚构类电影。因虚构类电影本身的特征及其局限性，这类案例对跨文化能力的培养可能会产生一些负面影响。在虚构电影中，事实与想象之间界限模糊，而想象的内容易在感知上被观众当作事实存储在自己的认知体系中。赵富霞（2016）[3]提到，虚构电影中所描述的社会文化未必总与现实相符，甚至可能存在歪曲事实的情况，但这些虚构的现实可能会被学生误以为是真实的；同时，电影中的虚构现实容易让人的认知受情感左右，产生"热认知"，不利于学习者理性地理解其中的文化概念；另外，为了在短时间内刻画人物形象，电影往往需要使用大量刻板印象。虚构类电影常常以理所当然的姿态呈现这些刻板印象，这更容易让学习者产生或强化对某个文化类别的刻板印象。综上，跨文化交际课堂亟需引入新类型的案例，以克服上述两类案例的局限性，而非将虚构类电影引入《跨文化交际》课堂。

二、更适于作为课堂案例来源的纪录片电影

纪录片是三大电影创作模式之一。相对于虚构片和实验先锋片，纪录片在主题、意识形态、目的、形式、拍摄手法以及观影体验六个方面存在显著差异[4]。纪录片适合作为《跨文化交际》课堂的案例来源，主要有以下两个原因：

第一，纪录片的真实性符合案例选择原则。纪录片是一种以真实性为核心的影视艺术形式，其最主要的特点就是非虚构性。非虚构性被认为是纪录片的"核心特征""本质属性"和"最后防线"。张同道认为，纪录片的真实有赖于两个支点：非虚构和非剧情。非虚构要求纪录片所拍摄的人物和事件必须是生活中存

---

[1] 胡文仲："跨文化交际课教学内容与方法之探讨"，载《中国外语》2006年第6期。

[2] Joseph Champoux, "Film as a Teaching Resource", *Journal of Management Inquiry*, Vol. 8, No. 2.

[3] 赵富霞："跨文化题材电影用于外语课堂教学的探讨与实践"，载《考试与评价（大学英语教研版）》2016年第2期。

[4] Bill Nichols, *Introduction to Documentary*, Bloomington& Indianapolis, Indiana University Press, 2001.

在的，而非虚构出来的；非剧情则指纪录片记录，而非创造片中的事件[1]。诚然，纪录片的真实并非绝对的真实，但它以现实生活为原材料，对现实生活进行描述，这与虚构电影形成了本质区别。

纪录片的真实性与案例及案例研究的特征是一致的。案例是一个描述或基于真实事件和情景而创作的故事。关秋等指出，"案例是展现现实生活场景的真实而又典型的事件"[2]。显然，纪录片与案例和案例研究两者在真实性这一本质属性上是一致的。

第二，纪录片能触发学习者积极思考，避免因热认知而产生偏见。"热认知"是 1963 年由 Robert P. Abelson 提出的概念，指的是受到情感影响的认知方式。受到环境刺激，热认知往往会自动而快速地产生，容易在不经意间让人做出带有偏见的判断或决策，并且存储在认知系统中。久而久之，这种认知偏差会形成偏见，为跨文化交流带来不利影响。从布景、演员造型、剧情安排等，虚构类电影充斥着各种激发感官的手段，因此这类电影更容易让观众产生热认知。

不同于虚构电影，纪录片源于 20 世纪 60 年代的直接电影，当时拍摄这类电影的初衷便是为了与虚构电影的"独裁主义"（authoritarianism）分庭抗礼。它鼓励观众进行自我思考，与银幕内容进行积极互动，旨在让观众从影像中解读出具有个人意义的内容，而非接受电影制作者要灌输的内容。纪录片追求的是交流，而非表现[3]。不同于（虚构）电影，因为有真人真事的限定，纪录片往往切断了观众想象的自由度，能将自己与影片中的人理性地区分开来[4]。这种理性区分有助于避免学习者因热认知而产生认知偏差和偏见。

尽管纪录片所反映的真实并非纯粹和绝对的真实，但相较于虚构电影，它以真人真事为拍摄对象，采用非虚构的艺术手法。这一特征更容易使观众保持理性，为他们提供一种现实的观照。

三、纪录片《傻瓜在国外》的丰富跨文化内涵

由英国天空频道拍摄的《傻瓜在国外》是一部系列旅行纪录片。第一季拍

---

[1] 张同道：《多元共生的纪录时空》，北京师范大学出版社 2010 年版，第 3~13 页。

[2] 关秋、陈梅："案例教学的理论研究综述"，载《教育与职业》2011 年第 20 期。

[3] Betsy McLane, *A New History of Documentary Film*, New York: Continuum International Publishing Group, 2012.

[4] 路永泽："纪录片——对现实的镜像关照"，载《电影文学》2009 年第 14 期。

摄于2010年，共八集，记录了一位普通英国人卡尔（Karl）在几个文明古国体验文化差异的旅程。这部纪录片具有丰富的跨文化内涵，以个体视角为呈现方式，展现了复杂的跨文化交际过程。Brittani 曾在跨文化交际课堂中使用该片，让学生辨别和讨论片中涉及种族中心主义及文化价值观等方面的内容。通过这种活动，作者发现跨文化概念变得更鲜活，学生也因此产生了许多共鸣[1]。这部纪录片适于当作案例来源引进到《跨文化交际》课堂中，有以下原因：

第一，它呈现了一幅多元的文化图景，蕴含立体的文化事实。在纪录片中，卡尔游历了中国、印度、中东地区、约旦、墨西哥、埃及、巴西和秘鲁，它们在文化谱系上跨度大，又具有代表性。通过他的旅程，学习者可以直观地观察到这些文化在地理环境、社会生活、民俗风貌等方面的显著特征。同时，它不仅覆盖了物质文化层面，也囊括了精神文化维度。如纪录片生动地显现了印度的苦行、中国的武术、巴西的狂欢节、墨西哥的复活节等象征性文化活动。重要的是，纪录片并非直接描述文化事实，而是通过卡尔与本土文化互动的体验加以描画，如卡尔曾在印度过洒红节、在中国算命、在埃及砍价、在墨西哥摔跤、在秘鲁体验原始部落生活等。

多元文化图景响应了新时代背景下对跨文化能力的新要求。许力生和孙淑女认为，全球化时代背景下对跨文化能力提出了新要求，在认知上体现为"交际者需要掌握世界文化知识和普遍的文化理解力"[2]，因为人们的跨文化交际活动不再局限于某一个国家或文化，而是多元的文化群体。这部纪录片恰好为学习者提供了一个可以俯瞰世界多元文化的窗口。同时，它所涉及的都是历史悠久的古文明，有别于教材中常见的欧美现代文明，因此可以作为有益补充，拓宽和丰富学习者的文化认知。另外，多元文化图景还能帮助学习者跳出常见的两维文化比较的思维框架，从更宏大的视角观察、理解和评价文化差异。

第二，它饱含跨文化概念，并以多模态的形式呈现了抽象的跨文化概念。在纪录片中，观众常常能接触到文化诧异、刻板印象、民族中心主义、偏见等重要跨文化概念。比如，卡尔在中国体验了一次食物带来的文化冲击，他在拜访一位京郊农户时，热情的女主人请他吃青蛙肉。出发前，卡尔曾听过这个习俗，并对

---

[1] Crook Brittani, "Teaching Intercultural Communication with 'An Idiot Abroad'", *Communication Teacher*, Vol. 28, No. 1.

[2] 许力生、孙淑女：《跨文化能力递进—交互培养模式构建》，载《浙江大学学报（人文社会科学版）》2013年第4期。

此非常抗拒。但在电影中，囿于面子他没有明确拒绝，接下来出现了这幅画面：女主人准备食物时，他坐立不安，喃喃自语；当女主人往他碗里夹青蛙肉时，他欲拒却迎；他挣扎着吃了两口，最终还是忍不住吐了出来。整个过程中卡尔的表情、动作和声音都栩栩如生地呈现出来了，能让学习者直观地体验到文化冲击的概念。

多模态的呈现形式能帮助学习者更好地理解概念。它还原了真实的交际过程。在解释跨文化概念方面，课堂上的传统手段是文字或口头解释，这有悖于人类交际活动的真实状态。在交际活动中，人类需要调用不同的感官来获取、理解和传递信息，其本身是一个多模态的话语生态。文字等单模态形式无法全面而生动地呈现多模态的交际过程。纪录片电影里富含声音、动作、图像、颜色等符号，是典型的多模态话语生态，它能还原真实的交际过程。同时，Cardon 提到，多感觉通道获得的经验会给人留下最深刻的印象。纪录片电影通过调动观众的多个感官通道，能帮助他们更好地理解抽象的跨文化概念[1]。

第三，它记录了典型的个人跨文化体验。该纪录片并非从宏大视角描述文化，而是着力展现个人的跨文化体验。纪录片的主人公卡尔是一位普通的英国人，是一个宁愿待在伦敦家中，也不愿意探知异文化的人。他在认知、情感和行为层面上体现出了普通人都会有的典型特征：固守舒适区，对外界文化既不了解也不感兴趣；习惯主位思维，文化差异意识不足；缺少灵活性，对不确定性持消极态度；没有反思意识，不习惯从经历中提炼智慧；面对文化冲击，除了诧异逃避，常常应对无方。这种典型性像一面镜子，使学习者有机会从中管窥到自己的影子，有利于增强学习者的文化意识。

第四，这部纪录片的编排手法有利于学习者理解跨文化过程。跨文化交际是一个复杂的过程，它外化为行为方式，却源于内在的心理过程。在每一集纪录片中，导演都会针对具体的交际事件，让卡尔以独白的方式诉说他的感受，这个设计将卡尔的内外两个世界打通了，为学习者理解间接的跨文化体验提供了必要和丰富的视角。

---

[1] Peter Condon, "Using Films to Learn about the Nature of Cross–cultural Stereotypes in Intercultural Business Communication Courses", *Business Communication Quarterly*, Vol. 73, No. 2.

四、从《傻瓜在国外》中提炼案例的原则和思路

提炼案例需要遵循一般原则和特殊原则。一般原则是根据案例的功能进行选择的原则,而特殊原则是指选择案例时需要考虑到跨文化能力的构成要素和发展特征,以此为框架进行筛选。

案例在教学中起到不同的功能。Merseth 据此将案例分为范例案例、问题案例和分析案例[1]。范例案例用于解释复杂的概念和知识,帮助学习者构建对应的图式,提高知识的迁移;问题案例帮助呈现问题本身,包括背景和过程;分析案例提供一个真实情境,供学习者应用所学知识解决问题。

根据《傻瓜在国外》的内容,可从中提炼这几类案例。在解释抽象概念时,可选择对应片段作为案例,供学习者理解。同时,可将卡尔在片中常犯的典型跨文化交际错误提炼为问题案例。Hofstede & Pedersen 总结了五大跨文化交际中常见的障碍:语言差异、非言语交流、刻板印象、充满文化偏见的评价、跨文化互动中的高压问题[2]。教师可以围绕这几个方面采集问题案例,让学习者在具体语境中辨别和了解常见问题,提高跨文化意识。分析案例方面可以聚焦于跨文化冲突事件,因为跨文化冲突事件一方面蕴含交际冲突的根源,另一方面还提供了训练问题解决能力的情境。学习者可借此体验冲突,分析冲突形成的原因并讨论对应的解决方案。

除了一般性原则,案例选择还可遵循特殊原则,即从跨文化能力构成要素和跨文化能力发展过程两个角度筛选和提炼案例。

从跨文化能力构成要素提炼案例是指参考要素型跨文化能力模式进行操作。经过学者们几十年的不懈努力,学界在跨文化能力构成要素上达成了一般性共识,即跨文化能力被普遍认为包含认知、态度和行为三个维度。Deardorff 使用德尔菲研究法,与 23 位跨文化交际研究领域的专家们就跨文化能力的构成要素达成了共识,创建了跨文化能力金字塔模型[3]。该金字塔模型的底部具体地罗列

---

[1] Katherine Merseth, "Cases, Case Methods, and the Professional Development of Educators." ERIC Digest, 1994. Retrieved from https://files.eric.ed.gov/fulltext/ED401272.pdf at November 2, 2020.

[2] Gert Hofstede, Paul Pederson, *Exploring Culture: Exercises, Stories, and Synthetic Cultures*, Yarmouth: Intercultural Press, 2003.

[3] Darla Deardorff, "Identification and Assessment of Intercultural Competence as a Student Outcome of Internationalization", *Journal of Studies in Intercultural Education*, Vol. 10, No. 3.

出了跨文化能力在三个维度上涵括的具体要素。态度层面上包括三个要素,即尊重、开放、好奇心和发现;认知层面包括四个要素,即文化自觉意识、深层理解和文化知识、具体的文化知识、社会语言意识;行为层面包括六项技能,即倾听、观察、解读、分析、评价和关联。这个模型从宏观和微观的角度清晰地陈列出了跨文化能力的构成要素,可以为教师提供案例选择的原则和方法指导。

比如,纪录片中有一个片段能够帮助学习者理解跨文化"解读"的过程。卡尔的巴西之行中有一站是去参观著名的耶稣巨像。在巨像面前,导游声情并茂地描述雕像脸部的美,但卡尔却不以为然。其后,他对着镜头说耶稣雕像的下巴又长又宽,看起来就像是他们国家的一名本土节目主持人,一点也不美。这个片段很具象地呈现了跨文化解读的过程,可以改编为案例,引导学习者观察双方是如何描述同一雕像,不同的解读是如何受到双方文化的影响,这种差异可能对双方交际产生何种影响,如何能更有建设性地在差异的基础上进行对话。

另外,从跨文化能力发展过程提炼案例是指按照跨文化能力发展的一般性过程提炼与之相关的片段作为案例。与要素型跨文化能力模型不同,过程型跨文化能力模型强调跨文化能力的发展过程。在这个方面较有影响力的是 Bennett (1993) 提出的跨文化敏感发展模型 Developmental Model of Intercultural Sensitivity (DMIS)[1]。这个模型描述了交际者在面对文化差异时视角和行为上的变化,Bennett 使用连续体的形式解释这些变化。Bennett 认为交际者跨文化敏感度的提高就是从种族中心主义阶段走向种族相对主义阶段的过程。前一阶段的交际者一般会设想自己文化的世界观是现实世界的中心,而后一阶段的交际者则认为文化只能放在其内在特定的语境中才能被理解。根据发展特征,每个阶段各包含三个子阶段。文化中心主义阶段包含的三个子阶段为否定、防御、弱化;文化相对主义阶段包含的三个子阶段为接纳、适应和融合。这些环节代表了交际者处理文化差异的不同取向和策略,能为学习者观察和理解跨文化交际活动提供框架和路线图,教师可以根据这个框架在纪录片中提炼案例。

比如,在长达八集的纪录片中,卡尔体现出了处理文化差异上的变化。比如,卡尔曾直言自己宁愿做个井底之蛙,也不愿意跳出井底,看到更广阔的天空,因为他认为外面的世界污染严重,而且青蛙还会被人们抓住宰了当食物吃。

---

[1] Bennett, "Toward Ethnorelativism: A Developmental Model of Intercultural Sensitivity", in Michael Paige ed., *Education for the Intercultural Experience*, Yarmouth: Intercultural Press, 1993.

但是在最后一集总结墨西哥之旅时，他说喜欢墨西哥文化中自在的一面，比如那里的女性个头都很大，是因为她们在吃食物的时候并不在意体型，而是喜欢顺应自己的喜好，这不同于他的妻子，只要吃一丁点儿食物，就会考虑会不会发胖。在这段解释中，卡尔将文化事件放在了语境中去理解，而不是仅仅看到表面。事实上，每集纪录片都有平行选题，比如都会去尝试具有本土特色的食物、都会参加风俗活动。教师可以以此为线索，提炼出卡尔不同阶段对相同活动的反应和感受，再利用 DMIS 模型进行分析，引导并帮助学习者观察和体会跨文化能力的发展过程。

五、结论

相对于《跨文化交际》课堂上常用的案例类型，纪录片电影因其真实性以及能促进积极思考的特点更适合引入课堂，为学习者提供相对真实的跨文化体验。系列纪录片《傻瓜在国外》呈现了一幅多元文化图景、记录了典型的个人跨文化经历、展现了丰富的跨文化概念。该片生动的多模态语境能够帮助学习者直观地观察、理解并获得跨文化体验，适合作为案例来源引入《跨文化交际》课堂。从这部纪录片中提取案例时，可遵循一般性和特殊性原则。前者是指按照案例的功能选取，比如范例案例、问题案例和分析案例；后者是指案例提炼需遵循跨文化能力的构成要素及发展特征加以操作，具体而言可借鉴 Deardorff (2006) 的跨文化能力金字塔模型这一要素型跨文化能力模型以及 Bennett (1993) 的跨文化敏感发展模型这一过程型跨文化能力模型。

李 昕*

在线教学的问题与建议
——以疫情期间《学术英语读写》课程教学为例

2020年初突发的新冠肺炎疫情给我国大学教学带来了一场前所未有的考验与挑战。国内各高校在教育部"停课不停教、停课不停学"（教高厅〔2020〕2号文件）的教育教学方针指引下，纷纷利用不同在线教学平台、采用各种在线教学方式，以求解决师生无法到校、进行正常课堂教学的困境。中国政法大学应对危机，适时应用远程教育手段并与在线教学平台"学习通"合作，较为顺利地完成了疫情期间的教学工作。然而，新的教学方式必然出现新的教学问题，在线课程教学并不能取得预期的教学效果，比如：教师会遇到在线课堂得不到学生反馈的境遇[1]，课程考试如何实现"同质等效"问题[2]等。本文聚焦笔者主教的《学术英语读写》课程在疫情期间的在线教学，通过分析学生学习反馈的质性研究路径，探究该课程在线教学的主要问题，针对主要问题进行讨论并尝试提出解决办法与教学建议，为进一步改进与完善后疫情时代的大学英语课程在线教学提供一定借鉴。

一、《学术英语读写》课程教学与本研究方法

笔者所教的《学术英语读写》课程，每周2课时，共计16周教学周。该课程以（专业）内容为依托进行英语学习，培养学生初步的学术英语阅读与写作能力、培养学生思辨能力。该课程所教学单元的话题多与法律问题相关、具有争

---

* 李昕（1976—），女，辽宁锦州人，中国政法大学外语学院大学英语教研室，副教授，教育博士，研究领域：课程与教学。

[1] 李锋亮："线上教学，高校教师应做好持久战准备"，载《中国科学报》2020年6月23日，第7版。

[2] 李曼丽、黄振中："疫情期间实施在线教学，考试怎么考？"，载《新清华》2020年4月3日，第6版。

议性、思辨性强（比如动物权利、安乐死问题等），但有的话题偏离学生现有的生活经历（比如同性婚姻、家庭暴力等），并且英语学习的依托文章篇幅较长、词汇量大、文本所涉及的背景信息并不为学生所熟悉（比如婚姻法、功利主义、生理学抑制——解除机制等）。该课程授课对象为2019级法学实验班学生，学生英语基础普遍较好。疫情期间，笔者主要利用"学习通"平台和课程微信群进行教学活动。针对该课程教学内容、学生英语基础、"学习通"平台的教学工具特点，笔者对该课程的线上教学主要采用"学习通"平台线上讲授、学习资料下载自主学习、在线讨论、小组合作学习成果线上分享、课程微信群集中答疑等多样化的教学方式。

该课程结束后，笔者邀请学生，通过书面学习反馈形式，围绕"我在在线教学（学习）中遇到了哪些问题？"为核心问题，请学生自愿反馈该课程线上学习情况，但学生作答不限于该问题。学生通过"学习通"平台提交学习反馈。笔者对学习反馈进行文本资料分析，按照描述性编码、分类性编码和分析性编码的操作规范进行分析，了解学生关于该课程的学习情况并发现该课程在线教学的问题，从而获得对教学现象的"解释性理解"[1]。

二、学生学习反馈与本研究发现

通过对学习反馈文本资料的内容性分析，笔者发现该课程在线教学（学习）主要存在网络技术、教师的教学设计、学生的学习动机与方法三层面问题。

第一，"有限"的网络技术影响正常的在线教学活动，这主要体现在：网速慢、网络不稳定、入网学习的学生身份问题等。典型的学习反馈如下：

"家里网络有时候会不稳定，突然断了，老师正讲的内容就错过了。"

"有时会有不是这门课程的人（学生还好）进来一起听课，这会不会影响老师正常的教学秩序呢，我有这个担心。"

"我们的在线教学平台，一下子进来一起上同一门课的好几十人，出现'塞车'现象，各种'卡'啊、'顿'啊，这时自己会变得很不耐心、焦虑，这会很影响我的上课情绪……。"

"在线上课的学生很'拥挤'，我们那个学习平台一下子'垮'了，成了学习'不通'，有时候我就是一直等待、等待，一节课才45分钟，很令人抓

---

[1] 陈向明：《质的研究方法与社会科学研究》，教育科学出版社2000年版，第13页。

狂啊！"

"家里网速很慢的，直播上课或线上即时的互动活动就很不方便，我想，家在农村地区的同学，比起在城市生活的同学，可能（网络条件）就更加不方便了。"

第二，教师的教学层面主要暴露出：教学内容有待充实、师生教学互动设计不足、学生学习负荷偏大、在线测试的"公平性"等问题。在线学习，在某种程度上，学生与文本对话机会更多，一位学生在学习反馈中提到"阅读需求"：

"老师提供给我们的在线学习素材有点少。现在网络上很多挺好的英语学习资源，只是我们有点儿不知道该选择哪些更好。老师可以给我们一些建议或提供一些补充的学习内容，丰富一下教学内容，满足我们的阅读需求。有些话题的学习材料，教材内容有点单薄，就像家暴那个单元，感觉文章一会儿读完了，就是酗酒与实施暴力，但是家暴的成因很多，我在准备小组报告的时候就读到了一些很有意思的文章。"

在线教学，由于网络技术问题、班级人数多、无法实现面对面师生对话、教师不能即时观察学生学习反应，因而缺乏充分的"师生互动、生生互动"，这是学生反馈出的最主要的教学问题。一些具有代表性的学生看法如下：

"录好的教学课件，老师一边放，我们一边听和记，感觉与课堂教学的面对面（学习）相比，缺少了很多互动。"

"网络表面上很方便地连线了老师和学生，但也是一道屏障，硬生生分隔开师生。我在这种学习情况下，会有一种孤独感。在课堂学习中，我就不太爱主动去交流，线上学习更是把我屏蔽了，不愿去主动交流。当然，我也知道不能把这个当做自己不参与学习的借口……。"

"课堂学习中，老师能通过学生的面部表情、眼神注意到哪些学生在专心学习，哪些学生心不在焉，哪些教学内容我们能很快理解，又有哪些内容我们都没跟上。我们如果不明白但用心听了，肯定会有些面目表情的自然反应，但是在线上课，（老师）这种观察就减弱了。大家没反应，老师可能以为我们都会了，有的地方（学习内容）一下带过去，但其实我们还没跟上呢！"

"不能和同学一起面对面地交流互动，学习总是感觉缺了点什么似的。"

"老师布置的小组合作学习任务，也不如在学校中大家交流起来那么方便。等待其他同学的反馈和他承担的部分作业，有时很滞后，有的同学还会'消失'一阵子，小组就不能有效地完成学习任务。"

在线教学无法实时"观察"到学生的学习情况，为促进学生及时完成学习任务，笔者在教学设计中以作文、读书笔记、开放式主题海报、上传口语录音等语言输出形式促进英语学习，但是有些学生表示出略感"疲惫"的学习状态。

"老师能不能每周固定一个时间来发放作业通知、签到通知这样的事情，因为我还有其它的课程也会有各种作业通知，有时候混一起，就容易错过或忘记了。感觉在线学习的时间具有不固定性、很随意，我每天盯着手机或是电脑上的学习平台，生怕错过什么学习通知，搞得很紧张！"

"老师可能也考虑了怎么督促我们去学习，布置了作文、小测验、小组活动，感觉比在校学习的时候多一些，我有点忙不过来。毕竟除了英语课，我们还有其它课程每周也要学习。有时几门课在一周内，老师们都布置了作业，就有点很疲惫的感觉，好像又回到了高中时代备战高考的感觉。"

关于在线教学如何测验，学生群体也普遍发表意见，意见主要反映为两点：其一，质疑在线测试的"公平"问题；其二，赞同本课程一些过程性学习评价的教学设计。笔者选择下面两位学生反馈，以做示例：

"在线测试，现有的平台与条件，怎么测试呢？我的意思是，怎么公平地考试呢？不可避免，会有同学查书查词、上网找现成的答案、向关系好的同学问答案，尤其是写作，可能直接找现成的作文，然后改改就复制粘贴一下。我不知道，老师怎么很客观、很公平地实现在线考试呢？"

"这学期，老师让我们每月提交学习笔记，我觉得这是一个挺好的办法，促进我学习，也是一种学习监督。老师还在'学习通'和微信群中分享了其它同学的学习笔记示范图片，我也是'大开眼界'了，他们的学习笔记真认真，很详细。有的同学用思维导图式的阅读理解，我特别受启发。以后，自己不能只是在教材空白的地方随便记录几个生词意思，这样其实学不到什么。"

第三，在线教学中，学生的学习动机、学习习惯、学习方法不同，产生不同的学习结果。

其一，在线教学缺乏教师监督，网络学习易"分神"，学习自律性不高的学生容易出现学习"惰性"问题。

"在家里学习，很容易犯懒，没动力。没有老师在那里监督着，没有课堂那种竞争的（学习）气氛，有时我会被网上弹出来的其它信息或什么的吸引，自己就开小差了。"

"在家学，本身就是很困难，没老师管着。"

"坐在电脑前，很容易（上课）同时也玩游戏了，反正想着老师也看不到我，会有不自觉的表现，学习效率就降低了。"

"一天到晚都上网课，还按课堂教学的时间走，连着两节课、三节课，我就特别容易走神。"

"我总是控制不住看几眼手机上的内容，微信、追剧等。在家里学习，自由度实在是太大了，我就容易失控。"

其二，学习方法对在线教学的学习效果有很大影响，学习基础好、主动学习能力强的学生在线学习的效果好于学习基础弱、不爱交流、学习对教师依赖性强的学生。

"在线学，师生直接交流比课堂上变少了。有的学生，特别需要教师帮着学习的，自己学习的效果就很差。"

"老师可能是想让我们多读一些同一主题的文章，还给我们列了很多主题词汇，但我有时就是把这些学习材料都从学习通上下载下来，自己也没个目标，先读哪个，哪个更重要，哪个是期末会考试的，就是把老师的东西下载下来，感觉我就学完了。"

"感觉分学生吧，有的好学生，在线学习就是如鱼得水，他们的学习效率更高，能同时有效完成很多学习任务；有的学生就很弱了，有问题也不能在线即时得到解决，还要自己花费很多时间查找资料，本来学习兴趣就不高，可能这样一来就更懒了。"

"自律性差的学生，学习效果不太好。老师讲完就忘了，根本不复习。"

"确实要改变一下自己的学习方式了，以后的这种教学方式，渐渐就会成熟的，我们还是按听课、记笔记的学习路子，会很不适应。"

三、结论与教学建议

综上，网络技术现状、不成熟的教学设计、学生学习动机与学习方法差异这三层面暴露出来的问题，形成影响《学术英语读写》课程在线教学效果的综合因素。网络层面问题，亟需在线教学前充分了解学生在家学习的网络条件，同时特别需要专业的教育信息技术人员配合师生教学活动，稳定并优化网络教学平台功能，充分发挥在线教育技术的"硬功夫"。这里，笔者只重点从教师的"教"与学生的"学"入手，从师生"软准备"提出改进在线教学的五点建议。

第一，在线教学需要教学目标明确、教学过程完整、给予学生自主学习空间的教学设计。在线教学不能是课堂教学的线上"照搬"模式,而应利用在线学习平台的特点和优势,因势利导,以学生获得学习发展为教学目标。

具体而言,在线教学的"教学前"准备应充分:教师上传所授教学内容的在线学习夹(Learning package)(包括预学导案、学习要点、视频资料、学习课件、补充阅读等);"教学后"学习任务或作业发布应及时,教师可配线上单元测试题,支持学生完成自主学习;教师还可充分应用现有网络公开英语教学资源作为所授课程的补充素材,丰富课程内容。有研究者发现"学习者原有的知识结构以及学习风格等个性化因素会影响其对在线资源的选择和意义建构活动,形成学习者的个性化学习路径"[1]。如此,较为充分的"教学前准备"、丰富的学习材料以及配套的"教学后学习任务"的完整教学设计,可以降低只有在线"直播课程"形式因网络技术原因造成的不利教学影响。已有研究还发现:"学习者倾向于首先比较全面地了解相应教学内容的框架和需要在学习中掌握的重点、难点……然后在学习过程中调整自己的学习策略,合理分配学习时间和精力,而不是简单地按照在线系统已有的固定顺序去学习所有教学内容"[2]。因而,完整的教学资料与教学菜单的线上呈现有利于发挥学生学习主动性,"将学习的权力交给学生"[3]。

第二,在线教学需要改变学习诊断的固有"一张卷"考试模式,实现学习评价多元化,突出过程性学习评价(比如:在线小测验、小写作、小组学习成果等)。例如,笔者应用"学习通"平台的在线"讨论"功能,布置主题式讨论与接力式的学生回应讨论活动,学生反馈很好,认为这一教学设计为他们提供了"软性的学习竞争环境"。而对于期末必须统一安排的考试,如采用在线形式,那么"确保诚信与防止作弊需要从技术、考试的题目与规则设计、整个课程的评价策略等多方面考虑,多管齐下"[4],摸索合理的在线考试模式。

第三,在线教学需要强化师生、生生之间的学习互动交流。直播课程、录播

---

[1] 曹良亮:"在线学习中学习路径分析及学习行为特点研究",载《中国远程教育》2014年第4期。

[2] 曹良亮:"在线学习中学习路径分析及学习行为特点研究",载《中国远程教育》2014年第4期。

[3] 李锋亮:"让学生积极主动参与在线学习的构建",载《中国科学报》2020年3月3日,第5版。

[4] 李曼丽、黄振中:"疫情期间实施在线教学,考试怎么考?",载《新清华》2020年4月3日,第6版。

课程限制了有限教学时间内的教学互动行为,那么教师可以给学生分组,学生以小组为单位,分批次进行网络会议模式的学习讨论活动。师生还可利用其它网络工具,比如微信群、电子邮件,进行后续有针对性的学习指导。有研究者认为,"教师的作用不能止于对教学材料的精心设计和课程准备工作,而是需要运用多种教学工具设计有效的教学活动来促进学生的学习反馈并有过程性的指导,使学生有更为积极的学习行为,更大程度地参与师生交互"[1],由此,促进师生多维学习信息交流。

第四,在线教学还特别需要教师实施一定程度的教学管理行为,比如:组织学习签到、抽查在线学习表现、记录学生学习过程、了解其学习需求,只有"满足学习者个性化的学习需求,并能使其获得教师针对性的指导"[2],在线教学才有可能在教师"不出场"的情境下具有一定教学约束力。

第五,在线教学需要学生改变只依赖教师教学的被动学习方法,培养主动学习意识与能力,并倡导同学间的合作学习。在线教学中,教师应"有意识地培养学习者的自主学习能力,培养他们运用多样化学习策略——如探究,批判性思考,组织、分析与整合信息等参与在线学习并学会学习"[3]。学生可以形成线上学习小组,分享学习计划与体会,共享学习资源,受到来自同伴学习的鼓舞。同时,研究者[4]还发现,学生的自主学习能力最终影响其在线学习的效果。因而,对于自主学习能力并不强的学生而言,他们在线学习时应关闭其它的网络内容或工具,减少或避免"教学外"不相干的因素影响,从有意而为地克服可能存在的学习干扰因素,过渡到自身内化主动学习意识与能力培养。

总之,对于后疫情时代的大学教学,在线教学是不能回避的重要研讨课题,改进与不断完善在线教学的设计、操作和反馈,这需要一线教师结合具体课程教学不断摸索、行动、反思与交流。

---

〔1〕 马婧等:"基于学习分析的高校师生在线教学群体行为的实证研究",载《电化教育研究》2014年第2期。

〔2〕 徐苏燕:"在线教育发展下的高校课程与教学改革",载《高教探索》2014年第4期。

〔3〕 李曼丽、张晓蕾:"学生的自主学习能力最终影响其在线学习的效果",载清华大学本科教学公众号2月27日专家视点。

〔4〕 李曼丽、张晓蕾:"学生的自主学习能力最终影响其在线学习的效果",载清华大学本科教学公众号2月27日专家视点。

孙晓磊[*]

基于输出驱动假设的《商务英语》口头报告教学研究

在大学英语教学改革不断深化的背景下,作为大学分科英语课程中的一门,《商务英语》旨在使非商科专业学生对各种商务活动进行广泛初步地涉猎,使学生在掌握语言技能的同时,提高商务交际能力。本文在介绍传统商务英语教学流程的基础上,提出"输出驱动假设"理论指导《商务英语》口头报告教学的合理性,并介绍其详细的实施流程,旨在为商务英语教学乃至大学英语教学改革提供一种新的思路。

一、研究背景

《国家中长期教育改革和发展规划纲要(2010–2020年)》提出高校要"培养大批具有国际视野、通晓国际规则、能够参与国际事务和国际竞争的国际化人才",这是在新形势下我国高等教育人才培养目标的高度概括。在这一"国际化"的要求和背景下,研究型高校的重要任务之一是培养和提高学生的国际交流和竞争能力。在国际化人才培养的大背景下,我国的大学英语教学必须不断调整、锐意改革。

《商务英语》是目前中国政法大学本科非外语专业学生英语必选课程,专门为大学二年级修完学术英语、通用文化模块课程的学生开设。作为本校大学分科英语课程中的一门,《商务英语》旨在使学生对现代市场经济条件下各种层面和类型的商务活动进行广泛初步地涉猎,内容涵盖全球化、国际营销、技术创新、营销策略、企业文化、市场竞争、经营风险、危机管理、电子商务等主题。在强化对学生听说和交际技能的培养,使学生在掌握语言技能的同时,了解现代国际

---

[*] 孙晓磊(1979—),男,河北沧州人,英语语言文学硕士,中国政法大学外国语学院副教授,研究方向为英语教学和翻译学。

商务的现状，以达到在商务体验中学习语言、提高商务交际能力的目的。在该课程中，培养学生的商务沟通能力，尤其是口头商务交际能力，是我校《商务英语》课程的重点，也是本校大学英语教学改革的重要目标之一，因此要提高学生使用英语语言技能进行商务沟通和交际的能力，拓展学生的国际视野，提高其国际竞争能力。《商务英语》的课程设置和目标设定也符合国家对于人才培养的长远规划和要求。

二、大学英语之《商务英语》传统教学流程介绍

传统大学课程设置方案中，《商务英语》或者相似的课程，历来多是英语专业或者商科专业学生的必修课程。作为具有代表性的一门ESP课程，《商务英语》依托的教学内容就是英语国家的商务活动，具有较强的实践性特征。在最早的应用实践中，哈佛大学首创性地将"案例分析法"应用于高级管理人才的培养实践中，后来该方法在世界范围内得到广泛应用，并在商务专业学生的教学中得到使用。20世纪80年代，"案例分析法"进入中国，成为商务英语专业教学中广为接受的一种重要方法。案例教学是一种利用内隐学习的机制进行教学的方法，它实质上是任务教学法在商务英语教学中的一种运用（王鲁男、段靖，2010：96）[1]。

在大学英语教学深化改革的背景下，笔者所在的学校为非外语专业学生开设的《商务英语》课程在特别考虑了非商科学生的学习特点基础上，甄选了经典教材《体验商务英语教程》（第四册）。该教程是在英国知名的培生教育出版集团出版的Market Leader和Powerhouse系列原版教材的基础上改编而成，其特点是将国际商务活动引入课堂，体验真实的商务世界。该教材在每个单元最后部分都特别设置了"案例分析"环节，通过商务案例的分析和研究，使学生前期"输入"的商务语言知识和技能得以应用，从而达到"学以致用"的教学目的。

该教材所设置的教学流程和环节，具体包括"Vocabulary""Listening""Reading""Language Review""Communication Skills"和最后的"Case Study"。最后的"产出"环节即"案例分析"要求小组成员融入具体的案例环境中，以团队协作的方式讨论并解决各类商务问题。比如"Close Relationship in office"这一案例，需要团队讨论该如何处理解决三个"办公室同事关系过于密切甚至恋情"的案

---

〔1〕 王鲁男、段靖："商务英语教学中案例教学法的应用"，载《外国语文》2010年第4期。

例，并最终研究制定"办公室同事交往行为准则"。

三、大学英语教学以"输出驱动假设"理论为指导的合理性

国内二语习得领域专家文秋芳教授对Krashen的输入假设、Swain的输出假设进行批判性分析，结合中国外语学习的特殊环境，提出了"输出驱动假设"的二语习得理论。其核心理念挑战的是"输入促输出"的教学流程，尤其针对中高级外语学习者，主张教学要以"输出"为出发点和终极目标。与"先输入后输出"的教学程序相比，"输出驱动假设"认为输出驱动有助于盘活高中毕业生在过去英语学习中积累的"惰性知识"，提升学生汲取新语言知识的积极性，以取得更好的教学效果。此外，让学习者带着明确的任务和目标进行有目的的学习，"以用促学"，学生的积极性和动力会更强。

传统的"灌输式输入"的教学模式，使学生对于知识的学习只能采取被动接受的态度，对于布置的"说、写、译"等输出任务也只能"硬着头皮完成"。而"输出驱动假设"的教学理念则强调，只有通过"输出任务"的调动和刺激，才能激发学生"输入"过程的热情，提高"输入"的效率。由于该理念适用对象为中高级学习者（中国政法大学本科生的外语能力已经达到这一范畴），因此我校的大学英语教学也同样适宜使用这一理论进行指导。

四、大学英语之《商务英语》口头报告教学新模式

（一）教师首先布置输出任务

《商务英语》课程的口头报告环节，和普通英语课程中的口头报告任务一样，作为英语课堂中的常用教学方式，可以充分调动学生积极参与课堂互动，锻炼学生的语言表达和交际能力。《商务英语》口头报告的任务依托教材每个单元最后的"Case Study"即"案例分析"环节。整个班级被分成七个小组，每个小组按照顺序，负责每个单元最后"案例分析"内容的口头报告，最终需要在课堂进行口头展示，最后提交书面的总结报告。

本人在每一单元学习开始，就会给学生布置"口头报告+书面总结"的产出任务，并强调每一个教学环节，都要为这一"终极产出任务"服务。这样，从一开始，就使学生明确自己的学习目标和任务，化目标和任务为动力，通过其他环节的积累和输入，为这一任务服务。比如，教材第四单元"Success"的Case Study部分，要求小组成员分两组，一组是"Camden Football Club"（卡姆

登足球俱乐部）的成员，另一组是"United Media plc."（联合媒体公司）的成员，双方需要就几个重要的问题展开 Negotiating（谈判），最终目的是要签署一份新的赞助协议。笔者会在第一次课上就把任务的具体要求明确提出，包括：①要使用商务谈判中和话题相关的专业词汇，而不是用自己想到的简单口语词汇来替代。②要灵活使用谈判的技巧，既要争取自身利益最大化，也要适当做出让步，才能成功签署协议。③成员之间要有灵活的互动性，不能只有发言，没有反馈。

（二）学生自己分配角色，选定讨论议题

在明确任务和具体要求的前提下，本人让负责口头报告展示的小组成员，进行充分沟通，自行分配角色，并最终选定几个需要谈判协商的核心议题。这些议题包括：①Total value of the contract；②The timing of payment；③How to deal with the key foreign player "Paolo Rossetti"？④Fringe benefits for players.

（三）教师对学生进行知识和技能输入的指导

因为产出任务主题是"negotiating"，涉及"successful teams and players""commercial activities of teams players""Fringe benefits for players"等相对专业性的话题，因此，本文针对这些内容，结合教材上的教学材料以及补充材料，从各个教学"输入"环节，给学生的任务产出提供语言知识和技能方面的指导。

第一，在"专业词汇"环节，通过前面的"Starting up""Listening"和"Discussion"等输入环节，学生可以学到若干展示中需要用到的专业词汇。比如在描述"successful individuals"时，他们可以学到如"charisma""discipline""ruthlessness""nepotism""dedication"等核心词汇。在描述"成功的企业"时，他们可以积累到"a motivated workforce""a prestigious location""an instantly recognized logo""shares which worth millions of dollars on the stock market""go public""successful in the first year of operation""launch new products""outsourced and distributed products"等。这些专业词汇可以帮助他们在小组展示中，用来描述两家合作的组织机构以及成功的足球外援等，增加用语的专业性。

第二，在"谈判技能"方面，出于真实的商务谈判需求，小组成员需要使用相对专业的沟通技能和谈判技巧，才能提高双方交流和沟通的效率，从而有利于双方达成共识，实现既定的合作目标。在输入环节中的"Communication Skills"部分，需要学生提前掌握商务谈判中经常使用到的一些沟通技能，包括"Signaling""Checking understanding"以及"Summarizing"。"Signaling"指的是在发言前,要明确告知对方自己接下来即将说话的大概内容。譬如,就某一具体问题表达自己的看法和建议时,最好一开始使用发表建议和看法的"信号句",如"I would like to make a suggestion. How about…?"在确认对方的观点时,可以使用"Checking understanding"这一技能,譬如使用"So what you are saying is…"这样的句式。在就一个问题展开讨论接近尾声的时候,可以使用"Summarizing"这一技能,譬如可以说"Can we summarize the points we have agreed so far?"总之,商务谈判辅之以专业沟通技能,能够提升表达的有效性,达到事半功倍的效果。

第三,在"互动交流"方面,作为模拟真实谈判场景的双方成员,在表达自身观点和想法时使用专业词汇和沟通技能的同时,也需要对自身团队成员和对方团队成员的表达,给予真实的"互动性反馈"。学生在初期模拟商务谈判的过程中,往往是一个成员展示自己团队的观点,与此同时,其他成员基本保持沉默状态,没有互动和反馈性交流,因此谈判的形式是缺乏真实性和专业性的。此时,教师需要对学生进行指导,告诉他们,真实的商务谈判,一定有自身团队成员甚至对方团队成员的即时互动和反馈,这样才能及时发现双方存在的问题、冲突、共识等,从而持续有效地推进谈判的进程,而不是把表达观点当做任务去机械地完成,而没有做到充分有效地互动交流。笔者在指导学生过程中,要求学生先完成"Listening"部分的输入学习环节,学习真实商务谈判案例中双方"互动交流"的模式和方法,用有效的输入性学习来指导自身的输出展示。

(四)学生口头报告展示与任务的输出

在对商务谈判知识和技能的充分输入学习的基础上,学生的展示基本具备了一定的专业性基础。当然,教师还需要在展示技巧和注意事项等细节方面,对学生进行进一步的帮助和指导。最终,学生模拟展示了"Camden Football Club"(卡姆登足球俱乐部)和"United Media plc."(联合媒体公司)之间的商务谈判。在词汇方面,其使用到了"offer 60m in sponsorship""we must renegotiate the sponsorship deal if…""a very good publicity""consider terminating the contract with Paolo Rosetti""offer perks"等相对专业的谈判词汇。在沟通技能方面,小组成员使用了"Signaling"的沟通技能,比如用到了"Ok, let's talk about our requests at first."以及"I'd like to make a suggestion. I think we should leave this point and come back to it later."展示者也使用了"Summarizing"的技能,比如使用了句式"Right then, here are two major points we have agreed."以及"That's great, so, we're agreed."在双方交流互动方面,双方都注意到了与发言者进行即时的互动和反馈,比如使用"What you said really makes sense…""That's okay. In addition to that,…""I agree with what you said, but we can't ignore the fact that…"等。

(五)实践效果

以"输出驱动假设"理论为指导的新的教学模式,在商务英语口头报告这一产出任务的运用方面,提高了报告的真实性和专业性,激发了报告者的积极性和参与性,取得了较好的效果:其一,"商务案例分析和口头报告展示相结合"这一输出任务的制定,明确了学生自身努力的目标,并增强了其自身输入性学习的动力。带着商务案例口头报告展示的具体目标和任务去学习,学生能够做到主动地扩充专业词汇、技能,通过研究具体商务活动案例去汲取经验,为自己的模拟展示学习了本领,掌握了技能。其二,"输出驱动假设"理论指导的新教学模式,要求教师不再是知识的灌输者角色,而是为学生设置任务、准备任务、完成任务这一系统过程中的"指导员"角色。通过教师在学生口头报告展示的准备阶段进行有效的指导,学生最终的口头报告的有效性和合理性有所提升。展示者最大限度地从道具、场景、PPT、语言、互动性等各方面,全面提高了展示的效果。其三,学生经过口头报告的系统性准备阶段的锤炼之后,其听、说、读、写等英语语言能力以及使用英语语言解决商务问题的实践能力,都得到了很大的锻炼和提升。学生从以前的语言知识技能的"被动接收者"变成了"主动参与者"。

五、结语

商务英语教学中传统的"案例教学法"通过口头报告展示的形式,可以提高学生使用语言解决商务问题的能力,因此成为商务英语教学中的重要方法和核心环节,受到教学活动参与者的关注。而以"输出驱动假设"理论为指导的全新大学英语教学理念,实现了商务英语课程教学流程的调整和优化,在教师布置口头报告展示任务的基础上,教师指导学生按照展示任务的需求,通过具体的各项环节,有目的、有计划性地输入知识和技能,最终做到科学、有效、真实地模拟商务活动的具体场景,现场解决商务活动中的具体问题,从而使语言知识和技能学习的主动性和积极性得到提高、运用语言技能解决现实商务问题的能力得到提高、团队沟通和协作能力得到提升。当然,这一全新教学理念指导下的商务英语口头报告教学实践,仍然存在一定的问题,因此笔者需要不断尝试,发现问题,解决问题,不断总结和优化,才能不断提升教学效果。

张卓娟[*]

关于如何在学术英语教学中提高口头报告有效性的研究

一、研究背景与意义

口头报告在大学英语教学中应用广泛，它的重要性毋庸置疑。在学术英语教学中口头报告则显得更为重要，因为学术英语的教学目标之一是培养学生将来参加国际学术研讨会和进行论文宣讲和讨论的能力，而培养学生的口头报告能力则是为实现这一目标打基础的重要途径。并且，它对学生将来的求职面试很有帮助，因为面试者一般会要求求职者有对特定专题进行口头报告的能力。当然，做口头报告还可以锻炼胆量，培养合作精神，增强创造性思辨能力，好处不胜枚举[1]。

但是，对很多在教学实践中使用口头报告活动的教师来说，很多时候，在没有一个好的口头报告模式和对口头报告的合理评估模式的情况下，这一活动很难达到预期的效果。由此，笔者在学术英语教学中，对于如何提高学生在课堂上进行口头报告的有效性，并在此活动中培养学术思辨能力进行了为期两年的行动研究。

具体内容分为如下两个方面：一方面，对如何训练培养学生的口头报告能力进行行动研究，力争形成一个培养学生口头报告能力的有效模式。另一方面，因为是否有一个完善的考核体系也直接影响着学生口头报告的质量，笔者同时也对口头报告的考核评估方法和体系进行行动研究。

笔者在研究中采用了问卷调查，口头访问等量化研究和质性研究相结合的方法，以求得到较满意的研究结果。

---

[*] 张卓娟（1975—），女，山西运城人，英语语言文学硕士，中国政法大学外国语学院讲师，研究方向为大学英语教学，外国文学，法律英语翻译。

[1] 张丽华：“美国课堂中口头报告的启示”，载《辽宁师专学报（社会科学版）》2004 年第 3 期。

二、行动方案的初步形成

在第一年的学术英语教学实践中,笔者和其他教授学术英语的同事一起对口头报告这个教学环节做了行动研究,我们在实践中找问题,在实践中找解决问题的办法,不断反思,不断地总结经验教训。

为了增强学生对这一活动的重视,我们把它的分值设置为占学术英语课程总成绩的15%。

口头报告的主题规定为与每个单元主题相关。要求学生所做的展示只要和本单元主题相关即可,他们可以在口头报告中给观众提供更多更新的信息,表达自己的观点,展示自己看待此主题的独特视角。

其它关于口头报告活动设计的细节如下。

(一)进行口头报告的时间

经过斟酌,笔者选择让学生在每单元结束时做主题口头报告展示。这样学生在有了一定的相关主题语言输入(这里的输入包括背景知识的补充,与主题相关的听力练习,与主题相关的课文精读和泛读等学习环节)后,可以就该主题做更好的语言输出和更深层次的讨论。若放在单元开始的时候做,学生可能会做背景介绍似的口头报告,缺乏深度和广度,也体现不出什么批判式思维。当然,这样的时间安排也使得学生带着在单元结束时要完成口头报告任务的心理准备去学习单元知识和技能。在有了更强的学以致用的动机驱动下,学生的学习效果会提高,也有利于解决学用分离的问题。以口头汇报任务为输出驱动,符合文秋芳教授提出的产出导向法(Production - oriented Approach,POA)[1]的教学原则。

(二)如何安排口头报告人

首先要说明的是,每学期有大约6个主题,而每班都有40多个学生,因此必须分组,这就涉及怎么分组比较合理的问题。第一学期,学生都是来自同一个院系同一个行政班的,方便起见,就让他们按宿舍自由组合,但是这样分组有个缺陷,就是没有了男女搭配干活不累的优势,缺乏男生女生混合成组所能激发的不同的创意。第二学期,学生自由选课,没有了原来的由一个院系组成的自然班,但是为了便于他们准备口头报告,也是让学生自由组合,落单的学生则由老师安排加入别的组或自然成组。这样的方法也有缺陷,就是容易造成水平高的学

---

[1] 文秋芳:"构建'产出导向法'理论体系",载《外语教学与研究》2015年第4期。

生联合成组，水平较低的学生组队，导致有些组的口头报告效果不太理想。

笔者在第一学期期末做了问卷调查，问学生有什么分组的好办法。学生大多数还是选择自由组队，但也建议了五花八门的方法，如按穿衣颜色，按生日，按星座，抽签法分组等。笔者从中还真找到了一个较为科学的好方法，这个方法需要教师做好前期工作。先找到每个学生的考试成绩，将分数高的学生均匀地分到六个组，他们也分别被任命为组长，然后再把水平较薄弱的学生均匀地加到这六个组，这样就避免了强强联合，也有利于保证每组男女生人数的均衡。当然，这似乎剥夺了学生的自主选择权，但是在教师分配组员的基础上，也允许学生再调整，以尊重学生的选择自由。希望这个分组方法可以实现最优化的人员配置，以保证每组都能做出质量较高的口头报告。

（三）报告主题分配方法

笔者用的方法主要是让各组长来抽签决定，为了照顾学生的意愿，抽签后各组之间还可以互相商量，自愿调整。

每单元两个组来做。上一种分组方法，每组六七个人，人数有些多，所以在第二学期的时候，笔者把40多人的班分成10组，做5个主题的报告，这样每个单元有两组来做，他们可以就同一个主题给观众展示不同的内容和迥异的视角。这样也可以在两组之间形成竞争，看哪个组做得更好。只是，这需要教师提前做好统筹和内容把控。笔者要求两组学生做报告之前至少提前一周把准备好的大纲交上来好把把关，以避免两组做的报告内容重复。

（四）口头报告时间长度

口头报告活动一般给每个展示者3~5分钟的时间，若每个组员都发言（当然一般要求每个组员都要发言），大概每组做25分钟。但是因为学生准备的材料多，有不少时候都超时了。在超时的情况下，笔者一般选择不打断学生的口头报告，以免损伤学生的热情和自尊心。只有在活动结束后，笔者才会私下提示学生如何注意合理安排报告时间。

（五）关于口头报告的评价

为了保证学生做的口头报告有较高的质量，笔者试图建立一个完善的口头报告评价体系。

1. 谁来评价。笔者采用的是教师评价和同伴评价相结合的方式。每次学生评分都收上来，如实计算出每位展示者的均分。

师生评分分值比例为10∶5，但是评价时让学生按10分为满分来打分，教师计算总成绩时，再除以2，这样比较能拉开分数差异性。

2. 评价内容。在新学期一开始，笔者就把口头报告评价标准给学生讲解一遍。评价主要看四方面：A 内容（主要看信息量是否大，观点陈述是否有逻辑和条理等），B 语言（主要从发音、语言准确度和语言流利度三个方面评判），C 台风（包括是否从容和是否跟观众有眼神交流等），D 互动（包括学生在口头报告过程中跟观众的互动和展示结束时与教师及观众的问答环节里的互动）。当然，还有个额外参考标准，是否脱稿。每次对学生的口头报告进行评分，笔者都给学生下发包含有上述四方面因素的评分表，以避免有些学生不加思考，随意打分。同时这也是对准备做口头报告同学的一个提醒，提醒他们注意该从哪些方面提高口头报告质量。

3. 评价形式。笔者采用打分评价和语言反馈评价相结合的方式，以求能给学生做出客观评价和主观评价相结合的反馈。在语言反馈时，教师也引导学生评价口头报告组组员表现的优缺点，也可以给该组提些改进的意见。教师评价时尽量做到总体评价和细节评价相结合，也注意同时做到评价口头报告的内容（matter）和评价口头报告者的风格（manner）相结合。

4. 何时进行评价。学生口头报告一做完，立即进行观众评分环节，然后再进行学生和教师都参与的语言评价。这样安排是为了避免教师和同伴的语言评价影响观众的独立评分能力。

在这个初步方案的指导下，笔者在开学导航课上对学生进行了如何做口头报告和PPT的先期培训后，带领学生进行了一学年的口头报告实践，发现实践中有收获也有挫折，喜忧参半。

三、第一年口头报告行动研究的效果和反思

（一）学生口头报告的内容和形式

学生基本上都能紧扣本单元主题做口头报告，少数水平较高一些的学生能在其中展现自己独特的视角和有深度的思考。比如，有一组学生在做安乐死是否应该合法化这一主题的口头报告时，很有创意地把安乐死问题和围绕堕胎的生命权和选择权争议，以及关于死刑存废的争议联系起来，从生命权和生命尊严的角度讨论，体现了很强的搜集整理信息的能力，也初步展现了一定的学术思辨能力。

为了体现自己的思辨能力，学生在口头报告中介绍主题背景之后，还经常引入辩论的形式来做深入探讨。不少学生还用了法庭庭审辩论的形式，符合我们学

校学生的特点。比如，在进行医疗失当（medical malpractice）主题报告时，有一组学生就用了此形式。他们设计了一个案例，一个正要参加高考的学生感冒了，去医院开了药，服药之后在考场上感觉头晕，没考好，认为是医生开的药造成自己发挥失常，把他告上了法庭，该组同学进行了非常激烈的庭审辩论。辩论之后他们让观众判断医生有没有责任，并解释为什么。这样很好地使观众投入进来。

有的组学生为了支持自己的观点，在校园里采访同学，做录像，进行问卷调查，以期获得最真实的第一手数据，体现了以事实和数据说话的学术风范。这些都是学生口头报告实践中养成的踏实做研究的好习惯，是可喜的收获。

（二）口头报告教学实践中的不足之处

当然，尽管笔者在口头报告评价方案上有规定和限制，但是如最初所预料和担忧的那样，还是有不少同学的口头报告内容只是网上搜罗来的东西，没有什么条理，也没有体现自己的批判式思考。

有些组成员喜欢加入情景表演，看似好玩，只是闹剧，没有在角色扮演（role play）后进行进一步的深入讨论。

还有些组学生会在报告中放映从网上下载的视频内容，但是放映之后，并没有做什么实质性的评价，变成了为了有趣而有趣，为了放视频而放视频，自己解说和评价甚少，导致喧宾夺主，本末倒置。

有些组学生在和观众互动时，会提前安排托儿来进行问答互动，这当然不是真正意义上的互动。

语言方面，学生基本语言发音标准，但不少学生表达不流畅，原因可能是主题内容较深，他们表达抽象思想的能力比较欠缺。

另外，尽管笔者强调要尽量脱稿，也说了脱稿的方法，大多数学生还是不能脱稿。最糟糕的情况是有些学生将所有要说的内容放到PPT上念给大家听，出现这种应付差事的情况时，听众会失去兴趣，各自看书或做其它的事，这对大家都是一种煎熬[1]。

第一年学术英语口头报告活动结束后，笔者在几个班做了关于该教学活动满意度的学生匿名问卷调查。发现约有12.2%的学生选了满意，58.4%的学生对口头报告这一活动的效果较满意，还有29.4%的学生对该活动不太满意。问卷调查的结果说明这一活动有很大的提高空间。于是，笔者也选出12位不同英语水平

---

〔1〕 张东英："关于口头报告教学的行动研究"，载《中国外语教育》2011年第1期。

的学生就这一活动进行了多次访谈式交流，学生们也开诚布公地提出了各种想法和意见，对改进第二年的实践很有帮助。

四、在第二轮学术英语教学中对学生加强口头报告指导和质量监控

在对第一学年口头报告行动实践和问卷调查总结之后，笔者深深感受有必要加强对学生口头报告技巧的培训，也需要加强口头报告的质量监控工作和反馈工作，以求提高此活动的有效性。

在第二学年里，笔者教授的是又一轮新生，这使我的行动研究得以重复进行，也有了更好的改进。笔者在第二年的口头报告教学实践中，进行了如下改进。

（一）笔者对学生如何做好PPT的先期培训更细致，培训课时更多

在学生实际准备过程中，在他们进行课堂口头报告前，笔者通过课后辅导和邮件辅导来把控学生口头报告的内容和PPT质量。

（二）加强对学生如何战胜怯场的辅导

笔者和学生一起分享多个名人如何克服怯场的小故事，并要求学生用录像的方法进行口头报告排练，在一定程度上帮助学生减少了发言焦虑[1]，培养了学生对口头报告的自信。

（三）建立规则使听众更投入

笔者要求学生听口头报告时要记笔记，然后在互动环节可以以笔记内容为基础问问题。下课时教师会收他们的笔记，这样一来学生听得更专注，报告者在准备报告时也更认真，他们会尽力提高报告的内容和质量，不敢敷衍了事；报告者进行报告的时候也更热情，因为他们面对的是有回应、会问问题的听众。同时，笔者也强调了提高提问能力对提高思辨能力的重要性，并对学生提问的技巧做了些培训。

（四）通过加强口头报告后的问答（Question and Answer）互动环节增强此活动的学术思辨性，提高学生的批判式思维能力

具体做法就是要求口头报告者做报告时要为听众设计问题，引发听众思考。学生口头报告后，教师鼓励听众就报告主题内容提一些相关的问题，教师本人也

---

[1] Savaşçı, Merve, "Why are some students reluctant to use L2 in EFL speaking classes? An action research at tertiary level", *Social and Behavioral Sciences*, 116 (2014).

会在学生提问后提出一些建设性的、更有启发性的问题,激发全班同学进行进一步的思考,包括相关话题的辩论。口头报告后顺便进行辩论活动,是对口头报告活动的进一步延伸和升华,这也给了观众广泛参与、进行语言输出和思想交流的机会。同时,笔者发现刚做完口头报告的学生在辩论中比其他同学更活跃,更能拓宽辩论的视角和增加辩论的深度,这说明他们在整个口头报告的准备和展示过程中得到了切实的锻炼,增强了语言输出能力和思辨能力。

(五)加强对学生口头报告的回馈

学生在做完报告后,老师邀请其他同学点评,尤其要评价报告的优点。笔者也尽量做些点面结合的具体评价和指导,使学生感到有收获,有成就感,提高他们做口头报告的自信和兴趣。

五、第二轮口头报告教学实践的效果和反思

上述改进使第二年的口头报告质量有了很大改观。笔者在第二轮实践后又做了关于口头报告的问卷调查,发现高达92%的学生表达了对口头报告活动的肯定态度。因为有了对口头报告更全面的操作指导和质量把控,学生应付差事的情况少了很多(降低到6.7%),认为自己积极准备了并且认为自己做得很成功、很有成就感的学生也有了很大比例的提高(从58.4%提高到81.7%)。口头报告活动时的课堂气氛也因为学生报告内容的提高和互动环节的增强而变得生动活跃,有时候会出现学生在课堂上争辩得不可开交,需要课下继续切磋的情况。

但是还是有些问题需要在进一步行动研究中得到解决。比如评估环节,有的学生评分很认真;有的则不认真听,然后评分比较随意;有的则打的是人情分,较难做到公正。这就是为什么学生评价只占5分,而老师评价占10分。需要进一步研究怎样增强学生对同伴口头报告评估的客观公正性。另外,还是有学生照着PPT念的问题,尽管笔者三令五申,总有个别学生把几乎所有内容放在PPT里照着念。如何解决部分学生过于依赖PPT的问题,这也是笔者在进一步行动研究中需要解决的难题。

六、口头报告行动研究的总结和思考

这两年对如何在大学学术英语教学中提高口头报告有效性的行动研究使笔者深刻体会到了团队协作的力量,研究方案的一再改进也得益于和同事经常进行的经验交流。笔者在此次研究中,在行动中反思,在行动中学习,也深刻体会到了

行动研究这一方法有助于改进具体的教学环节。

　　学生在分组做口头报告这一活动中也提高了英语输出意识和能力，培养了团队协作精神，锻炼了胆量，增强了自信。更重要的是，学生基本形成了一些好的学术研究习惯，如搜集资料、用数据说话等。当然，学生在口头报告中的问答和辩论环节中也锻炼了批判式思维能力。而这一切发生的重要前提之一是教师要做好对学生口头报告的培训指导，对此活动组织形式的良好设计和质量监控，这必然要求教师付出大量心血和时间。但是，一分耕耘，一分收获，第二年的口头报告行动研究就是在这样大量的付出下起到了较好的效果。总而言之，笔者相信此行动研究的结果是积极有效的，是可以在教学实践中进一步应用和不断改进的。

陈丹丹*

本科西语入门教学中的英语迁移应用研究

从 20 世纪初我国加入世贸组织到现在的"一带一路"倡议，尤其是中国与拉美国家的合作关系日益密切，国家对通晓西语的人才需求不断增加。我国高校西班牙语招生也在近二十年间出现了爆发式增长。高校的西班牙语教学所面向的对象主要是刚从高中毕业的学生，他们已经进行过十年系统全面的英语学习，但是在西班牙语方面是零基础。美国应用语言学家 Odlin[1]（1989：27）指出语言难度差异与语言距离有关；一般语言距离越近，难度越小，习得时间就越短。反之，距离越远，难度越大，时间就越长。衡量语言间距离的客观标准是系统比较语言结构的相似程度。西班牙语和英语均属于印欧语系，西班牙语属于印欧语系中的罗曼语族，英语属于日耳曼语族。因此，与汉语相比较，英、西语在字母、语音、词汇、语法等语言层面上具有更多的相似处，英语与西班牙语的可比性更高，也成为学生在最初接触西班牙语学习时的"参照语"。

一、背景与意义

目前，国内有学者对英语对西班牙语学习的辅助作用进行研究。程煜琦[2]在研究中指出，作为国际通用语，英语对西班牙语的影响并不局限于西班牙，甚至蔓延到整个拉丁美洲。长期以来，英语不仅在很多方面填补了西班牙语词汇的空白，在句法结构上也对西班牙语产生了很深的影响。从 19 世纪不列颠殖民帝国时期起，英语便已经开始扮演一种强势语言的角色。西班牙语在表达被动含义时，自复被动句出现的频率要远高于被动语态。然而受英语影响，越来越多的人

---

* 陈丹丹（1990—），女，西班牙语新闻学博士，中国政法大学外国语学院讲师，研究方向为西班牙语语言学，媒体形象，跨文化交流。

〔1〕 Oldin, T, *Language Trasnsfer*, Cambirgde：Cambridge University Press, 1989.

〔2〕 程煜琦："浅谈外语教学中语言的迁移作用——从句法角度看英语对西班牙语习得的影响"，载《学子（理论版）》2015 年第 17 期。

开始喜欢使用 ser + 过去分词的结构来表达被动含义。同时受英语的影响，西班牙语的形容词也逐渐有被介词加名词取代的趋势。

徐伊雯[1]在对英语在西班牙语语音教学阶段的辅助作用研究中，将英语的字母发音和西班牙语的字母发音进行比照，有一些西班牙语的字母发音在英语中可找到对应的音标，有些西语字母，如西班牙语的三大清辅音 P、T、CA/KA 等和英语的发音存在明显的差异，也是学生在最初接触西班牙语中最容易受英语发音影响的地方，因此在语音教学中需要进行重点纠正。此外，西班牙语和英语句子重读部分、断句和语调等是相似的，可以将英语习得的经验应用于西语教学中，这都是英语在西班牙语语音教学阶段可进行应用的方法。

迁移是原有知识对新知识学习发生影响的现象，促进新知识学习的迁移叫正迁移，反之，阻碍新知识学习的迁移叫"负迁移"。语言迁移作用的研究不仅丰富了普通语言学理论，还对外语教学理论的发展功不可没，因此"外语教师应该深刻地意识到不同语言间结构和意义上的差异，在教学过程中自觉地运用学习者原有的知识促进其外语学习[2]"（束定芳，庄智象，1996：55）。

Odlin（1989）将语言迁移定义为，目标语和其他任何已经习得的（或没有完全习得的）语言之间的共性和差异所造成的影响。他把学习者原有的知识结构作为认知结构，认为语言学习是跨语言的影响，原有语言的知识会影响后来目标语的学习。根据 Odlin 的语言迁移理论，不单母语会对目标语学习产生影响，还包括学习者已掌握的其他语言也会对目标语学习产生影响。但影响结果如何，由迁移方式决定。若想有效控制语言迁移的结果，必须找出学习者已掌握语言及母语和目标语的相似及差异。美国心理学家 E. L. 桑代克（1914）提出的学习迁移理论，认为学习是刺激和反应之间形成联结。当前后两种学习存在着相同的要素时，前一种学习上的成功可以迁移到后一种学习上，使学习产生正迁移效果。语言要素之间具有相同的成分，相同成分越多相似性越大，越容易产生迁移。因此，在本文中探讨的英语与西班牙语之间的相似性比汉语与西班牙语的相似性更高，更利于在西班牙语习得中语言迁移的产生。

如何将作为第一外语的英语的学习在西班牙语中的"迁移"作用，以及将

---

[1] 徐伊雯："浅谈西班牙语语音教学阶段英语的辅助作用"，载《英语广场（学术研究）》2013 年第 3 期。

[2] 束定芳、庄智象：《现代外语教学——理论、实践与方法》，上海外语教育出版社 1996 年版，第 55 页。

当下西班牙语接受的英语的影响进行研究并运用到教学实践中是本课题所要研究的对象。考虑到相对于学习英语学习所花费的时间来说，高校学生用来学习西班牙语的时间是四年，如果再考虑到现在跨学科的趋势，那么学生应用于西语学习的时间将会更短。因此如何通过将英语作为"参照语"引入到西班牙语的入门学习中，帮助学生快速熟悉一门新的外语的发音和句法结构，以减少学生西语学习的障碍并能尽快掌握一门新的语言是本文要研究的价值所在。

二、研究目标

本项目的研究目标和内容是将英语的句法与西班牙语的句法进行比对，将其中对西语学习有辅助作用的部分在教学中进行"正迁移"，在西语句法教学中进行有效应用；同时把英语中"负迁移"的部分在西语学习中进行规避和纠正。我在担任本科一年级的西班牙语老师的教学实践中发现，作为参照语的英语对大一年级学生的西语入门学习施加诸多方面的影响，应用得当可有助于学生更好地理解西语句法，但同时，有些"英语思维"也会对西语句法造成严重的影响，需要进行重复干预和矫正。通过本研究，希望能为西班牙语入门的学习提供更多指引，在西语教学中将西班牙语和英语句法相通的部分进行归纳和应用，同时重点纠正"负迁移"所造成的影响，将学生10年的"英语思维"进行最大程度的利用，如词汇的迁移。同时能消除英语中"负迁移"的影响，掌握西班牙语定冠词的使用以及否定句的句法结构等。

三、英语对西班牙语的"正负迁移"作用分析

（一）英语在西语语音和词汇学习中的"负迁移"和"正迁移"。

从语音层面来说，在西班牙语学习初期，英语对西班牙语会产生更多负迁移的影响。英语有26个字母，西班牙语27个字母，除了字母ñ，两种语言的字母几乎完全相同。这导致在初期的西语学习中，学生在朗读西班牙语时，强化的英语发音记忆容易造成干扰，出现英语发音和西语发音混杂的现象。西班牙语中的五个元音（a, e, i, o, u）的发音是固定单一的，英语中元音的发音则有所变化，学生容易在朗读时候将英语的发音代入到西班牙语中。此外，西班牙语的辅音p、t、r的发音与英语中的发音存在明显的区别。但是在语音学习阶段，尽管经过反复纠正练习，仍有很多学生无法完全从英语发音中纠正过来，并且在后期的学习中也很难再进行改正。

从语义层面来说，英语对西班牙语存在正迁移和负迁移。一方面，西班牙语中融入了很多英语的外来词，这些外来词在西班牙语中只是读音发生了变化，但语义和英语保持一致，如 idea, hospital, banana, chocolate, piano, hotel, actor 等，只需要按照西语发音的读法进行朗读便可掌握这些单词。

此外，西班牙语中融入了很多英语单词，尽管不能进行照搬，但可根据一定的规律进行迁移，如在词根一致的情况下，英语中的副词一般以"-lly"结尾，西语词汇中的副词均以"-mente"结束。在某些 e 结尾的英语的副词进行词尾的变化，将 e 变位 a，从而获得西班牙语的副词。以下面给出的几组对应单词为示例，西语和英语词根和词形一致，因此教师可以利用语义迁移缩短记忆单词的时间，帮助学生更快更多地掌握西班牙语单词。

西班牙语副词	英语副词
absolutamente	absolutely
totalmente	totally
finalmente	finally
literalmente	literally
inmediatamente	inmediately

大部分西语中的英语外来词迁移到西语中都存在一定程度上的变化，并且存在规则可循。例如，英语中的 ch /k/ 的发音和西班牙语辅音之前的 c 发音相同，因此在迁移时需要将英语中 ch 转换为西语字母 c。但是最初接触西语的学习者容易受到英语的负迁移作用，在书写时候直接取用英语的原词而出现错误，如将英语的 mechanically（机械地）直接写作西语的 mechanicamente（正确书写：mecánicamente）；technically（技术上地）书写为 technicamente（正确书写：técnicamente），这就需要教师对此类迁移规则进行归类总结，并进行充分讲解和重复练习，以充分利用英语的正迁移来带到语言学习的功用。

此外，语言之间是相互吸收扩展的。从词源学上来说，西班牙语中存在诸多来自英语的外来词，英语中也有许多来源于拉丁语的单词，如"老师"的英语单词 professor，其西班牙语单词为 profesor，两者在书写和读音上都容易混淆，加上本科学生一般都拥有 9 年以上的强化英语学习记忆，因此在初期西语学习阶段，很多学生依然无法完全进行纠正。

（二）从句法上来说，需要对英语的"正迁移"进行合理利用

从句法上来说，英语对西班牙语存在重要影响。与汉语的单一人称动词形式不同，西班牙语动词有6个人称，动词对应有6个人称变位，英语的谓语动词也有对应的3个人称相应的变位，这使得有英语基础的学生更容易理解这一语法规则。除此之外，在大部分的句法结构上，英、西两种语言之间需要规避英语的"负迁移"影响。

1. 英语对西班牙语动词 ser 和 estar 用法的负迁移。ser 与 estar 是西班牙语中两个重要的系动词。虽然两者都是系动词，但它们在意义和用法上都存在明显的差别，其中 ser 表示主语固有的某种性质，而 estar 则表示主语所处某种暂时的状态[1]。Ser 的本意翻译成中文为"是"，因此学生会自动联想对应到英语的系动词 be。但是在西语中表示处于某种状态和位置时需要用 estar，英语中可统一用 be 动词进行表达，这导致学习者会容易混淆 ser 和 estar 的用法。在表达情绪状态时，英语表达"他很开心"为 He is very happy，在翻译到西班牙语时，开心是一种情绪状态，因此西语的正确表达是 Él está contento，而非使用 ser 的第三人称单数变位 Él es contento。

此外，西班牙语中使用 estar 来表达位置，受英语负迁移的影响，学生会错误地使用 ser。

她的办公室位于市中心。

Her office is located in the center of the city.

错误示例：Su oficia es en el centro de la ciudad.

2. 否定句结构的负迁移影响。在英语的否定句型结构中，在 be 动词或情态动态动词后加 not 表示否定。但是西班牙语的否定句不需要加助动词或者情态动词，而是直接在系动词或动词前面加否定标志词"no"即可。但是英语思维造成学生对西班牙语否定句中 no 的位置不明确。①她不是一名老师。英语：She is not a profesor. 西班牙语错误示范：Ella es no profesora. ②帕克并非每天都工作。英语：Paco does not work all the time. 西班牙语错误示范：Paco trabaja no todo el tiempo. 在上面两个示例中，西班牙语否定句中 no 的位置都应该位于系动词 es 和动词 trabaja 之前，这是学生在初期学习西班牙语时容易出错的地方。

3. 英语对西班牙语定冠词用法的"负迁移"定冠词省略。根据西班牙皇家

---

[1] 孙义桢：《西班牙语实用语法新编》，上海教育外语出版社2010年版，第200页。

学院的规定，西班牙语中名词作主语时需加定冠词。西语中的定冠词，用在名词前面，用于帮助指明名词的含义，相当于英语的 the，用于指明一个确定的事物或者之前提到的事物。英语和西班牙语两种语言中的冠词用法存在不同之处，西班牙语的冠词存在单复数和阴阳性之分，这在英语中是不存在的。在西班牙语中，名词做主语时候需要在其前面加定冠词，如表达"周五是一周中的第五天"，英语的名词前面无需加定冠词 the，Friday is the fifth day of the week，但是西班牙语却需要在作主语的 viernes 前使用定冠词 el，El viernes es el quinto día de la semana.

语言处在不断变化和发展当中。针对西语中定冠词的省略，程煜琦（2013）指出，英语的扩张性影响不仅局限于词汇的扩张，而是开始对西班牙语句法也产生深刻的影响。西语中名词做主语的定冠词省略不仅局限于科学领域，在纸质和电子媒体中都能观察到这一变化。目前西语受英语的影响，定冠词省略的现象更加普遍，但是作为严谨的语言学习者来说，我们在现阶段应该规避英语的这种负迁移和扩张影响，尽量还原和遵循所学语言现有的语法规则。

4. 西班牙语中的非重读物主形容词，用于表示名词的所属关系，置于名词之前，并与其保持单数、复数的一致；且非重读物主形容词的第一人称和第二人称的复数形式还应该与所修饰的名词保持阴性、阳性的一致。但是英语的物主形容词仅有人称的变化，无需发生单复数的变化，因此学生在最初接触西班牙语时容易受其干扰，如"我的父母"在英语中对应的 my parents，西班牙语中由于"父母"是两人，非重读物主形容词应该用复数 mis，mis padres。受英语的影响，学生在西语入门时期经常会忽略非重读物主形容词的单、复数变化，错误地翻译为 mi padres。此外，在第一人称和第二人称复数表达时，受到英语中"我们的" our 和"你们的" your 指代人称是复数的影响，在西语中使用非重读物主形容词修饰复数名词时，学生容易忽略其根据名词复数而变化。如"你们的房间"（vuestras habitaciones）错误的翻译为 vuestra habitaciones，这也是英语对西语学习的负迁移影响。

此外，西班牙语中表示名词所属为明确的某人时 somebody's something，需要用"名词 + de + 人名"的结构，而无法直接迁移英语的 somebody's something。在如下的例句中，学生在表达"胡安的祖父是老师"（El abuelo de Juan es profesor）时，常见的西语错误示例为：Abuelo de Juan es un professor.，这是受英语表达 Juan's grandfather is a teacher 的影响。由于 Juan's grandfather 和 the grandfather of

Juan 侧重点有所不同，前者是侧重点在名词上，而后者则是强调名词的属性（胡安的祖父母），部分学生在英语学习中分不清楚两者的区别，在进行西语思维时更是将两者混为一谈，经常省略了定冠词 los。

四、强化英语和西语的对比教学

英语对于具备一定基础的本科生的西班牙语入门学习具有重要的影响，两种语言在语音、词汇和语法上都具有非常多的相同和差异之处。教师在授课中可以引入"英语的正、负迁移"概念，引导学生利用英语的"正迁移"更迅速地习得西班牙语，同时在英语"负迁移"的知识点上着重进行引导、解释和分析，并进行不同语境的练习，使得学生摆脱英语对西语习得的干扰，促进学习者语言水平的提高。在英语对西语语音方面的"负迁移"，需要教师在入门阶段不遗余力地带领学生进行发音练习和纠音，语言入门时期的发音在今后的语言学习中会逐渐固化难以改变，因此需要教师引导学生多听教材附带的和课外的听力材料，以尽可能摆脱英语语音的影响。在语义和语法授课层面，教师在英语和西语的对比教学中应当格外谨慎，应对两种语言进行迁移的差异加以充分解释，从而避免学生思维混淆。同时，教师应充分考虑到，英语毕竟只是西语学习的辅助手段，其最终目的是让学生更好地掌握西班牙语。

王 芳 李雨纯*

诠释学视角下的法律翻译能力研究**

目前，人们对翻译能力构建的认识和兴趣不断增强，但是，针对特定类型翻译的实证研究和理论研究还很薄弱。就法律翻译而言，有关翻译能力方面的研究相对缺乏，关于法律翻译能力模型的研究更为不足。理解和解释是翻译活动的核心，翻译诠释学作为翻译研究的一种研究范式，可以为翻译理论提供新的见解，尤其是在创建新的翻译能力模型方面，这是因为很多译者常常会忽略理解和解释文本在翻译中的重要性。本文尝试提出法律翻译能力的诠释学模型，并在该模型指导下对《中华人民共和国民法典》的两个英译本进行研究。

一、法律翻译能力的研究现状

20世纪70年代末，学者们开始尝试对"翻译能力"这一概念进行界定（Wills, 1976; Harris, 1977; Harris & Sherwood, 1978; Koller, 1979）。在当时，翻译能力被视为语言能力的总和。总体来说，这些概念符合应用语言学及语言习得理论，特别是在语言能力方面。然而，这些观点都是昙花一现。随着应用语言学与翻译研究的分离，翻译能力的其他定义和多元模型出现了，但是鲜有清晰明确的界定。

自20世纪90年代以来，翻译能力日益受到翻译研究的关注，学者们从不同视角探讨了翻译能力的概念。Bell将翻译能力定义为"译者进行翻译所必须具备的知识和技能"[1]。Hurtado Albir认为，翻译能力是"知道如何进行翻译的能

---

* 王芳，中国政法大学外国语学院副教授，国际法博士，硕士生导师。李雨纯，中国政法大学外国语学院2019级硕士研究生（翻译理论与实践方向）。

** 本文是中国政法大学2020年校级教育教学改革项目"外宣法律翻译人才培养模式研究——以提高法律外宣成效为视角"（JG2020A007）的最终成果。

[1] Bell, R. T., *Translation and Translating: Theory and Practice*. London & New York: Longman, 1991, p. 43.

力"[1]。PACTE 研究小组认为翻译能力是"进行翻译需要具备的基础知识和技能体系",[2]并将翻译能力划分为五个子能力。[3]Presas 详细列举了翻译过程中需要掌握何种类型的知识,即源语知识和目标语知识、现实世界的知识、材料使用的知识、使用翻译工具(词典、术语库等)的能力、诸如创造力之类的认知能力或解决问题的能力。[4]

尽管学者们越来越重视翻译能力的研究,也构建了一些翻译能力的实证模型,但总的来说缺乏对翻译能力及其习得的实证研究,对法律翻译领域中的翻译能力开展的研究就更少了。法律翻译对翻译能力的要求很大程度上取决于对法律翻译本质的把握。一般认为,从事法律翻译的专业译者应该是语言学方面的专家,且在某种程度上也应该是某个法律方面的专家。

Sarcevic 对法律翻译能力进行了深入研究,认为法律能力不仅包括对法律术语的深入理解,还包括对逻辑原理、逻辑推理、解决问题的能力、文本分析能力,以及对目标法律体系和源法律体系的了解。[5]Sofer 指出,为了正确、有效地翻译法律文本,译者必须具备良好的写作能力。[6]Obenaus 认为,法律翻译工作者也应具备良好的信息中介技能,这就意味着译者应该能够迅速主动地定位到

---

[1] Hurtado Albir, A., La ensenanza de la traducción directa ' general. ' Objetivos de aprendizaje y metodologia. In A. Hurtado Albir (Ed.), La enseanza de la traducción (pp. 31 - 55). Castellón: Universitat Jaume I. Jääskeläinen, R. (1989). Translation Assignment in Professional Versus Non - professional Translation: a Think - Aloud Protocol Study. In C. Seguinot (Ed.), The Translation Process (pp. 87 - 98). Toronto: H. G. Publications, 1996.

[2] PACTE, Results of the Validation of the PACTE Translation Competence Model: Translation Problems and Translation Competence. In A. Hild, E. Tiselius & C. Alvstad (Eds.), Methods and Strategies of Process Research: Integrative Approaches in Translation Studies (pp. 317 - 343). Amsterdam & Philadelphia: John Benjamins Publishing Company, 2011.

[3] PACTE, Building a Translation Competence Model. In F. Alves (Ed.), Triangulating Translation: Perspectives in Process Oriented Research (pp. 43 - 66). Amsterdam & Philadelphia: John Benjamins Publishing Company, 2003.

[4] Presas, M., Bilingual Competence and Translation Competence. In B. J. Adab & Ch. Schäfffner (Eds.), Developing Translation Competence (pp. 19 - 31). Amsterdam & Philadelphia: John Benjamins Publishing Company, 2000.

[5] Šarčević, S., New Approaches to Legal Translation. Hague, London & Boson: Kluwer Law International, 1997.

[6] Sofer, M., The Translator's Handbook. Rockville: Schreiber Publishing, 2006.

准确信息。[1]

从事法律翻译研究的学者无疑都是从语言和法律方面的专门知识来讨论法律翻译，几乎所有学者都强调，至少在某种程度上，法律译者必须同时是翻译研究领域和法学领域的专家。但是，没有研究具体说明应该达到的法律领域的专业程度。许多学者提到了法律能力，甚至试图定义法律翻译能力，但是没有提出有助于从整体角度理解法律翻译能力概念的模型。Prieto Ramos（2011）提出的法律翻译能力模型是目前为止比较有影响力的模型。[2]他将法律翻译能力分为五个子能力：策略或方法子能力、交际与文本子能力、主题与文化子能力、工具子能力、人际与专业管理能力。此外，Prieto Ramos 还提到了有助于法律翻译能力的法律科学和法律语言知识的其他要素：法律体裁的分类、源语言和目标语言的法律语篇特征、文献和专业实践。

但是，目前还未建立起一套法律翻译能力及其习得体系。对于从事翻译工作的法律专业人员或从事法律工作的翻译人员来说，翻译能力的塑造是一个漫长的过程，需要更多的研究成果予以支持。本文尝试从翻译诠释学角度提出一种法律翻译能力模型，希望有助于专业法律翻译人员的理论建构，并为法律翻译教学中学生翻译能力的培养提供指导。

二、法律翻译能力的诠释学模型

（一）翻译诠释学

翻译诠释学是翻译研究中一个相对冷门的子学科，主要支持者是德国学者。诠释学与翻译研究类似，主要涉及解释、阐释、语言、理解、意义，最后是翻译。正如 Palmer[3]所言，当代诠释学在翻译和翻译理论中发现了一个用于探索诠释学问题的特殊"储藏库"，而翻译现象在某种程度上是诠释学研究的一个关键问题。Hermans 认为，翻译是诠释性实践，是由诠释学概念架构起来的。[4]翻

---

[1] Obenaus, G., The Legal Translator as Information Broker. In M. Morris (Ed.), Translation and the Law (pp. 247–259). Amsterdam & Philadelphia: John Benjamins Publishing Company, 1995.

[2] Prieto Ramos, F., Developing Legal Translation Competence: An integrative Process–Oriented Approach. Comparative Legilinguistics – International Journal for Legal Communication, 2011 (5): 7–21.

[3] Palmer, R. E., Hermeneutics: Interpretation Theory in Schleiermacher, Dilthey, Heidegger. Evanston: Nortwestern University Press, 1969.

[4] Hermans, T., Hermeneutics. In Routledge Encyclopedia of Translation Studies (pp. 130–132). Oxon & New York: Routledge, 2009.

译是一种诠释学行为。从诠释学角度来看，翻译能力可能被描述为一个动态的概念，其中程序知识是至关重要的，它要整合尽可能多的问题和方面，确保专业翻译活动具有最高的通用性。Radegundis Stolze 从翻译阅读和翻译写作两个阶段构建了翻译行为的诠释学模型。[1]

翻译阅读是翻译过程的第一阶段。在 Stolze 构建的翻译阅读阶段的诠释学模型中，翻译阅读阶段由四个相互关联的要素组成：情境背景、语篇领域、意义维度和谓语模式。诠释学的理解是从情境背景到语篇场域和意义维度自上而下的推进，直至具体的谓语模式，通过增加信息来扩展文本，这是对建立在文本表层结构上的语言信息赤裸裸的补充。根据这一阶段的诠释学模型，在法律文本的阅读阶段，译者会分析源文本，考虑文本所属的法律体系和法律文化、所属法律学科、术语及其概念化，最后是言语行为、被动形式、衔接标记、法律用语。这样，译者可以加深其对文本的理解，并激活关于法律领域的知识库。通过翻译阅读对源文本有整体理解之后，译者必须将在翻译阅读阶段获得的结果以目标语言的形式表示出来。在翻译写作阶段的诠释学模型中，译者通常会着重分析文本类型、文本结构中的逻辑、功能样式以及文本的交际目标。同样，与翻译阅读一样，这四个要素也是相互联系的，每个要素都会促进目标文本的形成。在 Stolze 构建的翻译诠释学模型中，译者居于中心地位，在整个翻译过程中，最核心的是具有相应能力的译者。同样，法律翻译活动的成败也取决于译者在翻译研究、语言学和法律方面的技能和知识。

（二）法律翻译能力的诠释学模型

每位译者都是解释者，但译者与律师的技能和任务不同。译者不需要像律师（包括法官和立法者）那样阅读和解释法律，也不撰写法律文本。但是，译者需要知道律师如何思考和以自己的方式进行写作的，必须能够预见到有管辖权的法院会如何解释给定文本。也就是说，对译者来说，更有用的是了解律师是如何解释法律的，而不仅仅是知道律师是如何看待法律的。因此，译者需要进行法律诠释学的训练。Stolze 认为，在一个翻译诠释学模型里，译者是翻译过程的中心[2]。与其他翻译方法相反，翻译诠释学强调了译者在创建目标信息的整个过程

---

[1] Stolze, R., *The Translator's Approach – Introduction to Translational Hermeneutics: Theory and Examples from Practice*. Berlin: Frank & Timme, 2011.

[2] Stolze, R., *The Translator's Approach – Introduction to Translational Hermeneutics: Theory and Examples from Practice*. Berlin: Frank & Timme, 2011.

中作为中心的至关重要的意义，并强调了译者必须面对给定文本的必然性，这一过程就要求译者理解和解释文本。在法律翻译能力的诠释学模型中，我们也主要关注译者及其在翻译过程中的活动。

Beata Piecychna 提出了一个法律翻译诠释学模型[1]，包括四个子能力：心理子能力、主题子能力、文本子能力和语言子能力。但是，Beata 的研究仅停留在理论层面，没有继续探讨这一模型如何在法律翻译实践中发挥作用，因此对模型的实用性无法判断。根据笔者多年从事法律翻译实践的经验，我们基于理解和解释的概念提出下面的法律翻译能力诠释学模型。译者只有在具备良好的下述子能力的前提下，才能理解给定的法律文本并进行解释。

1. 主题和文化比较子能力。对不同法律体系和法律文化之间差异的理解和掌握；培养对目标语和源语法律制度的认识以及法律领域内不同专业知识的认识（例如，民法、公司法、知识产权法、婚姻法、继承法、国际法等）；利用比较法对这些差异进行解释和分析的能力。

2. 工具子能力。开发良好的法律参考资源；掌握术语管理技能；熟练使用平行文本；熟练掌握计算机工具知识。

3. 语言和文本子能力。对法律句子结构准确进行语法分析的能力（例如，从词汇、文体、标点、拼写等方面掌握源语言）；用译入语进行表达的能力（例如，译文应严谨、连贯、术语一致、逻辑通顺、表达清晰等）；掌握法律文本的类型、体裁惯例、术语概念、文本风格；熟悉译入语语言和汉语语言本身的差异（例如，汉语多被动语态、谓语多动态、英语多主动语态、谓语多静态）；对语言的复杂性、多样性和创造力以及语言的边界和力量保持敏感（例如，译者必须能够识别并产出目标法律体系中所有形式的义务、禁止、许可和授权声明；能够根据源语立法文本准确定位立法意图）；掌握翻译理论以及根据翻译理论选择恰当翻译策略的能力；掌握格式惯例（例如，立法文本和合同文本的格式不同）。

三、案例分析

基于上文构建的法律翻译能力的诠释学模型，我们在这一部分将结合具体法律文本的翻译进行研究。

---

[1] Beata, P. Legal Translation Competence in the Light of Translational Hermeneutics, *Studies in Logic, Grammar and Rhetoric*, 2013.

例1：第一百八十八条　向人民法院请求保护民事权利的诉讼时效期间为三年。法律另有规定的，依照其规定。

诉讼时效期间自权利人知道或者应当知道权利受到损害以及义务人之日起计算。法律另有规定的，依照其规定。但是，自权利受到损害之日起超过二十年的，人民法院不予保护，有特殊情况的，人民法院可以根据权利人的申请决定延长。（《中华人民共和国民法典》）

译文1：The limitation period for a person to request the people's court to protect his civil – law rights is three years, unless otherwise provided by law.

Unless otherwise provided by law, the limitation periodbegins from the date when the right holder knows or should have known that his right has been harmed and that who is the obligor. However, no protection to a right is to be granted by the people's court if 20 years have lapsed since the date when the injury occurs, except that the people's court may, upon request of the right holder, extend the limitation period under special circumstances. （全国人大法工委英译本）

译文2：An action instituted in a people's court for protection of civil rights is prescribed by three years, except as otherwise prescribed by any law.

The prescriptive period shall be calculated from the day when the obligee knows or should have known that his or her right has been infringed upon and who the obligor is, except as otherwise provided for by any law. The people's court shall not offer protection if 20 years have elapsed since the infringement; but under special circumstances, the people's court may decide to extend the prescriptive period upon application of the obligee. （北大法宝英译本）

分析：本条规定了一般诉讼时效和最长诉讼时效的期间及起算的规则。但是这些规则规定的是一种法律制度，而不是责令义务人承担某种义务。Shall 一词多数情况下被用于义务性指令。尽管在英美司法管辖区内法官大都会对 shall 做广义解释，认为其内涵远远超越了 must 所代表的强制性义务规范，但是目的语读者需要根据具体情境来推断 shall 到底意指 must，还是 will、is 或者 may，这在实践中会给目的语读者造成很大不便，不符合读者的阅读期待，当译文使用者不是律师（包括法官和立法者）的时候，这种障碍就更明显了。译文1精准掌握了立法意图，是主题子能力的体现，准确选择了一般现在时和情态动词 may 是语言子能力的体现。译文2在第2款中过度滥用了 shall，给目的语读者造成了一定的阅读困扰。

例2：第四百六十三条 本编调整因合同产生的民事关系。（《中华人民共和国民法典》）

译文1：This Book regulates the civil-law relations arising from contracts. （全国人大法工委英译本）

译文2：This Book regulates the civil relations arising from contracts. （北大法宝英译本）

分析：本条规定了民法典合同编的调整范围。合同编的调整范围，本应该是因合同产生的民事法律关系。但是，由于立法体例上的原因，本编不只调整合同法律关系，还将如无因管理之债和不当得利之债等部分债的法律关系作为准合同法律关系予以调整。民事法律关系和民事关系是两个不同的范畴，并非所有的民事关系都能受到民法的强制保护，上升为民事法律关系。民事关系是一种平等主体之间的关系，不一定受法律调整，也可以受道德调整，比如恋爱关系；而民事法律关系是一种通过法律调整的平等主体之间的人身和财产关系，是受法律调整的。尽管该立法条文使用的是"民事关系"的表述，但立法意图指的是"民事法律关系"。译文1中的"civil-law relations"更为准确和具体，说明译者对民事关系和民事法律关系的区别有所了解，具有一定的法律背景知识，是主题子能力的表现；而译文2中的"civil relations"容易被读者误认为是"民事关系"，从而产生歧义。

例3：第五百四十二条 债务人影响债权人的债权实现的行为被撤销的，自始没有法律约束力。（《中华人民共和国民法典》）

译文1：Where an act of the debtor adversely affecting the enforcement of the creditor's claim is revoked, such act does not have legal effect ab initio. （全国人大法工委英译本）

译文2：Where the act of a debtor that affects the realization of the obligation owed to the creditor is canceled, the act shall be without legal binding force from the beginning. （北大法宝英译本）

分析：本条是对债权人撤销权行使效果的规定。在英文法律文本中，大量使用外来词是法律语言的一个显著特征。拉丁语对西方历史产生了长期影响，由于拉丁语言简意赅、表述准确的特性，在当代英文法律文本中被广泛使用，例如bona fide（善意的），alibi（不在场证明），in rem（对物权）等常出现在英语法律文本中，已经成为法律文本中不可或缺的术语。译文1将"自始"翻译成"ab initio"，使语言更加简练且符合英语法律文本特色，使译文更加专业，说明译者对英文法律文本的特点以及相关法律术语有所了解，体现了译者的语言子能力。而译文2中的"from the beginning"过于口语化。

例4：第九十七条 有独立经费的机关和承担行政职能的法定机构从成立之日起，具有机关法人资格，可以从事为履行职能所需要的民事活动。（《中华人民共和国民法典》）

译文1：A State organ with independent budgets or a legally chartered institution assuming administrative functions is qualified as a State – organ legal person from the date of its establishment and may engage in civil activities that are necessary for the performance of its responsibilities. （全国人大法工委英译本）

译文2：An independently funded state organ or a statutory institution assuming administrative functions shall have the status of a state organ legal person from the date of formation of it, and may conduct civil activities necessary for performing its functions. （北大法宝英译本）

分析：本条是对机关法人及成立的规定。从语言学角度来讲，英语语言为静态语言，名词化是英语法律语言的一大特色，名词化结构可以达到简化语言的效果；而中文语言为动态语言。因此，在英译过程中，译者应当对中英语言之间的此种差异有所了解。"可以从事为履行职能所需要的民事活动"这一句中，译文1使用了"for the performance of its responsibilities"，是将动词"履行"转化为了英语名词"performance"，使得整个句子更加符合英语表述习惯，体现了译者的语言和文本子能力。译文2的动态表达不符合目的语读者的阅读期待。

例5：第四百六十条 不动产或者动产被占有人占有的，权利人可以请求返还原物及其孳息；但是，应当支付善意占有人因维护该不动产或者动产支出的必要费用。（《中华人民共和国民法典》）

译文1：Where an immovable or movable property is in the possession of another person, a person holding a right in the property may request the possessor to return the original property and its fruits and proceeds, provided that the necessary expenses incurred by a bona fide possessor for the maintenance of the immovable or movable property shall be paid. （全国人大法工委英译本）

译文2：Where an immovable or movable is possessed by the possessor, the right holder may claim the return of the original property and the fruits therefrom; however, the holder shall pay necessary expenses arising from the maintenance of the immovable or movable to the possessor in good faith. （北大法宝英译本）

分析：本条是对占有人返还占有物的规定。在英语法律文本中，为保证客观性，或遇施动者不确定等情况，被动结构被大量使用，而中文常用主动结构或无主句。在"应当支付善意占有人因维护该不动产或者动产支出的必要费用"一句中，译文 1 以"必要费用"为主语，使用了被动结构"shall be paid"，符合原文内容且更符合英文表达习惯，是译者语言和文本子能力的体现；译文 2 添加了"the holder"这一主语，相较译文 1 不太符合目的语的表达习惯。中英文语言上的差异是在法律文本英译过程中译者必须考虑的因素，在语言转换过程中尽量消除这种差异是译者必须具备的能力。

四、结论

尽管许多学者都认可通用翻译能力的定义和模型，但大都将重点放在最终的翻译产品上，忽略了每个翻译行为的初始阶段。实践表明，学习翻译的学生不明白理解和解释在翻译过程中的重要性，即使是专业翻译人员也常常不明白这一点。翻译诠释学家认为，对源信息的正确理解会使文本在特定语境中找到适当的定位，这通常会使翻译工作更有效。但是，解释行为也具有重要作用。理解了文本之后，法律翻译的任务是解释源信息并将其转换为目标信息。因此，翻译诠释学的范式侧重"译者是有能力的人"这一概念，任何翻译行为都可以被描述为一种证明有能力的法律翻译者的诠释学行为的活动。

本文提出的法律翻译能力诠释学模型既具有动态特征又具有环形特征，特定的子能力地位相同并与其他能力相互关联。每种子能力都由其他子能力所决定，彼此之间是相互补充的。这些子能力构成了一个整体的、诠释学的法律翻译能力，而译者作为翻译过程的核心则是这些子能力的基础。鉴于诠释学概念在翻译过程中的重要性，教师应该在教学过程中有意识地向学生输入诠释学概念，培养学生的翻译诠释学子能力。

二、课程思政：思政内容在外语课堂中的融入

王 敏*

大学英语课程思政教学之初探
——以中国政法大学《英语影视文化》课程为例

一、前言

2016年12月,全国高校思想政治工作会议在北京召开。习近平总书记在会上发表了重要讲话并回答了"培养什么样的人、如何培养人以及为谁培养人"等一系列根本问题。2017年教育部颁布了《高校思想政治工作质量提升工程实施纲要》,明确了高等教育要"以立德树人为根本,以理想信念教育为核心,以社会主义核心价值观为引领,以全面提高人才培养能力为关键……挖掘育人要素,完善育人机制……大力推动以'课程思政'为目标的课堂教学改革,优化课程设置,修订专业教材,完善教学设计,加强教学管理,梳理各门专业课程所蕴含的思想政治教育元素和所承载的思想政治教育功能,融入课堂教学各环节,实现思想政治教育与知识体系教育的有机统一……"[1]2020年教育部印发《高等学校课程思政建设指导纲要》,提出了全面推进高校课程思政建设的目标,再次指出"立德树人成效是检验高校一切工作的根本标准……让所有高校、所有教师、所有课堂都承担好育人责任,守好一段渠、种好责任田,使各类课程与思想政治理论课程同向同行,将显性教育和隐性教育相统一,形成协同效应。"[2]自此,"课程思政"逐渐成为高等学校教育的高频词,思政教育开始了从以思政课程为主转向思政课程与课程思政共同承载思想教育功能的转变。

二、"课程思政"的理论内涵及其融入大学英语教学的意义

"课程思政"是指所有课程的知识体系都体现思政德育元素,所有教学活动

---

* 王敏(1978—),女,中国政法大学外国语学院副教授,研究方向为应用语言学、英语教学。
[1] 教育部《高校思想政治工作质量提升工程实施纲要》。
[2] 教育部《高等学校课程思政建设指导纲要》。

都肩负起立德树人的功能,全体教师都承担起立德树人的职责。[1]换言之,大学课堂不仅是教师向学生传授知识的场所,也是帮助学生树立正确的世界观、坚守社会主义核心价值观、培养爱国主义情怀和民族自信的重要阵地。与"思政课程"不同,"课程思政"作为一个新兴概念,不是指某一门具体课程,而是指以具体课程为平台,充分挖掘课程内容中的思政元素,将思想政治教育融入课程的各个教学环节中,从而以春风沐雨的方式实现学生思政素养与专业素养的双赢。即,学生的思想政治教育不再仅限于思想政治教育专业课程,而是各门课程协同联动的实践,是破解高校思想政治教育工作不平衡不充分的有效手段。

在当今全媒体时代和大数据技术突飞猛进的背景下,信息无处不在,无人不晓。随着传播方式的变革,学生能够接触到大量信息,这其中包含着林林总总、真假难辨的内容。这些内容都会给世界观、价值观尚在初步形成过程中的大学生带来非常强烈的冲击。处于这个阶段的大学生因为缺乏成熟的见解力和批判思维能力,对信息的吸收极有可能会出现偏差,从而增加其片面理解不同文化和意识形态、接受带有偏见性的观点,被怀有不可告人目的之人利用的风险。譬如,有些大学生盲目推崇西方价值观,总认为"外国的月亮比中国的月亮圆";还有些大学生缺乏对传统文化的认同感和自信心,把洋文化讲得头头是道,却讲不好中国故事。

大学英语课程与"课程思政"有着极为密切的联系。首先,大学英语课程内容和题材广泛,涵盖社会、历史、经济、哲学、科技、文化等不同领域,其人文性质使其不可避免地会成为不同文化和价值观碰撞的场域。如果师生无法客观理解和正确看待文化和价值冲突,那么中华文化立场将失去根基。其次,随着高校英语教学目标的提升,培养"具有全球视野、熟练运用外语、通晓国际规则、精通国际谈判的专业人才"成为人才培养的重中之重。如果培养出来的人才不具备为党和国家人民服务的意识和精神,那么我国的教育事业将陷入危机。由于大学英语课程是课时量大、覆盖面广、跨度时间长的一门公共基础课,在教学的各个环节融入思政元素从而实现对学生润物细无声的人文素质和政治素质的双重培养是一个值得认真研究的课题。大学英语教学以往关注的主要是英语语言文化的输入,从而无形中忽视了中华传统文化的培养,导致学生对中华文化的课堂认同感不高,甚至在跨文化交际中出现中国文化失语现象。因此,在大学课堂教学中

---

[1] 教育部《高等学校课程思政建设指导纲要》。

融入思政内容进而引导学生客观地看待不同文化间的差异，增强学生对中西文化及价值观的感知力、理解力和判断力，教育学生正确认识世界和中国的发展大势、进行批判性思考，建立文化自信，成为具有家国情怀和爱国精神，担负时代使命和历史使命的优秀人才，成为中国精神和文化的传播者是"大学英语课程思政"的主要教育目标和任务。

三、"课程思政"与大学英语教学的融合

《高等学校课程思政建设指导纲要》进一步指出"高校课程思政要融入课堂教学建设，作为课程设置、教学大纲核准和教案评价的重要内容，落实到课程目标设计、教学大纲修订、教材编审选用、教案课件编写各方面，贯穿于课堂授课、教学研讨、实验实训、作业论文各环节。"[1]大学英语课程是提高学生语言技能、培养学生文化素养的核心课程，由于其不可避免地包含着中西两种文化的情感、态度和价值观，从而成为思想政治教育的前沿。如何使学生客观地认识西方文化，如何树立正确的价值观和世界观，从而成为担负起民族复兴大任，成为大学英语课程思政的重要任务。本文以中国政法大学"英语影视文化"这门课程为例，探讨了如何在该门课程中融入思政内容，从而达到育人和育才的统一。

（一）英语影视文化课程教学目标与思政元素相融合

英语影视文化课程是我校以学术英语为核心、以法科英语为特色的大学英语教学模式的重要主干课程之一。该课程以原版英文电影作为文化和语言教学的重要媒介，使学生在得到感官震撼的同时，激发他们的学习兴趣，让他们身临其境地了解英语文化、培养审美情趣、掌握语言风格、丰富语言知识、强化语言技能。因其课程受众面广、与西方思想和文化接触多，理应成为推进"课程思政"人文素质教育的切入点之一。

每门课程的背后都是学生观察世界、完善自己看待世界、思考问题的平台。英语影视文化课程思政通过电影为学生带来了中西历史文化发展、立法、价值观、思维方式和心理结构等各方面的素材，使学生在中外迥异的文化、思想和价值观的接触与碰撞中获得一种全球视野，形成积极向上的人生观和爱国主义理想信念。

---

[1] 教育部《高等学校课程思政建设指导纲要》。

(二) 英语影视文化课程教学环节与思政元素相融合

英语影视文化课程教学与思政内容并非互相独立，而是互相交融，共同作用于课堂教学的各个环节。因此在英语影视文化课程中融入思政元素需要提升教学理念、创新教学方法、升级教学管理。

首先，教学素材是课程教学的主要载体。教学素材思政是实现课程思政的重要前提。作为教育引导学生正确认识世界和自己历史使命的"引路人"，教师需要加大对影片的选材工作力度。大部分英语课程主要以权威出版社出版的教材为教学材料，这些教材在编写阶段就能够对可能造成学生意识误解的部分进行改编和删减，而且在正式出版前也已经接受了权威机构对教材内容的审核。与之不同，英语影视文化课的教学媒介是公开放映的电影，教师根本没有对之进行修改的可能。况且即便教师可以在课堂上对部分内容进行删减，学生也能够通过其它途径观看到完整的内容。因此，英语影视文化课的影片选取是教师在正式进行课堂授课前必须关注的重要问题。诚然，教师无法控制学生课堂外的影片观看行为，但是可以通过精心挑选的影片在课堂上对学生的思想品质和思考问题的角度加以引导，以培养其批判性地看待中西不同文化的意识和习惯。例如，《美国丽人》虽然反映了深刻的社会问题，但写实的拍摄手法和大量粗俗的语言使其不仅不适合课堂教学，也不利于学生的心理建设。与之相比，反映艾滋病人为自己权利抗争的《费城故事》、描写战争期间老师鼓励学生并与学生一道迎接正义到来的《放牛班的春天》、深刻反映中国老一代移民在美国生活经历的《喜福会》和表现中国传统文化与西方文化碰撞的《刮痧》等影片无论从反映的主题还是语言表达方面都是上乘之选，并且能够为学生进行跨文化体验和思考提供更加丰富的材料，从而帮助学生逐步培养批判性思维。不仅如此，课程还可以选取反映中国传统文化精华和核心价值的电影片段，引导学生加深对中国文化的理解，培养弘扬中华文化的使命感和责任感。

其次，教学方法是课程教学目标得以实现的关键。教学方法思政是实现课程思政的重要手段。将思政元素引入英语影视文化课不能"生拉硬拽"，否则课堂教学内容必然会显得生硬突兀，令课程变形，使学生难以适应，从而增加无法达到课程教学目标的风险。通过安排学生利用课前的十分钟进行关于中国风俗、地理人文和名人名家的主题演讲不仅能够锻炼学生用英语表达的胆量，更能够加深他们对中国文化的理解，培养爱国主义情怀，增强他们传承中国文化的意识。以案例分析为手段通过对比和比较引导学生由表及里地理解文化差异。如以电影

《刮痧》中表现的中国传统家庭伦理和西方个人主义价值观的冲突以及中国传统中医疗法被不了解中国文化的西方人误解的故事使学生知悉不同意识形态，理解国家与国际的关系，认识世界的多样性和文化的多元性，客观且批判地看待和思考不同的价值观，让他们在中外文化、价值观的接触与碰撞中学会辨别是非善恶，形成积极向上的人生价值体系。同时以合作学习的方式让学生结合时事热点收集整理资料并展示汇报，提高学生的多元文化素养，引导学生对课程思政内容进行深度思考。如让学生结合我国提出的"人类命运共同体"和"一带一路"倡议，对自己如何理解 China Dream（中国梦）与 American Dream（美国梦）的区别进行口头报告展示。这样不仅可以锻炼学生的创造性思维，同时可以促使他们进行更深层次的思考，使自己的思想观念、思维视野、认识水平跟上时代发展的脚步，从而在观察、分析和比较中西文化的异同中做出客观的评价，形成正确的跨文化心态，既不妄自尊大、闭门造车，也不崇洋媚外、妄自菲薄。

此外，教学管理是实现课堂教学延伸至课外的助力。教学管理思政是实现课程思政的重要保障。课程思政不能仅仅止步于课堂教学。随着教学技术的飞跃和教学手段的多样化，教师和学生间的交流沟通有了新的渠道。教师不仅可以利用超星学习通平台的问卷调查功能掌握学生真实的学习和心理动向，也可以通过建立师生 QQ 群和微信群给予学生更多的人文关怀和必要的心理疏导，为教师把握学生思想动态、进行思想交流及时提供指导创造更完善的条件。大英第二课堂的育人功能同样不可小视。通过丰富的活动，思政元素能够由课上延伸至课下，从而实现思政教育不断线，进而加强学生间的思想交流，使学生形成开放、尊重、包容、和平的人本理念。利用好外语学院主办的如英文演讲比赛、英语阅读和写作大赛、英语电影配音大赛等各项赛事，不仅能够为学生提供更多的机会提升语言应用能力，也进一步拓宽了"课程思政"的育人途径。

（三）英语影视文化课程教师修养与思政元素相融合

正如习近平总书记指出的那样，教师"要给学生心灵埋下真善美的种子，引导学生扣好人生第一粒扣子"。[1]教师是人类灵魂的工程师，是立教之本，是兴教之源。课程思政与大学英语教学的有效结合依赖一线教师的综合思政素养。"政治要强，情怀要深，思维要新，视野要广，自律要严，人格要正"虽然是总书记对全体思政课程教师的要求和期望，但是对于大学英语教师同样适用，并且

---

[1] 习近平总书记在 2019 年 3 月 18 日学校思想政治理论课教师座谈会上的讲话。

具有更重要的意义。

对于大学英语教师而言，他们在平时的教学活动中多侧重自身英语专业素养的提升和英语文化的熏陶。由于长期与英语国家的文化和历史打交道，所以部分大学英语教师忽视了中华文化在课堂上的输入从而降低了学生在课堂上感知中国本土文化的机会。因此，课程思政对广大高校英语教师提出了更高的要求。第一，教师要具备坚定的信仰，在大是大非面前始终保持清醒的政治头脑。只有这样，才能帮助学生树立正确的人生信念。第二，教师要具备家国情怀，心系国家和民族。只有这样，才能坚定学生的爱国主义情怀。第三，教师要具备创新的思维，在教学中充分发挥能动性和创造性。只有这样，才能潜移默化地引导学生用客观的思维方式思考问题。第四，教师要具备宽广的视野，时刻对世界和社会的变化保持敏锐的嗅觉。只有这样，才能开拓学生的全球视野和多元思维品质。第五，教师要严格要求自己，以身作则。只有这样，才能为学生树立规范意识提供助力。第六，教师要端正人格，积极传递正能量。只有这样，才能用高尚的人格感染学生。

四、小结

教育部 2020 版《大学英语教学指南》指出，"大学英语教学应主动融入学校课程思政教学体系，使之在高等学校落实立德树人根本任务中发挥重要作用……通用英语课程的目的是……增加学生在社会、文化、科学等领域的知识储备，拓宽国际视野，提升综合文化素养，树立正确的世界观、人生观、价值观……课程设置应该以立德树人为根本任务，以提高课程质量为抓手，对标一流课程建设的要求……将课程思政理念和内容有机融入课程。"[1] "课程思政"的提出使爱国主义理想信念教育找到了与大学英语教学融合的着力点。作为有针对性的强化学生思想政治素质和素养的授课方式，"课程思政"融入大学英语课程是高校教育改革的又一次探索。大学英语课程思政将家国情怀、文化自信和个人素质培养等思政教育元素与英语语言和文化知识传授有机结合，在提升学生的语言运用能力和跨文化交流能力的同时有助于提升学生的文化认同感和归属感，增强学生的民族自豪感和文化自信。

---

[1] 何莲珍："新时代大学英语教学的新要求：《大学英语教学指南》修订依据与要点"，载《外语界》2020 年第 4 期。

李 烨*

课程思政在外语专业教学中的融入维度和路径
——以《综合德语》为例**

随着现代外语教学理念的发展和方法的创新,外语专业的课堂教学早已打破了传统的单一的语言技法传授,尝试把语言技能和专业知识有机结合起来。在语言和内容相结合的过程中,不可避免地会遇到中西方思想文化的对比和碰撞,如何在中西跨文化比较的视野之下增强本民族的文化自信,如何把思想政治教育与外语专业教学有机融为一体,如何充分发挥外语专业教学的思想政治教育功能,实现全程育人、全方位育人,成为高校外语专业教师急需思考和解决的关键问题。本文以面向德语专业一二年级本科生开设的系列专业必修课《综合德语》为例,旨在探讨该课程在培养学生德语基础语言能力的同时,如何在马克思主义方法论的指导下通过人文经典教育、中德跨文化比较、中德国情教育,引导学生坚定文化自信,坚定社会主义理想信念。

一、外语专业教学融入思想政治教育的必要性

外语专业课程在教学内容、教学目标和教学方法等方面具有不同于非外语专业课程的特殊属性。外语专业课程在教学实践中暴露了诸多问题,如思想西化、盲目媚外、重外语轻中文等。当前国际形势错综复杂,中美舆论战愈演愈烈,中西意识形态差异日益凸显,在外语专业课程教学中贯穿思想政治教育,发挥课堂教学对学生的价值引领作用显得更为紧迫。习近平总书记在 2016 年 12 月 8 日全国高校思想政治工作会议上指出:"要用好课堂教学这个主渠道,思想政治理论课要坚持在改进中加强,提升思想政治教育亲和力和针对性,满足学生成长发展

---

* 李烨(1982—),女,内蒙古巴彦淖尔人,德语文学博士,中国政法大学外国语学院讲师,研究方向为德语现当代文学,德语文学与法律。

** 基金项目:中国政法大学第一批课程思政示范课《综合德语》(0111010744)。

需求和期待，其他各门课都要守好一段渠、种好责任田，使各类课程与思想政治理论课同向同行，形成协同效应。"〔1〕作为外语专业课程，如何"守好一段渠、种好责任田"，如何与思政课程形成"协同效应"，如何用好课堂教学这个主渠道"提升思想政治教育的亲和力和针对性"，是摆在外语专业教师面前的现实问题。

外语专业课程思政的重点在于探讨如何把思想政治教育贯穿于外语专业的课程教学。思政包括思想教育和政治教育，思想教育是在思想自由的基础之上加强理想信念教育，加强社会主义核心价值观教育；政治教育亦是在思想自由的基础之上引导学生科学辩证地看待国内外政治发展形势，更加深刻地意识到中国特色社会主义制度的优越性。特别需要强调的一点是，课程思政同样尊重自由思考和批判性思维，其主要针对部分学生严重缺乏思想政治觉悟，缺少忧国忧民的爱国情怀，缺少社会责任感和政治担当，因而课程思政是一种有针对性地强化学生思想政治素质和素养的授课方式。对于授课教师而言，如何在中西文化的融汇和碰撞中引导学生辩证地看待西方国家；如何在传授西方文化的同时坚守本民族的文化自信；对于西方人的授课理念和教材内容如何做到不盲信、不盲从，讲好中国人自己的英语课、德语课等，这些都是外语专业教师不可推辞的义务和任务。

把思政教育贯穿于外语课堂，首先要纠偏纠错，纠正对于课程思政理解上的偏差和误解。在笔者看来，思政课程以思想政治教育作为授课内容，而课程思政则是一种以中国特色社会主义思想政治教育作为价值引领的授课方式，无论所讲授的内容是什么，其底色都是服务于中国特色社会主义建设和人才培养的。产生误解的原因之一在于，部分人把思政课程和课程思政混为一谈，错误地把思政课程与外语专业的课程思政混淆在一起。长期以来，思政课程的讲授方式过于古板和老套，部分思政课程的授课内容和讲授方式没有及时与时代接轨，没有充分考虑到当代大学生的兴趣和需求，使得部分学生对思政课程形成了一种刻板的印象，进而产生了对于思政课程，乃至课程思政的抵触情绪。课程思政不同于思政课程，并非要把马克思主义原理或毛泽东思想概论等思想政治课程的授课内容搬到外语课堂，也不是以思想政治课程的授课方式来讲授外语课。另外，思想政治教育不仅是思政课程的任务和目标，其他课程和教学同样肩负着思想政治教育的

---

〔1〕 张烁："把思想政治工作贯穿教育教学全过程　开创我国高等教育事业发展新局面"，载《人民日报》2016年12月9日，第1版。

义务和责任。习近平总书记在 2019 年 3 月 18 日学校思想政治理论课教师座谈会上提出:"要坚持显性教育和隐性教育相统一,挖掘其他课程和教学方式中蕴含的思想政治教育资源,实现全员全程全方位育人。"[1]长期以来,人们习惯于把外语类教学和思想政治教育看作互不相关的两种教育,外语专业教学中特别缺乏思想政治教育的融入,事实上,外语专业课程中蕴含着大量的思想政治教育资源,有待外语专业教师在教学实践中进行开发和利用。

二、思想政治教育的融入维度和路径

(一)人文经典,立德树人

《综合德语》课程的教材《当代大学德语》[2]选用了一些人文经典作品选段作为精读课文,这些人文经典作品充满了人文主义精神、理想主义精神和批判精神。研读人文经典不仅能够让学生感受到名家的语言文字魅力,还能够加深学生对人与社会的认识,在学生世界观和价值观形成的过程中起到积极的引导作用,鼓励学生追求公平、正义、善良等理想价值,完善和提升学生的思想情操和道德境界。例如,《当代大学德语》第 3 册第 4 课围绕主题"幸福"选编了两篇课文,其中,第一篇课文提出了一个关乎人生理想和价值判断的问题:假如你买彩票幸运获得价值 5000 万元的头奖会做些什么?课文中 4 位同学的回答各不相同,捐赠公益事业、创业投资、环游世界、资助西部大开发等等。第二虚拟式的被动语态贯穿于整篇课文,用非现实的假想让同学们经历了一场面对巨额物质财富的灵魂拷问。课堂上老师可以通过分组讨论的形式让学生们了解彼此对于金钱和财富的看法,以及物质财富对于人的道德和灵魂的考验,引发同学们对于人生和未来的深入思考。第二篇课文是格林兄弟的童话故事《幸运的汉斯》。汉斯做了学徒 7 年后返家,师傅赠送其一大块黄金作为酬劳,返乡途中他用这块黄金依次交换了马、奶牛、猪、鹅、磨刀石,最后扔掉石头一身轻松地回到家中母亲身边,这时他感觉自己是最幸福的。作为德语文学中的经典作品,汉斯的经历能够引发学生们对于价值观和人生追求的深入思考。物质财富和实用主义都没有带给汉斯真正的快乐,当汉斯摆脱一切物质和利益束缚的时候,才得以回归真正的内心家

---

〔1〕 张烁:"用新时代中国特色社会主义思想铸魂育人 贯彻党的教育方针落实立德树人根本任务",载《人民日报》2019 年 3 月 19 日,第 1 版。

〔2〕 梁敏、[德] 聂黎曦主编:《当代大学德语(三)》,外语教学与研究出版社 2006 年版,第 67~72 页。

园。在这里,文学的"移情"功能发挥了重要作用,可以使学生更好地进行换位思考、感化心灵、拷问人性,从道德高度自发地约束和指导自己的言行,进而影响社会中的其他人。

(二)通过中德跨文化比较形成"四个正确认识"

习近平总书记强调,要教育引导学生正确认识世界和中国发展大势,正确认识中国特色和国际比较,正确认识时代责任和历史使命,正确认识远大抱负和脚踏实地。习总书记提出的"四个正确认识"在外语专业教学中有着积极的实践意义。许多外语专业学生在学习外语的过程中,常常会出现重外语、轻中文的现象,学习外语的同时忽略了同步提高自身的中文素养以及对于中国社会、中国文化、中国传统思想等方面的进一步积累和学习。由于缺乏对于中国传统文化和国内外形势的深入理解,导致部分学生对于西方文化缺乏判断能力和批判精神,部分学生盲目信奉西方文化,盲目崇拜西方社会。另外,学生中文素养的匮乏还会限制其外语理解能力、翻译水平、写作水平的提高。教师可以尝试挖掘教学内容的思政元素和思政意义,帮助学生对于国家大政方针以及学生的个人生活方式形成正确的认识。《当代大学德语》的一些讨论题目就是按照中德跨文化比较的思路进行设计的,学生在接受德国文化思想的同时,通过与本民族文化进行比较和认同之后形成自己的价值判断。在这个跨文化思想交流的过程中,授课教师如果能够给予及时的、积极的引导,则能帮助学生形成"四个正确认识"。例如,《当代大学德语》第 2 册第 8 课的导入部分有一幅阵容庞大的全家合影,8 个子女从低到高依次站在父母亲身边,旁边加注了一个问题"您想两个人、三个人还是几个人一起生活?"学生们看到这幅图会惊讶于这个家庭为什么会生这么多孩子。教师可以组织学生用德语讨论每个家庭生育几个孩子更合理,进而把主题拓展到用德语讨论中国和德国生育政策的异同,引导学生正确认识中国计划生育政策,包括之前的独生子女政策和现在的三孩政策在我国现阶段实施的现实性和必要性,辩证地看待国外媒体从人权角度对我国计划生育政策进行的诟病。与此图片配套的课文还介绍了德国人的五种家庭生活方式:普通家庭,单身,丁克,自由同居,组合家庭。在 20 个同学的课堂上,教师让同学们按照自己希望选择的生活方式分组坐座位,第一次居然没有人选择正常家庭,经过教师的引导和劝说之后,终于有 3 个犹豫不决的同学加入了正常家庭这一组,大部分人都希望单身,还有少量同学希望成为丁克和自由同居者,没有人选择单亲和组合家庭。面对同学们这样的生活态度,教师可以告诉学生,无论是西方基督教传统文化还是中国传统文化都认为，由丈夫、妻子、孩子组成的正常家庭是最为合理的，对于个人、家庭和社会的发展最为有利。课本第 2 册第 1 课的第 1 篇课文通过上海学生杨芳寒假过后从上海归来与朋友之间的日常对话，展示了上海的租界史和上海当今的现代化城市面貌。但是课文描述上海历史用了德语词汇 Kolonialzeit，翻译成中文是上海的"殖民时代"。事实上，上海从 1845 年开始的近百年的历史并非是殖民史，而是半殖民地半封建社会，上海有了英、美、法、俄、日等多个帝国主义国家的租界，因此课本中 Kolonialzeit 的表述容易引起学生对上海历史一定程度上的误解。教师在讲授过程中有必要简要介绍上海近 100 年的租界史，介绍鸦片战争之后中国沦陷为半殖民地半封建社会的屈辱经历，进而引导学生对上海历史乃至中国鸦片战争以来的近代史形成正确的认识和判断，同时引入德语词汇租界 Konzession 和半殖民地 Halbkolonie。

（三）通过历史和国情教育坚定"四个自信"

习近平总书记在 2016 年 7 月 1 日庆祝中国共产党成立 95 周年大会上明确提出"四个自信"，坚持中国特色社会主义道路自信、理论自信、制度自信和文化自信。德语专业的毕业生走入社会之后成为中德文化交流的使者，学生通过大学期间的德语学习不仅可以系统全面地了解德国的历史、国情知识，教师亦能在传授德国历史、国情知识的同时讲授对等的中国历史和国情知识，帮助学生在德语学习的过程中储备具有中国特色的德语表达，使学生逐渐具备运用德语介绍中国改革开放新成就，运用德语传播和弘扬中国传统文化、讲好"中国故事"的能力。《当代大学德语》第 2 册第 13 课的导入部分有两幅图片分别展示了西方的羽毛笔和中国的毛笔字书法，教师可以在此时导入中国笔墨纸砚、诗书画印、中国山水画简单技法所对应的德语词汇和常识。《当代大学德语》第 2 册第 1 课关于二格的语法练习题通过猜谜游戏的形式介绍了 10 个德国和中国文化常识，例如，"《浮士德》是歌德的一部戏剧的题目""《西游记》是一部中国长篇小说的题目""莱比锡是德国的一个城市名""《魔笛》是莫扎特的一部歌剧的题目"等，题目下方配有歌德、莫扎特、施特劳斯和托马斯·曼的肖像画。这种练习题的设计不仅起到巩固二格语法知识点的语言训练的作用，还能够把中德文化常识贯穿其中。

（四）运用马克思主义方法论进行价值判断

网络和媒体对当代大学生的价值观判断产生了重要影响，外语专业学生由于具有外语特长并且抱着提高外语水平的初衷，会更多地涉猎西方新闻报刊、影视娱乐节目、网络社交平台等，这些西方网络媒体潜移默化地影响了学生的价值观判断，某些政治势力甚至通过网络媒体和社交平台扭曲和抹黑中国形象，一些未经证实的虚假言论也在误导学生。对于此类现象，教师可以在课堂上引导学生运用马克思主义方法论对中德文化差异进行分析和判断，提高学生的辩证思维能力，坚守社会主义核心价值观，培养政治素质过硬的外语专业人才。2018年5月2日，习总书记在北京大学师生座谈会上的讲话中提到："马克思主义是我们立党立国的根本指导思想，也是我国大学最鲜亮的底色……要抓好马克思主义理论教育，深化学生对马克思主义历史必然性和科学真理性、理论意义和现实意义的认识，教育他们学会运用马克思主义立场观点方法观察世界、分析世界，真正搞懂面临的时代课题，深刻把握世界发展走向，认清中国和世界发展大势，让学生深刻感悟马克思主义真理力量，为学生成长成才打下科学思想基础。"[1]笔者认为，马克思主义辩证法有利于培养学生的批判性思维，有助于学生在分析具体问题时对于事物的现象与本质、原因与结果、必然与偶然、可能与现实、形式与内容等有更为深入的了解，从而形成正确的价值判断。

（五）思政教育的融入维度——"润物细无声"

从学生接受的角度而言，把思想政治教育融入《综合德语》课堂意味着，首先，教师在授课过程中应当尽量采用贴近大学生生活，紧跟社会时事发展，符合大学生心理诉求的教学素材作为思政教育的切入点。其次，在课程设计中，选择合适的时机和语境融入思政元素，使得课程思政与课堂内容成为有机不可分割的整体，使得思政元素的融入自然而然、水到渠成、不动声色，切忌填鸭式、灌输式。最后，创新思政教育的融入维度，使学生感受到思政元素的融入既具有趣味性、又具有重要意义，引发学生对于思想政治教育的兴趣和认同。这就要求教师深入研究授课内容，创新教学方式方法，充分关注学生的心理诉求，才能实现"润物细无声"的教育教学新高度和新境界。

《当代大学德语》第2册第1课的第2篇课文的对话里，李涛讲述他在寒假期间喜欢经常待在家里玩电脑游戏，托马斯借用席勒游戏说里的名言调侃李涛，"只有当人游戏的时候，他才是完整的人"。这样的课文选段不仅贴近学生的日常生活，还能够以一种轻松愉悦的方式吸引学生了解席勒的游戏说理论，教师在此时可以顺理成章地导入席勒游戏说的一些经典思想，让同学们在课堂上对席勒

---

[1] 习近平："在北京大学师生座谈会上的讲话"，载《人民日报》2018年5月3日，第2版。

关于游戏的一些观点和论述进行讨论，进而引导学生辩证地分析游戏以及电脑游戏的利与弊。《当代大学德语》第 2 册第 7 课第 3 篇课文是摘自《南德意志报》的一篇题为《大学生是自己的主人》的采访稿，受访的教授曾经出版了《成功学习》一书。在采访中，记者向教授提出的几个问题非常贴近大学生的学习生活，能够反映大学生在大学学习中的常见问题和困惑，比如，成功的大学生是什么样的？大学学习中经常会犯哪些错误？怎样才能够取得学习上的成功？大学里如何进行团队合作？大学生需要像工作狂一样勤奋学习吗？采访稿里的这些问题能够引起学生共鸣，也能够解答学生在学习方法上的一些困惑和难题，因此，通过这篇采访稿能够引导大学生更加合理地管理课外的自主学习时间，更加合理地安排自己的大学生活。《当代大学德语》第 2 册第 13 课的第 2 篇课文介绍了德国人发手机短信时的德语缩略语和表情包，这些内容已经明显落后于现代通讯技术发展，当今人们普遍使用微信进行沟通，教师可以借此机会介绍如何用德语表达中国微信对话中的缩略语和表情包。我们的一些学生在德国留学的时候还把微信、支付宝介绍和推广给德国学生使用，促进了德国人对中国实时通讯技术和文化的了解，使德国人了解到中国自己研发的微信也是世界上最为便捷的通讯方式之一。

教师如何才能选择贴近学生生活的教学素材，这在一定程度上取决于教师对于当代大学生生活、学习和心理状况的深入了解和调研。教师应当了解学生的关注热点，知晓校园内的新生事物，从而进一步了解学生的兴趣所在，才能够在教材中遴选出学生热衷谈论的话题和素材。

三、结语

外语专业的课程思政应当更加具有亲和力和针对性。对于合适的思政素材的深入挖掘和运用是课程思政达到实效的重要前提条件。在外语专业的教学内容中如何挖掘合适的思政素材，如何深入挖掘教材的现实意义和思想政治教育意义，如何把这些思政素材以润物细无声的方式融入外语专业教学，如何在外语专业的课堂教学中发挥这些思政素材的价值引领作用，都是值得今后继续思考的问题。把思政教育融入外语专业教学，这对授课教师提出了新的要求，教师在夯实自身外语专业水平的基础之上，还需要提高自身的政治理论素养和中国传统文化修养。在德语专业教学中，教师可以通过人文经典教育立德树人；通过中德跨文化比较引导学生形成"四个正确认识"；通过历史和国情教育引导学生坚定"四个自信",讲好"中国故事";面对互联网对于学生价值观的冲击,教师可以在课堂上运用马克思主义方法论引导学生进行价值判断;只有授课教师胸怀祖国,心系思政,才能创造性地把自己对于中国传统文化以及改革开放巨大成就的自豪感和自信心以润物细无声的方式融入外语专业的课堂教学。

付　瑶　黄宇柱[*]

人类命运共同体观照下"一带一路"沿线国家法庭口译现状与对策[**]

一、打造人类命运共同体与实施"一带一路"倡议

人类命运共同体（a community of shared future for mankind），首次正式提出的时间是 2012 年 11 月党的十八大，会上明确提出"要倡导人类命运共同体意识，在追求本国利益时兼顾他国合理关切"。2011 年《中国的和平发展》白皮书提出，要以"命运共同体"的新视角，寻求人类共同利益和共同价值的新内涵。2015 年 9 月 28 日，国家主席习近平在纽约联合国总部出席第 70 届联合国大会一般性辩论并发表题为《携手构建合作共赢新伙伴 同心打造人类命运共同体》的重要讲话。习近平在纽约联合国总部发表重要讲话指出："当今世界，各国相互依存、休戚与共。我们要继承和弘扬联合国宪章的宗旨和原则，构建以合作共赢为核心的新型国际关系，打造人类命运共同体。"2017 年 10 月 18 日，习近平同志在十九大报告中提出，坚持和平发展道路，推动构建人类命运共同体。同时倡导构建人类命运共同体，促进全球治理体系变革。2017 年底，"人类命运共同体"作为一个关键词已经成为中国社会热点词汇。2018 年底，"命运共同体"成为当年十大流行语，相关学术研究文章层出不穷。同样是在 2018 年，第十三届全国人民代表大会第一次会议通过的宪法修正案，"推动构建人类命运共同体"正式入宪，意味着这一意识正式上升为中国的宪法价值观，直接指导中国的立法和司法领域各项工作。

人类命运共同体首先是一种新理念、一种意识，一个价值观。"人类命运共同体"正式在国家政策、国家战略和司法领域确定下来，从官方使用的一系列词

---

[*] 付瑶，法学博士，中国政法大学外国语学院副教授，研究领域为法律翻译、英美法、比较法。黄宇柱，中国政法大学外国语学院硕士研究生，研究领域为法律翻译。

[**] 本文得到中国政法大学"课程思政示范课"（《法律专题口译（之口译职业伦理）》）项目支持。

汇可以看出这个过程的嬗变，首先是"倡导意识"，接下来是动词"打造"，然后是"构建"，接下来是"推动构建"，可见"人类命运共同体"是一个持续的话题，也是一个持续发展的过程。翻译职业和译员群体可以为这个伟大目标的实现贡献自己的价值，而且是在构建进程的第一线工作。当今国际形势背景是世界多极化、经济全球化、文化多样化和社会信息化。这一系列的国际形势基本特点都离不开翻译职业的贡献。人类需要共同面对的非传统安全问题层出不穷：粮食安全、资源短缺、气候变化、网络攻击、人口爆炸、环境污染、疾病流行、跨国犯罪等。这些都对国际秩序和人类生存构成了严峻挑战。人类命运共同体是一种以应对人类共同挑战为目的的全球价值观，逐步获得国际共识。从微观层面来说，这种全球价值观也代表着一种中国的全球伦理观念：国际权力观、共同利益观、可持续发展和全球治理观。经济全球化带来的资本、信息、技术和人员的跨国流动意味着对以翻译为基础的语言服务的市场需求空前高涨。

"一带一路"是2013年中国国家主席习近平提出的合作倡议，英文缩写为B&R或者BRI。"一带一路"与人类命运共同体息息相关，中国与"一带一路"沿线国家之间发展和巩固经济合作伙伴关系的进程也是共同打造政治互信、经济融合、文化包容的利益共同体、命运共同体和责任共同体的进程。根据最新的官方数据，2013年～2017年，中国与"一带一路"沿线国家进出口总额达到69800亿美元，成为我国外贸加速回暖的重要推动力量，其中基础设施建设发展迅猛。目前，我国港口已与世界200多个国家、600多个主要港口建立航线联系，海运互联互通指数保持全球第一。海运服务已经覆盖"一带一路"沿线所有沿海国家，参与建设34个国家42个港口，并深度参与这些港口的经营业务。2019年上半年最新统计数字披露，中国正式与巴拿马政府拓展"一带一路"基础设施建设的合作，两国自由贸易协定总数达到47个，中国取得在巴拿马建设巴拿马运河大桥的14亿美元大单，而且中国与巴拿马之间会预计在近期开通直飞航线。

但是，我们也要清醒地认识到，"一带一路"沿线国家的政治和法治状况非常复杂，不同的国家针对外国直接投资的政策和法律可能完全不同，相关政策和法律还经常因为国际局势的变化而不断调整。在参与"一带一路"建设中，中方投资者，特别是中资企业有必要充分了解、调研并尊重当地的法律风俗和法律制度。

二、"一带一路"沿线国家法庭口译概况

翻译活动历史久远,而口译更是早在手写文字出现之前就存在了。但是口译的职业化进程的历史时间并不长,大概出现在一个世纪之前。口译的重要性对人类跨文化交流不言而喻,但是真正将口译作为学术研究对象的作品并不多见,历史也鲜有记录。究其原因,可能是口译的表现形式不易被记录,其重要性又极易被使用者低估,所以口译相对于笔译不容易成为大众的关注焦点。口译主要形式有交替传译和同声传译。前者是在源语讲话者讲话间歇进行翻译,后者则是在源语讲话者讲话的同时进行,只是在节奏上要迟于讲话者几秒钟。法庭口译两种形式兼而有之,而且有的时候可能还会有视译的需要。法庭口译可以出现在法庭中,也可能出现在其他司法程序进程中,比方说在警察局进行的讯问过程中,对证人进行取证的会议室里,或者对证人进行质询宣誓的场所。如果法庭口译的形式为交替传译,那么对场所的要求并不高,几乎可以在室内外任何地点进行,一般单独译员即可完成。但是,如果法庭口译的形式为同声传译,则对同传设备的要求比较高,需要1组至少2名译员团队交替进行口译,一般还需要有同传设备的技术人员在场做后勤保障工作,保障庭审顺利进行。法庭当事人如果不能听懂或者不能使用法庭使用的语言进行表达,即有权要求得到法庭口译的服务。这是一种基本司法权力,一般情况下是由宪法条款、个人权利保护的条款或者基本法条款进行保障的人权。但是法庭口译员的认证或者职业化在各个国家和地区不尽相同,甚至可以说是大相径庭。通常情况下,在移民比较多的国家法庭口译服务程序和译员认证工作比较先进,但是随着国际化进程和跨国活动的日趋活跃,法庭口译服务几乎在任何国家的司法体系中都占有一席之地,只是使用频率和具体规范不尽相同。"一带一路"沿线国家除了使用汉语和英语之外,还通行50多种官方语言。当然,随着"一带一路"的深入进行,这个数字很可能会进一步增加。需要指出的是,在法庭口译的概念之下还包括庭审或其他司法程序中为听障人士或者其他类型的语言交流困难人士提供的基于庭审或者司法程序的语言服务。这类法庭口译并不在本文探讨范围内。

本文主要探讨"一带一路"沿线重要贸易国家相关法庭口译现状和对策。按照不同国家官方语言语种划分,本文研究的范围包括"一带一路"沿线主要英语语系国家(美国、英国、南非、新加坡、新西兰、印度、菲律宾等)、俄语语系国家(俄罗斯、哈萨克斯坦等)、阿拉伯语语系国家(沙特阿拉伯、阿联

酋、埃及、卡塔尔、伊拉克、科威特等）。当然，"一带一路"倡议早期规划路线图还包括：韩国（韩语）、印度尼西亚（印尼语）、土耳其（土耳其语）、波兰（波兰语）、伊朗（波斯语）、泰国（泰语）、马来西亚（马来语）、巴基斯坦（乌尔都语）、孟加拉国（孟加拉语）、越南（越南语）、捷克（捷克语）、罗马尼亚（罗马尼亚语）、匈牙利（匈牙利语）、斯洛伐克（斯洛伐克语）、乌克兰（乌克兰语）、斯里兰卡（僧伽罗语）。2018年开始，"一带一路"倡议正式延伸至拉美，成为引领中国与拉美以及加勒比关系发展的强大动力。中国企业积极参与拉美和加勒比国家的港口等基础设施建设项目，同墨西哥、巴拿马开通两条新的直航航线，"空中丝路"与"网上丝路"加快布局和发展。因此，本文的研究范围也涉及最初并不在"一带一路"倡议早期规划路线图的拉美西语国家，但并不作为本文重点。

理论上说，在上文中提及的"一带一路"沿线国家官方语言与汉语可以形成至少20个包括汉语的语言对。换言之，只能说汉语或者只能用汉语进行语言表达的司法案件当事人在庭审过程或其他司法程序过程中，如遇法庭使用语言为非汉语的情况，都可以要求提供汉语的法庭口译服务。联合国大会在1966年通过决议《公民权利和政治权利国际公约》，其中的第14条规定，如果法庭语言非公民能够理解或使用交流的语言，公民有权要求免费提供他能够理解或使用的语言的口译服务和译员的语言帮助。截至2018年12月，这个国际公约已有74个签署国及172个缔约国。"一带一路"沿线大多数国家是这个公约的缔约国。这就意味着，为司法案件当事人提供免费的法庭口译服务已经在这些国家的司法行政体系中获得认可。在此之前，欧洲委员会通过了《保护人权与基本自由公约》。其中第6条规定，刑事诉讼当事人有权请求免费的法庭译员协助。在一些经济发达国家和地区，比如美国、欧盟、澳大利亚等，法庭口译职业化程度比较高，这些国家和地区大多已经有相关领域的立法，并且已经成立政府或者非政府的组织负责法庭口译和法律翻译的组织管理和译员认证工作。

美国在1978年推出了《法庭口译员法案》的联邦法律，要求法庭口译员必须完整准确、一字不差翻译源语信息，不得修饰和省略源语信息，不得更改源语的语体和语域。该法案为法庭口译服务提供了立法依据，也被认为是法庭口译译员认证的法律依据。法庭口译员作为专业性的口译服务职业得到联邦立法的认可，成为独立的职业。美国的联邦法案规定法庭口译服务的对象主要有两类：只会说或者主要以非英语语言进行交流人士和听力障碍人士。还是在美国，2000

年时任美国总统克林顿签署第 13166 号政府令，致力于提升以用英语交流有障碍或者有困难人士为目标的语言服务的整体水平。政府令要求联邦相关机构更多考虑用英语交流有不足或者有障碍人士的语言交际需要。根据这条政府令，美国司法部采取切实措施，发布了专门的司法指导，具体要求相关联邦机构在实际工作中履行相关语言服务的义务，并且提出这些义务的履行不应给所涉及的联邦机构施加不当负担。到 2017 年为止，为司法当事人特别是庭审当事人提供免费法庭口译服务的权利已经从联邦法院当事人扩展到州和地方法院当事人。这标志着在美国联邦和州的层面，都已经普及了为有限英语能力当事人提供免费法庭口译服务的做法。2017 年 7 月，美国司法部正式宣布华盛顿州最高法院和华盛顿州法院行政管理部门发布了针对提供法庭口译服务的书面指南，为美国其他州进行类似的司法行政项目作出典型示范。

澳大利亚并没有单独的法庭口译相关立法，但是在一些相关立法法案中散见关于法庭口译服务的规定。比如，1995 年的《证据法》有 3 个条款提及了相关司法当事人享有的法庭口译服务的权利以及关于法庭口译员提供相关服务的程序等问题。在 1901 年的《风俗习惯法案》和 2002 年的《执法法案》中也有类似条款提及。澳大利亚作为一个移民国家一直比较重视法庭口译立法，在法庭口译员认证和法庭口译译员组织方面的做法也有很多值得借鉴的经验。

欧盟在 2010 年通过关于保障刑事司法程序中嫌疑人享有口译和翻译权利的行政命令（2010/64/EU）。这个行政命令是全面加强保障刑事司法程序中嫌疑人的刑事司法权力的重要步骤。欧盟各国必须遵守这个命令的相关条款，积极调节和改进本国相关法律条款的规定，如遇本国相关法规规定与此不符者，必须修改本国规定以使之符合欧盟条款。目前，在欧盟很多成员国都已经有学者从法庭口译立法角度开始对 2010/64/EU 这个行政命令进行研究，力图使本国的法庭口译现状和发展能够符合欧盟委员会的要求，而且这个要求是立法层面的，在立法层级来说，欧盟立法要优先于成员国本国的立法，在相关领域立法活动中，法律法规都要与这个上位法相符合。

俄语国家的法庭口译现状以俄罗斯最为典型。目前俄罗斯的法庭口译正在经历职业化进程。相关人士已经认识到法庭口译作为一个职业的独立性和全职要求，并且认为法庭口译是司法程序中一个专门领域，相关从业人员需要持续进修保证能够应对工作带来的挑战。在俄罗斯司法界已经形成共识，认为法庭口译是保障人权的重要方式，但是同时也承认在司法领域从业人员中普遍存在对法庭口译员缺乏足够认可、尊重和积极评价的现象。有俄罗斯学者指出，法庭口译员从某种角度上是替代了法官的部分职能（解释法律）以及律师的部分职能（在法庭上出示证据）。正是如此，有些律师甚至认为因为法庭口译员的在场，他们或多或少失去了对案件庭审的把控和对案件当事人语言上的操纵，他们视法庭口译员为竞争对手而非同盟。所以，在俄罗斯以及其他俄语国家，法庭口译多多少少代表着司法权力的分配和争夺，法庭口译职业发展受到权力制衡比较明显。需要特别指出的一点是，在俄罗斯法庭口译被置于社区口译的分类之下，很多俄语国家一般也认为法庭口译本质上是社区内不同种族人群之间沟通交流的一种衍生类型，所以其职业化进程可能更加缓慢甚至停滞不前。

在阿拉伯语国家，法庭口译一般还是新生事物和年轻的职业。特别是在"一带一路"沿线的阿拉伯语国家，一般并不存在法庭口译相关的伦理和职业规范，也没有制定相关的法律条文。比如，在官方语言为阿拉伯语的阿曼这个国家，因为近年来经济的发展和外国直接投资的不断涌入，当地的司法部开始雇佣外语达到要求的公民（特别是英语好的）来充当法庭口译员的角色。这些会外语的口译员其实并没有接受很多专门的司法领域知识的训练，他们进入一个完全陌生的专业领域，其实对自己作为法庭口译员的具体责任和权利一无所知。一方面是法庭口译员的职业没有清晰且严格的定义；另一方面是法庭口译员在具体工作中会经常遇到突发情况和无法预知的挑战。在阿曼，司法体系的发展阶段基本上可以分为两个主要时期，而关键节点就是1999年出台的《司法权威法案》。在这个法案出台之前，阿曼的法院主要分为三类：民事法庭、刑事法庭和商事法庭。这个时期如果有被告是外国公民而需要语言服务来进行案情和庭审的有效沟通的情况，司法部会直接从总部派口译员到相关法庭，因为只有司法部有全职的口译雇员。如果法庭地区偏远，不方便从位于首都的司法部总部派遣译员，当地的法院就会从当地居民中选择所需语言类型的双语人士来充当法庭口译员的角色。在1999年的《司法权威法案》出台之后，阿曼司法部对法庭口译的职业发展进行精心规划，决定从应届英语专业毕业生中挑选人才直接进入司法部、最高法院和全国6个主要的上诉法院进行法庭口译的全职工作。但是这些应届大学生要进行口译能力的岗前培训，以便胜任将来的法庭口译工作。他们的工作内容还包括法律翻译（笔译）。但是，这种机构聘任仅限于英语和阿拉伯语语言对的法庭口译需要，对于一些非英语的语言服务需求还是临时性的和小范围的。

三、法庭口译问题及对策

"一带一路"沿线国家法庭口译发展阶段各不相同，但是大多数国家还是认可案件当事人和嫌疑人在法庭上和其他司法境遇下得到语言支持和服务的权利，前提是法庭和司法体系使用的语言不是当事人的母语或者能有效理解的语言。这种对语言权利的保障在联合国的公约中已经被认定为公民的法律权利，是最低底线要求。在这个底线之上，各个国家对法庭口译的实际操作存在巨大差异。在法庭口译立法相对完善的英、美、澳等国，因为长期的移民传统和现实需求，法庭口译一般有专门立法，或者相关条款散见于刑事和证据法中。比如在美国、英国、加拿大、澳大利亚等国都有相应的法庭口译译员组织，有相对比较成熟的法庭口译培训体系和教育体系，有法庭口译员的资格认证程序和证书。除了官方的正式的法庭口译体系之外，司法协会或者行业协会也会经常举行法庭口译主题的相关会议和工作坊，增加法庭口译从业者与司法从业人士之间的交流和沟通。这种多形式内容丰富的交流和教育活动最终能够使司法界和公众正确客观地认识法庭口译的性质和作用，防止偏见和抵制情绪的产生。中国参与"一带一路"建设的企业和司法界人士可以有效利用这种沟通机制，或者效仿法庭口译发达国家的做法，组织类似的专业交流活动，增强互信互利，为维护我国"走出去"企业在"一带一路"沿线国家的经济利益和司法权益保驾护航。

尽管法庭口译在"一带一路"沿线国家广泛存在，但是不可否认，对法庭口译的认识不尽相同，特别是在那些对法庭口译有一定需求，而且有相当外语劳动力为基数人口的国家。例如在俄罗斯这样的大国，不仅法庭口译的名称存在一定争议，法庭口译的工作职责和内容范围也没有定论。有足够口译经验的译员在接受法庭口译任务的时候也会无所适从，因为法庭口译没有专门的培训要求，没有职业入门要求，也没有独立的法庭口译员协会组织。还是以俄语国家的俄罗斯为例，法律翻译主要是作为特殊用途的英语给法学院的学生开设的，而且法庭口译这个领域并没有得到特别的关注。但是，有学者也敏锐地注意到法庭口译员在俄罗斯法庭中已经发挥的重要作用，只是这个职业的法律地位一直比较模糊，相关立法规制的手段并没有发挥效力，或者完全没有建立。

对于任何一个移民人口持续涌入的国家来说，法庭口译，特别是小语种和不常用语种的法庭口译需求一直没有得到满足。因此，有专家提出，在无法大规模聘用或者根本无法提供相关语种法庭口译需求的情况下，电话或者视频远程口译可以作为可选项，这样可以节约资源，当然也节省资金。但是，远程口译的缺点不言而喻：视频或者音频的效果较差、电话口译容易忽视现场视觉的信息弥补等等。在这里不得不提及口译员在通常工作条件下所面临的普遍困境：客户对于口译员的要求不切实际或者过高，而对口译工作的难度估计过低。以色列的学者 Ruth Morris 曾经指出，法庭口译中代表法律的机构一方习惯性地认为在法律程序中的翻译应该是客观的、机械化的、透明的过程，而译者或者译员仅仅是传话筒，他们的活动可以规划，可以随意调整，而译员能做的仅限于解读他所听到的言语信息并且把这些信息忠实地表达出来。译员在法庭上被禁止基于自己的理解和辨识力进行更加能动的工作，也不被允许参与司法过程的协调工作，有一些工作（被认为是重要的工作）是要留给法官和律师的。在处理涉外法律案件的过程中，必须充分认识案件发生和审理的国家法庭程序，了解在这样的法庭程序中法庭口译员的不同作用和不同角色。

四、结论

"一带一路"沿线国家法律传统多元，现行的法律制度和司法体系各有特点。按照法庭口译的特点，本文将"一带一路"沿线国家按照语种进行划分，主要考察了与中国贸易量较大的几个语种的国家的法庭口译现状。这些语种包括英语、俄语、阿拉伯语等。通过对不同语种典型国家的法庭口译职业的考察，本文结论是"一带一路"沿线大多数国家法庭口译职业发展相对处于初级阶段，而且缺乏体系化。主要原因可能是法庭口译译员人才的稀缺，根本原因就是在教育体系中缺乏法庭口译员人才的培养意识和培养方案。在一些国家，还存在着司法权力的分配和斗争问题，而且司法财政能力直接制约着法庭口译员的聘用。总的来说，在"一带一路"沿线国家中普遍存在的现象是：法庭口译员的定位模糊、其职业地位未能完全建立、法庭口译员的客户对译员作用认识不够。但是不容忽视的事实是，法庭口译员对案件当事人权利保护的重要性以及对庭审有效、顺利进行的不可或缺。可以预见，随着"一带一路"进程的深入，我国企业和公民在境外可能面临的法律风险和诉讼风险明显增加，有的时候庭审程序未必真正启动，但是可能仅仅是司法调查的程序也需要司法当事人在纠纷发生国遵守当地法律，履行被调查的义务，积极配合司法调查和律师的协助，而法庭口译作为司法全流程的语言服务提供者，其作用和重要性不言而喻。

张洪芹*

《英语语言学概论》课程思政教学改革**

英语语言学是英语专业高年级的必修课程。《英语语言学概论》课程，是以人类的语言为研究对象，研究人类语言之普遍原则的学科，旨在让学生了解语言学在科学体系中的重要地位。作为一门人文学科，《英语语言学概论》课程帮助学生掌握英语语言学的基本知识和理论，并能运用所学的语言学知识和理论描述、解释、分析和解决实际的语言问题，提高其语言素质及育人素养。《英语语言学概论》课程思政是课程学习与价值观树立相结合的教学方式，拓展教学内容，发掘课程中隐藏的思政教育资源，实现育德立人的目的，达到思政育人的目标。课程思政转化具有必要性，在显性课程教育教学中推进隐性思政教育。本文拟探讨英语《英语语言学概论》课程思政教学改革。

一、《英语语言学概论》课程思政的背景

教育部 2017 年在《大学英语教学指南》中指出，"大学英语课程是高等学校人文教育的一部分，兼有工具性和人文性双重性质"，工具性体现在"学习、交流先进的科学技术或专业信息"，旨在"了解国外的社会与文化，增进对不同文化的理解、对中外文化异同的意识，培养跨文化交际能力"；人文性的核心在于"以人为本，弘扬人的价值，注重人的综合素质培养和全面发展"。该文件强调将社会主义核心价值观融入大学英语教学全过程，"充分挖掘大学英语课程丰富的人文内涵，实现工具性和人文性的有机统一"。课程思政融入本科教学是当

---

* 张洪芹，女，河北大名人，英语语言文学博士，中国政法大学外国语学院教授，硕士生导师，研究方向为认知语言学及二语语用学。

** 本文系 2021 年中国政法大学研究生教育教学改革项目"研究生科研能力培养导向下的英语语言学课程'学研贯通'培养模式研究"的阶段成果；2021 年中国政法大学研究生线上教学规律研究项目"以研究生学术研究能力培养为导向的《语用学》课程线上研究性教学模式探究"的阶段成果。

今高校要面临的主要问题。"全人教育说"[1]的外语教学要构建全课程育人格局的形式，全程将各类课程与思想政治理论课同行同列，形成协同效应。"立德树人"是本文课程教育的根本任务及育人理念。育人能力始终贯穿授课过程，教师授课内容及步骤也是实施思政教育的方法及路径，每章每节均可融入一定的思政要素，促进学能提升与德能提升。

二、《英语语言学概论》课程思政的意义

《英语语言学概论》课程有两大目标：学能与德能共提升；两者共同实现"为己"的哲学路径，即自我道德维度上的修正。这里，我们概括了《英语语言学概论》课程的思政培养模式——"凸"型模式：两头低端分别为学能与德能，是思政教育的核心；中间高处是"为己"，即自我修正与实践中提升。课程面面点点的揭示与指点有助于培养学生健康的、具有正能量的世界观，有助于提升学生的思想道德品质。把真善美转变为大学生具体的价值观念及行为准则，提高学生思想道德素质，使马克思主义意识形态在学生中内化于心、外化于行，提升学生思辨评价能力。

（一）认知中西语言差异，学习社会主义核心价值观理念

课程教学从对比视角解释英汉语在语音、词汇和句子结构上存在不同；语言对比再上升至文化对比，在理解中西规范的不同中，引导学生对比中西文化的优劣，拓宽思维，开阔视野，也让学生懂得"仁义礼智信"的内涵及做人做事准则。

（二）揭示学生认知的不足与误区，提升论文创新及个人诚信意识

课堂教学启发学生认知自身思想及行为之不足，达到每天的思及行的修正。这一目标贯穿在《英语语言学概论》课程教学过程中。例如，在揭示抄袭与创新的界限问题时，提示学生对学术规范的认知与遵守，否则会出现不同层次的抄袭现象，甚至会影响毕业。同时，课程教学启发学生认识在生活或社会中的诚信相关问题，如个人对同学、老师的诚信及对社会的诚信等。课程旨在提升其认知能力，有助于提升学生辨别是与非、善与恶、荣与辱等社会复杂现象的能力，达到自我觉醒，直至实现自我修正，以形成正确的理想和信念。论文写作诚信及相应的学生个人诚信的培养是本课程的又一大目标。

---

[1] 文秋芳："新中国外语教育70年：成就与挑战"，载《外语教学与研究》2019年第5期。

（三）注重批判性文本阅读，提升学生的思辨能力及培养高尚的道德情操

思辨能力的认知可呈现诸多途径。《英语语言学概论》课程教学间接渗透对心灵美丑的认识、对爱情的观点分析、对道德的分析、对正义与邪恶的判断等等。同时，课程理论与实践相结合的讨论可以提升学生的参与度，启发学生思考，可以进一步加深学生对问题的认识，提高他们的分析能力，有助于学生树立正确的价值观。

（四）注重教学评价标准的多元性，提升教学评价的思政内涵

多元评价标准包括学生的语言学知识和理论的评价标准、采用定量评价方式，考查学生对知识结构体系的熟练程度；采用定性的评价方式，考查学生的语言学理论的运用能力，提升学生的学能。同时，思政教育也要纳入定性评价之中，如提升学生自我管理能力及利他主义道德情操。

三、《英语语言学概论》课程的思政设计

在课程设计和教学过程中，授课教师要对所授内容深入分析，提炼出本学科、本专业、本课程的科学精神、价值取向以及伦理规范，将课程的思想性和价值性表现出来，让学生在各类课程的学习过程中潜移默化地提高自身的思想水平、政治觉悟、道德素质和文化素养，实现学生的自由全面发展。[1]

（一）挖掘教材中的德育因素

挖掘《英语语言学概论》课程教材中的德育因素，做到教学与德学并重，使德育教育与外语课的学习水乳交融，达到德育与智育双重教学的目的。

有形的教材是以语言语篇的学习为主，所以该课程选择《英语语言学概论》（刘润清、文旭主编），提升我国学生英语表达的地道性与适切性；参考教程为《语言共性及语言类型》（第 2 版）（Bernard Comrie，2010）、《篇章语言学概论》（Dressler，1987）等；同时，实际课程教学也把学生的论文语篇纳入教学之中，这一珍贵的课程教材可有效锻炼学生的自我批评能力及自我修正能力。

另外，思政内容将语篇融入课堂教学中，推荐励志、奉献、尊老爱幼等中国传统美德或正能量主题语篇分析，涉及道德品质类词汇表达及道德类语篇 The Analects（论语）、Moral Classics（道德经）等。指导学生识别、理解语篇中的正面价值观，培养学生的批判性思维与道德推理能力，以使学生能自觉践行正面价

---

〔1〕 丁义浩："'课程思政'建设须打破三个误区"，载《光明日报》2020 年 1 月 13 日，第 3 版。

值、体验正能量。

（二）考核方式的多样化

《英语语言学概论》课程考核的内容和形式会直接影响到课程教学目标的实现，也会影响到该课程教学内容和教学方式。考核方式的改革旨在知识传授与能力培养并重，旨在培养学生的分析能力、实践能力、研究能力。新型的考核方式体现考评的综合性、过程性与人文性。综合性的考评呈现多维结合：理论与实践、普及与提高、传统与创新、课本与课外知识，注重考查学生课程基础知识、技能、分析应用能力、思维能力、批判性能力与创新能力；过程性考核关注学生的自主探索，倡议动态评价，如灵活运用提交课程论文、撰写专题综述、读书笔记、调查报告、项目设计等方式，拟侧重能力培养，包括思辨能力、综合能力、语言学修养与语言分析能力。人文性视角强调学生的主体性和终身学习的能力，人文视角考核学生的学业成绩，使学生感受到进步与发展，有助于提高学生的兴趣，增强学生的自信心。

四、《英语语言学概论》课程思政具体实施过程

《英语语言学概论》课程教学的"课程思政"探索，逐步将人文素质教育贯穿到每次课程教学中，引领学生树立"责任、义务、奉献和担当"的精神信念，从而实现思想教育、人文教育和社会实践的高度融合，持续提升课程育人质量。为此，本研究特拟定《英语语言学概论》课程的思政开展计划。

（一）丰富课程教学的思政元素

1. 从教学内容中间接挖掘思政元素。《英语语言学概论》课程中的思政理念不是直接从英语教材中获取，而是需要教师理解及提炼。这就要求教师除了准备课程教法还要准备思政内容，并积极探索教材内容的育人元素，确保课堂思政有效开展。从这个思路出发，《英语语言学概论》课程每章内容中均可提取语言学类课程思政元素。课程教学融入思政内容的主要思路是开放话题的设置，涉及正能量的传播。例如"词汇学"一章的学习可以补充汉字的构形特征、汉字来源，继而探讨中华文明；"言语行为"一章的学习可以让同学们进一步探讨"英汉礼貌现象存在的共性及差异"。语言学有各种主题，均可与思政教育相连，如"礼貌原则与和谐交际""语言任意性的优与劣""语言/语用预设与学生自身预设"等，培养学生的责任心、正义感、为人民服务等正能量，挖掘学生自身的局限与误区，如个人主义、自私自利等错误思想。

2. 课程吸收文化知识素材。语言学教学还要经常补充网络资源和期刊文章作为阅读材料,有助于学生提升思辨情感特质,如好奇、开放、自信等。语言学方面国内网络资源有 http//www. eastling. org/, http// www. yyxx. sdu. edu. cn/, http//www. keenage. com, http//www. lingchina. org. com/, http//www. languagera. org, http//linguistics. tech. topzj. com/;国外网站:http//www. ibvelanguages. com/, http//langs eserver org/等;阅读材料有潘文国的"语言的定义",刘大为的"预设:语义预设与语用预设",语言期刊有《咬文嚼字》《辞书研究》《修辞学习》《中国外语》《外语与外语教学》等,丰富的阅读材料有助于进一步激发学生的研究热情,提高学生的评价能力和研究素养。经常在课堂引入文献,如让学生读宗守云的文章"大公鸡"和"老母鸡",分析其内涵与外延。同时,布置查询类作业,如让学生通过各种方式寻找索绪尔、乔姆斯基等的背景信息,就同一主题(如语言定义、语境定义等)寻找多种不同的文献。教师也要多收集素材,丰富教学资源,努力作语言现象的发现者。例如,短小精湛的文章、语段、影视对白,以及谚语、警句、广告用语、新闻用语、公示语、路牌等社会用语,都能成为很好的教学资源。这有助于学生养成读文献的习惯,有助于学生养成探索、疑问、推测和辩论的习惯,更有助学生了解研究的步骤与方法,提高学生的论文创作能力。在教学过程中,教师应激活学生的认知与情感,使学习过程成为加工、认知、反思、创新等的综合,在学习过程中提出问题、分析问题和解决问题,从而达到知行合一的效果。这样不仅加速了外语知识的内化,又明显提升了外语输出的运用能力,正是符合知行结合观。

(二)课程吸收文化知识的新时代文本

同时,利用第二、三课堂,拓展思政教育渠道。"互联网+"时代语境给英语课程的思政教育提供了互联网技术及微信等新媒体平台,如补充资料、小组汇报学习等形式的第二、三课堂。BBC,CNN等国外媒体平台,选择具有思政教育意义的内容作为课堂教材之外的补充阅读材料,尤其是主流媒体报道的时政热点以及媒体评论等。这样既可以使学生了解相关政治、经济、文化在中英文不同语境的差异化表达,掌握正确的相关术语,又可以培养学生对时事的关注。此外,慕课(MOOC),"翻转课堂"的兴起,也为课程思政教育提供了更为丰富的教学形式。面对"慕课"带来的教育领域的变革,高校思想政治教育积极融入"慕课"教学中能有效促进大学生思想政治教育。[1]学院可以依托国内线上教学平台，鼓励专业课教师与思政教师共同打造富有本校特色的优质思想政治理论课"慕课"，借助"慕课"这个平台推进思想政治教育工作的建设。

（三）课程教学渗透思政内涵

1. 凸显思政教育的教学思路。首先，"善"与"恶"的认知贯穿在授课过程，以提升学生的道德认知水平。展开自我修正与自我教育能力的培养，使学生养成良好的道德行为习惯。结合具体案例，引导学生树立奉献、仁爱、自律等职业价值观。其次，课程也贯穿"正能量"思维培养，以提升学生的责任心与使命感。学习正能量的语篇，讨论我与他人相处的方法、培养学生的民族精神，形成正确的理想和信念。引导学生不断明晰前行方向，激励学生将个人职业发展与国家战略紧密结合，不断帮助学生提升责任感和使命感。除授课内容计划外，本课程还在考试管理等环节统一把关规范，提升教师的教书育人能力。总之，课程围绕"育德"这一核心而对学生的思想道德品质起潜移默化的作用。课程教学具有稳定性和持久性，有助于从根本上培养学生的完美人格和良好的思想道德素质。

2. 凸显思政教人的教学模式。《英语语言学概论》课程教学有诸项创新内容：凸显学术与学生两核心，如揭示不同层面的学术规范、打破学生已固化的思维误区与局限；凸显英汉思维对比和跨文化对比理念，开启学生的研究能力及思辨能力。《英语语言学概论》课程教学亦凸显思政教育方法，主要呈现为三方面：其一，对比式教学，提升学生自身素质。本科学生在思想上还不稳定、还不够成熟，为了让学生提升自身素质，本课程采用的另一种创新教学法是对比式教学，适时地、正确地评价学生的学业与自身的不足之处。对比法旨在把握普通语言学内在的规律性，进而认识语言的本质。通过英语、汉语语料对照，英汉对比法广泛涉及语言学本体研究的各个层面，如词汇与文化、衔接与连贯、话语信息结构、语篇修辞、语言与认知、语言与生态等。对比法有助于培养学生的实践能力及思维能力。其二，辩论式教学，提升学生思辨能力。教师也应针对辩论中出现的有关问题向讲解者及其他学生提出问题，让其做答，从而进一步增强辩论的气氛。当论辩双方或者其中一方受知识所限而使辩论受阻碍时，教师就要发挥其

---

[1] 林彦虎："慕课的意识形态实质与高校思政理论课'慕课化'探析"，载《广西社会科学》2016年第2期。

指导者的作用，指点迷津，"化解双方矛盾"。其三，研讨式教学，提升学生创新能力。研讨法有两个维度。以老师为中心的研讨旨在通过对实际问题的研究讨论，加深学生对语言学本体知识概念的理解，提升学生的综合能力，激发学生的学习动力；以学生为中心的研讨涉及学生查阅各种资料、分析问题等系列，旨在提升学生独立思考能力及学术创新力。

五、《英语语言学概论》课程思政的实践效果

《英语语言学概论》课程教学持久地、稳定地开展思政教育教学，已融入每周每次的课程教学中，涉及每节课程，主要内容可以概括为"思与行"的自我修正，提升"善"与"恶"的认知，"正能量"思维培养及责任心、使命感。

（一）教授语言学术语概念，培养学生正确的意识形态

课程传授语言学理论，通过各种学习活动让学生提升发现新知识、新规律的能力，如小组合作学习、课堂讨论、增强学习能力、提升学习效果，提升学生对英汉语言现象的敏感度。同时，课程选择讲解一些充满正能量的语篇，课程进一步挖掘公共道德元素、遵循道德的行为与思想及违背道德的行为和思想等。

（二）语篇分析培养学生的思辨能力，提升学生辩证素质

该课程亦揭示语言中隐藏的意识形态，激发学生的思辨性认知，培养诚实守信、爱党爱国的情怀，增加民族自豪感和爱国心等正能量道德素质。该知识点的讲解可以结合学生的思与行，让学生反思自身，进而探讨思与行的可接受性，引导大家把自我的关注扩展到对他人的关注，提高学生关爱集体、关爱他人的意识。

（三）教授学术论文写作，提升学生的学术诚信与个人诚信

首先做学生的学术导师，指导学生查阅资料，运用所学知识撰写论文，培养学生与语言相关的研究能力，锻炼学生分析问题解决问题的能力。同时，亦做学生的人生导师。在论文指导中进一步分析论文的剽窃与诚信问题，涉及论文剽窃的类型及论文诚信的标准；再升华到人自身的诚信所存在的问题与提升方法，培养及锻炼学生自身的道德修养。

（四）践行马克思主义意识形态教育，助推学生持续发展

《英语语言学概论》课程引导学生学习正义，树立正确观念，思政教育让学生转变思维方式，加强自律，继而转化为个人的自觉行动。增强学生的价值认同、情感认同、文化认同、制度认同，引导学生产生做守法公民的意识，使其成

为中国特色社会主义的坚定信仰者和忠实践行者,助推学生持续发展。

六、结语

《英语语言学概论》课程凸显课程教育,如阐释语言的本质及共性理论知识,培养其学术能力及提高其分析思辨能力,提升学生运用语言学理论解释语言现象、解决具体语言问题的能力,促进学生综合素质提升。《英语语言学概论》课程亦凸显思政,主要涉及课程思政教育的内容及实现途径。本文以课堂为主渠道,深入挖掘思政元素,营造思政教育场景;以学生为中心,利用第二、三课堂拓宽思政教育的途径,增强学生的责任心与使命感。本文指出,将课程思政教育融入《英语语言学概论》课程教学中是外语教师长期研究的一项重要工作。

蔺玉清*

思政教育在英美文学名著选读课中的践行

一、前言与意义

习近平主席（2018）主张扩大中外人文交流，"推进国际传播能力建设，讲好中国故事、传播好中国声音，向世界展现真实、立体、全面的中国，提高国家文化软实力和中华文化影响力"，[1]给外语教育提出了国际人才培养的方向和要求。具体来说，外语教育的目标"培养全面发展的人"，有"熟练的语言应用能力"和"正确的价值观、人生观和世界观""良好的合作能力、人际沟通能力"。[2]在外语教育课程中融入课程思政教学理念、方法和内容，以"隐性教育"推进思想政治教育，把外语教育和学生素质培养结合起来，能够提高大学生的思想素质，推进社会主义核心价值观的建设，共同构建全面育人格局。课程思政将思想政治教育纳入专业文化课教学，如何将两者有机融合在一起，丰富课程的思想内涵，给外语教育提出了新要求。合理的课堂教学是立德树人的主渠道、主阵地，必须充分利用课堂教学这个主渠道，探索思政教育体系的新课程设计。本文以中国政法大学"英美文学名著选读课"为例，分析思政教育和英语语言文学类课程如何科学设计，才能调动各方面的积极性，真正推动课程思政教育。

二、建立思想政治教育与专业课程之间的契合点

为了加快推进高校"思政课程"走向"课程思政"的教育教学改革，高校课堂应当根据专业课程的特点制定思政教学的具体实践方案。设计教学中要找到契合点，在具体的实践过程中，要"立足学科的特殊视野、理论和方法，创新专

---

* 蔺玉清（1981—），女，山东青州人，英语语言文学博士，中国政法大学外国语学院副教授，研究方向为英美文学和文化研究。

[1] "习近平出席全国宣传思想工作会议并发表重要讲话"，见中国政府网，载 http://www.gov.cn/xinwen/2018-08/22/content_5315723.htm，最后访问时间：2018年8月22日。

[2] 文秋芳："新中国外语教育70年：成就与挑战"，载《外语教学与研究》2019年第5期。

业课程话语体系，实现专业授课中知识传授与价值引导的有机统一"。[1]英语语言文学课程与思政教育结合，要注重外语教育规划下的教学内容和学生需求，针对课程本身的特点。英语语言文学课有其自身的情感和价值观教育要求，这正是思政教育的落脚点和切入点。

（一）课程特色

英美文学名著选读是针对中国政法大学全校学生的通识必修课，从教学目标上来看，该课程首先是文学阅读课，旨在提高学生的语言水平和阅读能力；其次，要通过英语经典著作帮助学生理解他者的文化语境，在了解其社会和历史的基础上提高学生跨文化交流能力，促进学生对他者文化的批判性认识。因此，课程根据文学的文类进行了选材，从诗歌、小说、戏剧和散文等类别出发，选取的作品和作家具有经典性和多样性，既能兼顾传统英美文学的经典作品，也能够照顾学生的兴趣和语言水平。通过文学经典阅读来锻炼学生的英语语言技能，帮助学生了解英美国家文化和历史，从而为学生的海外交流和文化沟通树立正确的价值观和国家民族意识。该课程内容涉及文学、文化和历史、政治研究，形式包括学生的阅读分析、小组的项目协作和教师的专题讲座。

和大多数文学文化课一样，英美文学名著选读在介绍他者文化、传授专业知识的同时，强调培养学生的综合素养，更重要的是促进学生对中华民族文化的传承。首先，通过阅读，学生理解他者文化形成的历史和社会背景，通过文学作品阅读来透视文本背后的社会机制，其次，深度目标是要提高学生的批判性能力，避免文化交流中的错误，避免刻板认识。最后，是让学生在学习他者文化的同时，回顾中华文化传统，以正确的历史文化观念面对全球化进程中的交流。

从思政教育的切入点来说，英语语言文学类课一般利用了比较教学法，在高校思政课程建设中有得天独厚的条件。英美文学名著选读涉及广泛的跨文化知识，从而不可避免地要对他者文化进行批判性解读。因此，课堂教育要鼓励学生尊重其他文化，接受差异化的表达，反对偏见，避免简单的二元对立思维模式，鼓励学生坚守自己的文化身份，同时具备跨文化交流能力和广阔的国际视野。同时，学生在专业课学习中潜移默化地受到思想政治和道德伦理的教育，在学习他者文化的同时，更重视中华优秀历史文化传统，对于培养以爱国主义为核心的民

---

[1] 陆道坤："课程思政推行中若干核心问题及解决思路——基于专业课程思政的探讨"，载《思想理论教育》2018年第3期。

族精神有重要意义。

（二）课程德育目标

课程思政教学应该基于与专业课程的"契合点"，突出思想政治教育的重点，以教育的"深入""深刻"为突破点。过程中应充分尊重学生意愿，调动学生积极性和独立思考能力，把德育教育和课程本身结合起来。在思政教育中，培养学生以自信的态度、清晰的方式表达自己的文化、社会、道德和政治理念，能够正确地看待不同的价值观，能够与他者交流，讲好中国故事。习近平在中法建交五十周年纪念大会上的讲话中指出"了解法兰西文化，使我能够更好认识中华文化，更好领略人类文明的博大精深、丰富多彩"。[1]同样，了解英美国家的文学和文化，也是为了更好地促进我们对中华文化和人类文明的深刻认识。

思政教育的目的是在意识形态领域内塑造健康积极的文化观念，强化思想教育和价值引领，加强学生的国家和民族意识，弘扬以爱国主义为核心的民族精神。就英美文学名著选读来说，文学阅读是培养跨文化意识的有效途径。文学作品作为文化的重要载体和民族特征的载体，所包含的文化知识、文学知识及其具有的哲学、人文、美学等价值是帮助学生了解英美国家社会文化的缩影，也是学生们对比了解中外政治、经济、社会生活、思想观念的直接、有效的精品材料。英语文学文化课程并不过分强调意识形态的对立，而是在和而不同、求同存异的基础上突出积极向上的文化和民族观，培养有立场、有政治觉悟和沟通能力的青年学生。

更重要的是，思政教育要提升学生的道德和人文素质，使学生重视中华优秀传统文化，传承中国文化，从而对中国特色社会主义和中华民族伟大复兴中国梦充满信心。英美文学名著选读所选择的文本都是英美国家的文学经典，在了解对方多姿多彩的文学巨著时，学生们能够认识到，在全球化的语境下，只有传承并强化自身文化，才能在交流中求同存异，立于不败之地，进而更好地发扬自身的文化传统。

课程思政不是理论说教，而是要尊重课程所依托的学科的科学性和系统性，将育人目标融入专业教学和课堂实践中，有机结合而非生搬硬套。只有将课程的专业内容和思政教育的目标有机结合，才能充分调动学生的主动性，既强化外语教学的专业性深度教育，又把思政教育做足做深。

---

〔1〕 习近平："在中法建交五十周年纪念大会上的讲话"，载《人民日报》2014年3月29日，第2版。

（三）思政教育契合点

课程思政教学中，教师要在尊重学科专业性的基础上，在教学中融入思政元素，努力成为先进思想文化的传播者，学生健康成长的指导者和引路人。"课程思政设计的关键和核心在于找准契合点，以无缝对接和有机互融的方式，建立生成性的内在契合关系。"[1]英语文学文化课是中西方文化交流的前沿阵地，如何在英美文学名著选读课程中激发学生的文化自信，培养学生身为中华儿女的共同的理想和精神追求，需要深入挖掘课程的思政教育资源。

英美文学名著选读中不可避免地涉及两种文学和文化之间的对比和交流，在教学中可以强调以社会主义的文化价值观来看中西文化之间的差异，贯彻习近平主席提出的加强文明交流互鉴的"中国方案"。习近平指出，"文明只有姹紫嫣红之别，但绝无高低优劣之分"。[2]我们研究英美文学的同时，要批判性地看待中西差异和交流。例如，看到英美作家也学习中国的优秀传统文化，例如意象主义对于中国古诗的借鉴，还有英美作家笔下的中国文化及其背后的意识形态。同时，利用马克思主义、唯物主义的文化社会观来看待西方历史，看时代生活以及历史和政治是如何以审美的形式表现出来的，把握现象和本质，以辩证的思维来评价西方的文学和文化机制。其次，激发学生文化自信，培养中国文化价值观，尊重自身的文化传统，才能在世界交流中拥有一席之地。中国的文化根植于华夏大地，脱胎于中国历史和中国的民族精神，学生应当在学习他者文学文化的同时更好地把握自身的文化传统。外语教育要坚持开放包容，文明之间开展平等对话、交流互鉴。学生在提高对中西文化差异的敏感性的时候，培养跨文化交际能力、文化鉴赏与批判能力，也增强了他们的自信心。

三、课堂教学需科学规划，采取针对性教学方法

课程思政的实施要尊重该课程所依托的人文学科的特点，将德育目标融入文化研究和文学研究的理论和实践体系，不生搬硬套，尊重学生的独立思考能力。在英美文学名著选读教学中，引导他们对英美文化批评性认识的同时，培养有立场、有政治觉悟和沟通能力的国际化人才。英语文学文化课不仅要学习英语，还

---

[1] 陆道坤："课程思政推行中若干核心问题及解决思路——基于专业课程思政的探讨"，载《思想理论教育》2018年第3期。

[2] 习近平："文明只有姹紫嫣红之别 绝无高低优劣之分"，见新浪网，载 http://news.sina.com.cn/o/2019-05-15/doc-ihvhiews2030734.shtml，最后访问时间：2019年5月15日。

要通过英语学习拓宽视野和眼界,将"多元文化与本土文化并重,尤其增强了本土文化内容"。[1]因此,需要对文学文化课的具体教学内容和思政教育契合点进行梳理,进而形成系统科学的总体性安排。

(一)教学方法

学生是课堂的主体,在英语的思政教育中,应增强学生学习的主动性,对课程和文化的自信心,对于文化交流的意愿和使命感,从而帮助他们内化外语教育的意义。英语文学和文化课程对教学资源和教材进行整合开发,确保教学内容的质量和深度,在外语教学理论的指导下,安排恰当的教学模式。文学和文化课程中,采取文化比较的方式和跨学科的交叉方法,突出历史对文化和文学的影响。研究经济、政治和文化政策对个人身份的影响,可以采取案例分析、对比研究和专题讲座等形式,引导学生逐步深入学习。

1. 案例分析:组织学生对文本进行阅读和讨论,文本不仅包括传统文学形式,还包括社会新闻、政治演讲和歌曲、电影等多媒体材料,引导学生对于西方文化具有美学的鉴赏力和政治审美的敏感性。尤其要针对当下文化现状进行分析,能够从现实的角度出发,调动学生的积极性,让思政学习更有针对性。

2. 对比研究:在文化交流和传播中,鼓励学生用对比的视角去分析问题,换位思考,自我剖析,能够兼听则明。例如,在美国文学部分,将美国作家笔下的种族、身份、政治问题和中国话语中的书写进行对比,例如对于华裔海外劳工的身份问题,黑人摆脱奴隶制并争取民权的历程,土著人被白人侵占土地的遭遇,通过不同意识形态下话语的差异,让学生体验文化表面下的深层次的意识形态差异。

3. 专题讲座结合学生深度参与:教师以专题的形式将与社会主义核心价值观紧密相关的部分以系统科学的方式传递给学生,突出课程的理论性,做好学生的引路人;同时尊重学生的兴趣和差异,让学生通过查阅资料和小组展示的形式,对一些社会实践相关的问题进行分析,鼓励学生对美国社会中的文化和政治政策进行批判性解读。

(二)教师综合能力

外语教育在过去往往被误以为是简单的语言教学,外语类课程也受功用性的影响,被认为缺乏人文深度,把思政教育纳入到课程中有助于加强课程的生动性

---

[1] 文秋芳:"新中国外语教育70年:成就与挑战",载《外语教学与研究》2019年第5期。

和人文深层次分析。英语教师要恰当地把握思政教育和专业课程之间的关系，加深对于课程育人和价值的理解。

第一，需要提高教师个人理论修养，通过常态化的培训帮助教师提升思政教育的能力。教师首先要进行理论学习，从思想上把握思政教育的意义和总体要求，搞清楚培养什么样的人才，把自己的课堂放到学校和国家教育整体布局中，坚持教书育人相统一，坚持言传与身教并重，深化思想政治教育认识。

第二，教师要建设好课程体系，优化设计课程内容。课程与教材的设计关系到最终的教学效果，需要教师个人的积极探索，积累经验，也需要外语教育理论和思政教育理论的指导。英语文学文化课的跨文化特色和思政教育有天然的联系，为了更好地推动思政教育进教材、进课堂，把社会主义核心价值观贯穿教育全过程，需要对课程阅读大纲进行优化，挑选能更好贯彻思政教育的英语特色文本。同时，要对教材进行深度开发，把思政融入课程中，开发教学内容的思想政治因素。

第三，加强教师的整体教学与管理能力，教师要善于反思、交流和总结。授课中，突出思政教育的思想性、理论性和针对性。在传授专业知识的过程中，明确将外语教育专业性和思想道德教育融为一体，给学生正确的价值观指导。课堂外，加强与其他学科专业的教师交流，邀请校内外研究历史学、社会学的专家学者为学生做讲座，通过学术交流、实践研修的方式，拓展学生的国际视野和学术视野，从深度上挖掘思政教育与学术课堂结合的魅力。此外，在评价体系中综合性地考查学生的整体素养，建设在线开放课程，展示思政教育的成果，探索建设公开示范课，并积极编写出版特色化的教材，增强思政教育的社会影响力。

教师在教学过程中要善于反思和总结，创造性地解决问题，将思政教育浸润到课堂学习中，不刻意将意识形态对立，而是引导学生在对比的过程中确立正确的民族国家意识。

四、结论

总之，专业课程和思政教育结合体现了重要的内容创新和课程体系创新，需要针对课程特色寻找恰当的切入点，探讨思政教育实践的可行性。在英美文学名著选读为代表的英语文学文化课中，我们以隐性教育的方法，将课程设计、实施和评价与思想政治教育的要求和内容结合起来，在思政教育原则下对文学文化专业课进行了深度开发，发掘两者的契合点，以有机融合的方式实现知识传授和价值引导的有机统一，科学规划和发展思政教育，把外语全人教育的目标和社会主义核心价值观融入专业教学中。

合理的思政教育不仅不会减弱教学效果，相反，还可以提升教学的思想性和人文性。把思政教育和英语文学文化课结合起来，不仅有助于提升课堂教学的思想深度，还有助于教师的发展，帮助教师优化教学能力。如何更好地进行实践，是我们教学中值得不断探讨的问题。

欧小琪*

将课程思政融入英语专业课教学的初步探讨

——以"综合英语"课程为例

如今,高校课程思政改革已经成为当今热点教学研究话题之一。英语专业(本文简称为英专)课传统上侧重英语语言知识和听、说、读、写、译等英语实际应用技能,以提高学生的英语水平为主要教学目标,忽视学生思辨能力和价值观的教育,严重缺乏"中国元素",更不用提把极具中国特色的思想政治教育融入英专课教学中,因此高校课程思政改革对英专教师来说是巨大的挑战。在此背景下,如何挖掘英专课程蕴含的思政元素、如何将这些课程思政元素有效地融入英专课的教学中就成为当代英专教师的必修课题。"综合英语"课是英专一年级和二年级的必修课,因其重视思想文化内涵和人文价值而具有发挥非思政课程的隐性思政教育功能的优势。本文以中国政法大学外国语学院的法律英语专业的"综合英语"课为例,对英专课的课程思政内容和模式进行探讨,以期为推进英专课程思政建设提供参考。

一、英语专业课的课程思政内容建设

英专教师在课堂上融合哪些内容才算是实现课程思政?如何在现有的教材中挖掘课程思政元素?在该部分,笔者首先阐释课程思政的内涵以归纳出基本的课程思政元素,接着从英专的育人目标、课程体系和授课内容三方面来挖掘英专课的课程思政元素,最后探讨如何进行英专课的课程思政内容建设。

(一)课程思政内容

什么是课程思政?2016年12月,习近平总书记在全国高校思想政治工作会议上强调:高校思想政治工作关系高校培养什么样的人、如何培养人以及为谁培

---

* 欧小琪,女,中国政法大学外国语学院副教授,主要研究方向为英语教学和法律英语翻译,主讲课程有"综合英语""视听欣赏""法律英语影视赏析"等。

养人这个根本问题。要坚持把立德树人作为中心环节,把思想政治工作贯穿教育教学全过程,实现全程育人、全方位育人,努力开创我国高等教育事业发展新局面"〔1〕。因此,简单来说,课程思政是指在专门的思政课程〔2〕之外,在所有课程中加入思政教育内容的教学,发挥各门课程的育人功能。课程思政建设的总的目标就是,立足于解决培养什么人、怎样培养人、为谁培养人这一根本问题,围绕全面提高人才培养能力这个核心点,构建全员全程全方位育人大格局,努力培养担当民族复兴大任的时代新人,培养德智体美劳全面发展的社会主义建设者和接班人〔3〕。"落实立德树人根本任务,必须将价值塑造、知识传授和能力培养三者融为一体、不可割裂。全面推进课程思政建设,就是要寓价值观引导于知识传授和能力培养之中,帮助学生塑造正确的世界观、人生观、价值观,这是人才培养的应有之义,更是必备内容。"〔4〕

课程思政建设有哪些内容重点?根据《高等学校课程思政建设指导纲要》(本文简称《纲要》),"课程思政建设内容要紧紧围绕坚定学生理想信念,以爱党、爱国、爱社会主义、爱人民、爱集体为主线,围绕政治认同、家国情怀、文化素养、宪法法治意识、道德修养等重点优化课程思政内容供给,系统进行中国特色社会主义和中国梦教育、社会主义核心价值观教育、法治教育、劳动教育、心理健康教育、中华优秀传统文化教育"。〔5〕

为方便英专教师较好地掌握课程思政内容,表一从课程思政总目标、根本任务和内容重点三个维度列出课程思政元素。

---

〔1〕 "全国高校思想政治工作会议12月7日至8日在北京召开",见中国政府网,载 http://www.gov.cn/xinwen/2016-12/08/content_5145253.htm#1,最后访问时间:2020年10月1日。

〔2〕 专门的思政课程包括《马克思主义基本原理概论》《毛泽东思想和中国特色社会主义理论体系概论》《中国近现代史纲要》《思想道德修养与法律基础》《形势与政策》五门必修课和《当代世界经济和政治》等选修课。

〔3〕 "全面推进高等学校课程思政建设——教育部高等教育司负责人就《高等学校课程思政建设指导纲要》答记者问",见教育部网站,载 http://www.moe.gov.cn/jyb_xwfb/s271/202006/t20200604_462551.html,最后访问时间:2020年10月4日。

〔4〕《高等学校课程思政建设指导纲要》,见教育部网站,载 http://www.moe.gov.cn/srcsite/A08/s7056/202006/t20200603_462437.html,最后访问时间:2020年10月7日。

〔5〕《高等学校课程思政建设指导纲要》,见教育部网站,载 http://www.moe.gov.cn/srcsite/A08/s7056/202006/t20200603_462437.html,最后访问时间:2020年10月7日。

表一　课程思政元素[1]

课程思政维度	课程思政内容	课程思政元素
总目标	素质教育	德、智、体、美、劳全面发展
根本任务	立德树人	价值塑造、知识传授和能力培养
内容重点	习近平新时代中国特色社会主义思想	世情、国情、党情、民情 政治认同、思想认同、情感认同 道路自信、理论自信、制度自信、文化自信
	社会主义核心价值观教育	爱国、敬业、诚信、友善 富强、民主、文明、和谐 自由、平等、公正、法治
	宪法法治教育	习近平全面依法治国新理念新思想新战略 中国特色社会主义法治道路 维护自身权利、参与社会公共事务、化解矛盾纠纷
	职业理想和职业道德教育	职业精神、职业规范、职业责任感 遵纪守法、爱岗敬业、无私奉献、诚实守信、公道办事、创新的职业品格和行为习惯
	心理健康教育	
	中华优秀传统文化教育	民族精神（爱国主义）、时代精神（改革创新） 讲仁爱、重民本、守诚信、崇正义、尚和合、求大同 中华文脉、中国心、中国情、中国味

（二）英语专业课的课程思政元素

英专课，作为课程思政建设的基本载体，蕴含了哪些思政元素呢？《纲要》指出，"专业课程要根据不同学科专业的特色和优势，深入研究不同专业的育人目标，深度挖掘提炼专业知识体系中所蕴含的思想价值和精神内涵。要深入梳理专业课教学内容，结合不同课程特点、思维方法和价值理念，深入挖掘课程思政元素"。[2]在该部分，本文将从三方面来挖掘英专课的课程思政元素。

1. 英专的育人目标。《普通高等学校本科英语类专业教学指南》的培养规格

---

[1] "表一　课程思政元素"的制定主要基于《高等学校课程思政建设指导纲要》。

[2] 《高等学校课程思政建设指导纲要》，见教育部网站，载 http://www.moe.gov.cn/srcsite/A08/s7056/202006/t20200603_462437.html，最后访问时间：2020年10月7日。

提出：①素质要求。本专业学生应具有正确的世界观、人生观和价值观，良好的道德品质，中国情怀和国际视野，社会责任感，人文与科学素养，合作精神，创新精神以及学科基本素养。②知识要求。本专业学生应掌握英语语言、文学和文化等基础知识，了解主要英语国家的历史、社会、政治、经济、文化、科技等基本情况；熟悉中国语言文化知识，了解我国国情和国际发展动态；掌握本专业基础理论、基本方法和学术规范；掌握相关的人文社会科学与自然科学基础知识。③能力要求。本专业学生应具有良好的英语语言运用能力、英语文学赏析能力、英汉口笔译能力和跨文化能力；具有良好的思辨能力、终身学习能力、信息技术应用能力、创新创业能力、实践能力和一定的研究能力；具有良好的汉语表达能力和一定的第二外语运用能力。[1]上述英专育人目标体现了表一中的价值塑造、知识传授和能力培养等课程思政元素。

2. 英专知识体系。英专课程体系包括公共基础类课程、专业核心课程、培养方向课程、实践教学环节（含毕业论文）4个部分。其中公共基础类课程包括公共必修课程（一般包括思想政治理论、信息技术、体育与健康、军事理论与训练、创新创业教育、第二外语等课程）和通识选修课程（一般包括提升学生知识素养、道德品质与身心素质的人文与社会科学和自然科学课程，各学校可根据自身办学定位、办学特色和人才培养需要开设。)[2]这些课程一起构成通识教育课程，旨在培养学生的综合素质，使学生在道德、情感、理智等方面全面发展，体现了表一中的德、智、体、美、劳等课程思政元素。

3. 英专课教学内容。其一，英专核心课程[3]由语言技能课程和专业知识课程组成，英专方向课程[4]由专业知识课程和研究方法课程组成，分为必修课和选修课[5]。这些课程兼具：①工具性，强调听说读写译等语言知识和技能；

---

[1] 教育部高等学校外国语言文学类专业教学指导委员会英语专业教学指导分委员会编著：《普通高等学校本科外国语言文学类专业教学指南（上）——英语类专业教学指南》，外语教学与研究出版社2020年版，第1~2页。本文简称为《指南》。

[2] 《指南》，第2页。

[3] 英语专业核心课程主要包括综合英语、英语视听说、英语口语、英语阅读、英语写作、英语语法、英语演讲与辩论、英汉/汉英笔译、英汉/汉英口译、语言学导论、英语文学导论、跨文化交际、西方文明史、中国文化概要、学术写作与研究方法等。

[4] 专业方向课程主要包括语言学、文学、比较文学与跨文化、翻译、国别和区域等专业方向的系列课程。

[5] 《指南》，第3页。

②人文性，强调能力、知识与人格塑造相结合的全人教育，重视培养学生的思辨能力与反思能力。所以专业课教学内容蕴含表一中的价值塑造、知识传授和能力培养等课程思政元素。其二，虽然英专课主要涉及西方文化（以英美文化为主），而西方高等教育中不存在明确的"思想政治教育工作"界定，但是公民教育、道德教育、情感教育、价值观教育等教育内容和教育模式，实质上发挥了"课程思政"的功能[1]。以美国为例，美国文化鼓励个性、创造性与自主性，培养大学生的核心价值观认同和社会责任意识。美国的大学生核心价值观教育包含公民品格教育，其主要包括法律教育、个人道德品质教育、权利教育等，重视培养大学生价值共识和文化认同。[2]可见英专课教学中这些与课程思政内容相关的结合点可作为英专课程思政元素。其三，为方便英专教师从教学内容挖掘课程思政元素，笔者建议采用中国学生发展核心素养总框架作为参考。中国学生发展核心素养课题组，为满足"全面贯彻党的教育方针，落实立德树人根本任务""适应世界教育改革发展趋势，提升我国教育国际竞争力""全面推进素质教育，深化教育领域综合改革"的迫切需要，汇聚国内多所高校近百名研究人员，充分借鉴了世界主要国家、国际组织和地区核心素养研究成果，历时3年集中攻关，最终确定6大核心素养，具体细化为18个基本要点[3]（见表二）。学生发展核心素养，主要是指学生应具备的，能够适应终身发展和社会发展需要的必备品格和关键能力，明确了"21世纪应该培养学生什么样的品格与能力"，对于课程思政改革具有指导性和操作性。

---

[1] 陈华栋、苏镠镠：''课程思政教育内容设计要在六个方面下功夫''，载《中国高等教育》2019年第23期。

[2] 蔡艳芳：''中美大学生核心价值观教育的比较与思考''，见上海理工大学学报（社会科学版）网站，载https://jss.usst.edu.cn/html/2016/3/20160317.htm，最后访问时间：2020年10月5日。原载《上海理工大学（社会科学版）》2016年第3期。

[3] 《中国学生发展核心素养》发布，重在培养这六大素养，见搜狐网，载https://www.sohu.com/a/114576631_407272，最后访问时间：2020年10月21日。

表二　中国学生发展核心素养总框架

	三个方面	六大核心素养	十八个基本要点
全面发展的人（中国学生发展核心素养）	文化基础	人文底蕴	人文积淀
			人文情怀
			审美情趣
		科学精神	理性思维
			批判质疑
			勇于探究
	自主发展	学会学习	乐学善学
			勤于反思
			信息意识
		健康生活	珍爱生命
			健全人格
			自我管理
	社会参与	责任担当	社会责任
			国家认同
			国际理解
		实践创新	劳动意识
			问题解决
			技术运用

（三）英语专业课的课程思政内容建设

与上文的专门思政课程相比，课程思政中的思想政治教育内容则是"弹性的"、隐性的，量和度的多少是没有严格规定的，因此，如何在课程教学中挖掘英专课程与思想政治教育内容相关的元素是所有英专课程所面临的现实挑战。下文将以"综合英语"课为例，结合上述英专课的课程思政元素，来探讨如何开展英专课的课程思政内容建设。

1. 以教材为基础来挖掘课程思政元素。"综合英语"课程的教材《现代大学英语精读》（第 1~4 册）在选择课文时比较全面地介绍西方文化，尽量结合新世纪人类面临的各种挑战和当今社会的各种热点，力求通过学习这些教材不仅使学生学到语言知识和技能，同时激发他们的心智，开阔他们的视野，培养他们独立思考的精神、分析批判的能力、实事求是的态度和理性思维的习惯。因此，该课程十分重视所选课文的思想文化内涵和社会人文价值，重视它们在思想上对学生的潜移默化作用[1]，所以该套教材蕴含着丰富的课程思政元素。从"综合英语"教材挖掘课程思政元素，可以从三方面进行。其一，课文的细节。以第2册 Unit 5 Text A Quick Fix Society 为例，在讲到第4段 Americans understood the principle of deferred gratification 时，在解释延迟满足、强调延迟满足能力重要性的同时，可以从这一课文细节展开。首先让学生观看美国斯坦福大学心理学教授沃尔特·米歇尔（Walter Mischel）在20世纪60年代设计的关于"儿童延迟满足"的棉花糖实验（The Marshmallow Test）视频，接着简要介绍该研究内容，阐明自我控制能力对获得成功的重要性，并鼓励学生通过练习养成自我控制能力，从而引入健全人格、自我管理等课程思政元素。其二，课文的主题。以第4册 Unit 3 Text A Groundless Beliefs 为例，该文首先介绍日常生活中毫无根据的信念的普遍性，接着阐明毫无根据的信念的5种来源，最后鼓励读者以理性方式思考问题，并不惜代价追求真理以避免形成毫无根据的信念。在讲该课文时，在培养学生理性思维、批判质疑、勇于探究等能力的同时，可以从"毫无根据的信念"这一主题扩展开来，给学生介绍美国心理学家阿尔伯特·艾利斯（Albert Ellis）的 ABC 理论（又叫合理情绪疗法），以便学生了解艾利斯总结出的日常生活中常见的产生情绪困扰甚至导致神经症的11类不合理信念，以及这些不理性观念的3个主要特征（即绝对化要求、过分概括化和糟糕至极），并通过改变认知来养成理性思维以及管理自己情绪的能力，从而引入健康人格、心理健康教育等课程思政元素。其三，与教材相关的补充教学材料。以第2册 Unit 1 Text A Another School Year—What For 为例，该课文主旨是什么是大学的目的（作者认为大学的宗旨是让学生接触到人类创造的最佳文明）。为了更好地了解文章主旨，可以选用与该课文相关的文章 Your College is Not a Technical School 作为补充教学材料。在该文中，当一位哈佛商学院学生为找营销工作而征求作者的意见时，作者给出"去一家小公司，为首席执行官工作，找一份能让你犯错误和做点什么的工作"等建议，从而引入实践能力、劳动意识、创新创业教育等课程思政元素。

2. 从网络资源中挖掘课程思政元素。随着信息技术的飞速发展和互联网技

---

[1] 杨立民主编：《现代大学英语 精读1》，外语教学与研究出版社2010年版，第Ⅷ页。

术的全面普及，英语学习的网络资源（如电脑和手机 app、网络平台、网站、微信朋友圈、微信群、公众号等）越来越丰富，英专教师应该充分利用网络资源，从中不断挖掘课程思政教学资源。比如，2017 年由美国探索频道拍摄的电视纪录片《中国：习近平时代》（China：Time of Xi）是国际主流媒体首次播出全面、系统解读习近平总书记治国理政思想的节目。该片一共 3 集，讲述了中国在 5 年间的巨变。第 1 集《人民情怀》阐释了"以人民为中心"的执政理念。第 2 集《大国治理》深入挖掘中国当下面临的真正挑战，讲述了供给侧改革、科技创新、环境治理等领域的案例，集中阐释了中国的新发展理念和成功实践。第 3 集《合作共赢》，解读了我们国家提出的"人类命运共同体"理念，展示中国和平发展给世界带来的机遇。因此，该片（中英字幕版本）不仅有助于学生学习语言知识和技能，而且蕴含中国特色社会主义内容，有助于学生了解世情、国情、党情、民情，增强对党的创新理论的政治认同、思想认同、情感认同，坚定中国特色社会主义道路自信、理论自信、制度自信、文化自信。可以说，该纪录片为英专学生提供了丰富的课程思政教育内容。

3. 通过社会时事热点引入课程思政元素。社会时事热点由于贴近现实生活和具有思政教育的时效性而能充分调动学生的学习兴趣，并且关于社会时事热点的讨论还能激发学生对是非、善恶、美丑的判断，对世界观、人生观和价值观的思考，有助于培养学生的思辨能力与反思能力，帮助学生树立正确的三观，可以说为课程思政教育提供了不错的素材。比如，美国乔治·弗洛伊德（George Floyd）事件[1]暴露出美国种族歧视、执法过度和滥用暴力等严重社会问题。通过这一事件可引入中国特色社会主义、社会主义核心价值观教育、法治教育等课程思政元素，有助于学生坚定中国特色社会主义道路自信、理论自信、制度自信、文化自信。

4. 基于课程思政目标设计教学内容来引入课程思政元素。根据英专课程思政的目标来设计的教学内容，由于更加符合学生的心理需求而更易于激发学生们的学习兴趣，从而大大提高课程思政的有效性。比如，为了学生能够拥有健全人格和健康生活，可以选用 Stress Management、Improving Emotional Health、The

---

[1] 2020 年 5 月 25 日晚，美国明尼阿波利斯市黑人乔治·弗洛伊德因被怀疑 20 元美钞有假而遭到接警前来的警察的暴力执法，其中一名白人警察将弗洛伊德打倒在地，并用自己的膝盖跪压在他脖子上长达 7 分钟。期间弗洛伊德多次喊"我喘不上气"，但警察无动于衷，最后导致弗洛伊德窒息而亡。该事件短时间内演变成一场全国性的游行示威甚至骚乱事件。

Psychology of Happiness and Unhappiness、Mannerly Behavior 101 等文章作为补充教学材料，这些文章有助于学生培养积极的心理品质、提高情绪管理和抗挫折等能力、养成健康文明的行为习惯和生活方式等。又比如，在教学中可以组织诸如 Translating and Singing Songs、Writing English Poems、English Film Dubbing 等课堂小组活动。这些活动不仅可以训练学生的听、说、读、写、译语言技能，还有助于培养学生的学习兴趣、团队意识和互助精神。

二、英语专业课的课程思政教学模式

如何将课程思政元素有效地融入英专课的教学中？在该部分，笔者将结合思想政治教育的本质和特点，从四方面探讨英专课程思政教学模式的创新发展：

1. 采用隐性教育方式。如前文所述，全面推进课程思政建设，就是要寓价值观引导于知识传授和能力培养之中，帮助学生塑造正确的世界观、人生观、价值观，而价值观的形成需要受教育者的主动参与，必须经过一个价值观内化的过程，所以价值观教育不应仅是价值知识的传授和价值信条的灌输，而应是价值认知和价值行为的高度统一[1]。再者，以生活实践为导向的隐性教育强调受教育者在不知不觉中耳濡目染、潜移默化地接受教育信息，所以更有利于价值观的内化。因此，英专教师应该避免通过灌输式的教育方法直述思政内容，而应该通过课程内容和课程思政内容的结合点来挖掘蕴含在教材和教学过程中的课程思政元素，并将课程思政元素有机地融入课程教学，达到润物无声的育人效果。比如，第 1 册 Unit 2 Text A The Boy and the Bank Officer 讲述了作者由于偏见而误会了银行职员的故事。在讲该课文时，可以从课文主题"偏见"拓展开来，引导学生探讨偏见产生的原因、日常生活中常见的社会偏见、如何消除偏见等问题，从而以"润物无声"的方式培养学生崇尚自由平等、维护社会公平正义的社会责任意识，以及自由、平等、公正、法治等社会主义核心价值观，而不是强制灌输这些课程思政教育内容。

2. 在教学中融入中国文化。根据前文"英语专业课的课程思政元素"部分，"中国元素"体现在英专的培养规格（如中国情怀、熟悉中国语言文化知识、了解中国国情、具备良好的汉语表达能力等）、课程体系（如中国文化概要等核心课程和培养方向课程）中，所以英专教师应该在教学中有意识地融入中国优秀传

---

[1] 张燕、郭倩雯："美国学校核心价值观教育的方法及启示"，载《人民教育》2013 年第 22 期。

统文化，引导学生深刻理解其中的思想精华和时代价值，从而进一步弘扬中国文化。比如，第 2 册 Unit 9 Text A Confessions of a Miseducated Man 的主旨为：在全球化时代，作者所受的只注重各民族差异性而忽视其相似性的教育是不足的，而正确的教育应该强调人类的共同需求。在讲该课文时，可在教学中融入体现中国至圣先师孔子的大同思想的《礼运大同篇》。首先让学生深刻理解中国传统文化中的大同思想，进而探讨其中蕴含的全人类之间自由、平等、博爱的崇高理念和精神对于当今世界全球化的时代价值，即当今世界的全球化需要各种文化和文明的相互融合，求同存异，需要世界各国、各民族平等相待、和平共处、共谋发展，从而引出中国倡导的人类命运共同体的理念，帮助学生增强文化自信和爱国情怀。

3. 进行文化比较。英专教师应该在学生学习西方文化理念获得国际视野的同时，引导学生客观地比较和分析中西文化共性和差异，做到去其糟粕、取其精髓，建立文化自信，培养中国情怀[1]。比如前文的美国黑人乔治·弗洛伊德因为白人警察种族歧视、暴力施法而被跪杀致死事件，在学习该热点新闻事件时，可以首先播放该事件视频以及展现中国警察文明执法、为民服务的网络视频，让学生对中美警察执法行为以及两国文化进行对比分析，进而引导学生学习"习近平全面依法治国新理念新思想新战略十论"中的第二个坚持，即坚持人民主体地位[2]，从而引导学生坚定走中国特色社会主义法治道路的理想和信念，将文明、和谐、自由、平等、公正、法治等社会主义核心价值观内化为精神追求，外化为自觉行动。

4. 线上和线下相结合。信息和网络技术在我国逐渐普及，网上资源越来越丰富，大学生普遍拥有了电脑、手机、平板电脑，这为进行网络教学奠定了一定的基础，也为广大英语教师提供了教学便利。英专教师应充分利用电脑和手机 app、网络平台、微信朋友圈、微信群、公众号等网上资源，不断创新课程思政教学手段和方法，以有效实现各英专课程的育人功能。线上资源可以从三方面对线下教学进行补充。首先，线上资源使得课堂教学得到延伸。比如，上文提到的电视纪录片《中国：习近平时代》（China：Time of Xi）一共 3 集，在教学中加

---

[1] 谢琪岚："论大学英语课堂中的思政元素"，载《读与写（教育教学版）》2018 年第 11 期。
[2] "习近平全面依法治国新理念新思想新战略十论"，见新华网，载 http://www.xinhuanet.com/politics/xxjxs/2019-12/04/c_1125305262.htm，最后访问时间：2020 年 10 月 10 日。

入这样的课程思政内容，会严重挤压既定的英语语言教学时间。因此，这样的课程思政内容可以发布到班级微信群和校内网络教学平台，让学生线上完成。其次，线上资源使教师可以更好地了解学生的学习情况。比如，针对社会时事热点，可以在校内网络教学平台上创建讨论话题，学生可以通过回复老师和同学来发布观点，通过这些保存在教学平台上的讨论回复，教师可以较好地了解学生的思辨能力、心理品质和道德发展水平等情况，以便有针对性地给学生提供个人发展指导。最后，线上资源更有助于培养学生自主学习能力。比如，对于上述需线上完成的课程思政内容，学生可以自主选择学习时间、平台、进度和目标等。此外高效利用碎片时间学习还可以培养学生时间管理能力，提高其学习效率。这种能发挥学生自主性、让学生感受成功的愉快学习有助于学生自主学习能力的养成。

三、结语

全面推进课程思政建设影响甚至决定着接班人问题，影响甚至决定着国家长治久安，影响甚至决定着民族复兴和国家崛起，所有英专教师应该深刻认识到课程思政建设的重要性，并且积极投身到高校课程思政建设的教学改革中。为了将课程思政有机融入各课程的教学中，英专教师要扎实提高自身思想政治素养，深刻理解课程思政的内涵，在教学内容上不断挖掘教材和教学过程中蕴含的课程思政元素以及网络资源中的思想政治教育资源。同时在教学模式上不断探索、创新和实践课程思政教学方法，以充分发挥英专课的隐性思政教育功能的优势，从而培养出符合国家经济建设和社会发展需要的英专人才和复合型英语人才，为实现中华民族伟大复兴的中国梦作出应有贡献。

田力男　王　欢[*]

《英汉对比与翻译》课程思政建设研究

引言

党的十八大提出，把立德树人作为教育的根本任务，培养德智体美全面发展的社会主义建设者和接班人。此后，习近平总书记围绕坚持立德树人这一教育的根本任务作了许多重要论述，教育部相继召开了全国高校思想政治工作会议、全国教育大会等重要会议，对高校专业课程思政提出了明确要求。近年来，什么是课程思政，如何开展课程思政，已经成为各级教育部门和各个高校培训和研讨的重要议题。本文立足高校翻译专业普遍开设的《英汉对比与翻译》课程，以中国政法大学本科翻译专业必修课程《英汉对比与翻译》课程思政建设实践为例，探讨此类外语专业课程思政建设的教学设计思路和方法。

一、课程思政建设背景

2016年12月，习近平总书记在全国高校思想政治工作会议上指出，各门课都要守好一段渠、种好责任田，使各类课程与思想政治理论课同向同行，形成协同效应。2017年，教育部印发《高校思想政治工作质量提升工程实施纲要》，要求大力推动以"课程思政"为目标的课堂教学改革，梳理各专业课程所蕴含的思想政治教育元素和所承载的思想政治教育功能，融入课堂教学各环节，实现思想政治教育与知识体系教育的有机统一，全面提升课程育人质量，"课程思政"因此首次被写入教育部文件。2020年《高等学校课程思政建设指导纲要》的发布进一步强调了要全面推进高校课程思政建设，将思想政治教育贯穿人才培养体系，并就课程思政建设目标要求、内容重点、教学体系等具体内容作出详细部署。教育部针对高校课程思政建设从政策到实践的一系列举措，说明课程思政从

---

[*] 田力男，法学博士，中国政法大学外国语学院教授，硕士生导师。王欢，中国政法大学外国语学院2019级英语语言文学硕士研究生。

2014 年开始的萌芽期，经过多年理论与实践的探索，已经到了走向深化、系统化的关键期[1]。

作为落实立德树人根本任务的战略举措，课程思政建设着力回答"培养什么人、怎样培养人、为谁培养人"这一教育根本问题。这不仅强调教师承担起"传道授业解惑"的神圣使命，更突出了"课程"在落实教书育人上的"牛鼻子"作用[2]。当前，关于课程思政的理论研究与实践发展依然是学界热点，相关成果主要集中在三个方面：一是对课程思政的本源及内涵进行剖析和归纳，二是探讨课程思政的实施路径和教学方法，三是相关专业课程思政的具体案例研究及评价。

剖析和归纳课程思政的本源及内涵问题就是探究课程思政在新时代背景下有何价值。从宏观角度来看，课程思政以培养德智体美劳全面发展的社会主义建设者和接班人为历史使命，要求使课程知识内含的价值观与国家意识形态同频共振，是国家意志在高等教育领域中的精神呈现[3]。从中观角度看，课程思政的价值本源在于落实育人目标，实现各学科、课程间育人价值的聚焦[4]，是高校立德树人的实践创新[5]。从微观角度看，课程思政契合高校开展思想政治工作的需要，由于其具有广泛性，因此能够形成一个以思政课为核心，包括其他课程在内的广义课程思想政治系统，并进而形成一种系统集成的思想政治影响力，有效提升高校的思想政治工作水平[6]。

关于课程思政的实施路径和教学方法，既可以站在全局高度，从发展理念、平台建设、机制建设等几方面推进课程思政工作实施[7]；也可以从把握课程思政教学的关键环节出发[8]，充分挖掘并有效开发课程中蕴含的思想政治教育资

---

[1] 王卓："课程思政对外语专业课程建设的导向性与媒介性"，载《山东外语教学》2021 年第 1 期。

[2] 文秋芳："大学外语课程思政的内涵和实施框架"，载《中国外语》2021 年第 2 期。

[3] 伍醒、顾建民："'课程思政'理念的历史逻辑、制度诉求与行动路向"，载《大学教育科学》2019 年第 3 期。

[4] 敖祖辉、王瑶："高校'课程思政'的价值内核及其实践路径选择研究"，载《黑龙江高教研究》2019 年第 3 期。

[5] 韩宪洲："以课程思政推动立德树人的实践创新"，载《中国高等教育》2019 年第 23 期。

[6] 刘建军："课程思政：内涵、特点与路径"，载《教育研究》2020 年第 9 期。

[7] 肖香龙、朱珠："'大思政'格局下课程思政的探索与实践"，载《思想理论教育导刊》2018 年第 10 期。

[8] 许家烨："论课程思政实施中德育元素的挖掘"，载《思想理论教育》2021 年第 1 期。

源[1],从而提升课程思政教学效果;还可以关注课程思政教师这一关键力量,打造与思政课"同向同行"的教学团队,集体进行思政理论学习与强化[2],厚植高校课程思政教师的政治底蕴[3],助力课程思政建设。

对于相关专业课程思政的实践研究与评价,人文、社科、理科、工科、医科等各个学科都能够结合本学科专业课程特点,深入挖掘学科和课程属性,探索不同课程的思政切入点,激发学生兴趣,提升课程思政教育效果。比如王卉和杨金才以"英美文学导论"课程为例,从学生、教师、教学背景和教材建设四个方面讨论外国文学课程思政的理论和实践[4]。此外,还有部分学者从课程思政评价原则[5]、评价机制[6]、评价指标和方法[7]等方面对课程思政评价体系的构建提出了相关见解和意见。

总体来说,课程思政研究方兴未艾。随着高校对于课程思政工作的不断建设与推进,关于课程思政的本质内涵有待进一步梳理廓清,实施路径有待进一步探索归纳,教学案例和评价机制有待进一步分析验证。

二、外语类课程思政建设的意义

语言是文化的载体,思维的外壳。在外语教学中,语言既是学科教学的体系和目标,又是人文教育的媒介和依托,高校外语课程是高层次人才接触外国文化、思想和理念的最前沿信息的路径之一,因此高校外语类课程思政对于国家未来发展具有重要的战略意义[8]。

从国家层面看,外语类课程思政建设要响应新时代新使命的号召。外语类课程思政建设除了培养外语专业知识能力之外,更要服务"一带一路"等国家战

---

[1] 卢黎歌、吴凯丽:"课程思政中思想政治教育资源挖掘的三重逻辑",载《思想教育研究》2020第5期。

[2] 戴健:"高校课程思政教学团队建构探析",载《江苏高教》2020年第12期。

[3] 王莹、孙其昂:"高校课程思政教师的政治底蕴:学理阐释与厚植路径",载《高校教育管理》2021年第2期。

[4] 王卉、杨金才:"外国文学课程思政的理论思考和实践探索",载《外语学刊》2021年第6期。

[5] 谭红岩、郭源源、王娟娟:"高校课程思政评估指标体系的构建与改进",载《教师教育研究》2020年第5期。

[6] 陈敏生等:"高等院校推进课程思政改革的若干思考",载《高教探索》2020年第8期。

[7] 王岳喜:"论高校课程思政评价体系的构建",载《思想理论教育导刊》2020年第10期。

[8] 刘桂玲:"思辨能力视域下综合英语课程思政建设研究",载《外语学刊》2021年第6期。

略需求[1]，培养能够熟练运用国际规则的复语复合型高素质外语人才参与国际事务[2]，将中国特色道路、理论、制度、文化成果转换为国际社会听得懂、易于接受的中国故事、中国声音，向世界"翻译中国"，在中华民族伟大复兴的战略全局和世界百年未有之大变局中发挥连通中国与世界的桥梁作用[3]，从而在国际谈判桌上熟练运用外语阐释国家政策、维护国家利益、扩大国际话语权。

从社会层面看，外语类课程思政建设要坚定"文化自信"，助推文化传播。外语教育领域直接面对国外的意识形态和西方的主流话语[4]，是中西方意识形态交锋的高地[5]。外语类课程思政建设从语言教学里挖掘思政元素，能够使学生在学习对比中西方语言和文化过程中，辩证客观地看待不同民族之间的文化差异，增强思辨能力、拓宽国际视野[6]。同时更加坚定本民族的道德观念、价值选择和信念信仰，建立良好的文化自信，树立正确的价值取向[7]。此外，将中华传统美德融入学生的学习生活，能够充分发挥外语学科和外语课程促进文化交流和文明互鉴的天然优势[8]，助推中国优秀传统文化"走出去"，为中华民族伟大复兴筑牢文化之基。

从教育教学看，外语类课程思政建设要提升教师素养，丰富课程教学。外语类课程思政要求教师在课程教学中充分发挥主体作用[9]，挖掘学科课程的特色优势[10]，创新英语教学方法[11]，熟练掌握课程思政育人的策略，将学生的三

---

[1] 崔戈："'大思政'格局下外语'课程思政'建设的探索与实践"，载《思想理论教育导刊》2019年第7期。
[2] 文秋芳："'一体化'思政育人体系构建与实践应用——以培养'英法双语+专业'国际治理人才为例"，载《外语界》2021年第2期。
[3] 陈法春："外语类本科专业课程思政内容体系构建"，载《外语电化教学》2020年第6期。
[4] 杨金才："外语教育'课程思政'之我见"，载《外语教学理论与实践》2020年第4期。
[5] 徐斌："高校外语课程思政中的国家意识培育"，载《当代外语研究》2021年第4期。
[6] 潘海英、袁月："大学外语课程思政实践探索中的问题分析与改进对策"，载《山东外语教学》2021年第3期。
[7] 吴雷达："新时代实施课程思政的价值与路径"，载《中学政治教学参考》2021年第40期。
[8] 刘正光、孙玉慧、李曦："外语课程思政的'德'与'术'"，载《中国外语》2020年第5期。
[9] 唐慧利、崔萌筱、耿紫珍："课程思政融入商务英语教学的探索与实践"，《西安外国语大学学报》2021年第3期。
[10] 徐锦芬："高校英语课程教学素材的思政内容建设研究"，载《外语界》2021年第2期。
[11] 崔戈："'大思政'格局下外语'课程思政'建设的探索与实践"，载《思想理论教育导刊》2019年第7期。

观培养有机融入外语专业知识教学[1]。同时，课堂教学是落实每门课程教学任务的主渠道[2]，外语类课程思政建设要将育人的内容与课程有机结合进而培育学生综合素质，就需要对课程内容和知识体系进行科学设置、合理安排，并且及时补充具有时代鲜明特征的学习材料[3]。教师教学两相配合，方能真正发挥外语类课程思政建设育人作用。

总之，鉴于外语类专业自身特点，外语专业学生的学习本身就在观察世界、认识世界。外语类课程思政恰好可以因势利导，让具备良好政治素养的教师通过传授丰富的教学内容，帮助学生牢固树立"文化自信"，激励他们借助外语优势讲好"中国故事"，助推文化传播；并勇于承担时代使命，运用所学知识与技能帮助中国在国际舞台增强影响力、扩大话语权。

三、本课程思政建设教学设计

《英汉对比与翻译》课程是我校翻译（法律翻译）本科专业根据教育部高等学校外国语言文学类专业教学指导委员会于2020年出版的《普通高等学校本科外国语言文学类专业教学指南》而设置的必修课程。作为英汉语言对比课程，在面向2019级学生开课伊始，就将课程思政元素融入课程目标、课程内容、教学材料、教学方法等教学设计全过程当中，以期构建起连接课程思政教育理论和专业外语教学实践的桥梁。

（一）课程目标

课程目标是实现课程本质和指导课程实施的首要步骤，因此《英汉对比与翻译》课程思政教学设计的首要任务是设定精准的教学目标。课程思政的核心是完成立德树人根本任务，2020年教育部印发的《高等学校课程思政建设指导纲要》明确了高等教育要以立德树人作为人才培养的总目标，而且专门强调专业课程是课程思政建设的基本载体，这就意味着"课程目标的描述要从课程思政和学科教育所设定的双重目标出发，而课程内容的选择也应该体现双重的课程目标"。

因此，本课程对英汉语言素材进行了深度挖掘，突出了价值塑造，结合本课程专业教学目标，确立了以下三个德育目标：

---

[1] 文秋芳："'一体化'思政育人体系构建与实践应用——以培养'英法双语+专业'国际治理人才为例"，载《外语界》2021年第2期。

[2] 文秋芳："大学外语课程思政的内涵和实施框架"，载《中国外语》2021年第2期。

[3] 陈杰："高校外语专业课程思政的实施理路"，载《思想理论教育》2021年第4期。

1. 关心国家发展、社会进步和民族复兴，坚定社会主义核心价值观，增强对中国特色社会主义理论、道路、制度和文化的自信和认同。

2. 以语言为载体，培养强烈的家国情怀和法治意识，增强文化素养和道德修养，讲好中国故事，助力中华优秀传统文化走出去。

3. 求真学问，练真本领，求真理、悟道理、明事理。在增强综合素质的同时，培养科学观念和创新思维。

本课程坚持立德树人的教育思想，旨在帮助学生熟悉英语和汉语的特点，并加以科学对比，分析英汉两种语言的差异及其成因，培养学生运用对比分析的研究方法辨识中外语言文化差异的意识，提高学生批判性思维能力，增强学生对汉语语言和民族文化的自信心和自豪感，从而为学生翻译理论学习和法律翻译实践奠定坚实的思想基础和学术基础。

（二）课程内容

课程融入思政需要围绕课程德育建设目标、结合学科专业特点、聚焦思政元素，用马克思主义的立场、观点、方法，对教学内容进行审视解读，坚持用习近平新时代中国特色社会主义思想铸魂育人。因此本课程主要包括以下三部分内容。

1. 对比中西思维方式和文化类型的差异，分析思维方式和文化类型与语言的关系。主要包括悟性和理性思维方式的八大类型：伦理与认知、意向与对象、直觉与逻辑、模糊与精确、意象与实证、求同与求异、内向与外向、归纳与演绎。

2. 辨析英汉两种语言在文字、语音、句子结构、句内关系、修辞、语篇、文化等方面的差异，帮助学生了解英汉两种语言的主要特点。主要包括英汉语言常用表达方式的八大特征：形合与意合、综合与分析、物称与人称、静态与动态、抽象与具体、间接与直接、替换与重复、繁复与简短。

3. 通过英汉互译体会英汉两种语言的差异及其成因。主要包括有代表性的翻译例句讲解、经典名篇选段翻译练习及讲评、时政文章文献翻译及译文评析、法律文本选译及讲评。

（三）思政元素

本课程作为一门专业必修课，教学对象稳定并且课程参与度较高，从课程性质上来说具备融入思政元素的可行性；本课程以两种语言对比和翻译为内容，对比有益于鉴别，翻译有利于深入理解和重述，从形式上来说具有理论与实践相结合的特点，具备融入思政元素"教与练、学与做"的完整性。具体体现在以下三个方面：

1. 语言与文化对比，增强思政意识。"英汉"可以指语言也可以指文化，本课程同时取其二者，即英汉语言与文化。"对比"的目的是分析，对比分析作为一种研究和学习方法，有利于克服语言学习者的盲目性，增强自觉性，从而达到"知己知彼，百战不殆"的目的。例如在对比英汉两种语言的抽象性和具体性的章节，以"红"字的翻译为例，说明作为单纯表示颜色的词，人们对红色的认知和定义是不尽相同的，"红色"因此而具有模糊性和抽象性。但是在方志敏烈士的《清贫》中和埃德加·斯诺（Edgar Snow）的代表作《红星照耀中国》中的"红"字具有意识形态的色彩，和诸如"红色家书""红色旅游""红色文化"中的"红"字一样，具有具体指向。在英译过程中，首先要引导学生了解"红"色的具体指向，这样关于"红"色的翻译方法解读和分析的过程实际上就是道路自信、理论自信、制度自信以及文化自信的体现和思政教育的实践过程。

2. 语言与文化辨析，坚定思政作为。语言、思维和文化三者之间具有必然的联系。不同的文化导致不同的思维类型，从而带来不同的认知语言。通过对比英汉两种语言形式上的差异以及文化背景的差异，本课程引导学生深入挖掘中华民族文化内涵，分析汉语表达深层结构中社会主义核心价值观的决定作用，尤其在两种语言对译过程中，词汇与语句的选择会直接反映出译者的立场和情感。比如："法治"一词，翻译成"rule of law"和"rule by law"意思是截然不同的，前者是反映依法治国思想的法治，而后者是"德治"。再比如正在流行的"新型冠状病毒"的科学并正确的英译是 coronavirus disease 2019，简称 COVID – 19，如果用特朗普的说法翻译成 Wuhan disease 就是对我们国家的不尊重，带有主观政治偏见。还有"一带一路"倡议翻译成"initiative"更能够表达我国构建人类命运共同体的美好愿望。

3. 翻译实践与评论，修炼思政情操。"知行合一"是一个人道德修养与心智健康的衡量标准之一，翻译者对语言和文化的认知直接决定着翻译水平和翻译风格。本课程在翻译案例的选取上注重融入思政元素，将能够反映中华民族优秀文化、反映国家发展建设新成就以及有利于培养学生高尚的道德、远大的理想的材料纳入翻译练习，比如在讲到"形合与意合"章节时，会组织学生翻译《论语》《易经》中的节选内容，讲到"替代与重复"会选取政府工作报告和《习近平谈治国理政》的选段让学生翻译，并进行平行文本点评。并且带领学生搜集时政关键词和法律术语，组织学生进行译本赏析，在翻译和赏析的过程中注重学生对背景信息的理解和感悟。

（四）教学方法

翻译专业基础必修课的常规教学方式是讲授—翻译练习—讲授。本课程不同的是，在语言知识和翻译技巧讲授以外更加注重培养学生的语言和文化辨析能力、文化和法治意识、道德修养和学术素养以及学习研究方法和团队合作精神。本课程教学方法主要包括以下三方面：

1. 以思政内容为依托，围绕教材建立本课程翻译案例库。本课程教材主要为学生提供语言和文化知识点以及翻译方法。为了开阔学生语言文化视野，全面融入思政元素，本课程已经连续3年鼓励学生和老师一起阅读时政文件、经典名著和法律文本，从中搜集典型的翻译案例，对于符合翻译标准的译文进行赏析，对于不符合翻译标准的译文进行重译。目前该案例库已经收集了近300条案例，可供教学研习。

2. 以思政元素为目标，围绕翻译任务建立翻译评析小组。本课程改变了教师一言堂的传统做法，鼓励学生参与翻译作业或作品讲评，学生由原来的被动听众转变为主动讲师。学生们自由组成评析小组，每次课前15分钟每个学生都要带着自己搜集的翻译案例与小组成员进行讨论并相互点评。讨论和点评内容记录下来，就形成了翻译案例分析。老师会针对各组案例分析进行点评，评出优秀案例，每两周会邀请优秀案例提供者进行课堂展示。这样的教学过程极大地激发了学生的研习积极性，培养了学生团队合作精神。

3. 以德育目标为导向，围绕成效建立线上线下动态考核机制。课程思政教育讲求在过程中育人。本课程在德育目标的指导下，注重过程教学与评价，开辟了线上线下全方位参与研习的通道。线上利用学习通上传教学课件和辅助阅读研习材料，最主要地是利用学习通讨论区开展案例分享与讨论。另外一条线上通道是微信群，主要用于课程学习相关提问。线下的教学主要在课堂上完成，辅以每3周一次的面对面辅导答疑。每一个环节都有学生参与研习的表现记录，从而打造了本课程过程式动态考核机制。

（五）教学材料

本课程选用连淑能教授编著的《英汉对比研究》（高等教育出版社2010年增订版）和胥瑾编著的《英汉对比与翻译教程》（化学工业出版社2015年版）。前者深入浅出、旁征博引地对语言与文化差异分类，以及思维模式类型进行了详细阐述。后者以英汉对比为核心，对比分析贯穿每个单元的四大板块：双语阅读、英汉对比、翻译练笔和译学点滴。"双语阅读"站在语篇的高度，其中的选段皆出自名家手笔，着力分析译文是怎样反映或克服英汉语言和语篇的差异的。"英汉对比"从词汇、语法、句子等微观角度分析英语、汉语各自的特点，并试图抽象出各自的表达规律。"翻译练笔"属于巩固性练习，其中的小栏目"回译练习"，通过给出词汇和句型提示，学习者能更好地领悟英汉语言的差异。"译学点滴"大部分来自名家对翻译的体会，其用意也是强化学习者的语言差异意识。此外，本课程以《习近平谈治国理政》、政府工作报告等时政文本，还有经典名篇名著作为辅助教学翻译案例来源，已经形成了有300多条翻译的案例库，可供教学使用。

四、结语

教学设计是实现课程思政的基本保障。只有明确了课程思政目标才能落实专业教学和课程思政元素相融合的课程内容，才能建立起立德树人的教育话语体系，从而选取能够体现课程思政文化和价值观的教材，才能通过丰富的教学方法春风化雨般地将专业课教学和课程思政教育融为一体。《英汉对比与翻译》课程紧紧围绕"立德树人"根本任务和"三全育人"的教育目标，努力将"为党育人""为国育才"的教育思想贯彻到课程教育教学全过程当中，为同类课程思政建设提供了可参考的模式。但是课程思政建设无止境，同一门课程在不同时期面对不同学生仍然可以挖掘出不同的思政元素，我们仍然需要不断地认真学习党中央和教育部关于课程思政的指导性文件和建设要求，广泛搜集相关课程思政研究成果，观摩优秀课程思政课程教学，进一步提高对课程思政的认识，提高教育教学理论水平和实践能力，将课程思政建出实效、落到实处。

张洪芹*

《英语写作》课程思政探索与实践**

课程思想道德建设一般可追溯至两大理论基础。其一，思想道德建设是马克思主义意识形态的总导向，其具体表征是以真、善、美为核心的道德观念；其二，思想道德建设也是中国共产党的发展理念，其具体表征是以人为本、和谐发展的价值观。故此，思想道德教育也应纳入课堂教学，《英语写作》课程教学旨在智育与德育双目标的实现与提升。

一、《英语写作》课程思政背景与意义

2016 年 12 月习近平总书记在全国高校思想政治工作会议上指出，要坚持把立德树人作为中心环节，把思想政治工作贯穿教育教学全过程。教育部 2019 年最新发布的《关于加强和改进新时代师德师风建设的意见》[1]，强调教学师德师风建设，强调社会主义核心价值观的践行。"全人教育说"[2]是新时代高校外语课程中的目标。在教授外国语言文化和知识的同时，弘扬本国传统和文化，合理利用教学内容激发学生的爱国主义精神和文化自觉；坚持正确的价值导向，让学生树立社会主义核心价值观，达到思政育人目标。作为外语教师，外语教学要实现教育的转向[3]，我们应该以习近平新时代中国特色社会主义思想为导向，

---

* 张洪芹，女，河北大名人，英语语言文学博士，中国政法大学外国语学院教授，硕士生导师，研究方向为认知语言学及二语语用学。

** 本文系 2021 年中国政法大学研究生教育教学改革项目"研究生科研能力培养导向下的英语语言学课程'学研贯通'培养模式研究"的阶段成果；2021 年中国政法大学研究生线上教学规律研究项目"以研究生学术研究能力培养为导向的《语用学》课程线上研究性教学模式探究"的阶段成果。

〔1〕 教育部《关于加强和改进新时代师德师风建设的意见》，见百度百科网，载 http：//baike.so.com/doc/28835898 - 30301803.html，最后访问时间：2021 年 12 月 8 日。

〔2〕 文秋芳："新时代高校外语课程中关键能力的培养：思考与建议"，载《外语教育研究前沿》2018 年第 4 期。

〔3〕 文秋芳："新中国外语教育 70 年：成就与挑战"，载《外语教学与研究》2019 年第 5 期。

以党建为引领，充分发挥优秀党员教师典型示范作用。总之，思想道德建设一般可追溯至两大理论基础。

《英语写作》课程思政的开设有利于发展和弘扬我们的民族特性，至少有三大意义：其一，《英语写作》课程旨在展示中英文化交融的和谐风景，培养学生的英语语言基本功，提升学生表达地道英语语言、阐述观点及表达思想的能力，丰富广大学生的文化内涵，以传播中国精神、弘扬中国文化。其二，《英语写作》课程亦旨在学能与德能的提升。这里，我们概括了《英语写作》课程的思政培养模式——"凸"型模式：两头低端分别为学能与德能，是思政教育的核心；中间高处是"为己"，即自我修正与实践，矫正自我思维中的不当预设误区；提升思辨能力；培养评价能力。另外，该课程拟揭示语言中隐藏的意识形态，激发学生的思辨性认知，培养诚实守信、严谨踏实的学习精神、爱党爱国的情怀，增强民族自豪感和爱国心。

二、《英语写作》课程思政设计

《英语写作》课程是以英语句子、段落、篇章写作为单位，从线性表征及演绎逻辑阐释地道英语构建的要素及方法，揭示西方本族语范文写作中的演绎思维范式及规范的。"在课堂教学和写作实践中任课教师引导学生思考和阐述中国老龄化问题、中国故事、中国实践和中国发展等等。学生引经据典（毛泽东思想、儒家道家思想等），展示中国骄傲，让自己的作品（习作）更具说服力和表现力，真正做到'想写、能写、好写和写好'。"[1]《英语写作》课程育人能力始终贯穿教书过程，每章每节均可融入一定的思政要素，教师授课内容及步骤也是实施思政教育的方法具体体现为以下三个路径。

（一）学习西方语言规范，提升学生语体辨别能力及社会公德辨别力

从东西方语言规范与文化的特征及差异角度引导学生比较中西文化的优劣，从而拓宽思维。从辩证思维与消极心态的消解等诸项内容看，课程进一步挖掘公共道德元素、遵循道德的行为与思想以及违背道德的行为和思想等。

（二）分析与欣赏励志散文，提升学生的正能量

学习励志散文如青春（Youth, Samuel Ullman）、吾心三愿（Three passions, Bertrand Russell），失败的意义（The Meaning of Failure, Robert Schuher）、我的失

---

[1] 严明贵："《英语写作》课程中中国元素的挖掘和呈现"，载《台州学院学报》2019年第1期。

败与伟大（My Failure and Greatness, Robert Schumer）等，探讨正确心态的构成元素及不正确心态的构成元素。提出系列讨论的问题，每天应具有什么样的心态？是否还有阴天与雪天？什么是内心良善？等等。教师授课时，可以适当引入汉语经典散文语篇，比如通过学习儒家修身治国平天下思想的散文，强调修己治国平天下与个人道德修养的一致性，引导学生真正感知中华优秀文化，提升道德素质。

（三）语篇讲解培养学生的思辨能力，提升学生高尚的行为规范

多话题多维度讲解。以幸福为例，对阐释幸福观之类的议论文立论进行讲解，课程提出推动学生境界提升的与幸福相关的问题：物质与精神追求、无忧无虑与心理的压力、幸福的定义、自我幸福与他人的关系等。以网络为话题，除了辩证问题外，课程还提出有助于提升学生境界的问题：销售与诚信、网络诈骗的溯因及消解、诚实守信的内容成分。课程讲解议论文，强调立论的重要性。课程重点在于议论文论点的可接受性及辩证性。辩证性的论点可以得到读者的接受，缺乏辩证性的论点不成立，导致议论文写作失败。该知识点的讲解可以结合学生的思与行，让学生反思自身，进而探讨思与行的可接受性，引导大家把对自我的关注扩展到对他人的关注，提高学生关爱集体、关爱他人的意识。

三、《英语写作》课程思政的具体实践计划

《英语写作》课堂的"课程思政"探索，逐步将人文素质教育贯穿到每次课程教学中，引领学生树立"责任、义务、奉献和担当"的精神信念，从而实现思想教育、人文教育和社会实践的高度融合，持续提升课程育人质量。为此，本研究特拟定《英语写作》课程的思政开展计划。

《英语写作》课程教学稳定地开展思政教育教学，已融入每周每次的课程教学中，涉及每节课程，主要内容可以概括为"思与行"的自我修正，提升"善"与"恶"的认知，"正能量"思维培养及责任心、使命感。其一，"善"与"恶"的认知贯穿在授课过程，以提升学生的道德认知水平。展开自我修正与自我教育能力的培养，使学生养成良好的道德行为习惯。结合具体案例，引导学生树立奉献、仁爱、自律等职业价值观。其二，课程也贯穿"正能量"思维培养，以提升学生的责任心与使命感。学习正能量的语篇，讨论我与他人相处的方法、培养学生的民族精神，形成正确的理想和信念。引导学生不断明晰前行方向，激励学生将个人职业发展与国家战略紧密结合，不断帮助学生提升责任感和使

命感。

除授课内容计划外，本课程还在考试管理等环节统一把关规范，提升教师的教书育人能力。总之，课程围绕"育德"这一核心而对学生的思想道德品质起潜移默化的作用。课程教学具有稳定性和持久性，有助于从根本上培养学生的完美人格和良好的思想道德素质。

四、《英语写作》课程思政的具体实践过程

《英语写作》课程以思辨能力提升为主线讲解各部分内容，如中学阶段语言及语篇表达局限与不足、中外语言规范特征与差异、西方语言规范特征与传承、自身语篇习作的局限与不足、自身语篇提升与西方语域规范的适应。以学生为中心、以学生为主体的课程涉及以核心素质为核心的诸项创新方法。

（一）拓展思政阅读材料，凸显德育元素

《英语写作》思政阅读材料可从三方面筛选正能量话题的篇章内容，丰富《英语写作》内容扩展教材。其一，选择励志的英文原版书籍 Endless Night, The Great Gatsby, The old man and the sea, Sense and Sensibility, Pride and Prejudice, And then there were none, The house on mango street 等，推荐关注英文原版书籍、杂志、报纸，了解社会与人生、扩大知识面和丰富思想与感情，以及国内出版的英文材料，如 China Daily、The 21st Century 等国内知名英文报纸。其二，选择励志的海外英文杂志电子版，如 Scientific American, English Digest, The Economist, Speech Technology Magazine 等找寻含有正能量主题的语篇，如 Love, Eternity, Passion, Stance, Dream, Faith, Truth, Interpretation, Growth, Maturity, Empathy, Justice, Life, Value 等。其三，关注国学经典英文版语篇，增加励志感恩语篇，如《论语》（辜鸿铭译）、《老子道德经》（辜正坤译）、《英释国学经典选读》、《易经》等，拓展学生在经典语篇方面的英文表达方式，提升多维度的语言感知能力，如英语词汇运用、语法句法比较及修辞关联差异等，同时了解中国古代思想家儒家代表孔子和道家代表老子等的思想内涵，增强阅读兴趣，丰富语言表达，为自身写作实践提供借鉴和参照，激发学生的诚实守信、爱党爱国的情怀，增强民族的自豪感和爱国心。

（二）课上推进思政内容的教学法

《英语写作》课程的思政教育推进依赖其相应的教学方法。反省式教学是一种创新教学法，适时地、正确地评价学生的学业与自身的不足之处。本科学生尤

其是一年级学生在思想上还不稳定、还不够成熟，为了让学生提升自身素质，思辨式教学可以启发学生的思辨能力，课程以学生习作为教材内容，以西方经典范文为对照语篇，以思辨式教学为中心，启发学生思辨能力。学生习作呈现高低不同层次的水平，低层水平的习作有诸多因素，如口笔语混合、语法错误、句式松散、语篇松散、语篇呈低层的模板化等。相对而言，高层语篇表达的标准规范是一致的。辩论式教学是以学生为主体，以反向思维和发散性思维为特征，由小组或全班成员进行课堂辩论并作出评价。教师也应针对辩论中出现的有关问题向讲解者及其他学生提出问题，让其做答，从而进一步增强辩论的气氛。当论辩双方或者其中一方受知识所限而使辩论受阻碍时，教师就要发挥其指导者的作用，指点迷津，"化解双方矛盾"；研讨式教学以学生习作语篇为教材，由班级开展小组研讨，设置贴近学生生活、富有吸引力的情境，提出有思考价值的问题，要求学生通过查阅资料、研究讨论后解决问题；对比分析法是指《英语写作》是以语篇为文化载体，从英汉文化对比视角揭示中英两种语言在语篇层面上的文化差异，提升学生的语篇认知能力及语篇规范的适应能力。在中西文化对比教学中，对比中西方传统节日，如西方万圣节及我国中元节、清明节，帮助学生理解中国的礼、孝等优秀传统。同时，中西文化对比能够培养学生的批判性思维，进而区分事实和观点。在英语写作教育中，学生更应从中西文化差异中看到殊途同归，然后再反思中国文化的"中庸"，深刻体会"兼听"之上的"和"的原则和智慧。对西方媒体言论进行理性思考和判断，坚定四个意识、四个自信。

（三）练习作业及考试涉及思政内涵

《英语写作》课程的作业布置及考试内容要与品德教育相结合，促进学生对中华民族精神、中国文化和地方特色的了解、思考和表达，以宣传地方特色，向全世界介绍中国元素、传播中国精神。

作业或考试题目与当前形势相结合，如 My View on Second – child Policy/Aging Problems in China/ Filial Duty Education/ Bicycle Sharing/E – education/Direction and Stick/The Power of the Dream/等，政策类题目有助于学生发展辩证思维，社会话题呼吁广大年轻人重拾孝道、尊老爱老、保护环境等传统美德；作业或考试题目与我国古典文化传承相结合，如 Inspiring of Traditional Culture, With Tolerance, Shaping the Morality, Moral Building on Campus, Immoral Behavior in Public, the Dragon Boat Festivals, False Promise, Social Morality, Social Virtue, Shrinking from Responsibilities, Lack of Moral Sense/ Social Consciousness, In Pursuit of Economic Benefits, Immoral Behaviors, The Crisis of Trust 等，促进学生对自身修为、功德意识等道德理念的思考，引导学生进行生活社会实践。

五、思政教学效应

《英语写作》课程以西方散文及学术语篇为范文，揭示中国学生语篇的误区及常见问题，上溯英语语篇的思维误区。课堂教学以学生习作为主要数据，揭示各层面的局限与误区，如语法错误、思维中式化的语篇，追溯至中国文化根源，用具体实例探讨解除误区的方法与措施，涉及英语写作中的育人效果诸多层面，如中西文化对比、批判性思维及中华优秀文化，既有利于学生的成长发展，又推动了教师的专业发展。

（一）推进英汉文化对比中的育人教育

《英语写作》课程以语篇为文化载体，从英汉文化对比视角揭示中英两种语言在语篇层面上的文化差异，以提升学生的语篇认知能力及语篇规范的适应能力。在中西文化对比教学中，对比中西方传统节日，如西方万圣节及我国中元节、清明节，帮助学生理解中国的礼、孝等优秀传统。同时，中西文化对比能够培养学生的批判性思维，进而区分事实和观点。课程的另一重点是语域能力的提升：能辨别口、笔语的区别，能辨别我国学生习作中的中国文化元素，能辨别出西方思维及其语篇规范，能辨别说明文的目的与议论文辩论的关键，能辨别学术论文的规范与要求，亦能在提示语境下高质量地写出符合要求的文章。引导学生规范写作，通过写作促进深层阅读，提高学生的人文修养、思辨能力和语言能力（如词汇扩充、修辞技巧的掌握等）。所以，《英语写作》课程关注大学生核心素养，培养学生的思辨性思维，进行专题讨论，能够提升学生对自然的敬畏以及环境保护的意识，鼓励学生为构建人类命运共同体贡献自己的力量。

（二）推进学生批判性思维培养，提升大学生核心素养

《英语写作》课程有利于提升学生的思辨能力，培养高尚的道德情操。思辨能力的认知可呈现诸多途径，如认知中西方语言规范及文化的不同、认知议论文论点的辩证元素、辨认口笔语语域的规范及其使用的适当性等。另外，该课程有利于提升学生的评价能力，培养健康的审美情趣。评价能力的培养也呈现在每节课的教学中，论点的辩证性、负面现象所带来的好处等。让学生进行辩证性的习作，可以谈论失败的好处，批评的益处，挫折教育等等。同时，课程可以选择讲解一些充满正能量的语篇，如提升学生的践行能力。

(三) 丰富学生精神食粮,坚定学生理想信念

《英语写作》课程有利于揭示学生认知的不足与误区,提升自我觉醒的意识。课堂教学启发学生认知自身思想及行为之不足,达到每天的思及行的修正。这一目标贯穿在《英语写作》课程内容教学过程中,例如,在揭示学生习作的诸项问题时;课程也因势利导,适时地评价学生习作语篇的不足,同时也揭示学生自身的局限与弱点,旨在提升其认知能力,有助于提升学生辨别是与非、善与恶、荣与辱等社会复杂现象的能力,达到自我觉醒及提升,直至实现自我修正,以形成正确的理想和信念。

六、结语

该课程探讨了《英语写作》课程的思政教学改革,初步形成了思政教育的隐性课程模式,向学生传授知识的同时传授正确的价值观,将课程的资料与人联系起来,探讨语言中隐藏的意识形态,激发学生的思辨性认知,培养诚实守信、爱党爱国的情怀,增强民族自豪感和爱国心。课程面面点点的揭示与指点有助于培养学生健康的世界观,有助于提升学生的思想道德品质。把真善美转变为大学生具体的价值观念及行为准则,提高学生思想道德素质,使马克思主义意识形态在学生中内化于心、外化于行,提升学生思辨能力。

赵静静　金　鑫[*]

在高校外语教学中推进思政教育的路径探究

一、在高校外语教学中推进思政教育的必要性

1. 顺应高校思政教育的发展趋势。立德树人是我国教育事业的根本任务，而思政教育则是立德树人的灵魂工程。长期以来，思政教育一直都在我国的高等教育中扮演着重要的角色，旨在提高大学生的思想政治信念以及思想道德素质。改革开放以来，伴随着我国经济的迅猛发展，多元的文化理念和价值观也大量涌入，冲击着我国青年的世界观、人生观与价值观。尤其是当今世界正处于百年未有之大变局，国际形势复杂多变，高校思政教育工作的重要性更为突出，需要与时俱进。在新时代背景下，我们不应当把思政教育局限在高校开设的思政课堂中，而是要树立"大思政"格局，把思政教育贯穿在教育教学的全过程之中。2020年教育部印发《高等学校课程思政建设指导纲要》，提出了要全面推进高校课程思政建设的目标，并指出高校要深化教育教学改革，充分挖掘各类课程思想政治资源，发挥好每门课程的育人作用，全面提高人才培养质量。[1]外语教学一直是我国高等教育中不可或缺的一环，把思政教育融入外语教学，符合我国高等学校课程思政建设指导纲要的要求，顺应新时代背景下我国高校思政教育的发展趋势。

2. 符合高校外语教学改革的要求。高校外语教育是学生了解世界的窗口，对于他们树立正确的世界观、人生观和价值观，兼具国际视野和家国情怀具有重要意义。经过几十年的努力，我国高校的外语教学已取得瞩目的成效。大学英语几乎是所有大学生的必修课程，英语四六级考试成为大学生广泛参与的测试，法语、德语、俄语、西班牙语、日语、韩语等小语种教学也越来越多地进入大学生

---

[*] 赵静静，女，法语语言文学博士，中国政法大学外国语学院副教授，主要研究方向为法律文学、法律翻译。金鑫，男，中国政法大学硕士研究生，主要研究方向为法律文学、法律翻译。

[1]"教育部关于印发〈高等学校课程思政建设指导纲要〉的通知"，见澎湃新闻网，载https://www.thepaper.cn/newsDetail_forward_7742868，最后访问时间：2020年6月7日。

的课堂。随着中国经济的发展和综合国力的提升，外语教学的目标并不仅仅局限于学习和了解外国优秀文化，传播中国优秀文化、提高中国文化软实力成为我国高校外语教学中又一重要的使命。[1]各大高校都曾开展数次外语教学改革，调整外语教学目标与方案，以顺应中国和世界发展的需要。教育部在2017年印发的《大学英语教学指南》中明确指出要把社会主义核心价值观有机融入大学英语教学内容中。[2]在外语教学中开展思政教育能够提升外语教学的内涵，符合高校外语教学改革的要求。

二、在高校外语教学中推进思政教育的目标

1. 坚定学生的政治信念。坚定学生的政治信念是在高校外语教学中推进思政教育的首要目标。在当今全球化深入发展的时代背景下，各类西方书籍、影视、音乐等文化产品不断涌入中国市场，西方国家打着"民主""自由"的旗号不断尝试将其价值观渗透我国。学生在外语学习中除了基本的外语技能之外，也会了解到大量西方文化思想，这会对其思想观念造成一定程度上的冲击。所以，高校教师在外语教学中一定要首先注意坚持正确政治方向，守好高校外语课堂的政治大门，严防西方意识形态的渗透，严格把握好教学内容在政治上的正确性，在介绍西方文化思想的同时更要注重引导学生对本国文化与价值观的认同[3]，帮助学生认清中国特色社会主义的历史必然性，增强爱国主义教育，不断提高学生的政治觉悟与思想水平。

2. 培养学生的批判思维。在高校外语教学中推进思政教育的另一重要目标是要培养学生的批判思维。高校外语教师在外语教学的过程中会介绍大量外国历史、政治与文化，在此过程中教师要注重引导学生进行国际比较，正确把握中国特色，用辩证的观点看待中外差异。鼓励学生在虚心学习、借鉴优秀的外国文化的同时，也要看到外国文化的不足之处，自觉抵制不良文化思潮的渗透。面对复杂的国际形势与社会政治文化议题，高校外语教师培养学生的批判思维，要引导学生从多方面、多角度进行比较分析，让他们能够在纷繁复杂的信息中保有理性的思考能力和学习历史的耐心。高校外语教师要引导学生正确认识中国历史、把

---

[1] 李岩松："贯彻全国教育大会精神，共促一流外语学科发展"，载《外语界》2019年第3期。

[2] 王守仁："大学英语教学指南"，载《大学外语教学研究》2018年第00期。

[3] 常俊跃、于如航："外语专业教育中思想政治理论课程教学存在的问题及其应对策略研究"，载《外语与翻译》2017第4期。

握中国文化的优势，用新时代中国特色社会主义思想铸魂育人，帮助学生树立中国特色社会主义道路自信、理论自信、制度自信与文化自信。[1]

3. 引导学生讲好中国故事。引导学生讲好中国故事同样是在高校外语教学中推进思政教育的重要目标。推动中国文化走出去是我国的国家战略，"一带一路"倡议的提出更是彰显出我国要提高国际话语权的雄心壮志。党的十九大报告中指出要"讲好中国故事，展现真实、立体、全面的中国，提高中国文化软实力"。中国文化源远流长、博大精深，与西方文化有着很大的差别，二者在表达习惯上也有着很大的不同，这使得用外语讲好中国故事面临着重重困难。理解中国文化内涵是讲好中国故事的基础，高校教师要在外语教学中融入思政教育，帮助学生树立文化自信，增强学生对中国文化的理解与认同。[2]掌握出色的外语能力并了解外国话语体系是讲好中国故事的必备武器，高校教师要在提升学生的外语能力的基础上，进一步和学生探讨适合西方世界理解和欢迎的故事叙述模式[3]，真正讲好中国故事，推动中国文化走出去，提高中国文化软实力。

三、在高校外语教学中开展思政教育的具体路径

1. 创新教学内容。

（1）结合外语教学实际，开设灵活多样的专题课程。目前高校外语教学所使用的教材中包含思政教育的板块较少，不能很好地满足"大思政"格局下思政教育发展的需求。思想政治知识会随着时代的发展产生不断的变化，而编写相关特色外语教材耗时长、花费大，在思政教育方面往往具有不可避免的滞后性，在外语教学中开设相关专题课程或许能够很好地解决这一问题。专题课程具有很强的灵活性，高校外语教师能够自主设计教学内容与教学方法，并且也能灵活调整教学时长与课程考核方式等细节问题。[4]高校可以结合思政教育和外语教育的特点，在外语教学中开设中国传统文化、中国政治道路、中国外交策略等主题的

---

[1] "学校思想政治理论课教师座谈会与会代表热议习近平总书记重要讲话"，见人民网，载 http://cpc.people.com.cn/n1/2019/0319/c64387-30982249.html，最后访问时间：2020年6月7日。

[2] 杨芳、普璇华、邹奇："论高校思政教育融入外语教学"，载《科教导刊（中旬刊）》2018年第12期。

[3] 赵应吉："中国文化英语表达教学的意义探究——基于'讲好中国故事'视角"，载《重庆科技学院学报（社会科学版）》2019年第5期。

[4] 崔戈："'大思政'格局下外语'课程思政'建设的探索与实践"，载《思想理论教育导刊》2019年第7期。

专题课程。中国传统文化专题课程可以在学生加深对中华传统文化的理解与认同的基础上，掌握利用外语传播中华传统文化的能力，从而增强其文化自信；中国政治道路专题课程能够让学生在理性对比中西方政治制度差异的基础上找准中国制度的优势，增强道路自信、制度自信，让他们能够利用外语向世界介绍什么是真正的中国制度；中国外交策略专题课程可以让学生了解国际政治局势与我国的外交策略，让他们在平时的学习生活中成为我国的民间外交官。此外，高校还可以结合院校自身特点以及学生的需求开设其他主题的专题课程，将思政教育巧妙地融入外语教学中。

（2）严格筛选素材，适度引入时事政治热点内容。时事政治热点内容是在外语教学中推进思政教育的天然资源素材库。新世纪以来，一超多强的国际政治局面仍未被打破，中国不断尝试增强国际合作，反对霸权主义，世界国际形势处于不断变化之中。英国脱欧、法国黄马甲游行、欧洲难民危机、中美贸易战、新冠疫情全球暴发、美国反对种族歧视暴动，一个又一个的时事政治热点都可以成为外语教学中开展思政教育的素材。时事政治热点事件往往涉及社会、历史、文化、制度等多个层面的问题，可以从多个角度进行分析研究，各国媒体也会对其做出详细的追踪报道，高校教师可以轻松地从中获取大量教学素材。在外语教学中引入时事政治热点内容既可以提高学生对思政内容的兴趣，又可以提升学生的外语技能。具体来看，高校外语教师可以选取国内外优秀媒体平台内的时事政治新闻作为训练学生外语听力能力的素材，选取反映中国思想政治文化的《China Daily》以及其他国际主流媒体的新闻报道内容作为训练学生的外语阅读能力的材料[1]，选取时事政治热点作为训练学生写作以及口语表达能力的话题。但是尤其要注意的是，教师要坚持目标导向，政治立场坚定，严格筛选材料，不能对学生的价值观进行错误的引导。

2. 改进教学方法。

（1）运用新媒体技术，搭建课程思政新平台。在新媒体时代背景下，当代青年学生了解接受信息的渠道已发生很大变化。新媒体平台具有传播速度更快、内容更具多样化、互动性更强等特点[2]，已成为当代大学生与外界交流的新载

---

[1] 夏文红、何芳：``大学英语'课程思政'的使命担当''，载《人民论坛》2019年第30期。

[2] 孟李辛：``全媒体时代高校思想政治教育融合发展的动因及有效路径''，载《学校党建与思想教育》2020年第10期。

体。高校外语教师可以尝试借助新媒体平台的力量在高校外语教学中推进思政教育。这就需要他们学习熟悉新媒体时代的话语体系，善于利用新媒介与新技术开展教学。[1]比如可以尝试利用微信公众号推送外语时事政治热点，让学生利用碎片时间学习用外语表达对时事政治的看法。抖音小视频灵活有趣，可以激发学生的创造力，发掘外语教学与思政教育的新模式，可以尝试引导学生扮演外交部发言人等角色发表自己的观点，用手机拍摄小视频并上传至抖音平台，与社会形成良性互动。

（2）借助各种活动形式，大力发展第二课堂。相较于传统的课堂教学，以社团活动、公益活动、讲座、活动等形式展开的第二课堂形式更为多样化，能够作为第一课堂的补充，在第一课堂中学到的理论知识在实践中得到运用，从而让学生得到更为深刻且独特的体会[2]。在外语教学中大力开展第二课堂，让思政教育能够更为灵活地融入外语教学中，使其效果更为显著。许多高校都有外语类的社团，高校可以把师资力量与学生自发组织的社团活动结合起来，让高校教师参与学生的社团活动中，通过和学生一起探讨时事热点，举办外语思政知识大赛等形式开展思政教育。公益活动能够让学生体会到奉献的精神，和谐社会的建设也需要青年学生的参与，高校可以鼓励学生积极参与外语志愿服务活动，在公益活动中锻炼外语技能的同时深化思政教育。各类主题的讲座可以开拓学生视野，高校可以邀请外交官、国际新闻记者、外国学者等具有不同背景的嘉宾给学生做讲座，让学生了解到人们在不同职业视角下对世界的看法。

3. 建设教学队伍。

（1）加强源头管理，提升外语教师的政治素养和思政教育水平。教师是推进思政教育的关键力量，在高校外语教育中推进思政教育首先要注重提升高校外语专业教师的政治素养和思政教育水平。建议高校邀请校内外专家定期对外语教师开展思想政治教育，增进外语教师对国家大政方针以及国际形势的理解与把握，帮助他们更好地将最新的思政知识融入外语教学的课堂中。提升外语教师的政治素养也能够发挥出教师的楷模作用，让学生能够从教师的精神面貌与学校的

---

[1] 逄索："高校实施精准思政的核心理念与路径选择"，载《思想理论教育》2020年第5期。

[2] 崔戈："'大思政'格局下外语'课程思政'建设的探索与实践"，载《思想理论教育导刊》2019年第7期。

教风学风中感受到正确的价值观引领。[1]此外，高校应当对外语教师展开思政教育技能培训，提升他们的思政教育水平。新媒体技术培训可以帮助外语教师熟练掌握使用新媒体平台的技能，以此充分发挥新媒体平台在外语教学中推进思政教育的作用[2]；心理学教育培训可以帮助他们更好地了解当代青年学生的所思所想，以此在外语教学中展开精准思政教育。

（2）加强多向联动，构建"大思政"的新格局。高校要树立"大思政"格局意识，建立思政教育学科与外语学科专业教师之间的合作机制，搭建高校各部门之间关于思政教育的信息交流平台。目前各大高校的思政教育课主要由马克思主义学院的专业教师教授，这些专业教师在开展思想政治教育方面已有丰富的经验。高校可以充分利用已有思政教育师资队伍的优势，增强思政教师与外语教师之间的联动性，以提高外语教师的思政知识储备量，启发外语教师思考如何能够在外语教育中更好地推进思政教育。具体来看，高校可以定期展开思政教师与外语教师座谈会，让双方相互交流思政教育教学经验，探讨思政教育中的难点。高校应当鼓励思政教师与外语教师共同设计教学内容，联合开展思政外语课堂，共同考核评价学生的思政课与外语课成绩，真正做到思政教育与外语教育的有机结合。高校还可以搭建高效的思政教育信息交流平台，发挥学校各部门多向的联动作用，跟踪调查学生的思想动态，了解他们的实际需求，以便外语教师以学生的需求为导向，甄选更具时代感与吸引力的教学内容与教学方法。

四、总结

习近平总书记在全国高校思想政治工作会议上强调："高校思想政治工作关系高校培养什么样的人、如何培养人以及为谁培养人这个根本问题。要坚持把立德树人作为中心环节，把思想政治工作贯穿教育教学全过程，实现全程育人、全方位育人，努力开创我国高等教育事业发展新局面。"[3]在高校外语教学中推进

---

[1] 赵鸣歧："思想政治教育与外语教学相结合的探索与实践——以上海外国语大学为例"，载《思想政治课研究》2015第2期。

[2] 孙之光、黄佳楠："当代高校大学生思想政治教育途径与方法研究——评《当代大学生思想政治教育》"，载《高教探索》2020年第6期。

[3] 张烁："习近平在全国高校思想政治工作会议上强调：把思想政治工作贯穿教育教学全过程 开创我国高等教育事业发展新局面"，见共产党员网，载 http://dangjian.people.com.cn/n1/2016/1209/c117092-28936962.html，最后访问时间：2016年12月9日。

思政教育顺应新时代背景下"大思政"格局的发展趋势，同时能够提升外语教学的内涵，符合高校外语教学改革的要求，可达到共同提升高校外语教学和思政教育水平的双赢效果。坚定学生的政治信念、培养学生的批判思维、引导学生讲好中国故事是高校在外语教学中推进思政教育应当追求的目标。各大高校应当坚持目标导向和问题导向，开拓思路，创新教学内容和教学方法，建设外语教学与思政教育教师队伍，为我国培养更多政治素养过硬并具有国际化视野的高素质人才。

于中华*

课程思政与综合英语教学实践研究**

一、导论

课程思政是以构建全员、全程、全课程育人格局的形式将各类课程与思想政治理论课同向同行，形成协同效应，把"立德树人"作为教育根本任务的一种综合教育理念。课程思政的提出符合中国特色社会主义道路的发展要求，是武装青年思想、培育优秀青年人才的重要前提。

2019年，习近平总书记曾在学校思想政治理论课教师座谈会上提出："要坚持显性教育和隐性教育相统一，挖掘其他课程和教学方式中蕴含的思想政治教育资源，实现全员全程全方位育人。"[1]对刚成年的大学生而言，除学习专业知识、掌握生活技能之外，更重要的是保证学习和实践能够在正确的指引下进行。高等学校的思想政治理论课为知识青年前行的道路点亮了灯塔，但若要灯塔长明，就需要每门课程和每个教师的共同努力，春风化雨，润物无声。

早在2016年，习近平总书记在全国高校思想政治工作会议上就已经指出："要用好课堂教学这个主渠道，思想政治理论课要坚持在改进中加强，提升思想政治教育亲和力和针对性，满足学生成长发展需求和期待，其他各门课都要守好一段渠、种好责任田，使各类课程与思想政治理论课同向同行，形成协同效应。"[2]

---

* 于中华（1979—），女，英语文学硕士，中国政法大学外国语学院英语语言文学研究所讲师，研究领域为：教育教学、文学文化、意识形态。

** 本文系2019年中国政法大学"课程思政示范课—《综合英语》"项目（部门编号：1101；项目编号：0111010715）的结项成果。

[1] 习近平："用新时代中国特色社会主义思想铸魂育人 贯彻党的教育方针落实立德树人根本任务"，见央视网，载 http://tv.cctv.com/2019/03/18/VIDEZ1bqyAdtxcMnzYZEBxll190318.shtml，最后访问时间：2019年3月19日。

[2] 习近平："把思想政治工作贯穿教育教学全过程 开创我国高等教育事业发展新局面"，见央视网，载 http://news.cctv.com/2016/12/08/ARTIihpHZs56dGPSnK5b5x5y161208.shtml，最后访问时间：2016年12月9日。

学校是国家培养人才的重要基地，是学术思想和政治思想交汇的集散地，所有课堂都有育人功能。在高校，所有课程都应该能够发挥思想政治教育的积极作用。

高等学校教师不再只是专业知识的传授者。教师从事的工作从教学转向教育，在讲授专业知识的同时，随时随处播撒中国传统文化和价值观念的种子，帮助学生树立正确的世界观、人生观、价值观。这是时代赋予高校教师的使命，是中国传统文化价值观念得以传承的重要前提。

在当前中国高等教育重视思想政治教育的大环境下，作为一名英语专业的一线教师，作者认为，英语教学课堂的教学内容不能局限于语言习得和对西方文学文化的表层认知，而应当以教学文本为依托，在文学文化作品中理解和析出优秀的文化思想元素，将之作为课堂教学和师生研讨的主题内容。

作者本人讲授英语专业的综合英语课程，即精读课程。在文本细读和知识拓展过程中，作者发现马克思主义理论能够充分解读和阐释不同的文学与文化现象，成为课程思政的重要理论基础。

二、课程内容简介

《综合英语》课程是高等学校英语本科专业课程设置中最重要的课程之一。

教学内容涉及密度较大的基础语言教学。课堂中的语言教学包含对语言文字用法的掌握及应用，鼓励学生在使用中学习、练习和巩固。课下学生用类似的方法进行复习和预习，从而逐步提高语言使用能力。

教学内容还涉及所选课文的相关作者和写作背景的介绍。对作品的文学和文化背景进行研究，为学生提供了大量的学习资源。学生在课下针对上述内容进行资料收集、整理，在课堂上使用英语进行口头报告，既可以了解文化和社会学领域的知识，也实现了语言在日常交流中的应用。

因此，《综合英语》课程实现了语言教学与文化教学的融会贯通，两者相辅相成。

三、课程思政融入

由于课文内容多选自西方作品，因此课程教学中所研究的文学和文化背景多涉及西方文化思想和言论。其中不乏与"普世价值"相符合的积极内容，引导学生热爱生活，尊重生命，捍卫道德和法律等；而作为外国文化，其言论和思想中也存在着与中华民族传统文化和传统思想相悖的内容。而这也正是教师在教学过程中要着重思考，并注重合理引导之处。

文化相斥未必带来消极结果。在西方文化思想内容与中华文化主流思想内容相悖时，教师应积极引入中华传统文化的介绍和学习，给学生足够的空间学习、思考、衡量、比较，取其精华、去其糟粕。

在日常教学过程中，教师也应适时带入本国传统文化思想的积极内容。大学生的生理和心理年龄处于从不成熟到成熟的过渡期。他们在大学期间所学到的知识和思想，对其世界观、人生观、价值观的形成至关重要。大学辅导员与班主任的工作精力有限，也不同于中学时期的班主任，无法全天候对学生思想进行了解和引导。学生的大部分时间在不同课程的课堂上，所以一线教师的教学和教育工作就显得尤为重要。

《综合英语》课程，作为大学课程，有责任和义务把有利于中国特色社会主义发展的思想文化、中华民族传统文化的内容、党在新时期的新思想等等，融入课堂，在潜移默化中实现课程的德育目标，为党为国家培养出思想正确、积极，能为祖国做出巨大贡献的好青年。

（一）马克思主义理论与文学中的政治冲突

综合英语课程涉及大量西方文学作品，在培养学生批判性思维的教学过程中，教师会和学生进行大量的课堂互动，共同阐释文学作品中的政治冲突、经济冲突、文化冲突等背后更为深刻的原因。本文认为马克思主义批评理论能够从根本上解读大部分文学人物和文学作品产生的历史背景，从根本上帮助学生理解文学微观世界所折射出的现实社会，并在充分认识现实社会的基础上，更好地融入社会和建设社会。

"马克思主义批评是依据文学产生的历史条件来分析文学作品，但我们还需要了解它本身产生的历史条件。"[1]马克思主义是关于人类社会以及改造人类社会实践的科学理论，要阐明的是人类为摆脱一定形式的剥削和压迫而进行斗争的历史。这些斗争绝不是学术性的。马克思主义批评则是这个更庞大的理论分析体系中的一部分，这个体系旨在理解意识形态，而理解意识形态就是深刻地理解过去和现在，这样才能更好地指导我们面对未来。

综合英语教材中所选取的文章大多是不同年代、不同主题的文学作品。文学

---

[1]［英］特里·伊格尔顿著，文宝译：《马克思主义与文学批评》，人民文学出版社1980年版，引言第1页。

是上层建筑中意识形态的一部分，而意识形态是一种复杂现象，其中掺杂着矛盾冲突的世界观。经济基础与上层建筑之间不是简单的对应关系，因此文学与现实的联系也不是直接的，而是间接的。分析文学作品也要分析作家本人的成长经历、所处的时代背景、国际形势等。

在课堂教学中，面对一篇篇孤立的选文，教师可以着重讲解文字本身，进行语言习得方面的练习巩固，同时兼顾写作技巧的讲解。但若仅限于此，文本中更深层次的思想内容就会被忽视。

比如，《曼德拉的花园》[1]一文折射出了黑人与白人在政府层面的政治冲突。这样的政治斗争在文中并没有被正面描述，学生读到的是曼德拉在监狱里申请了一块田地，打理蔬菜，对未能成活的秧苗感到惋惜，义无反顾清除杂草。这背后讲述的其实是他对革命同志中途分道扬镳的遗憾以及对革命叛徒的痛恨。曼德拉作为南非非洲人国民大会的领袖成员，为当时南非最低等的黑人公民争取政治权利，被白人政府迫害入狱，长达27年；而白人政府却可以光明正大地制定法律，实施南非特有的种族隔离制度，在政治上对本土黑人进行长期压制。南非种族隔离制度的依法存在是白人在政治上优越感的典型体现。

种族冲突不仅体现在国家层面，也体现在个体层面。《说"会的"》[2]一文看似反映夫妻矛盾之类微不足道的主题，却道出种族冲突中白人所承受的心理斗争。作为个体，男主角认为自己并没有种族歧视的倾向，却不知对黑人的不可接纳早已内化于心，无法抵抗。《过道里的一杯酒》[3]更是写出了种族歧视的受害者——黑人心中的苦楚与无奈。在白人看似友善的邀请与种族隔离法的强制要求之间，黑人主人公冒险来到白人居住的公寓，接受白人馈赠的一杯烈酒。然而，这位受过良好教育的黑人艺术家却没能在白人所居住的一个房间里坐定，安心享用禁止黑人饮用的白兰地，而是在几个自认为思想开明的白人陪伴下，在走廊的过道里，在恐慌和焦虑中将其一饮而尽。作者对这种友好情谊的讽刺和那杯白兰地一样辛辣无比。

种族冲突在数量和规模上达到一定程度就会以政治冲突的形式体现出来，而这种政治冲突，从根本上说又是白人政府在经济上进行殖民扩张的直接结果。

---

[1] 杨立民主编：《现代大学英语 精读1》，外语教学与研究出版社2010年版，第212~214页。
[2] 杨立民主编：《现代大学英语 精读2》，外语教学与研究出版社2010年版，第32~36页。
[3] 杨立民主编：《现代大学英语 精读3》，外语教学与研究出版社2010年版，第346~352页。

(二) 马克思主义理论与文学作品中的经济冲突

《历史学家为何相互争执》[1]又间接折射出资本主义国家之间在经济上的直接对抗。这篇选文表面上讲的是不同历史学家对相同历史事实的不同诠释。教师可以从新历史主义理论出发，对文本做出清晰解读。但这篇文章在阐释观点过程中所提及的诸多例子，也折射出其他事件的历史背景，比如美国参加第一次世界大战的原因。文章作者使用的是领导人动机理论。教师可以帮助学生从马克思主义理论的角度切入，从萨拉热窝事件出发，引出原来隶属奥斯曼帝国的波黑是如何被奥匈帝国吞并，并激起塞尔维亚激进分子愤怒的历史背景。而在此以前，欧洲两大军事集团对峙的局面早已形成。1882年德、意、奥缔结同盟条约，形成"三国同盟"；1892年法俄之间也订立了军事协议，加之英德矛盾不断激化，英国与法、俄分别在1904年和1907年订立协约，最终在当时的欧洲形成了相互竞争和制约的两大军事集团。萨拉热窝事件只是一战的导火索，而真正导致一战爆发的原因是帝国主义国家之间经济发展的不平衡，和它们对殖民扩张不断膨胀的欲望。在了解历史史实的基础上，引导学生运用马克思主义批评理论进行更深入的剖析，能够帮助学生更清楚地认识过去，进而有能力对国际社会现存的各种争端做出正确、客观的分析与判断。即便二战被冠以反法西斯战争的名号，这场世界大战也不是正义之战，仍是资本主义经济危机之后帝国主义国家之间的经济利益冲突在政治和军事上的间接体现。

(三) 马克思主义理论与文学作品中的文化冲突

《青香蕉》[2]在文本内容中包裹了文化冲突的内容。在美国游客的眼中，青香蕉只是一种没有成熟的水果，而在当地巴西居民看来，它却可以成为一种有效的粘合剂。看似闲谈的对话中，巴西人告诉美国人，这里是世界的中心。而美国游客很小的时候也被告知地处新英格兰的某个地方才是世界中心，这不禁让他感到迷惑。实际上，这是一种文化优越感，而当这种优越感走到极端即是文化沙文主义。马克思主义批评理论认为：文化，作为意识形态的一部分，受制于经济基础。文化优越感从根本上说，来源于经济优越感。经济发达的国家会认为自己的文化发展也必定优于经济落后的国家。文化上的自我认同会产生文化中心感，进而导致故事中美国游客坚信自己国家的某个地方才是世界中心。

---

[1] 杨立民主编：《现代大学英语 精读3》，外语教学与研究出版社2010年版，第258~261页。

[2] 杨立民主编：《现代大学英语 精读1》，外语教学与研究出版社2010年版，第128~130页。

因此，每一篇看似孤立的选文，在精读过程中，都可以挖掘出诸多文本背后的思想内容。教师在此过程中可以引导学生客观看待历史，深入剖析国际社会的各种冲突矛盾，得出正确结论。

马克思主义理论只是教师能够用得到的一个批评理论，而上述课文也只是用以分析国际社会中政治、经济、文化冲突的典型例证。在师生以及学生之间的互动讨论中，还会应用到更多理论，谈及更丰富的主题。

在教学过程中，教师还可以把中华传统文化的精髓以多种方式贯穿至教学的不同环节，让学生从青年时期，就把自己在思想上武装起来，具备"天行健，君子以自强不息"的奋斗精神；"天下兴亡，匹夫有责""先天下之忧而忧，后天下之乐而乐"的爱国情怀；"人生自古谁无死，留取丹心照汗青""舍生取义"的牺牲精神；"革故鼎新，立木为信"的创新思想；"老吾老，以及人之老；幼吾幼，以及人之幼""扶危济困"的公德意识等千百年传承下来的中华民族传统价值理念。

作为新时代的青年人，除了传统的精神信念外，还要用与时俱进的新精神武装自己。例如以自力更生，自主创新为内核的航天精神；以精益求精为特定符号的工匠精神；象征着顽强拼搏、集体主义的女排精神；体现共产党人精神和党的宗旨的延安精神，焦裕禄精神；毫不利己、专门利人，无私奉献的雷锋精神，以及把国家、民族、人民的根本利益看得高于一切，坚定革命的理想信念，不怕艰难险阻，不惜付出一切牺牲的长征精神、抗战精神。这些精神所体现出的信念的力量，大爱的胸怀，忘我的境界，进取的锐气，能够大力激发社会正能量，为实现中国梦提供强大的精神动力。因此，教师应该在课程教学中，引导学生学习并实践这些中华精神。

总之，教师应当将课程思政与专业课程深度融合，结合实践教学，让所教课程具备育人价值，让立德树人春风化雨、润物无声。

四、教学方法创新

综合英语课程，即为传统的"精读"课程，传统的教学方式偏重于知识传递，往往以教师为授课中心，学生参与度较低。针对这一问题，课程教师在教学形式上做出了适当的调整和改进。

第一，在课程开始前，增加阅读汇报环节。学生可以在作品背景、作家介绍方面做资料整理并汇报；可以把所读的国际政治和时事新闻做内容和思想上的介绍并发表自己的评论；可以把所读文学、文化或其他类书籍做读书汇报，分享心得。在做展示的过程中，发言者和听众之间形成互动，学生们进行思想碰撞与交流。

第二，在课堂教学过程中，教师会纳入口译元素，对所学词汇进行实践应用，使词汇融入不同的语言、文化环境，让学生感受其中的文化元素。在对课文的文化内容进行讲解时，适时引导学生进行中英文化对比，在文化冲突中对殖民文化等消极内容进行批判，引导学生感受祖国文化的魅力。

第三，在课堂教学外，教师与学生以多种形式进行学习和生活上的交流，将思政引导置于潜移默化之中。

五、结语

课程思政与综合英语课程教学的结合具备可行性，并具有重要的教育意义和社会价值。马克思主义批评理论以及其他批评理论可以引导学生把所学文本中的人物、事件与相应的历史背景相结合，深入分析特定的社会现象和冲突形成的表面原因及其根本原因，从而指导学生冷静、客观地面对当今社会，并有准备地面对未来社会。综合英语课程教师在课程思政方面已取得阶段性成果，并会在未来的教育教学中继续把课程思政与综合英语教学有机融合。课程思政，任重而道远。

张 清 高嘉楠*

新时代高校外语类专业课程思政建设思考**

2020年5月28日，教育部印发《高等学校课程思政建设指导纲要》，提出课程思政建设要在所有高校、所有学科专业全面推进，围绕全面提高人才培养能力这一核心点，围绕政治认同、家国情怀、文化素养、宪法法治意识、道德修养等重点优化课程思政内容供给，提升教师开展课程思政建设的意识和能力，系统开展中国特色社会主义和中国梦教育、社会主义核心价值观教育、法治教育、劳动教育、心理健康教育、中华优秀传统文化教育，坚定学生理想信念，切实提升立德树人的成效。[1]课程思政是具有中国特色的育人理念，是高校落实立德树人根本任务的重要举措。[2]外语类专业课程具有人文性、直观性和实用性的特点，因而对广大学子具有独特的思想政治教育价值。但目前外语类专业课程局限于语言教学，忽略了思想政治教育的功能。为充分发挥语言教学促进学生思想政治教育的功能，应对外语类专业课程进行重新定位，合理制定教学策略；不断提高教师的专业素质和思想政治素质，使其在纷繁复杂的语言素材中筛选出有助于学生语言能力和思想政治素质双重提升的教学素材，将思想政治教育与语言教学结合起来，将课程思政落到实处。[3]

一、课程思政理念对外语类专业课程建设的要求

课程思政是一种在（非思政）专业课程中贯穿思想价值引领主线，发挥各

---

* 张清（1966—），女，山东巨野人，法学博士，中国政法大学外国语学院教授，博士生导师，研究方向为法律语言学、法律英语教学、法律翻译、法治文化等。高嘉楠（1998—），女，山东潍坊人，中国政法大学外国语学院在读硕士，研究方向为语言学及应用语言学。

** 本文为中国政法大学课程思政示范课阶段性成果。

〔1〕 "教育部关于印发《高等学校课程思政建设指导纲要》的通知"，见中国政府网，载 http://www.gov.cn/zhengce/zhengceku/2020-06/06/content_5517606.htm，最后访问时间：2021年1月24日。

〔2〕 崔国鑫："高校外语专业课程思政建设思考与探索"，载《国家教育行政学院学报》2020年第10期。

〔3〕 边宇琪："外语类专业课与'课程思政'的融入"，载《文教资料》2018年第18期。

门课程育人功能的一种教育理念。[1]课程思政是实现高等教育"立德树人"根本任务的战略举措。课程思政的最终目的是育人,至于培育什么样的人则由课程主线内容决定。课程思政贯穿于专业课程之中,是专业课程教学目标的组成部分,这使得课程思政的教育内容从本质上不固定,具有弹性、隐性特征,而且每门课程思政教育的量和度无法被严格规定[2]。结合外语类学科教授的知识的特殊性,以及课程思政"育人"的最终目的,在外语类专业课程中贯穿课程思政教育理念与其他学科专业类别相比特殊且关键,而且课程思政理念为未来外语类专业课程建设提出了新要求,指明了新方向。

(一)为学生树立正确的意识形态和价值观,建立文化自信

外语类课程主要教授语言类知识。语言是文化的载体,语言的背后是文化、国家及其相应的价值观和社会理念。外语教师在授课过程中教授外语知识,培养学生外语技能及外语应用能力之时,因语言是思想的载体,无可避免地会使学生接触到外来思想,而这些思想的形成又部分源于外来文化、外来的价值观念和社会理念的长久熏陶。外语类专业学生在专业课程学习中也无可避免地会对比外来思想文化与本土思想文化。若专业课程教学过程没有重视价值观的引领,就可能会使学生陷入被外来思想文化冲击的风险中,使得学生无法客观辨别是非和分清真假,不能正确分析和判断中西方文化差异和意识形态差别,也就无法有选择地接受外国的思想和文化,更遑论建立文化自信。因而,在外语类专业课程建设过程中,教师应发挥主体作用,不仅要帮助学生认识到语言是思想文化的载体,更要在教育过程中润物细无声地帮助学生建立文化自信,让学生在建立文化自信的心态基础上,客观、思辨地审视学习、生活中吸收到的外来思想文化内涵,也要帮助学生建立正确的意识形态和价值观,使学生具备能够正确运用马克思主义对比分析中西方文化差异、国情差异、意识形态差异的能力。

(二)使学生具备向外传播中国声音、向内传递国外声音的能力

全球化的时代背景使得中国急需能够讲好中国故事、传播中国文化、宣传中国智慧的人才。中国保持与世界、与时代的紧密接轨同样需要一批能时时刻刻站在国家角度,站在人类命运共同体角度向中国传播世界发展、时代进步前沿消息的人才。外语人责无旁贷。向外传播中国声音首先需要明白何为中国声音,向内

---

[1] 肖琼、黄国文:"关于外语课程思政建设的思考",载《中国外语》2020年第5期。

[2] 肖琼、黄国文:"关于外语课程思政建设的思考",载《中国外语》2020年第5期。

传递国外声音首先要清楚本国国情，才能传递有益有价值的国外声音。这就给外语人提出了新的要求，外语人需要具备家国情怀和国际视野。学校培养学生应顺应时代发展的要求，应重视在学校教育阶段培育学生的家国情怀、开拓学生的国际视野。课程思政潜移默化、润物细无声的育人风格使得课程思政可以随时贯穿于学生的教育中，因而课程思政是在学校阶段培育学生家国情怀，开拓视野的最佳选择，也是培育外语人才向外讲好中国故事，向内传递世界声音能力的基础。外语类学生要学习中国的历史和文化，也要了解世界其他国家优秀的文化和人类文明；外语类学生要紧跟中国社会发展的步伐，也要紧跟时代的步伐。

国家坚持对外开放的基本国策，把"引进来"和"走出去"更好地结合起来，扩大开放领域，优化开放结构，提高开放质量，完善内外联动，互利共赢，多元平衡，安全高效的开放型经济体系，形成经济全球化条件下参与国际经济合作和竞争的新优势。中国提出国家级顶层合作倡议"一带一路"，积极发展与沿线国家的经济合作伙伴关系，共同打造政治互信、经济融合、文化包容的利益共同体、命运共同体和责任共同体。在此时代背景下，教师在专业课程教育中应有意识地引导学生思考如何做中国"走出去，引进来"的桥梁。

同样，全球化的时代背景给中国带来极大裨益的同时也带来了极大的挑战。中国对外联系的加强以及中国国际地位的提高使得部分西方国家感受到危机，所谓"中国威胁"的论调层出不穷，部分国家明显向中国表达敌意。外语人因其语言优势，会有更多的机会接触到外国人和事，外语人的一言一行，意识形态以及思想政治的体现在很大程度上会被烙印上"中国""中国人"的整体概念，他们不再是代表他们的单独个体，而是国家和民族的象征。因而外语人在具备外语专业能力的同时，还必须要对中国在新时代背景下所处的国际形势、国内形势有正确的认知，要从根本上理解国家政策制定的出发点，目标以及政策现状等。这样才能在对外交往过程中言行得当，并且也能有力回应国外对中国不恰当的言论，更能为部分学生未来在国际舞台阐释国家政策和维护国家利益打下坚实的基础。教师可以在教学过程中，重点补充"中国道路""中国政策"，尤其是"中国外交"的知识，让学生在教师的引领下深刻理解，精准把握。

（三）深刻理解课程思政"立德树人"根本目的的内涵

立德树人是对我国传统教育思想的传承与发展，是中国特色社会主义教育的本质体现，[1]是新时代贯彻党的教育方针的要求。落实课程思政立德树人的根本任务，应首先明确"立什么德""树什么人"这两个根本问题。

1. 立什么德。"德"应包含人性之德、时代之德以及社会主义建设者和接班人应该具备的独特的道德。人性之德和时代之德是全人类共同的道德[2]。人性之德，指人性的善。具体而言，指应培养学生的恻隐之心、羞恶之心、恭敬之心、是非之心、诚信之心，即以中华传统文化为指导，着重培养学生的"仁义礼智信"等。时代之德，指时代的共同道德[3]，社会公德。时代之德精神内涵丰富，如社会主义核心价值观、人类命运共同体思想、与时俱进的创新思想等。[4]人性之德和时代之德闪耀着中华民族优秀传统文化的光彩，是对中华民族优秀文化的发扬光大；人性之德和时代之德也闪耀着世界优秀文化，凝聚着中国走向世界过程中对中国、对世界的思考。中国特色社会主义发展进程对社会主义建设者和接班人提出了更多道德要求。习近平总书记关于思想道德建设的重要论述提出如下几个重要方面：①要厚植中华传统美德；②要着力培养担当民族复兴大任的时代精神；③要坚持以社会主义核心价值观为引领；④要深化理想信念教育；⑤要树立全球观念和生态文明意识。课程思政教育若要成功达成"立德树人"的根本目标中的"立德"，就要在明白何为要立的"德"的基础上，在专业课程教育中将之建立为课程教育中"德育"的目标，并在教学实践中身体力行，不断在实践中为"德"注入新的内涵。

总而言之，人性之德，时代之德以及中国特色社会主义提出的新要求都是基于传统文化，结合时代，去旧添新，是对传统文化的进一步传承与发展。因而就外语类专业课程"立德"要求的实现，可以从传统文化出发，主要注重三个方面的教育：中国优秀传统文化、世界优秀文化、时代精神。

2. 树什么人。关于"树什么人"，时代不同、国家不同，回答不同。2018 年 5 月，习近平总书记在北京大学师生座谈会上的重要讲话指出"古今中外，每个国家都是按照自己的政治要求来培养人的，世界一流大学都是在服务自己国家发

---

[1] "教育部关于印发《高等学校课程思政建设指导纲要》的通知"，见中国政府网，载 http://www.gov.cn/zhengce/zhengceku/2020-06/06/content_5517606.htm，最后访问时间：2021 年 1 月 24 日。

[2] 冯建军："立德树人的时代内涵与实施路径"，载《人民教育》2019 年第 18 期。

[3] 冯建军："立德树人的时代内涵与实施路径"，载《人民教育》2019 年第 18 期。

[4] 刘正光、岳曼曼："转变理念、重构内容，落实外语课程思政"，载《外国语（上海外国语大学学报）》2020 年第 5 期。

展中成长起来的。我国社会主义教育就是要培养社会主义建设者和接班人。"[1]习近平总书记的重要讲话回答了中国的教育要"树什么人"的问题，即培养社会主义建设者和接班人。习近平总书记在全国教育大会上强调，我国是中国共产党领导的社会主义国家，这就决定了我们的教育必须把培养社会主义建设者和接班人作为根本任务，培养一代又一代拥护中国共产党领导和我国社会主义制度、立志为中国特色社会主义奋斗终身的有用人才。这是教育工作的根本任务，也是教育现代化的方向目标。

关于社会主义建设者和接班人应该具备的素质，习近平总书记在全国教育大会上也给出了答案。习近平总书记提出了"德智体美劳全面发展"的新表述，并从坚定理想信念、厚植爱国主义情怀、加强品德修养、增长知识见识、培养奋斗目标、增强综合素质六个方面阐述了新时代德智体美劳全面发展的具体表现。

党的十九大报告指出："要以培养担当民族复兴大任的时代新人为着眼点，强化教育指导、实践养成、制度保障，发挥社会主义核心价值观对国民教育、精神文明创建、精神文化产品创作生产传播的引领作用，把社会主义核心价值观融入社会发展各方面，转化为人们的情感认同和行为习惯。""培养担当民族复兴大任的时代新人"是中国特色社会主义进入新时代对社会主义建设者和接班人的新要求，是新时代实现中华民族伟大复兴对教育培养人的新要求。因而在社会主义新时期"树人"要着力培养学生担当民族复兴大任的意识和能力。

党的教育方针指出，教育的根本任务是培养实现中华民族伟大复兴的主力军、德智体美劳全面发展的社会主义建设者和接班人。除以上几点外，概括地讲，"社会主义建设者和接班人"应有如下三个层次的内涵：①良知、同情心、社会责任感、担当意识，总而言之，社会主义建设者和接班人应具有正确的三观；②某专业领域的合理知识结构，相关的能力和素养。只有情怀和格局并不能有效履行建设者和接班人职责，坚实的专业能力与素养是基础；③具有个性鲜明的专长，即成为有创造力的和谐个体，这是推动进步以及与他人共同进步的必要素质。[2]在教学实践中，这三个层次内涵可以有效指导"树人"目标的达成。

---

[1] "习近平在北京大学师生座谈会上的讲话"，见中共中央党校（国家行政学院）网，载https://www.ccps.gov.cn/xxsxk/zyls/201812/t20181216_125673.shtml，最后访问时间：2021年1月24日。

[2] 刘娜、杨士泰："立德树人理念的历史渊源与内涵"，载《教育评论》2014年第5期。

二、课程思政理念下外语类专业课程教学实践中的着力点

课程思政理念下进行外语类专业课程建设要切实以"立德树人"为教育目标，遵循外语专业学习规律，结合新时代高校外语专业学科定位以及人才培养目标，结合知识传授与价值引领，构建以政治认同、国家意识、文化自信、人格养成为重点的课程思政内容体系，实现全员全过程全方位育人。[1]课程思政教育理念强调教师的引导作用，因而课程思政理念下进行外语类专业课程教学必须充分发挥教师的"领路人"作用，高校外语类专业课程进行思政建设应围绕教师开展。外语类专业课程教学相较于其他学科专业课程教学，有其特殊性，因而高校外语类专业课程进行思政建设要从教学内容的特殊点入手，以课程为抓手，总结外语类专业课程思政建设的可行模式并切实引入日常教学实践中。下文将结合中国政法大学外国语学院给本科生开设的《法律语言学导论》课程为例展开讨论。

（一）教师要有理想信念、道德情操、扎实学识、仁爱之心

高校教师要坚持总书记提出的"四有"标准：有理想信念、有道德情操、有扎实学识、有仁爱之心。信念是一种精神寄托，在无助的时候给予力量，在迷茫的时候指明方向。高校教学，比如：教什么、怎么教，同样需要信念的指引，授课老师的内心必须有坚强的信念作为支撑，整堂课才是有底气的。教师是学生的榜样，教师自身要"明道、信道"才能真正做到传道授业。[2]因此，教师要先接受思政教育，"育人"要先"育己"，要在思想上提升课程思政建设的意识，明晰课程思政建设的内涵与内容，清楚课程思政的育人理念，不断通过学习提高自己的政治素养和文化修为，并且不断自觉探索外语专业课程中蕴含的课程思政思想，积极寻找、交流、学习外语专业课程思政建设的有效方法。教师自身要有高尚的品德，并且在生活中不断以自身德行影响他人，成为"以德立身、以德立学、以德施教"的典范。

（二）授课中进行文化对比，启发学生思考

在外语类专业课程中融入课程思政，必须要从外语类学科教学特点出发。外语类教学实践中常用中外语言对比方式授课，不仅可以加深学生对知识点的理解

---

[1] 崔国鑫："高校外语专业课程思政建设思考与探索"，载《国家教育行政学院学报》2020年第10期。

[2] 崔国鑫："高校外语专业课程思政建设思考与探索"，载《国家教育行政学院学报》2020年第10期。

和掌握，还能启发学生思考中外语言差异及其影响因素、原因等，可以一举两得。同样，外语类专业课程进行课程思政建设也可以通过对比方式进行。以《法律语言学导论》课程为例，该课程虽然主要讲授的是法律语言，但是语言与文化是密不可分的，法律语言中当然承载着法律文化。因此，教师在授课过程中可以进行文化对比，引导学生思考，从而达到教育目的。英美国家文化过度宣扬个人英雄主义，崇尚个人至上的价值观念，其表现主要是重私权、重私利、重独立、重自由，并且一贯标榜其法律面前人人平等的思想。在讲授法律语言课程时，教师可以为同学们播放英文电影《权利边缘》（The Edge of Power）的片段，这部英文电影不仅可以锤炼学生英语听说基本功，更能让学生从电影台词中学习法律语言，即法律英语词汇，达到课程规定的语言学习目标。但课程如果仅仅停留在语言这一单一层面，课程的视野就不够开阔，也不能拓宽学生的思维，更不能引导学生去比较中西文化的优劣。美国《独立宣言》中曾经提到：人人生来平等，造物者赋予每个人不可剥夺的基本权利，其中包括：生命权、自由权和追求幸福的权利。但在本片中，政府为了消除疫情，采用了许多极端手段，甚至活活烧死感染者，而且为防止大批民众逃出隔离区，政府选择扫射逃离人民。电影播放至此，除了语言层面的讲解，教师可以积极引导学生思考：西方国家是否真的是民权至上的国家？瘟疫面前政府有权力射杀民众、剥夺其生命吗？对比一下2003年在我国发生的"非典"疫情，以及新近发生的新型冠状病毒疫情，我国政府与以美国为首的西方国家所采取的态度和做法有着鲜明的不同。就拿新冠疫情来说，2020年初开始在我国传播蔓延，中国政府第一时间向世界卫生组织通报相关疫情情况，通过隔离、积极治疗、群体预防等措施来进行防控；而以美国为首的一些西方国家在有足够的准备时间来抵御新型冠状病毒入侵的前提下，仍然消极对待，谎言不断，甚至多位美国政要不惜抹黑中国以达到某种不可告人的政治利益，疫情之下的中美对比泾渭自明。这充分彰显了中国特色社会主义的道路自信、理论自信、制度自信、文化自信，凸显了我们中华文化自古至今一直从整体、全局角度看问题。

（三）采取案例教学，增强学生的实践认知

新时代中国特色社会主义建设事业涌现出许多可歌可泣的优秀事迹，是当代中国社会宝贵的精神财富，能够发挥主流价值观的引领作用。[1]社会主义"集

---

〔1〕 杨金才："新时代外语教育课程思政建设的几点思考"，载《外语教学》2020年第6期。

中力量办大事"的优势也在疫情中得到充分体现。教师在教学过程中可以根据讲课内容有针对性地引入中国故事,也可以通过讲述他国故事的方式进行案例教学,引导学生思考。《法律语言学导论》是一门法律与语言交叉的课程,但这门课落脚点还是在语言学习上,特别是对法律语言的学习和研究。在教师指导学生阅读案例的过程中,可以引导学生采用批判性思维,着重强调课程对学生思想意识形态的培养和引导。例如"斯康克诉美国"(Schenck v. United States)[1]是美国一个非常著名的案例,该案上诉到美国最高法院,著名的霍姆斯大法官(Justice Oliver Wendell Holmes, Jr.)作出了对言论自由的重要解释,此后无数次被引用。霍姆斯大法官在判词中写道:"许多言论在和平时期可以表达,但是,当国家处于战争状态,只要士兵们还在战斗中,这些言论就难以接受。没有一个法庭会把这些言论放在宪法保护之下。"这位知名大法官的言论表明美国所标榜的个人权利是需要受到一定的限制的,并不是完全的民主和自由,个人的权利边界和政府的权利边界是在不断调整的。

除"言论自由"的问题外,在所谓的"民主""人权"议题上,美国也一直采取双重标准。美国政府改革气候变化政策的抗议者在纽约曼哈顿时代广场举行大规模示威,造成交通堵塞近两个小时,当地警察立即逮捕62人。在美国的"黑命贵"(Black Lives Matter)游行示威运动中,美国各地的示威不断升级,美国领导人立即考虑将参与组织定性为"恐怖组织"。同是瘫痪交通,放到美国本国是恐怖骚乱,在中国香港地区就是"民主自由";相同的执法行动,山姆大叔是有理有据,香港警察就是"暴力镇压"。正如有人所评价的:当所谓人权、民主触碰了美国的底线,美国捍卫底线;当所谓人权、民主触碰了他国底线,美国则捍卫所谓人权、民主。如此双重标准,充斥着偏见,所谓的"人权与民主法案"成为虚伪的自我打脸的印证。在课堂上实例展示对比这些差异,可以很好地将课程思政贯彻到课堂中、深入学生心里。

三、结语

高等教育中的外语类专业课程具有较强的意识形态属性,须发挥思想引领的作用,教师须坚持马克思主义的指导地位,充分挖掘外语专业课程中蕴含的思政

---

[1] "*Schench V. United States*, 249 U. S. 47(1919)",载 https://supreme.justia.com/cases/federal/us/249/47/#tab-opinion-1928047,最后访问时间:2021年1月24日。

内涵，积极推进教学改革。[1]外语类专业课程种类多、方向各异，且涉及多个语种，构成了复杂的思想价值观念体系，而且因其培养人才的特殊性，在课程、教学方式等方面均有不同，但在其学科内又具有共性。外语类专业课程进行课程思政建设，要在时代的背景下，围绕时代对于人才的要求展开，在国际视野中有机融入中国元素，实现主流意识形态和价值观的引导，着力培养学生的中外交流与言说能力的同时，增强其文化自信，使学生真正成为新时代背景下，有能力、有品德、有情操、有理想的外语人。这是新时代教育"立德树人"根本任务的要求，也是时代发展的要求。

---

[1] 郑蕴蓉："外语专业课程开展课程思政教育的探索与实践"，载《海外英语》2020年第13期。

刘艳萍*

"课程思政"视域下大学英语教学方法研究

语言本身就是传递思想情感、道德品质和价值追求的手段。在大学英语教与学的过程中，在学习英语所承载的相关文化和传统的同时，也在接收语言传递的相关价值取向信息。是全盘接收还是批判地思考这些信息？接收什么？摒弃什么？这些正是课程思政要解决的问题。大学英语作为基础学科在培养和塑造学生的道德素养以及行为规范等方面有着积极的作用，因此语言学习和思政教育具有"本源的一致性和相通性"[1]。在思政教育的实践中，教师的思政素养是至关重要的因素，他们要注重挖掘学科中的思政元素，润物无声地将思政教育融入大学英语教学中，实现思想政治教育与知识体系教育的有机融合。

一、课程思政建设背景

2019年3月18日，习近平总书记主持召开学校思想政治理论课教师座谈会，并发表题为"思想政治理论课是落实立德树人根本任务的关键课程"的重要讲话，他指出"办好思政课，最根本的是要全面贯彻党的教育方针，解决好培养什么人、怎样培养人、为谁培养人这个根本问题"。

"课程思政"不是简单的教学方法或手段，而是一种观念。它对课程提出很高的要求，尤其对育人的教师提出了很高的标准。习近平总书记指出，课程思政教师素养要到达"六个要"，即政治要强，情怀要深，思维要新，视野要广，自律要严，人格要正。

习近平总书记指出推动思政课改革创新，要坚持以下"八个相统一"[2]：坚持政治性和学理性相统一；坚持价值性和知识性相统一；坚持建设性和批判性相

---

* 刘艳萍，法学博士，中国政法大学外语学院教授。

[1] 王娜："'课程思政'视域下大学语文教学实践研究"，载《中文信息》2020年7期。

[2] 习近平总书记在学校思想政治理论课教师座谈会上提出的不断推进思想政治理论课改革创新的"八个相统一"。

统一；坚持理论性和实践性相统一；坚持统一性和多样性相统一；坚持主导性和主体性相统一；坚持灌输性和启发性相统一；坚持显性教育和隐性教育相统一。

有学者指出"课程思政"建设有五个关键[1]，其一，建设基础在课程；其二，建设重点在思政；其三，建设关键在教师；其四，建设中心在院系；其五，建设成效在学生。大学英语课程思政建设与思政课程不同，大学英语是高校思政课程体系的一部分。"课程思政"涉及高校整个的课程体系，涉及课程类型广泛，既包括专业课程，也包括综合类、通识类课程。"课程思政"的真正价值在于教师在满足学生对知识的渴求的同时，加强社会主义核心价值观教育。其主要任务是传导主流意识形态，利用马克思主义立场、观点、方法，剖析和批判各种错误观点和思潮，同时教育学生正确看待问题、辩证认识问题以及理性分析现实问题，辨明真伪，弘扬真善美，引导学生脚踏实地，把个人的奋斗目标同国家、民族复兴的伟大目标结合起来。

二、课程思政视阈下大学英语课程建设思路

大学英语是公共基础课程，作为语言课程，具有特定的技能教学功能与价值。大学英语从某种程度来说也是素质教育课程，和课程思政是有机统一的。大学英语教学作为各专业必修课程，具有涉及面广、课时多、周期长的特点。将立德树人贯彻到大学英语课堂教学全过程、全方位、全员之中，构筑育人大格局，也是大学英语课程思政的终极目标。大学英语教学，在传授英语知识的基础上，注重将学生个人发展与社会发展、国家发展结合起来，帮助学生答疑解惑。解惑不仅限于知识方面，而且涉及思想、价值、情感等方方面面，激发学生为国家、民族学习的热情和动力，帮助明确其自身价值和社会定位，并在未来创造更大的社会价值。将思政教育融入大学英语的教学中，潜移默化地影响大学生的意识形态，落实立德树人的根本任务，拓展大学英语课程在知识、思想和技能上的功能，培养国家所需栋梁之材，具有不可估量的时代价值。

大学英语"课程思政"可帮助学生利用英语了解国内外大事，了解世界眼中的中国以及中国对外话语体系的构建和强化，增强学生的民族自豪感和文化自信。大学英语教学与思政教育的融合，就是强调在英语教学中对学生在意识形态上的积极引导，避免学生在接触到更多英语所传达的信息后产生崇洋心态，降低

---

[1] 李国娟：" 课程思政建设必须牢牢把握五个关键环节"，载《中国高等教育》2017年第15期。

对中华民族传统文化的认同感和自信。另外，大学英语教学中，应鼓励学生用批判性思维去审视各种文化，尊重和吸收人类优秀文化，开拓视野，提高综合素质。通过大学英语"课程思政"，实现立德树人的目的。学生们不仅可以掌握西方文化精髓，而且还可以讲好中国故事，传播中国的思想文化、价值理念，展示中国力量。

大学英语课程思政建设，要明确教学目标，审慎选择教学材料、探索不同方法和路径。大学英语思政课程的教学材料选择，要确保其规范性、科学性、权威性。通过学习，学生能够感受其中的优秀思想文化，拓宽视野，升华人文素养，同时树立理想信念，坚定中国文化自信。这种课程思政不同于思想政治课，更容易让学生产生认同感，排除强硬式教育的逆反弊端。

大学英语中思政材料很多，即便是简单的情景也能引出思政元素。如接打商务电话，除了复习、学习并掌握与接打电话有关的表达，熟悉接打电话相关场景，如：商务宴请、商定约会、询问价格等，学生运用所学词汇和短语进行对话练习，实现语言的输出外，教师可指导学生注意接打电话的礼仪和禁忌，引导学生了解工作中，接打电话这样的简单工作也可以反映一个人的责任心，注重细节会给个人和企业带来更多的机会。另外，教师在教学过程中要勇于探索，通过多手段、多方式、多途径实现教学目标，努力让不同类型的学生爱听爱学、听懂学会。

另外，大学英语课程思政不可能一蹴而就，而是一个长期的、多维度的探索和实践过程。课程评价机制也应是多种形式的，短效和长效机制并存。

三、大学英语课程思政建设路径

（一）提升教师思政素养

课程思政目的是解决大学生思想政治教育的"孤岛"困境，把思想政治理论课的内容融入课程教学中，这无疑对专业课程教师提出了挑战。要达到课程思政的目标，首先教师要提升自己的思政素养，以"教书育人"和"课比天大"为准则，努力把自己打造成有扎实的专业知识和专业技能，又具备高尚道德及人文情怀的"引路人"。加强思政课老师与大学英语课老师的交流与合作，促使大学英语教师不断加强课程思政理念，主动做中国特色社会主义核心价值观的践行者、传播者和指导者。比如在学习"identifying comparison and contrast"时，教师可采用以下文字，学习表达"比较"和"对比"，同时主动引入文化和价值观要素，带领同学讨论。

Sociologists distinguish norms in two ways. First, norms can be classified as formal and informal. Formal norms have generally been written down and involve strict rules for punishment of violators. Laws are an example of formal norms, because in a political sense, the law is the body of rules, made by government for society, interpreted by the courts, and backed by the state. Besides, the requirements for a college major and rules of a card game are also formal norms.

By contrast, informal norms are generally understood but are not precisely recorded. Standards of proper dress are a common example of informal norms. Our society has no specific punishment or sanction if a student comes to college dressed quite differently from everyone else. The most likely response is that he or she might be made fun of by other students for his or her unusual choice of clothing.[1]

这两段文字主要功能是介绍"比较"和"对比"，教师除了介绍单词和短语表达，如：compare with, in contrast to, likewise, unlike, similarly, in the same way 等，可就 norms 这一内容和学生展开讨论，让学生了解规范，并且自觉遵守规范。教师可以明星涉嫌违法切入，将话题扩大到遵纪守法以及违反规范所带来的后果和法律面前人人平等话题，展开思政教育。

(二) 发掘思政元素

将思想政治教育融入教学之中，教师要根据教学内容和学生实际，挖掘思政元素。比如，理想信念、爱国爱家、道德品质、爱岗敬业、心理健康等等。另外，教师要研究教学策略，即如何将思政元素融入教学中。对于英语课程来说，思政元素很多，但是如何让学生接受思政教育，并有深切的感触，这是一个难点。比如：在教授《How to Use Storytelling in Public Speeches》时，在完成教材练习，让学生搞懂和理解"PIP[2]"后，可顺势让学生在他们的演讲中插入思政元素的小故事，故事采用 PIP，即 premise—illustration—point 的进程展开，这样不仅让学生学习了演讲技巧，也自然而然地引入了思政内容。

这种融入性的原则，是一种"润物细无声"的引导，而不是一味地说教，硬性地讲授灌输。另外，高校还可组织课程思政内容的教学实践。例如：以建党

---

〔1〕 肖英：《通用学术英语视听说教程》，复旦大学出版社2015年版，第195页。

〔2〕 肖英：《通用学术英语视听说教程》，复旦大学出版社2015年版，第139页。

100周年为主题的翻译大赛等。

（三）坚持教师主导和学生主体

课程思政要以教师为主导，以学生为中心，深入研究学生的认知规律和接受特点，激发学生主体性。教师在课堂思政教育中可运用分组讨论、情景再现、主题研讨、专题辩论等方式，提高学生的参与度，充分发挥学生主体性作用。教师的角色仅是画龙点睛，做好引导、提炼和总结，并且补充材料，让学生正确理解、掌握主题精髓，避免一知半解。如在讲解美国宪法时，教师可要求学生预习，通过多媒体平台获得学习资源，了解美国宪法颁布的背景和历史及联邦制的权力结构和宪法原则等。另外教师还可引导学生比较美国宪法和英国宪法，让学生带着问题去思考，有助于拓宽学生视野，培养法律素养。由于对普通法法律制度相关知识的欠缺，学生可能对宪法条文不理解，比如：分权制衡原则。教师可通过举例来讲解政府部门之间的分权和相互制衡。又如在讲到美国的政府结构时，教师还可要求学生比较不同国家的政体，如英、美、中三国的制度，通过具体事件比较各种制度的优劣。在讲授英美法庭及审判程序时，教师可组织学生进行模拟法庭，体现了理论和实践的统一。以学生为主体，学生的参与度愈深，收获也愈大。

（四）兼顾灌输性和启发性，自然融入思政元素

让学生接受正确的人生观、价值观，离不开必要的灌输，但切忌"强硬"灌输。要采用启发式教学方法，引导学生发现问题、思考问题、解决问题。在老师的引导下，学生顺其自然地培养和构建自身的文化素养、品德和能力，并能影响和传播给他人。在讲授"What happened to manners"[1]时，教师可安排学生分组讨论，列举一些关于"manners"的名言，由奥运赛场选手说粗话引导学生讨论不同场合礼貌的重要性。并且进一步延伸，在国际舞台上，我们采取客观、平等的态度，尊重各国的风俗习惯、文化传统和宗教信仰，不卑不亢、以礼相待。还可以进一步讨论在纪念中国人民抗日战争暨世界反法西斯战争胜利75周年座谈会上习近平主席提出的五个"中国人民都绝不答应"。引导、启发学生，在重大关键问题的处理应对上，要坚定爱国情怀、民族气节、英雄气概和必胜信念。大学英语课堂的思政教育应该是显性的，但切忌生拉硬拽，要自然地融入。教师要挖掘英语课程的教学材料和教学方式中蕴含的相关资源，梳理课程所蕴含的思政

---

[1] 秦秀白：《新世纪大学英语综合教程》，上海外语教育出版社2018年版，第32页。

元素和所承载的思政教育功能，自然融入课堂教学的各个环节。

（五）加强大学英语课程思政教学评价

课程思政是一个长期的目标追求，教学评价也是一个必须的环节。完善课程评价体系，通过作业、竞赛、展示汇报等方式来反映教学成效，考试要整合"思政"与"课程"的内容，而避免单纯考查课程内容。另外，可通过问卷调查、调研及学生获得感等对课程进行评估。评价获得感的理性维度，要从学生实实在在学习到的内容上进行考察。课程思政持续性的实践维度评价，可以通过学生日常管理、综合测评等手段关注学生在校期间行为，通过跟踪调查等手段考查学生毕业后从业期间相关表现，获得更多深度数据，进而评价课程思政的有效性。[1]

总之，课程思政要求教师具有课程思政教学观念和素养，完善课程思政教材，探索课程思政新教法，挖掘课程思政内涵，避免空洞的说教或只强调知识。努力实现思想政治教育与知识传授的有机融合，努力培养有责任、有担当的能承载中华民族伟大复兴第二个百年历史重任的人才。

---

[1] 张璐、张龙："课程思政成效如何评价"，载《中国教育报》2021年6月3日，第8版。

三、课程建设：课程理论与实践的提升

杜洁敏[*]

多模态教师支架教学模式下的
研究生听说课程架构设计

一、引言

随着网络技术的发展，运用各种视听新技术进行语言输入已成常态。相比单模态教学，多模态教学手段能够激发学生的学习兴趣，提升教学效果，因而受到越来越多的关注和肯定。例如，根据 Dale 的研究，人一般能记住"10%读到的，20%听到的，30%看到的，50%看到和听到的，70%说的，90%说和做的"[1]。"支架教学"是建立在建构主义理论基础上的一种教育模式，是一个通过"支架"（教师对学生的帮助），把管理学习的任务逐渐由教师转移给学生，最终再撤去支架的过程。现代技术的广泛使用极大地丰富了教学手段，教师需要充分、合理利用各种资源，最大限度地发挥网络和多媒体环境的优势，搭建教学的概念框架，创设学习情境，增强课堂互动和协作学习，提升学生的语言输出能力。本文拟探讨在多模态教师支架模式下研究生听说课程的架构设计。

二、多模态教师支架教学的概念

模态是指"人类通过感官（如视觉、听觉等）跟外部环境（如人、机器、物件、动物等）之间的互动方式，用单个感官进行互动的叫单模态，用两个的叫双模态，三个或以上的叫多模态"[2]。"多模态教学"的概念最初是 20 世纪 90 年代由"新伦敦小组"（New London Group）提出来的，他们认为传统的以语言

---

[*] 杜洁敏（1970—），女，重庆人，英语语言文学硕士，中国政法大学外国语学院副教授，研究方向为应用语言学和英语教学。

[1] 张德禄、丁肇芬："外语教学多模态选择框架探索"，载《外语界》2013 年第 3 期。

[2] 顾曰国："多媒体、多模态学习剖析"，载《外语电化教学》2007 年第 2 期。

为中心的读写能力已不适应社会发展,语言教学应满足日益丰富的交往渠道和媒体的需求,向多元识读方向发展。"作为一种教学理念,它强调培养学习者的多元能力,主张利用网络、图片、角色扮演等多种渠道和多种教学手段来调动学习者的各种感官,使之协同运作参与语言学习"[1]。随着时代的发展,语言学习呈现多模态化。其一,学生知识的习得需要依赖多种感官,利用多种符号系统进行意义建构和解读。其二,生生、师生之间的交流也是在一定的社会文化背景中,通过声音、图像、色彩、动作、手势等媒介进行的。在网络和多媒体的环境下,教师通过教学设计,协同语言、声音、图像、动作等多模态手段,指导学生进行意义建构,实现教学目标。

支架理论源于苏联心理学家 Vygotsky 在 20 世纪 60 年代提出的"最近发展区"概念,他认为能力较弱的儿童需要借助成人或能力较强的同伴的帮助才能达到其可能发展的水平[2]。20 世纪 70 年代,Bruner 将这种类似"脚手架"的帮助称为"支架"(scaffolding)(1975)[3],支架教学模式孕育而生。如果把学习者的学习和成长过程想象成一栋楼房的建筑过程,教师就是成就这一过程的脚手架或支架。教师支架教学就是以学习者现有的水平为基础,运用系统的方法引导他们主动建构知识技能并逐渐提升学习能力的教学策略,是一个向学习者提供帮助的交互过程。学生在教师的引导下学习能力逐步提升,他们能积极主动地开展学习,实现自我调节,构建新的知识,这时候支架逐渐解除,学生达到"最近发展区"。

根据建构主义学习观,学习者的知识获得依赖学习者的主动感悟和建构,而非死记硬背和被动接受讲授。但是"教"与"学"重心的转换并不意味着教师的无为和放任自流,因为任何学习活动都是学习者与同伴或教师在互动的情境中发展能力的必要途径,教师需要承担积极引导的责任,营造良好的学习环境,为学习者搭建认知的平台。学习者是学习的主体,但同伴的互助协作以及具有中介作用的教师同样不可或缺,教师支架是促进学习者学习能力形成和发展的重要媒介。

---

〔1〕 曾庆敏:"多模态视听说教学模式对听说能力发展的有效性研究",载《解放军外国语学院学报》2011 年第 6 期。

〔2〕 Vygotsky L. S., *Mind in Society: The Development of Higher Psychological Processes*, Cambridge: Harvard University Press, 1978.

〔3〕 Bruner J. S., "The ontogenesis of speech acts", *Journal of Child Language*, Vol. 2, No. 2.

三、多模态教师支架教学模式下的研究生听说课程构架设计

（一）架构设计原则

本文参照郭万群[1]的大学英语课堂教学设计原则模型 MAP（Multimodal AP-PLE PIE），在多模态的环境下，以 PIE（Productive, Interactive, Engaging）为教学原则，将研究生听说课程教学分为 APPLE（Activation, Presentation, Peer collaboration, Learning interaction, Evaluation）五个主要教学环节。

模型中的 PIE 分别代表成效、互动、参与三个原则。在多模态的环境下，教师将语言、动作、声音、图像等媒介协同成为最有效的意义表达方式，通过指导和示范调动学生的多重感官，加强认知联系，选择合适的模态建构意义。教师作为支架，是多模态的选择者、设计者和协同者，在视听说练习中要让学习者获得更加个性化的语言体验，增加其可理解输入和输出，促成其语言技能的转换，提升学习的成效。同时又要防止滥用多媒体课件，"导致课堂教学出现娱乐化倾向"以及知识体系被碎片化、凌乱化[2]。由人机、生生、师生互动构成的多元互动是多模态教学的重要特征和原则，各个互动过程都要体现学生主动建构的主体性。例如，在课堂教学中，教师既可以通过语音、语调、面部表情、肢体动作向学生传达信息，也可以通过提问或讨论的方式引导师生和生生之间进行交流，亦可以指导他们通过文本、图片、声音、视频的方式与多媒体互动。学生的参与度是评价一门课程特别是听说课程的一个重要指标，教师需要设计情境任务，调动学生积极性，给他们创造机会，从而运用多模态符号完成任务，提高学生多模态输出能力和交际能力。

（二）课程构架设计

多模态环境下，以 PIE 为原则的 APPLE 教学设计包括课堂导入、课堂呈现、同伴合作、学习互动、多元评价五个环节，每个环节并非单纯的线性关系，而是环环相扣，互相交织。

---

[1] 郭万群："论间性理论视阈下的大学英语多模态教学与研究——兼论外语教育技术的哲学基础"，载《外语电化教学》2013 年第 1 期。

[2] 秦秀白："警惕课堂教学娱乐化"，载《当代外语研究》2012 年第 7 期。

表一 多模态听说课程设计

教学环节	设计	模态协同
课堂导入	教师布置相关语言材料，学生预习，课堂讨论、问答	视、听、读、说
课堂呈现	教师讲授，学生展示，	视、听、说
同伴合作	课堂小组讨论、辩论、角色扮演、课题研究	视、听、读、说，写
学习互动	人际互动、人机互动	视、听、读、说
多元评价	终结性评价、过程性评价与教师评价、学生评价结合	听、说、写

1. A（Activation）：课堂导入。有效的课程学习需建立在学生课前充分准备的基础上，如果缺乏足够的可理解性输入，学生便无法有效利用宝贵的课堂时间进行可理解的输出，实现语言技能的转换。我校研究生听说课程采用的是中国人民大学出版社的《新英语视听说教程》，教师在每个单元的课堂讲授之前会针对性地布置预习任务，包括阅读每个单元的 Learner'Dictionary 以及通过网络发给学生的阅读材料，此外，学生还需要提前完成一部分课本视听练习。这样做的目的是通过增加可理解输入，帮助学生了解相关主题的文化背景知识以及适用的语言和词汇，"读""视""听"是语言机能转换的重要基础，是输入语言知识的基本途径。

作为二语教学理论基础的建构主义认为，学习是在一定的情境下，通过人际间的协作活动而实现的意义建构过程，因此，情境是学习环境中的四大要素之一。多模态的教学设计有助于学生在课堂学习之前获得必要的文化背景知识和相关的词汇、语言储备，在课堂上创建一个能唤起学生兴趣并有助于他们自由探索的学习情境。例如，课堂上教师可用简短的相关视频或音频激发学生对主题的兴趣，提出事先准备好的难度适宜的、具有启发性的问题邀请学生进行头脑风暴或组队讨论。在一个友好、放松、有利于学习的情境下，既没有标准答案的束缚，也没有对不同观点的压制。师生或生生交流有助于激活学生的人生经验和知识储备，有助于他们真正发挥主观能动性。

2. P（Presentation）：课堂呈现。课堂呈现环节既包括教师的课堂讲授，也包括学生在课题研究的基础上进行的口头报告。现代外语教学认为，语言学习的过程是输入——吸收——输出的过程。视听材料、阅读以及教师的讲授都是语言输入的重要来源。教师通过播放视听材料，向学生传授听说技巧、汉英语言之间的差异、不同文化所带来的思维和表达方式的不同、话题选择的差异、词语内涵和礼仪规则等知识的不同。

学生作为认知主体和知识的主动建构者，其需要建构的不仅涉及结构性的客观知识，更涉及大量非结构性的主观理解和感悟。听说课也不例外，需要培养学生对两种文化的领悟能力和思考能力。教师针对每个单元的主题，提出一些富有挑战性的文化比较研究课题，学生以3人小组为单位，选择自己感兴趣的课题进行研究，研究成果最后以口头报告的形式进行展示。例如，在讲授第三单元"Schools and Universities"时，一组学生选择的课题是"中美大学申请流程的比较研究"，他们在小组研究的基础上完成PPT制作并且为口头报告作语言准备。一方面他们需要在15分钟的时间里用英语阐述他们的研究成果，另一方面还要为其他同学提供相关的语言和词汇背景说明（有关美国大学申请过程中需要知道的一些专业词汇，例如ED/EA/RD/ROLLING，The Common Application等）。在学生课题研究的基础上，教师设计与之衔接的教学环节（学生们在听完报告意犹未尽的时候，教师抓住机会播放一段美国普渡大学招生宣传的视频，引导学生就美国大学最为看重的个人素质进行讨论：学术成就、创新思维、驱动力、领导力、诚实正直、主动性、独立性）。

3. P（Peer collaboration）：同伴合作。同伴合作是指在课堂内外的学习环境中，学习者为了实现学习目标而产生的任何形式的交际活动。有学者提出同伴合作对二语/外语学习的促进作用表现为三个方面：①增强了学习者尝试使用语言的机会；②给语言学习者提供了修正语言的机会；③促进了语言产出的流利性[1]。广泛而深入的生生互动是多模态教学模式的一个显著特征。学习者以小组合作的方式对问题进行探究并进行过程体验、反思和知识建构。在课堂导入阶段，学生有机会组队讨论问题，教师讲授后，会安排学生以合作的方式参与语言输出练习，例如课堂小组讨论、辩论、角色扮演等。任务型的课题研究更能反映深层次的学生合作。课题确定下来后，小组成员分工合作，利用各个渠道查找资料、收集信息、分析信息、汇总信息，还要一起商议如何把成果以最生动的方式呈现出来，他们需要通过相互间的交流、沟通、讨论等群体互动方式完成对知识的建构。因此，课堂内外的同伴合作环节实现了视、听、说、读、写模态有机整合，同伴之间的互动、支持和反馈使学生能深层次地参与学习，增加产出，最终

---

[1] 徐锦芬、叶晟杉："二语/外语课堂中的同伴互动探析"，载《当代外语研究》2014年第10期。

促成语言习得。

尽管教师不直接参与同伴合作，但作为支架，其重要作用始终贯穿整个合作活动过程。教师作为教学活动的设计者，首先要制定同伴合作的任务。任务设计应充分考虑需要达成的语言和交际目标、任务的可操作性、是否能激发学习者的兴趣、如何调动学习者的参与热情，还要考虑如何用不同的活动和任务把各个模态的学习协同起来，从而为学习者创造更多的协作和共同构建机会。其次，在同伴合作的过程中，教师从始至终需要扮演指导者、监督者和反馈者的角色。在布置任务时，教师需要提供关键的语言输入，例如，在学习第五单元"Careers and Professions"时，通过听力练习和视频观看，学生对一些面试技巧和注意事项已有初步了解。教师接下来布置的任务是学生组队讨论构成一个成功面试的必要因素，任务的目的是帮助学生在口语活动中习得如何去列举一个事物的不同方面。因此，教师在活动前提供的如何进行列举的不同口语表达方式便成为重要的语言输入。此外，由于语言知识的缺乏，学生在互动、合作中出现问题时教师要及时提供反馈和示范，同时，也要提供积极引导和情感支持，以提升同伴合作学习的效果。另外，为了提高同伴合作的有效性，教师可以对学生进行互动策略培训。例如，系统介绍在交际过程中如何表达不解、请求澄清、提出疑问、主动纠正、表达赞同，避免小组成员只是在轮流"说话"，而不是真正"交流"。

4. L（Learning interaction）学习互动。多模态环境下，丰富的信息资源和网络技术的结合使课堂更加生机盎然。生生和师生之间的人际互动以及人与多媒体之间的人机互动是多模态教学的重要特点和途径。课堂学习中，教师通过语音、语调、面部表情、肢体动作向学生传递信息，音频、视频的运用让学生兴趣十足，课堂变得轻松、有趣。教师通过设计一些交流式的任务，来激发学生的课堂参与和讨论，实现生生互动。学生在完成任务的过程中利用多模态手段构建意义，在课堂上展现和交流，实现生生和师生互动。课堂内外学生需要与文本、音频、视频等多媒体互动，充分调动眼、耳、手、脑等感官获取信息，建构意义。

5. E（Evaluation）多元评价。知识建构的过程同样也是诊断和反思的过程，因此，学习评价的本质是学习的过程而非结果，是从"对学习的测试"转向"促进学习的测试"[1]。多元评价是终结性评价、过程性评价与教师评价、学生评价结合的产物。教师和学生可以对展示者的课堂报告和角色扮演等多模态学习

---

[1] 王守仁："《大学英语教学指南》要点解读"，载《外语界》2016年第3期。

过程进行形成性评价，既考查学生能否灵活使用多模态手段构建和表达意义，又可以了解学生交际能力的发展情况。例如，学生的课题研究、口头报告、角色扮演都是形成性评价的组成部分，而评价是由教师和学生共同完成的。教师作为评价的执行者和监督者需要在一开始就明确评价标准，因为"制定评价标准或评价量规会大大提高有效性"[1]。教师根据待评价内容的特点，制定详细的标准，学生按照标准，对号入座，判断同伴是否或在多大程度上达到了标准，学生们在评价同伴作品的同时，也反思自己的学习是否达到了标准，并思考如何改进。在学生评价正式开始之前，教师还需指导学生进行评价预演。例如，播放一段以往口头报告的录像，学生观看录像后根据评分标准试评，教师随后对录像进行点评并按照评分细则对录像中的展示进行逐项评分，学生对比自己评分和教师评分之间的差异，不断学习和内化评价标准。

同伴评价既可以是学习过程中的反馈，也可以是总结性的评分。对同伴的作品进行反馈，对展示中出现的问题与不足提出有建设性的建议和意见是同伴评价的一个特点。为了鼓励学生们畅所欲言，在每个小组展示后，教师会邀请学生对同伴的报告进行口头评价或对展示内容提出问题，他们的口头评价和问题记入平时成绩。

作为评价主体，学生们思考同伴的学习成果和质量，同时反思自己的学习过程，由此避免类似的错误，提升自己作品的品质，有利于批判性思维的养成；同伴评价带来的角色互换能帮助学生们转换视角，更好地发现同伴表现的优缺点，互相学习，获取新的知识。

生生评价不仅是一种新的评价方式，也是一种新的学习模式，有助于生生和师生互动。这一过程鼓励学生互相交流意见，表达观点，而教师的主要作用是制定规则并引导学生有序、有质地参与。听说课程的多元评价模式有助于记录学生听说学习的过程，激发他们的学习兴趣，优化学习模态，培养自主学习、合作学习的精神以及人际交往的能力。

四、结语

研究生听说课程构架设计是对网络和多媒体环境下英语教学模式的积极探

---

[1] 马玉慧、赵乐、刘晴："在线同伴评价的影响因素及其促进策略研究"，载《电化教育研究》2016年第3期。

索。在多模态环境中，教师通过架构课程、具体指导、设计任务等方式引导学生发挥主体性和自主性，进行多模态学习。学生通过生生互动、师生互动以及人机互动提高多模态可理解输入、输出以及交际水平。同时，教师对学生的学习过程进行多模态的多元评价。这构成多模态教师支架教学的总体框架。

范小菊 *

商务英语案例教学法初探

一、案例和案例教学法

（一）案例的定义

"案例，就是人们在生产生活当中所经历的典型的富有多种意义的事件陈述。它是人们所经历的故事当中的有意截取。案例一般包括三大要素。案例对于人们的学习，研究，生活借鉴等具有重要意义。基于案例的教学是通过案例向人们传递有针对性的教育意义的有效载体。因此，人们常常把案例作为一种工具进行说服，进行思考，进行教育。故案例在人们的研究中形成了一定的书写格式，标准样式，为人们更好的适应案例情景提供很多方便。"

对于案例的定义，国内外学者有着不同的看法。管理案例教学专家 Gregg 认为，一个典型的案例是对公司决策者面对的商业问题的记录，它包括商业环境和解决问题的不同想法等信息，把这些真实的问题提供给学生分析、讨论并提出解决方案。经过研究，Barnes 将案例定义为对管理者面临问题进行部分的、历史性和诊断性的研究，案例以叙述的形式出现，鼓励学生的积极参与，为案例的分析、可行方案的提出和方案的操作提供了丰富的数据。

在国内，著名学者郑金洲认为：案例是对一个真实情景的描述，而不是"从抽象的、概括化理论中演绎出的事实"。另一些学者则认为，如果"虚构的材料取材于真实情节的假设性事件，或为虚拟真实情境的叙述，是以发生的事件为基础改写而成，仍可视为案例"。

对于各种关于案例的定义，笔者总结发现，一种比较普遍的观点就是：案例是对商业决策者所面临的困境的真实描述，可用于学习和讨论，最终提出可行的解决方案。

---

* 范小菊，中国政法大学外国语学院副教授，研究方向为英语教学、对外汉语教学、计算机软件工程、纪录片制作。

案例的存在形式是多种多样的，国内外对于案例的分类标准不同，因此产生了不同的种类。在国内，案例大致可分为四种。按照使用媒介，案例可以分为文字案例和视频案例。文字案例即用语言文字介绍案例，其特点是可反复查阅，便于学习研究。视频案例即用录像材料播放案例，其特点是能向学生直观地展示，从而更具有吸引力，其缺点是播放的临时性，不利于反复学习。

（二）案例教学法

"案例教学是一种通过模拟或者重现生活中的一些场景，让学生自己进入案例场景，通过讨论进行学习学习的一种教学方法，主要应用于管理学、法学、医学等学科。教学中既可以通过分析、比较、研究各种各样的成功与失败的管理经验，从总结出有价值的管理结论和管理原理。同学们也可以通过自己的思考或者通过与他人的讨论来拓宽自己的视野，丰富自己的知识体系。"

案例可以分为引用型案例和讨论型案例。引用型案例主要是在对现实情景再现的基础上，对案例进行归纳或者评论性分析，使学生从中学到一些分析方法和经验。讨论型案例与引用型案例不同，虽然也是现实境况的再现，但是无需作出评论和归纳，而是要求案例学习者进行讨论，归纳，其答案一般为开放性的。同学们可以自由发挥，大大地提高了同学们的创造性和学习的积极性。相对于引用型案例，在大多数情况下，教师在课堂上会更多选择讨论型案例作为教程教材。鉴于这种案例可以促进同学们的讨论，相互学习，有效地提高他们的自主学习能力，从而使他们能够加深对商务背景的理解及商务知识的学习。

案例在通常情况下被分为三类：技术问题型；小品型；长篇无结构型。技术问题型是指按照特定的模式来解决案例中的问题，学生不允许自由发挥，以标准答案作为正确的标准。小品型是指没有特定的程序和模式，但解决方案确有明确的方向，具有开放性，同学们享有有限的自由发挥空间。同学们可以根据自己所掌握的知识回答、拓展，收益颇丰。不过，我们在商务英语中经常采用的是长篇无结构型，这个类型的案例没有明确的解决方案，需要学生去探讨、发现，最后得出切实可行的解决问题的方案。这种类型需要同学们开动脑筋，找出答案。老师采用此方案时，通常不会给出标准答案，而是让同学们一起讨论，找出切实可行的方案。

哈佛大学商学院曾经将案例教学法定义为一种学生直接参加对商业管理问题的讨论的教学方式。案例教学法的目的不是"提供正确的答案"，而是让学生真正参与"探索解决方案"的过程。

我国是在 20 世纪 80 年代引入案例教学法的。20 世纪 80 年代，美国教师团与中国教师合作对开放的几个城市的几十多家企业进行了采访，编成了几十篇案例，并在大连的中美培训中心研修班的教学中首度试用，这是我国管理教学中第一次运用案例教学法。郑金洲老师从广义和狭义两个方面对案例教学法进行了定义。广义上，案例教学法是指学生在一定的情境下，对于描述某一问题的案例展开讨论。狭义上，案例教学法是指在一定教学目标的指导下，用案例进行教学。从国内外的定义来看，案例教学法的主要过程是对案例的讨论和探索，在整个过程中需要同学们的积极参与。除此之外，教师的角色也是相当重要的，老师要对同学们的讨论给出指导、评论、总结，并积极引导同学，以保证这个课堂讨论在一个可控范围内。

我们学校的商务英语教学案例大多采用了长篇的无结构性案例。商务英语教学，若缺少真实的商务活动，商务英语教学就不能达到真正的教学目的和效果。我校领导在研究了现在商务英语教学形势后，选择了《体验商务英语》作为商务英语课程教材。这本教材提供了大量的、真实生动的案例，使学生在掌握语言技能的同时，充分地了解了现代国际商务英语的现状，以达到在体验商务中学习语言的目的，有助于提升学生商务逻辑思维能力和解决商务问题的能力以及商务英语的交际能力。

二、案例教学法的实践

笔者教授的商务英语课程一般采用全英文授课形式，选课的同学大多是有一定英语基础的大二、大三同学，有些同学可以用流利的英语与老师同学进行交流。在讲授第 6 课——风险这一课时，我首先请同学们在规定时间内，以 4 人小组为单位进行讨论：①风险的定义；②在对外贸领域中，我们会遭遇什么样的风险？有些学经济的同学回答比较全面。有的同学认为会遭遇政治风险，如与一个政局不稳定的国家做贸易有可能会面临破产、财产充公、欺诈等情况。还有的同学认为文化不同会造成贸易风险。

讨论结束后，笔者请几位同学代表陈述他们的观点，同学们发言后，笔者再补充，进一步讲解风险的定义及我们在处理外贸业务时有可能遭遇的风险，并进行分类讲解。例如：①商业性风险其中包括通货膨胀风险、外汇汇率风险、市场价格波动风险、违约风险。②政策性风险包括政府非区别性干预、政府区别性干预、宏观经济政策变动。③政治风险包括政变、选举及政党更迭。④战争风险其特点是不可抗力,难于避免,损失惨重。

在了解了风险的基本定义后,开始案例教学法的实践。即利用课本中的案例,让同学们理解分析,请同学们就某案例进行讨论分析并提出避免风险的有效方法。首先请同学们读懂或听懂一个风险案例,然后根据案例有可能出现的风险,请同学们在给定时间内以小组为单位进行讨论,找出避免风险发生的办法。讨论结束后,再将他们解决问题的方案分享给大家。最后,老师做出总结并给予评论。在通常情况下,讨论的案例属于长篇的无结构案例,所以答案是开放式的。只要同学们提出的方案符合逻辑,切实可行即可。

三、商务英语案例教学法中存在的问题

(一) 在教师方面的问题

主要是缺乏相关的社会经验及对案例教学法的深入研究。案例教学法主要用在商务英语专业的商科课程当中,如国际贸易、管理学、国际金融等等。这些商科课程的案例分析不只是对文本的分析,更是对案例背景、相关信息和操作性问题的分析。因此,在案例分析的过程中,需要老师具备相应的专业背景和实践操作经验,这样才能扮演好"辅助者"的角色。这就需要老师具备不同学科的知识,所谓的复合型人才,这一点在我校处理得就很好,我校教授商务英语的不乏经济、商科背景的复合型教师,这类课程对这些老师来讲,就如鱼得水,得以充分利用所学知识,将此类课程讲得惟妙惟肖。如此一来,学生在案例分析的过程中才能通过老师的帮助和案例的研究,更好地将实践和理论知识联系起来,这样才能缩小社会需求的人才和学校培养的商务英语人才之间的差距。另一方面,案例教学法虽然得到商务英语教师足够的重视,但案例的讨论过程有时会流于形式,案例的分析难度过大。在实行案例教学法的过程中,我们老师要做好前期工作和后期总结评价,如只是在形式上组织大家讨论,讨论的整个过程也会造成无序性,这样有的学生收效不大,没有学到实际性的知识,浪费了很多时间。基于这种情况,笔者认为,教师应当在学习过程中引导学生,最后的总结和点评也是学生避免此类事情发生的,让学生每次上课都有不同的收获,积极、肯定的表扬对学生是非常重要的。

(二) 在学生方面的问题

同学们对案例教学法了解的欠缺导致学习积极性不高,所以学习效果不明显。案例教学的课前准备更加耗时且复杂,如果学生课前没有做好功课,没有搜

集相关的资料，就参与小组成员讨论，案例教学的效率就会大打折扣。很多情况下，案例难度过大或者缺乏相应的辅助，使得学生学习积极性不高。我们应对此类问题的方法是：尽量地将商科同学和其他学科的学生分在一组，让他们能够共同进步，互相学习。在上课前老师将所讲案例涉及的名词及名词解释事先发给大家学习，这样既节省了上课的有效时间，又能够为同学们的课堂学习扫清障碍。

（三）在师生关系方面的问题

传统课堂的"以老师和教材为中心"的授课方式。这种思维影响了案例教学的有效实施。案例教学与其他教学方法的不同之处在于，它需要一个"以学生为中心"氛围的课堂。案例教学的特点就是学生对案例进行讨论、分析、尝试提出解决方案的过程。在这个过程中需要学生发挥主动性和创造力，在案例分析的过程中取得进步。同时学生也需要老师的辅助和帮助，因为他们的知识层次和经验毕竟有限。

四、案例教学法要以构建主义为指导

（一）建构主义指导案例教学法的必要性

建构主义主张通过"以学生为中心"的课堂，营造一个学习氛围，帮助学生建构自己的知识架构。这一想法与案例教学法相吻合。实行案例教学法，应先以建构主义思想为指导，在师生之间构建平等的关系，通过案例构建与理论知识相关的实际情境。平等的师生关系可以激发学生的主动性和创造能力。实际情境能够激发学生的学习热情。如果学生没有实际接触，就不会认为现实中会有这种事情发生，只有当他们认为此类事情可能在实践中发生，他们才会有足够的热情与干劲去解决这些问题。有学者认为，获得知识的多少取决于学习者根据自身经验建构自己知识体系的能力，而不取决于学习者记忆和背诵教师讲授内容的能力。因此，按照建构主义的思想，老师可以按照知识积累的构建原则，在实行案例教学之前让学生先打好相应的知识基础。

（二）建构主义指导案例教学的建议

实施案例教学法的老师一定要对建构主义教育思想有所理解。老师最大的困难不是去学习一门新的技能，而是对建构主义思想有自己独特的见解，并运用于课堂。因此，老师应该利用业余时间学习建构主义的思想，并通过与同行和同事的交流，获得更加深刻的理解。

下面就建构主义做进一步的解释：案例教学应该按照一定的程序操作。案分析的过程一般应该包括三个主要步骤：第一步是提出问题，第二步是分析问题，第三步是解决问题。为了提出问题，教师应预先教授相关的背景知识，在课前引导学生查找、阅读相关资料，充分预见该案例涉及的知识点以及学生在讨论中可能出现的问题。同学们的学习自主性也是非常重要的，他们应当通过相应渠道获取相关的资料。有了背景知识和相关理论知识，学生才有能力对案例进行分析，尝试找出解决问题的方案。与此同时，学习者只有具备了相应的背景知识，才能在新知识和已有的知识结构之间建立关系。通过新旧知识相互作用，最终建构新的知识结构。在分析的过程中，老师可事先让学生分小组讨论。在分组的时候要考虑各组成员的情况，让各组包含来自不同学习和社会背景的成员。这样的分组有利于各组成员互相学习对方的知识和经验，帮助构建自己的知识框架。讨论过程中，老师应到各组进行考察，并针对各种问题，提供相应的帮助和指导。在寻求解决方案的时候，各组可推荐代表阐释各组得出的解决方案和观点。为了让每个同学都有锻炼的机会，每次的案例应推荐不同的同学发言，从而调动每个人的学习热情。除了这些基本步骤，教师最后的评价过程也很重要。教师应该对整个案例教学过程中每个同学的表现做出评价，并计入期末的总成绩。评价标准也应多样化。就学生而言，主要看他们是否积极参与了课堂上的讨论；是否独立地探索、研究过案例；对案例的分析是否充分；提出的解决方案是否合乎逻辑，切实可行。课前准备与课堂讨论的结果对照，收获是什么；能否独立地完成课后的案例思考题。综合的评价标准更能够考察和锻炼学生各方面的能力。

五、结语

案例教学之所以可以用在商务英语的教学中在于其可实践性和理论联系的特点，能够培养学习者的商务知识和操作技能。它能够弥补其他教学法的不足之处。案例教学法还是一门比较新的教学方法，将建构主义的思想贯穿于案例教学的实施过程能够极大地提高学生的积极性。老师应该尝试使用多种教学法，只有搭配使用不同的教学法才能够达到商务英语的培养目标。

吴康平[*]

在线口译课堂开展
——以 MTI《视译》课程为例

一、引言

　　口译课程是一门技能训练的课程，实践性、即席性和互动性方面的要求较高。而长期以来中国高校的口译教学存在一个问题：课堂以教师为中心。传统课堂上，教师播放录音或发放翻译练习的材料，学生进行现场翻译并录音，老师当堂听取学生录音并评讲。这样的课堂模式好处在于能够在集中的时间内，让教师传授给学生需要掌握的口译技能，学生进行一定的口译训练。但是由于课时有限，教师对翻译方法或语言点的讲解占据了课堂主要的时间，导致学生训练不足；此外教学方式单一，学生被动接受教师所授的知识，学习动力不足，学习效果大打折扣。刘和平[1]曾指出，"不少开办翻译专业教育的学校其教学……停留在以教师讲授翻译理论、学生被动听的层面。在这样的教学环境中教师是主体，学生为中心仍然是纸上谈兵，更谈不上真正的翻译教育……"。不少学者都对这一重教轻学的问题表示担忧。

　　翻转课堂的理念问世以来，相关研究纷纷讨论通过翻转的方式进行口译教学，不少学者通过教学实践验证了翻转课堂理念在口译教学中的可行性和有效性，（许文胜[2]，2015；奚晓丹[3]，2017；王剑娜[4]，2018；李倩[5]，

---

[*] 吴康平，中国政法大学外语学院翻译研究所，硕士，讲师；研究方向：口笔译研究。
[1] 刘和平："中国口译教育十年：反思与展望"，载《中国翻译》2016 年第 3 期。
[2] 许文胜、吕培明："云端翻转课堂模式下的口译教学探索"，载《中国外语教育》2015 年第 4 期。
[3] 奚晓丹、贺春英："信息化时代口译课运用翻转课堂教学模式的可行性研究"，载《南方论刊》2017 年第 9 期。
[4] 王剑娜："基于'翻转课堂'的混合式口译教学探索"，载《华北理工大学学报（社会科学版）》2018 年第 4 期。
[5] 李倩："基于翻转课堂的英汉口译教学研究"，载《教育现代化》2019 年第 67 期。

2019；覃慧[1]，2020），尤其是王洪林（2015[2]、2019[3]）对于口译课堂的翻转做了比较全面的研究。笔者在翻译本科和 MTI 教学中都进行了一些翻转的尝试，但是始终觉得没有实现观念上彻底的、真正意义上的翻转。

另外，因为口译课堂对于互动性要求很高，单纯的慕课或微课的形式不能全面满足口译教学的要求。对口译课堂进行翻转，不应该只限于在网络平台上播放几节网络课程，而应该把网络和现场教学深度融合起来，达到最佳的翻转效果，实现以学生为中心的课堂转变。

2020 年初的新冠疫情带来了教学方式的巨大改变，教育部提出"停校不停学"。各中小学校、高等院校纷纷开展网络在线授课。笔者在对在线授课仍然存在诸多质疑和畏惧的心理下也开始了口译（视译）课程的在线教学工作。随着课堂教学的开展，笔者发现，在线教学对于翻转课堂的开展，对于以"学生为中心"的转变起到了有效的倒逼和促进作用。笔者对于在线教学的可塑性和灵活性有了更好的体会，通过积极调整和精心设计课程，在线教学也取得了较好的效果。

二、在线课程的开展

（一）传统课堂与翻转课堂

翻转课堂于 2007 年问世，2011 年后慕课、微课等网络公开课的兴起，为翻转课堂的开展提供了发展的丰富土壤。关于翻转课堂的起源，虽然不同学者有不同的认定，但对于现代信息技术支撑下的翻转课堂实践，一般认为可以归功于林地公园高中的两位化学教师乔纳森·伯格曼（Jon Bergmann）和亚伦·萨姆斯（Aaron Sams），他们使"课堂上听教师讲解，课后回家做作业的传统教学习惯、教学模式发生了颠倒或翻转——变成课前在家里听看教师的视频讲解，课堂上在教师指导下做作业（或实验）"[4]。在这种新的教学模式下，课堂的主角发生

---

[1] 覃慧："基于优慕课的口译课程翻转教学改革初探——以《交传实训》课程为例"，载《海外英语》2020 年第 6 期。

[2] 王洪林："基于'翻转课堂'的口译教学行动研究"，载《中国翻译》2015 年第 1 期。

[3] 王洪林："AI 时代基于 SPOC 的深度翻转口译学习模式研究"，载《外语电化教学》2019 年第 3 期。

[4] 何克抗："从'翻转课堂'的本质，看'翻转课堂'在我国的未来发展"，载《电化教育研究》2014 年第 7 期。

了变化。传统课堂上，教师会让学生做简单预习，但授课的任务主要在课堂上完成，老师是知识的传授者和课堂的掌控者，学生只需要被动的接受知识即可，无法充分发挥主动性和积极性。即使教师设计一些互动的环节，也可能因为学生准备不足或时间不够无法实现充分的开展。而在翻转课堂上，老师将知识点通过视频录制下来，学生通过观看自学相关知识，然后带着问题来到课堂，通过师生互动解答疑惑或完成作业，完成相关知识的深入学习或对学习成果进行检验。通过课程的翻转，学生成了课堂的真正主体，课下可以根据自己的节奏和能力调整学习进度，还可以随时进行相关资料的查询，能够更好地吸收相关知识。更为重要的是，时间非常宝贵的课堂用于答疑解惑等互动，让知识在老师和学生之间形成了真正意义上的双向或是不断来回反复的传递，而不是单向的灌输，使课堂成为真正的生成课程（emergent curriculum）。

而慕课、微课等网络公开课的不断发展，为翻转课程的第一阶段即学生自学提供了丰富的平台，而且随着慕课、微课的形式不断推陈出新，一些翻转课堂第二阶段的任务，即师生互动也可以得到实现。

当然，翻转课堂特别是慕课等其他录播课形式也存在不足和相应的问题，不少学者也做出了分析研究，如①制作的课件是否能够体现以学生为中心，还是只是知识的铺设，如何指引学生循序渐进推进学习；②教师在缺乏学生反馈的情况下是否能够保证所授内容符合学生的接受程度，如何调整课堂进度；③学生是否能够按老师课程安排的内在逻辑完成自学；④教师如何对学生的自主学习进行有效监督、保证学习效果等等。反映在口译课堂上，具体的问题还有：①口译课的技能教授主要建立在互动和对学生完成的翻译的点评过程中，这一点通过慕课等公开课很难实现；②口译的现场压力在慕课中难以体现；③口译特别是同声传译需要进同传箱实践，这些无法于线上实现。然而，这些不足不应该成为否定翻转口译课程的理由，而是意味着，针对每一门具体的口译课程或者针对不同阶段的口译学习者，应该设计更好、更细致、契合度更高的翻转课程。

（二）在线课堂

在信息技术高度发展的今天，在线学习已经成为一种重要的方式。在线学习包括慕课等网络公开课，还可以包括学生和老师通过网络平台进行直接交流上课的形式，即把课堂搬到网络上这种直播的教学方式。随着微信、QQ等社交工具以及一些直播平台的发展，师生有了更多可以通过网络进行直播互动授课的机会。相较于慕课等网络公开课的录播课形式，在线直播课程能够实现师生实时互动，可以作为传统课堂的有效补充。

三、《视译》在线翻转课程设计案例

2020年春季学期受到新冠疫情影响，大部分中小学及高等院校都采用了在线授课的形式，授课形式多种多样，包括录制视频课、直播课程、微课等等。由于口译课程的特殊性，包括对现场性、互动性的要求比较高，单纯的网络公开课不足以满足口译课堂的需要，比较适合采取录播课和直播课相结合的方式进行口译课堂的翻转。以笔者学校MTI课程中32课时的《视译》课为例，因为采取全部在线授课，做出以下安排。

1. 自主学习。根据翻转课堂的要求，可以将知识性或技能性的内容录制成微课或其他视频让学生在课前直接观看。这里可以借鉴已有的网络公开课，或者教师自行制作课程；根据视译课的特征，笔者设计了8个知识技能模块，分别对应八个教学周：①视译简介以及视译中合与分的基本原则；②英译汉顺句驱动的基本方法；③英译汉顺句驱动中中英语序的差异和顺句驱动中介词的处理；④英译汉顺句驱动中的词性转化、比较级和被动的处理；⑤英译汉顺句驱动中定语的处理；⑥汉译英顺句驱动的基本方法；⑦视译中合的技巧一；⑧视译中合的技巧二。以上知识板块以技能传授为主，主要是通过例句来讲解相关句型的处理方法，通过录播课等微课的形式让学生先行自主学习，实现课程的翻转。在熟悉相关技能后，学生进入课堂的时候，不再是一张白纸，而是对所学内容有了基本了解，甚至有了疑惑，有了自己的想法。这样给在线直播课堂的开展打下了很好的基础。学生在自学过程中有任何问题，可以随时向教师提出。另外，教师也鼓励学生以小组的形式进行自主学习，一方面可以激发学习兴趣，另一方面还可以通过组内的现场翻译来训练抗压能力，并且通过互相学习提高自学效果。例如在教师录制的课程视频里，讲到顺句驱动，会通过一些例句来讲解翻译方法，这时教师会给出一定的时间让学生先自主翻译，小组可以选择暂停视频进行组内翻译，然后再继续观看视频听取教师的讲解。

2. 直播课堂。鉴于口译对于互动和现场感的要求，课程的主体部分——口译练习和模拟适合通过直播的方式进行训练，笔者选取了腾讯会议作为直播平台。针对以上设计的八周的技能录播课，笔者设计了相应直播课程，主要包括三个部分：一是对于录播课程的答疑解惑；二是与录播课程技能训练相对应的段落练习；三是强调实战的篇章练习。

对于段落练习，主要采取互动的形式，要求一位或多位同学对一两段话进行现场翻译，检测同学是否对已讲授的翻译方法熟记于心，并能应用到实践中，并讨论和挖掘是否有其他的翻译方法。第三个课堂任务为篇章实战，其中文章涉及的相关知识与词汇的搜集和掌握亦可以在自主学习过程完成。在直播课堂环节，可以就相关内容请学生汇报并展开一定的讨论，然后直接进行实战练习。

学生在篇章翻译环节，看着教师给出的文章，直接视译出译文，同时自行录音。在规定时间内完成翻译、录音后，立即将录音发送到课程微信群。传统的口译课堂上，通常是学生翻译、录音后，教师直接选取播放某位同学的录音，进行点评和讲解。这种形式对于形成课堂压力，督促学生以严肃认真的态度完成翻译有较好的作用。但是在网络直播课程的情况下，一方面不能完全保证网络的畅通以及录音通过网络播放的音质和流畅度。另一方面，在线长时间听他人的录音和讲解对于学生注意力要求很高，学生容易走神或失去兴趣。于是，笔者摒弃了这种方式，而是采用了更适合在线课堂的小组讨论和反馈的方式。通过实践发现，这种方式的效果甚至优于传统课堂直接播放学生翻译录音的方式。一方面，传统课堂上，翻译录音后直接听录音进行分析，部分同学可能对内容和译法还没有深入的体会，如果有第二次翻译的机会可能感受会更真实；另一方面，教师直接进行点评，虽然教师会选择个别学生再次翻译或发言给出自己的想法，但毕竟大部分同学还是处于被动接受的状态。而在线翻转课堂上，学生上传录音之后，按照事先自愿进行的分组，通过微信视/音频进行小组讨论，小组内部分段进行第二次翻译，并在每位同学翻译完后，对内容进行讨论，教师倾听但一般不参与讨论。经过笔者实践证明，小组讨论上，学生保持了一定的压力，对于口译现场性的模拟有一定作用。而在讨论环节大家更容易畅所欲言，讨论效果很好，并且能够通过讨论和资料查询直接解决掉一些组内可以解决的问题，而且也能够提出一些教师可能忽视的问题以及提出很多非常精彩的翻译处理方法。

在小组讨论完毕后，教师会根据篇章的难度让小组请一位代表就相关段落进行反馈，这时大家的讨论结果就会体现在代表的反馈中。反馈代表了整个小组互动的结果，学生的主体性得到了更大的发挥。反馈中或反馈后，教师会对译文进行评价并且给出需要讲解的方法以及从听取小组讨论中总结出的新的信息和知识点。课堂成为生成课程，而非知识灌输课堂。

3. 课后自主学习。在完成讲解之后，直播课程就结束了，下面是另一个互动的环节——批改课堂练习录音。传统课堂上，教师很难完整地听到每个学生的录音并给出评价。对于在线教学，由于不适合在线长时间由老师主导讲解，学生会很快转移注意力。因而笔者在直播课堂上，主要安排小组讨论、小组反馈、班级讨论、教师简单讲解共性问题和主要想要传授的翻译方法。这样的课堂设计，意味着教师需要付出更多的时间在课后逐个听学生的录音，发现个性的问题，以及其他直播课堂上没有被发现或讨论到的共性问题。教师会：①对每个学生的录音给出书面的批改意见，尤其是中译英中语言上的错误；②推荐质量比较高的学生译文，请其他同学学习借鉴；③对重新发现的共性问题进行记录，在下节课上统一提醒；④由于课堂讨论的时间占用比较多的情况，课下笔者还会对练习的篇章进行全篇细致的重新讲解一遍，主要采取录音的形式，发给学生以便学生反复学习。本阶段学生主要的任务为：①认真阅读教师的书面批改意见；②听取老师推荐的同学的译文；③根据学习情况听取教师译文讲解录音。

四、课程反思以及混合式课堂的设想

笔者通过一个学期的授课，观念上产生了很大的转变：在线教学的效果并不一定低于传统的授课形式。实际上，如果设计得当、教师用心、学生配合，在线学习完全可以突破传统课堂的束缚，很好地实现翻转课堂和生成式学习。笔者基于本次在线授课的总结是：①将技能学习转为课前自学，为学生提供了更大、更灵活的学习空间，可以让学生拥有更大的操作空间，也更能够胸有成竹地进入课堂，带着所学技能解决实际问题；②通过将技能学习转为课前自学，把课堂留给了学生实践和讨论，让学生全程主动参与课堂的塑造和生成，真正成为课堂的主体；③互动课堂中教师的"教"也不再是单一的输出，而是根据学生的"学"和互动生成的"教"，"教"更具有生命力；④笔者通过对比，发现新的方式下的授课更为细致具体有针对性，而学生的课堂参与度和学习的动力都有了很大的提高。

当然，对于所有线上教学存在的问题，比如，如何监控学生自学的学习效果与在线教学时学生的学习状态等，笔者也有困惑，也在寻找更好的解决方法。但这些不应该成为否定线上教学的理由。另外，在线教学不意味着放弃传统课堂。实际上，在条件允许的情况下，在线教学和传统课堂教学相结合才是最佳的教学方式，特别是对于口译这种对现场和互动要求较高的课堂。对于混合式课堂，笔者在以上在线教学的实践上，有以下简单设想：对于以上在线课堂，课前自主学习、直播课堂和课后自主学习的形式可以依旧不变，需要补充加入模拟会议的形式，该模拟宜采用线下课堂的方式，在口译教室开展。结合已经开展的教学实

践，混合式口译课堂的几大板块如图所示：

	自主学习	面授/线上	自主学习	面授
授课渠道	慕课或录播课	口译教室/直播平台	教师的书面和录音反馈	口译教室
教学环节	技能教学	考察技能+篇章训练	练习反馈	会议模拟
教师任务	录制技能讲解视频	段落考查学生对技能的掌握；组织篇章翻译，听取小组讨论，听取小组反馈并讲解相关内容	听取学生课堂录音并给出书面意见；对课堂篇章进行讲解录音	组织模拟会议
学生任务	自学技能讲解视频	参与段落互动翻译；篇章翻译、录音，小组讨论，班级讨论	阅读教师的批改意见；听取推荐的同学译文；听取教师译文讲解录音。	参与翻译或记录；参与讨论

对于这样的混合式课堂，目前的技术手段完全没有问题。另外一个重要的问题是，学生的自主学习如何评价和有效监督，自主学习部分（包括课前和课后）如何计入课时，这些都是有待研究解决的问题。

五、结语

2020年春季学期全面网络授课给了网课和翻转课程一个契机，口译教学者应该顺势而为，进一步促进课堂的转变升级，实现"教学并重"、"以学生为主体"的翻转课堂。通过课前课后的技能传授和训练提高学生的口译技能，通过面授课程提高学生的课堂参与，让学生"拥有"课堂，和教师共同生成课堂，这应该成为口译课堂改革的方向。

张 楠 叶 洪[*]

外语教学法主要流派评述

随着我国国际地位的提升和国际交流的日益频繁,培养优秀外语人才的需求不断增强;构建具有中国特色的外语教学体系,选择符合我国国情的外语教学法成了亟待解决的问题。本文对国内外主要外语教学法与教学理念进行评述,通过介绍其定义、理论基础、主要特点和教学效果,加深对其的认识,并对外语教学法的发展趋势做大致预测。

一、语法翻译法

语法翻译法是以语法知识为主要教学内容的外语教学方法。[1]在教学过程中,课堂以母语为主要交流语言,通过建立母语与外语的对应关系来理解外语语法、词汇的意义。语法翻译法很早就被引入我国,至今仍是主流的外语教学法之一。[2]

语法翻译法的语言学基础是历史比较语言学。[3]此理论认为一切语言源于一种语言,语言和思维是同一的,不同语言之间仅存在发音和书写形式的不同。因此,不同语言间的语法、词汇等可形成对应关系,使逐字对译成为可能。[4]

语法翻译法旨在通过大量阅读训练学生的思维和逻辑能力,同时进行母语与

---

[*] 张楠(2001—)女,甘肃白银人,在校学生;叶洪(1971—)女,湖南常德人,博士,中国政法大学外国语学院教授,硕士生导师,研究方向为语言学。本文为中国政法大学课程思政示范课程《英语写作》的部分成果。

[1] 胡雪飞:《英语教学法》,武汉大学出版社2016年版,第23页。

[2] 严高荣:"2000—2017年间我国英语教学法研究热点分析及启示——基于54种CSSCI来源期刊的知识图谱分析",载《乐山师范学院学报》2018年第7期,第100~106页。

[3] 何伟、王连柱:"语言学流派及语言观的历史嬗变",载《外语学刊》2020年第2期,第8~20页。

[4] 申小龙:"19世纪中期历史比较语言学范式研究",载《孝感学院学报》2004年第2期,第67~73页。

外语之间翻译的训练，培养学生的笔译能力。教师一般以母语讲授语法、词汇知识，对课文进行逐词、逐句翻译，并将其中的词汇、语法、结构等与母语做比较，从而提升学生的阅读理解能力。

语法翻译法适应我国应试教育体制，被广泛应用于日常教学中。由于重视阅读和翻译的训练，学生的阅读和翻译能力较强。由于主要依靠母语教学，教师的口语水平可以不做更高要求。教学内容主要基于课本，教师通过板书等传统教学方式授课，可以大班教学。教学环境较差、资源匮乏的地区也可顺利采用该方法教学。

语法翻译法的缺点是学生的口语能力提升缓慢，甚至出现了不能用外语流利交流的"哑巴英语"，课堂讲授的语法、词汇知识，很大程度上与实际语用相脱离。学生在课上学到的语言知识大部分用于应试，很难用于实际问题的解决和日常交流。由于语法、词汇知识的讲解和翻译训练等内容逻辑性强、难度大、趣味性低，学生很容易丧失学习的耐心与信心，从而导致课堂效率低、课堂氛围沉闷，进一步影响授课效果，甚至造成教育上的浪费。

二、直接法

直接法是由于社会对外语口语教学的需要应运而生的一种外语教学法。直接法提倡用外语教授外语，不使用母语，也不对语法、词汇知识做过多解释。直接法是最有影响力的外语教学法之一，后来的听说法、视听法等教学法都可视作直接法的延伸。

直接法的理论基础是行为主义心理学，[1]借鉴幼儿学习母语的基本原理设计教学。幼儿学习语言主要依靠模仿，先学会说话，掌握母语的语法结构之后再学习文法规则，因此直接法重视语言使用，在语言的使用过程中总结语法规则，了解词语含义。

直接法的课堂围绕教材开展活动，多采用问答方式，学生通过模仿来练习纯正自然的语音语调，以句子为单位学习口语。在教学活动中，教师使用外语授课，鼓励学生自发地使用外语回答问题。直接法认为，两种语言不存在一一对应关系，因此翻译不应当作为外语教学的主要手段。外语词汇也不再以被翻译成母

---

［1］ 温忠义："英语结构化教学模式建构与应用——基于学生英语表达力发展的实验研究"，西南大学 2015 年博士学位论文。

语的方式来理解其意义，而是直接与客观表象相关联。

直接法可以有效增强学生的听说能力。对于年龄较小的学生，直接法效果最好。然而，直接法并不适合大量推广。[1]由于直接法的互动性强，只能开展小班教学。同时为了保证接触外语的频率，直接法要求的课时较多。大部分学校的班级人数相对于直接法教学的要求而言人数过多，课时较少，不能达成预期效果。而且直接法对母语的过度排斥，很可能造成教学效率的降低。教师必须熟练掌握外语、发音标准，同时对外语文化背景有一定程度的了解，才可完成直接法教学，因此直接法对于教师水平有较高要求。学生对于复杂的句子结构、语法现象仅靠语感猜测而不能分析，往往阅读理解的能力也较弱。

三、听说法与视听法

听说法是一种强调听说、重视模仿的外语教学法，是在直接法基础上改进的外语教学法体系。而视听法主张视听并用，重视建立情景，鼓励学生在情境中学习外语。

听说法与视听法均基于行为主义心理学，认为学生应该通过不断重复学习、刺激强化的过程提高外语能力。学生在循环往复的"刺激—反应—强化"中形成语言习惯。[2]

听说在教学活动中处于主要地位，当学生掌握一定的听说能力后，再酌情进行读写教学。听说法不急于扩大词汇量，教学大多以句型展开，进行大量的重复练习，尤其注重语音语调的训练。听说法和视听法不完全排斥在课堂上使用母语，但外语仍然是教学活动的主要语言，重视培养学生的语感。听说法和视听法大量使用多媒体视听设备开展教学，例如音频、视频、幻灯片等。通过大量模仿练习、记忆、强化，学生形成运用语言的习惯。听说法注重在练习中不断纠错，从而熟练地掌握语言。

听说法和视听法从实际会话出发，通过不断重复训练，可以有效培养学生对语言的直接运用，提高语言的综合能力。相比于直接法，听说法和视听法对教师的要求有所降低。听说法和视听法限制母语的使用，但不完全排斥母语，因此对

---

[1] 王琴芳："英语教学法的动态演进分析"，载《中国多媒体与网络教学学报（上旬刊）》2020年第2期。

[2] 胡雪飞：《英语教学法》，武汉大学出版社2016年版，第33页。

教师外语的流利度要求不如直接法高。听说法和视听法的教学以句型为中心，重点在于模仿练习，因此对教师组织教学的能力要求有所降低。听说法和视听法使用现代化教学技术手段，课堂内容较为丰富，能激发学生兴趣，[1]立足于日常会话，在日常交流中往往体现文化知识。[2]

听说法专注于对语言形式的把握，强调对句型的模仿，但很少讲解相关语言知识，尤其是语法知识，导致学生在阅读理解上有所欠缺。同时，由于缺乏语言基础知识，学生在实际运用上也会遇到问题，例如不能活用所背句型等。听说法的教学过程过于机械，忽视学生个性化特点，很多时候没有照顾到学生的主观能动性。听说法和视听法过分强调语言形式，[3]而未从交际语言出发，在听说法的练习中或在视听法的情境中不断重复的句型可能很难被应用到实际语境里。

四、交际法

交际法是培养学生在实际语境中语言运用能力的外语教学法。交际法注重教学活动的情景性与活动性，学生在教师提供的真实情景下学习语言，提高交际能力。

交际法的语言学基础是交际能力理论和系统功能语言学。[4]交际法重视语言的使用，认为之前传统的教学法片面追求语言知识的学习，不能真正帮助学生掌握一门外语。交际法认为语言的主要目的是交流，因此对于语言的使用只要能使对方明白即可，一味地追求语法上的完美无缺是不合理的。[5]

交际法的教学活动根据真实言语、情境和交际过程展开。学生在真实的交际过程中学会外语。[6]学生是教学活动的主体，教师负责为学生构建真实的交际情境，学生在耳濡目染中学习外语，提升对语言的创造力。与听说法和视听法以句子为中心不同，交际法以语段为中心展开教学，重视在实际交际活动的过程中学习外语。判断交际活动效果的重要指标是流利度，交际法对语法错误较为宽松。

---

〔1〕 马新："听说法在大学英语教学中的应用"，载《中国多媒体与网络教学学报（上旬刊）》2020年第1期。
〔2〕 张璐："浅谈视听法在外语教学中的意义及运用"，载《决策探索（下半月）》2016年第7期。
〔3〕 章兼中主编：《国外外语教学法主要流派》，福建教育出版社2016年版，第103页。
〔4〕 胡雪飞：《英语教学法》，武汉大学出版社2016年版，第73页。
〔5〕 史宝辉："交际式语言教学二十五年"，载《外语教学与研究》1997年第3期。
〔6〕 文秋芳："新中国外语教学理论70年发展历程"，载《中国外语》2019年第5期。

不同于听说法和视听法注重及时纠正学生出现的错误，交际法认为不存在完美无缺的语言沟通，因此在不影响沟通的情况下，教师不对学生的语法错误进行纠正。

交际法教学过程中，学生充分发挥主观能动性，与教师处于平等地位，学生不害怕犯错，因此敢于大胆练习，课堂氛围较为融洽。[1]交际法创建的语境来源于生活，而非课本编造的句子。因此学生在实际的语段交流中可以更好地把握语言的适切性，实际语境下的交际能力更强。但是，有人认为交际法对于语言功能项目的教学安排缺乏系统化，对于语言功能的标准、外语教学所需的语言功能范畴、各语言功能在教学中所占的比例、教学顺序等缺乏系统性的安排。[2]交际法对于不影响沟通的语法错误基本采取放任自流的态度，可能导致学生在长期的练习中不能发现自己的错误，形成错误的语言习惯，到了后期很难改正。交际法虽然在原则上强调情景的真实性，要求情景来源于生活，但是在实际操作上较难达到。同时，学生在教室中由教师组织学习，缺乏真实的交际环境，很难取得理想中的效果。

五、任务型教学法

任务型教学法是以完成课堂任务来帮助学生学习外语为目的的外语教学法。教学活动以任务形式展开，学生通过完成任务完成教学目标。需要注意此处的任务并不是语言练习，而是情景中较为实际的任务。学生在此过程中自然地运用外语、学习外语，而非主要通过教师直接灌输语言知识。

任务型教学法的主要理论基础是语言和学习理论。[3]该理论认为语言的习得是人与人之间相互作用的结果，学习外语尤需体现学习的协同性。因此，在课堂中师生要共同参与并完成有明确目的导向的互动任务。同时，任务型教学法的理论基础还包括互动假说、输出假说、有限容量假说和认知假说等。[4]

学生是课堂的主体。在教师布置任务、点明任务主题之后，课堂活动以学生小组合作练习展示等方式完成。教学主要以学生自学为主，教师担任辅助、引导

---

[1] 胡潇译、胡海建："英语交际教学法的教学路径与生成策略"，载《课程·教材·教法》2019年第5期。

[2] 章兼中主编：《国外外语教学法主要流派》，福建教育出版社2016年版，第183页。

[3] 胡雪飞：《英语教学法》，武汉大学出版社2016年版，第86页。

[4] 胡雪飞：《英语教学法》，武汉大学出版社2016年版，第86页。

的角色。教师根据学生的自身情况,有针对性地设计教学任务,由浅入深,由简单到复杂。这里的任务主要指与现实生活有联系的任务,以表达实际意义为主。如果是比较复杂的任务则会拆分成几个简单的任务,由学生依次完成。教师在任务开始之前先介绍任务的背景,组织学生分小组合作。任务进行过程中,教师指导学生的小组活动并讲解其中具有代表性的问题,学生在完成任务之后进行课堂展示。学生在任务中应用外语,进而在应用中学习外语,达到内化的目的,学以致用。

任务型教学法的优点是以学生为主体,推动课堂活动的进行。学习过程较为自然,课堂生动有趣,学生的接受能力也更高。同时,小组合作的方式使学生之间的交流更加自然、真实,更适用于实际语境下的交际活动。但是,不同教师对任务的理解可能存在偏差。部分教师认为任务型教学的任务只是语言练习,因此布置了大量相关任务,导致学生在课堂上无法完成,也无法消化这些知识,教学效果不理想。有的教师为了赶教学进度,没有充分解释任务的主题和目的,导致任务完成过于急切,学生缺乏指导,没有达到相应的外语学习目的。此外,任务型教学法的成果通常以小组展示和教师点评呈现,由于时间关系,并不是所有学生都能有机会或有意愿完成展示,导致部分同学往往不能取得预期学习效果。

六、跨文化交际教学法

跨文化交际教学法是在 20 世纪末全球化背景下出现的一种新型外语教学法。其突破了传统的单向外语培养模式(即要求学习者掌握目的语的知识体系和行为规范,以便与该语言群体进行有效交流),要求学习者超越本族语和目的语语言文化的束缚,培养灵活、开放、多元的视野,能根据不同文化情境选用准确、恰当的交流方式。

跨文化交际教学法的理论基础是后现代批判理论和"第三空间"理念。后现代主义强调语言的重要性和语言与文化的密不可分性;反对二元论,提倡多元思想和文化相对主义;重视动机和认同对学习者的影响,强调人有表达个人文化身份的需要。而"第三空间"理念是指学习者通过跨文化的探索和协商,创造性地摸索出本国和外国语言文化的中间地带,使得本族文化和外来文化都强化加深影响,并融合成一种新的文化。

跨文化交际教学包括学习本国和外国语言文化,比较本国和外国文化,探索跨文化"第三空间"这三个教学步骤[1]，目前主要涉及阅读和写作这两个领域。跨文化阅读以批判性文化研究为教学基础，以经典和流行的"迁徙文学"作品为教学工具，使用多种文化比较方法解读作品，引导学生以跨文化视角正确看待文化差异。跨文化写作以跨文化题材为依托，通过语境"重组"改变传统写作规约的束缚，培养学生的批判意识，引导其通过写作"改变世界"。

跨文化交际教学法丰富了外语教学的手段和资源，有助于消除学习者的心理障碍，增加其对外语学习的兴趣和投入；为学习者提供跨文化思考的方式和视角，提高多元文化意识和增强跨文化交际能力，形成跨文化复合人格；强调本族语言文化是跨文化探索的起点，有利于解决部分学习者本国文化知识薄弱、民族意识淡漠的问题，增强其文化自信心和民族自豪感。[2]

七、其他教学法及教学理念

除了以上几种较为主流的教学法，同时还存在其他教学方法与理念指导的外语教学活动。

（一）联想法

作为一种单词教学方法，联想法分为语义联想法和词根联想法。语义联想法利用学生的想象力，从一个单词的语义发散开，联想到它的同义词、近义词、反义词，再从这个词的反义词开始延伸。这种方法可以有效扩大学生的词汇量，学生记住的不只是一个单词，而是一组单词。[3]词根联想法是以词根为中心扩展词汇量的教学方法。学生先学习单词中最重要的词根，再记忆不同的词缀变换。此方法将词汇连为一个词汇群，大大降低了记忆单词的难度，同时训练学生的思维能力。联想法可以有效扩充词汇量，提高学生的思维能力，有助于外语学习素质的综合发展。[4]但可能存在课堂以教师为中心，教学模式过于单一的问题。

（二）内容型教学法

相较于语言形式，内容型教学法更重视学生需要掌握的专业或知识内容。内

---

[1] 叶洪、Trevor Hay："中国文化保护与跨文化的'第三空间'"，载《求索》2010年第7期。

[2] 叶洪："后现代批判视域下跨文化外语教学与研究的新理路——澳大利亚国家级课题组对跨文化'第三空间'的探索与启示"，载《外语教学与研究》2012年第1期。

[3] 高永胜："浅谈词汇联想记忆策略在高中词汇教学中的应用"，载《科学咨询（教育科研）》2020年第6期。

[4] 陈海燕："随意联想在英语教学中的实施研究"，载《学周刊》2019年第26期。

容型教学法强调教学材料应根据学生的需求来选择，使用学生在生活中会用到的听力、口语材料；对于专用外语，则需根据行业需求或学术需求来选择材料。内容型教学法将语言的形式、功能和意义联系起来，可以提升学生语言的综合素养。但由于教师需要同时兼备语言与专业两种技能，对教师的要求高，对教学材料的遴选耗时长，导致不宜大面积推广。

（三）产出导向法

产出导向法（POA）是文秋芳教授的研究团队构建的语言教学理论与实践体系。与传统的西方教学法强调听、读不同，POA 先产出（驱动），再让学生接受输入（促成），最后产出（评价）。[1] POA 由教学理念、教学假设和教学流程三部分组成。第一部分是二、三部分的指导思想；"教学假设"是课堂教学各个环节的理论依据；"教学流程"是实现"教学理念"和检验"教学假设"的载体，同时也是实现教学目标的步骤和手段。产出导向法强调"以学助用""以用促学""以评促学"的教学理念，解放思想；用英语完成各种任务提升了学习信心，激发了学习动机和兴趣；倡导"全人教育"，全面提升学生的能力，丰富视野、开拓思维。

（四）"续"论

广东外语外贸大学的王初明教授提出，语言是通过"续"学会的，"续"是指说话者在语言交际使用中承接他人的表述，阐述自己的思想，前后关联，推动交流。[2] "续"论是互动研究的延续，旨在揭示互动促学语言的机理。[3] 通过上文激发学习者的内生表达动力，由学生自发模仿上文的语言用法表达自己的意思，学生的学习自主性强。同时，与他人及其语言协同，有助于抑制母语干扰，减少偏误，学会地道的外语表达，让外语思维的能力发展起来。然而，"续"理论似乎忽略或淡化了学习者母语对其二语习得的影响，只是简单地提到"对二语学习者而言，因'续'而与上下文的正确用法协同，母语必然受到抑制，使语言表达更加地道"。[4]

---

[1] 文秋芳："'产出导向法'的中国特色"，载《现代外语》2017 年第 3 期。
[2] 王初明："以'续'促学"，载《现代外语》2016 年第 6 期。
[3] 王初明："从'以写促学'到'以续促学'"，载《外语教学与研究》2017 年第 4 期。
[4] 袁博平："谈'续'理论——与王初明先生商榷"，载《现代外语》2018 年第 2 期。

（五）十字教学法

英语十字教学法，即"断、短、谓、连、译、听、读、说、写、用"。[1]十字教学法是传统的语法翻译法和新兴的交际法的折中产物。针对英语学习中"哑巴英语"的问题，章兼中、赵平等主张将十字教学法融入教学活动中。[2]在"师生共学"的过程中，教师通过自己的行为将情景与知识相结合，以案例的形式呈现给学生，符合中国人的语言学习习惯，是一种费时较少、收效较高的方法。

（六）全身反应法

全身反应法一般用于小学阶段的外语教学。该方法利用两个大脑半球的协同，带动学生手脑并用地学习外语，主动参与到教学活动中。全身反应法通过做手工、表演、游戏等方式，在丰富的活动中完成外语的教学活动。

八、教学法发展趋势

外语教学法的研究近几年逐渐偏向后方法，但目前主要限于理论研究，关于实践的研究较少，后方法的实践很有可能是未来的热点之一。

后方法与其说是一种新方法，不如说是一种新的外语教学思想。"后方法"强调以特定性、实践性和社会反思性三个维度作为组织外语教学的基本原则。[3]特定性强调教学目标的明确；实践性强调教师在实践教学理论的过程中不断提高，逐渐形成具有特色的教学方式；反思性强调教师对教学实践、效果进行深刻反思，及时对教学活动和学生表现进行反馈、修正。后方法认为教师和学生都应该充分发挥各自的主观能动性，重视教学活动的情景性与师生之间的互动。

总之，尽管外语教学法各种各样，新方法层出不穷，但由于应试的需要，语法翻译法等重视语言知识的传统教学方法可能会长期存在。[4]随着科技的发展，教学平台和模式的多元化，与现代科学技术相结合的教学法同样也是发展趋势，例如慕课、各大平台的直播教学等。

---

[1] 赵平："英语十字教学法简介"，载《教学与管理》1999年第5期。

[2] 包宏艳："基础英语教学理论与实践架构——评《英语十字教学法》"，载《林产工业》2019年第2期。

[3] 齐放、张军："'后教学法'时代视阈下对我国外语教学策略与技巧的再思考"，载《外语教学》2017年第5期。

[4] 严高荣："2000—2017年间我国英语教学法研究热点分析及启示——基于54种CSSCI来源期刊的知识图谱分析"，载《乐山师范学院学报》2018年第7期。

郝轶君*

后疫情时代大学日语教学思索
——慕课对大学日语教学的影响与对策

前言

2020年初新冠病毒大规模暴发，打乱了全国的生活、工作秩序，高校教学工作也面临了猝不及防的挑战。2020年1月27日教育部发出推迟春季开学的通知，1月29日倡议"停课不停学"，继而2月5日发布《疫情防控期间做好高校在线教学组织与管理工作》的通知，由此在全国范围内展开了2020年春季学期的新授课方式。各高校均开展了不同形式的网络在线教学，以直播授课方式居多，但受网络拥挤等因素制约，"直播现场翻车"状况频现。2020年秋季学期开学后依然要做线上及线下教学的准备预案，如何在后疫情时代保证线上授课与线下课堂实现等效，我们面对的问题很多，可以采取的方法也很多。本文仅就慕课这一授课模式进行初步分析探讨，以求寻找更多样化的教学方法。

一、慕课产生与发展

计算机革命带来了互联网技术的发展，在教育领域也掀起了变革的浪潮，在线教育应运而生。以慕课为代表的新型在线开放课程和学习平台在世界范围内极速推广开来。慕课，Massive Open Online Course，MOOC（大規模在线开放式课程），是远程教育的最新发展。通过将大规模网络公开课程作为开放性的教育资源，提供给大众群体新的知识，打破传统教育模式的局限性，使学习者通过网络进行不受地域和时间限制的专业学习，达到共享教育资源、增强知识传播、实现教育平等的目的。

2008年加拿大阿萨巴斯卡大学（Athabasca University）的George Siemens和国家研究委员会（The National Research Council）的Stephen Downes共同开设了

---

* 郝轶君，女，中国政法大学外国语学院副教授，主要研究方向为日语教学。

"Connectivism and Connective Knowledge"的开放课程，Dave Cormier 和 Bryan Alexander 对此类具有大规模性（Massiveness）、公开性（Openness）、线上（Online）、课程（Course）特征的课程提出了 MOOC 一词的概念。2011 年美国斯坦福大学开设了实验性的三门 MOOC 课程，引发教育界对这一新型教育模式的关注。2012 年在斯坦福大学担当"Intro to Artificial Intelligence"（人工智能入门）课程的 Sebastian Thrun 教授联络风投企业投资设立了具有营利性的 Udacity。几乎同时，斯坦福大学 Andrew Ng 副教授和 Daphne Koller 教授共同设立了 Coursera，吸引了全美许多大学加入，开设了 200 门以上的课程。2012 年秋麻省理工学院和哈佛大学共同出资约 6000 万美元创建了 Edx。这三个被称为 xMOOCs（基于内容的慕课）的慕课形式在慕课平台里依然有强大的影响力。有评论说这一年是美国慕课的元年，慕课由此发展到全球化的规模，并尝试从以英语为中心到实现多语言化的发展。2013 年以后英国的 Future Learn、法国的 France Université Numérique、德国 Iversity、欧洲的 OpenupEd、日本的 JMOOC 等各国的地域性慕课平台纷纷启动。

中国慕课的发展也不落后，2013 年 5 月清华大学和北京大学加入 Edx，同年复旦大学、上海交通大学宣布加入 Coursera。同年 10 月清华大学发起建立了第一个中文慕课平台——学堂在线，这是教育部在线教育研究中心的研究交流和成果应用平台，面向全球提供在线课程。之后北大、上海交大、西安交大、浙江大学、吉林大学等高校也开始进行本土化的地域性慕课平台建设，开发本校慕课课程，推出各校自主的慕课平台。同时，课程联盟也应机而现，如教育部、财政部"十二五"期间启动实施的"高等学校本科教学质量与教学改革工程"支持建设的高等教育课程资源共享平台：爱课程。上海高校课程中心实现了上海大学生跨校选课，各联盟校学分互认。中国大学 MOOC 目前合作高校已达 694 所，课程涵盖文理工农艺术医药等各专业。慕课平台提供的优质课程、大数据分析、可持续思维以及名校的品牌效应都起到了促进高校教学改革的作用。

二、大学日语慕课前景

（一）大学日语学习现状

大学日语课程目前采取的教学方法依然以语法教学为中心，以讲解语言知识点和巩固语言知识点为目标。受有限的课时限制，课堂活动多围绕教材上的练习展开，拓展练习、应用练习几乎无法开展。单向性的知识供给很难兼顾学生的差异性，造成部分学生在被动学习中磨灭了学习日语的热情，失去了自我发挥的能力以及思考、质疑的能力。从学以致用这一语言学习的终极目标来看，仅保留传统课堂的语法讲解教学法、任务教学法等教学手段，很难训练学生的口语交流、提高听说能力，对学生的沟通能力的培养也明显不足。学习不能仅停留在将知识拿来—装入—存进—提出的简单过程，要在获得新知识的同时充分调动相关知识经验，对新信息进行分析，达到理解的程度。超越单纯性的知识记忆，通过思考更积极地建构起自己的知识结构。

（二）大学日语慕课前景

依照建构主义教学观，知识不只是通过教师传递给学生而得到，而是借助教师（或其他学习伙伴）的帮助，由学习者自己依据已建立的知识结构主动选择、处理新信息，建构出自我理解而获得[1]。

教育部在2018发布的《教育信息化2.0行动计划》[2]中把积极推进"互联网+教育"，坚持信息技术与教育教学深度融合的核心理念，构建网络化、数字化、智能化、个性化、终身化的教育体系作为指导思想提出。以建成"互联网+教育"大平台、努力构建"互联网+"条件下的人才培养新模式、发展基于互联网的教育服务新模式、探索信息时代教育治理新模式为基本目标。将信息技术与外语教育相融合，摸索网络外语教育的教学规律势在必行。大学日语教学应当基于"以学生为中心"的理念开展新的教学设计，网络提供了这样一种理想的环境，慕课可以成为此环境下的理想形式。通过网络的慕课课程学习，学生可完成自主语言输入，线下课堂中进行练习、讨论的环节又可实现学生的语言输出功能[3]，改变了传统的课堂讲解为主、课后练习为辅的模式，有望更有效地提高学生的日语学习质量和语言应用能力。同时慕课教材能提供更丰富而多元化的教学资源，较之纸质版教材，网络资源能提供更多视频、音频资料，真实实用且可及时更新，使教学内容有效地与实际生活学习相结合，利于学以致用。慕课课堂内容相比较线下课程而言更加精炼，学生自主学习时可以根据自身掌握情况或一遍通过或反复观摩，缓解学习能力差异性带来的焦虑，增强学习者的自信，进而

---

[1] 胡伟："国内日语慕课的建设现状及对策——兼论早稻田大学日语慕课的启示"，载《厦门城市职业学院学报》2019年第2期。

[2] "教育信息化2.0行动计划"，中华人民共和国教育部2018年4月13日发布，文件编号：教技〔2018〕6号。

[3] 谢国平："大学英语慕课的前景与问题探讨"，载《海外英语》2015年第21期。

能优化语言输入效果，获得学习成果。慕课的讨论区设置既可实现教师答疑又可实现师生/生生的交互探讨与评价，符合任务型与交际型的外语教学理念，中国大学 MOOC 平台设置的在线交互分为三个区：老师答疑区、课堂交流区、综合讨论区，并且在课程评价上也将"论坛表现"计入最终成绩[1]。比起课堂，学生熟悉网络空间，且操控能力强，慕课课堂上的跟帖交流在一定程度能够发挥学生的主动性，提高课堂的参与度。

三、慕课在大学日语教学领域应用的优势与问题

基于互联网而发展起来的慕课这一新型教学模式，在外语教学领域可以实现其基于内容的（通过讲授来进行知识传递）、基于任务的（通过主动完成课程任务而形成观点或技能，如实验、设计方案）、基于联结网络（通过社交媒体的联结，由学习者的互动合作实现知识的获取）的课程目标[2]。

随着计算机的普及和网络多媒体技术的发展，以往单一的教学模式逐步向多元化的教学模式转变，多模态话语理论也被应用到外语教学模式上，张德禄定义，"多模态话语指运用听觉、视觉、触觉等多种感觉，通过语言、图像、声音、动作等多种手段和符号资源进行交际的现象"[3]，并认为在现代技术条件下，在多模态话语交际框架下，可以为外语教学提供教学情景、便利条件和辅助条件。慕课课堂播放的视频、音频教学内容吸引学生运用听觉感受关注课堂；教师讲授时的表情、语调、肢体动作等辅助学生运用视觉感受加强理解；在 PPT 中对文字加粗、变形、变色，加入图片、图表等文本呼应学生的心理感受，形象而整体地把握学习内容；课堂交流区与综合讨论区既提高了学生参与度，又使教师快速得到学习效果反馈。慕课课堂的多模态教学模式设计对于实现大学日语教学的任务型、交际型功能起到推进作用。

慕课的开放性、大规模性、免费的特点使得学习者能够轻松地选择符合自己兴趣、水平的课程，在任意时间任意地点进行学习，提高学习进度和效率。慕课的课程内容通过网络中丰富的视频资源提供生动的教学主题，集中时间对一个知

---

[1] 孙莉等："外语类慕课中的交互现状研究——以《大学日语》为例"，载《当代教育实践与教学研究》2020 年第 7 期。

[2] 薄巍等："外语学习型慕课的类型、特征与发展"，载《广东外语外贸大学学报》2019 年第 2 期。

[3] 张德禄："多模态话语理论与媒体技术在外语教学中的应用"，载《外语教学》2009 年第 4 期。

识点或一个重点难点进行讲解，运用动态图画、音视频等多媒体技术更形象直观地让学生理解掌握。优质的慕课让学生接触到更多优秀的教育者，扩大学习环境并且还能提供给学生反复学习以及在网上与学习伙伴探讨的便利。

国内慕课平台上的日语慕课课程也先后开设，据先行研究统计，国内已上线的日语慕课"中国大学 MOOC4 门，学堂在线 4 门，中国高校外语慕课 1 门"[1]，内容涵盖初级、语法、视听、文化、旅游等方面，从入门到专门用途均有涉及（见表一），开课时间有按学期开的，也有永久的，基本可以提供给学生长时期、多元化、多层次的学习资源。

表一　目前国内日语慕课的教学内容分析

序号	课程名称	教学大纲目录一级标题
1	大学日语	日语的文字、语音（1）—（3）、自我介绍、家人、参观学校、一天的生活、校园文化节
2	大学日语提高篇	宿舍、季节与天气、邀请、购物、在餐厅、在研究室、圣诞礼物、总结和实战
3	日语高级视听	第一单元至第十单元
4	实用日语（上）	假名入门、初对面、私の家族、私の寮、私の一日、好きな音楽
5	日语自游自在日本行	出发前需要知道的事情；日语是发音最简单的语言之一；带着日语上路啦；玩转日本交通；住宿、购物与美食；在日本过新年；欢乐日本"祭"；特色主题与旅游贴士
6	日语与日本文化	导引课、日语与日语语音入门、日语与日本文化（一）—（十八）
7	日语初级	あ、か、さ行；た、な、は行；ま、や、ら、わ行； 撥音、濁音、半濁音、鼻濁音；促音、長音、拗音、拗長音；ローマ字、外来語； これは携帯です；私は中国人です；これは父のです；ここは食堂です；日本語の動詞、ここに何がありますか；教室に先生と学生がいます

---

[1] 胡伟："国内日语慕课的建设现状及对策——兼论早稻田大学日语慕课的启示"，载《厦门城市职业学院学报》2019 年第 2 期。

续表

序号	课程名称	教学大纲目录一级标题
8	日语交际功能语法	关于自我介绍；介绍学校和家庭；描述感受与感情；现在的动作叙述；过去的动作叙述；提议、描述存在与变化；动作的进行、持续与请求；说明、推测与决定；愿望、能力与许可；原因、禁止与必须
9	初级日语1	初次见面、只是一点儿心意、请给我这个、你们那儿从几点到几点开馆、去甲子园吗、一起去好吗、有人在吗、该告辞了

出处：胡伟："国内日语慕课的建设现状及对策——兼论早稻田大学日语慕课的启示"，第41页。

  慕课的优势虽然不容忽视，但慕课课程在互动性、学生学习兴趣的持续性等方面的欠缺也是现存的问题。慕课在线下课堂的应用是大学日语教学改进的重要方面。为激发学生的学习自主性，培养其学习独立性，教师引导学生选择合理的学习内容先行在线上进行基础知识点的掌握（如语音、语法、词汇等部分占课时大，课堂时间有限，详解的话会牺牲对学生进行训练和测试的时间），线下课堂可以答疑、互动、测评为主，重点解决学生在线上慕课学习中遇到的问题，节约课堂讲解时间，强化语言互动，更多地训练学生的语言运用能力，提高学习效果。

  除了建立日语语言学习的慕课课程，还可将日语与其他学科相结合，以内容为依托，既体现出日语的实用性，又提升语言学习者的人文素养。利用丰富的网络资源，扩充篇章学习的教学材料，允许学生依据自己的能力、兴趣关注、专业选择阅读文章，先在线上就专业背景、专业知识自行查找资料进行基础知识的补充，再对文章内容进行分析、归纳。课堂上学生以口头发表的形式进行展示后，教师引领学生共同参与讨论与交流，借助慕课形式翻转了传统的学习过程（课前完成知识传授，课堂完成知识内化）。

  慕课丰富的教学资源为学生提供了学习的无限性，不仅语言知识、技能得到训练，而且能以文化为导向，让学生以自己的视点认识本国文化和异文化，有效地将语言学习提升到跨文化交际意识培养的层次。

  慕课在给大学日语教学上的应用带来教学变革的同时，也存在一些不足，需面对和思考。目前各平台上的日语慕课课程数量有限，以基于内容的慕课为主且课程设计单一，从互动层面来看与线下课堂的师生互动模式差异不大，必要的课堂活动展开受限。要想进一步实现基于任务、基于联结网络的课程目标的话，在慕课的教学环节设计和学习资源使用上的把握还不够，慕课建设进展相对缓慢。慕课提供了新的、广泛的教学平台，但单一的教学模式总有不完美的地方，大学日语教学不能全盘慕课化，应实现慕课落地，促进慕课与课堂教学的完美结合。

四、慕课与传统课堂的整合——线上线下混合式教学

外语课程与其他课程相比更需重视互动，互动是语言学习的重要促进手段。如果说慕课是"学生参与为主"，那么线下课堂的重要职责就是要完成"师生共同建构"。

慕课落地通过线下对接课程的教学活动完成，慕课完成了理解、记忆的学习活动，线下课堂则关注学生的学习体验，进行应用、评价、互动活动，解决学生在慕课学习过程中产生的疑问以及帮助自我约束力弱的学生解决慕课学习中的问题，这样一套完整的线上线下混合式教学才能保证慕课的教学效果。

线上线下混合式教学模式集合了传统课堂教学模式和慕课教学模式的优点，通过多样的教学手段将教学活动有序连贯，充分满足教学内容的需求。首先学生自主灵活地利用慕课课程先行强化基础知识的学习，线下课堂则发挥教师引导作用，老师面对面指导学生进一步进行实践性训练和语言输出，增加师生、生生间有意义的互动交流，提高学生的学习参与积极性，提高教学效率，促进知识内化，更有效地提高学习效果。在课堂设计时既要努力促进学生行动又要提示学生自主学习，如先布置分配给学生任务进行分组协作学习、研读，学生之间通过谈话、相互问答、总结概括等方式实现互相协作，完成语言知识输出；课堂教学时教师作为教学的主导者，组织学生进行话题讨论、学习体验交流，处理学生学习过程中遇到的问题，以完成实景演练，使线下课堂与线上课堂高效有机地相融合，保障学习成果。对混合式教学的学习成果评价应基于促进学生学习的目的开展，不能只关注学习成绩，更应结合学生的学习兴趣、自主与协作学习的能力以及实践应用的能力等进行整体评价。既有作业、考试的定量测评，也有对协作讨论和课堂演练的定性评价；既可由教师进行评价也可由学生进行互评。采用丰富多样的评价方式，建立更优化、更全面的评价体系，以多角度、多层次的评价方法对学生的学习、训练效果进行完整评价。

五、结语

教育信息化带动教育创新发展是后疫情时代我们必须面对与深度思考的问

题。慕课作为一种打破传统课堂教学空间、时间限制的教学模式，让我们意识到开发大学日语慕课资源、完善课程内容、更新教学手段是发挥慕课作用、提高大学日语教学效率、完成对学生日语学习能力和人文素养培养的新举措。今后如何最大化体现"互联网+"的价值，进一步促进慕课与线下课堂相融合，真正落实慕课在大学日语教学中的应用，是我们面临的又一个课题，需要从内容、形式、手段、教师、学生等各方面进行更多的探索与研究。

辛衍君*

跨文化视野下的文学翻译教学研究

在全球化和"一带一路"的时代大背景下，跨文化交流越发频繁，跨文化沟通已经成为我们生活的一部分，也成为现代人融入国际社会的必经之路。只有更多地了解其他国家的语言和文化，加强交流，我们才能拓宽视野，增进对彼此的认识，从而改变固有的思想观念和认知，有效而顺畅地进行跨文化沟通。文学作为文化的一面镜子，其折射出的丰富内涵更是不可忽视的。了解各国文化和文学需要培养更多的翻译人才，这使得跨文化语境下的文学翻译教学和研究具有重要意义。文学翻译从教学定位到内容和方法都需要进一步探索，从而与时代发展的潮流相契合。

接下来，笔者将分几个方面对跨文化视角下的文学翻译教学研究进行探讨：

一、文化的定义与跨文化沟通

（一）文化的定义

"文化"是当今社会科学领域运用最广泛同时又是最难明确定义的一个学术名词。英国人类学家爱德华·泰勒在《原始文化》一书中第一次给文化下了明确定义："文化是一个综合体，其中包括知识、信仰、艺术、法律、道德、习俗以及作为社会成员的人们掌握的其他能力和养成的习惯。"[1] 著名跨文化学者霍夫斯泰德把文化比喻成"Mental Software"（心灵软件），即一类人不同于另一类人的集体的头脑编程。[2]

文化的上述定义决定了文化的多样性以及差异性，正如塞缪尔·亨廷顿（Samuel P. Huntington）在《文明的冲突》（2002）中曾言："在未来的岁月里，

---

* 辛衍君（1972—），女，辽宁沈阳人，英语语言文学硕士，古代文学博士，中国政法大学外国语学院翻译研究所教授，硕士生导师，研究方向为英美文学和翻译。

〔1〕 Dward B. T., *Primitive Gulture*, London: J. Murray, 1871.

〔2〕 Geert Hofstede, *Cltures and Organizations*, London: Harper Collins Business, 1994.

世界将不会出现一个单一的普世文化，而是许多不同的文化和文明相互并存。"

（二）文化的差异性与跨文化沟通

人类文化是多维的、有差异的，"所有的文化都是彼此关联的，没有任何文化是单一的、纯粹的，所有的文化都是混杂的、异类的、非常不同的、不统一的"[1]。

那么什么是跨文化沟通呢？跨文化沟通即一种动态的跨国界的行为和情感过程，在这个过程中沟通的发起者和接受者有意地将他们的行为编码成讯息，并通过一定的渠道传递这些讯息。[2]因为跨文化沟通的信息发出者和信息接收者有着不同的文化背景，沟通时容易产生信息理解的不对等，从而导致各种沟通不畅甚至误解。因此在全球化日益加快的大背景下，如何进行有效的跨文化沟通成为推动世界文化经济交流、和平与发展的重要保证。

二、文学与文化

文化研究大致兴起于第二次世界大战后的英国，随后流传并影响到美国及其他西方国家。20世纪80年代初，跨文化沟通这一概念在我国开始引进并得到迅速发展。李筱菊在英国杂志上发表的《为交际教学道路辩护》，被学者视为20世纪80年代国际英语教学改革的代表作。此后，随着交际法外语教学在我国的推广，关于跨文化沟通与外语教学及翻译的讨论越来越热烈。

文化既包括人类动态的创造过程，也包括人类积累下来的已有成果。而我们现在理解的"文学"概念，则是指人类发展到一定阶段而出现的对自我的审美性观照，是人类文化的一种特殊形态。它是文化系统中最接近精神文化的子系统，其系统功能、特征都受到文化的影响和制约。"文学"决不是一个自在自为的封闭系统，不论是文学的内容，还是文学的形式，甚至文学创作的全部过程，都是文化的产物，受到文化的影响和制约。[3]因此，从文化的角度研究文学，就是把文学作为文化大体系中的一个分支来看待。在文化的大系统中观照文学的本质和功能才能发现其在文化系统中的独特地位和价值。

要深入理解一部文学作品，我们必须从文化的大背景下考察该作品，给它一

---

[1] [英]特瑞·伊格尔顿著，方杰译：《文化的观念》，南京大学出版社2003年版，第17页。

[2] Larry A.S., Richard E.P., Lisa A.S., *Communication Between Cultures*, Brooks/Cole/Thomson Learning Asia, 2000.

[3] 曾艳兵："跨文化语境中的外国文学教学研究"，载《外国文学研究》2006年第2期。

个正确的系统定体,找到它与其他文化子系统之间的联系,这样才能在更广阔的视野里发掘文学作品本身的丰富内涵以及与其他作品相比较后的独特之处,从作品的纵向轴和横向轴来确定作品的坐标,并在整个文化大背景下给它准确定位。

三、文学与文学翻译

翻译是"从一种语言到另一种语言的转换"。有学者认为翻译是科学,有人认为它是艺术,有人说是技巧,更有人说它是技术,或是语言活动。上述说法从某个特定的角度来讲都是正确的。但在多样的定义中,科学派与艺术派占据了主流。前者认为翻译应当忠于源语,通过语言上的对等转换复制原文的信息,故而强调对翻译过程的描述和语言的结构与形式进行研究,以便揭示翻译的固有规律;而以林语堂为代表的后者则认为翻译是艺术,翻译作品的好坏取决于译者是否经过足够的训练并且拥有艺术才华,也就是强调目的语(译语)表达的重要性,认为翻译后的作品是"再创造",强调目的语和目标读者的接受。

以上两种观点笔者认为各有千秋,在实际的文学翻译教学和实践中应该将以上两种流派的主张结合起来,在文学翻译教学中既要讲究科学和方法,又要考虑文化的因素,抛开不同语言的语言结构以及文化背景,逐字逐句地生硬翻译必然会导致各种问题。

综上,文学翻译教学中应考虑以下几点:

(一)培养学生跨文化意识,提高相关能力

文学作品是用语言创造的艺术,作品本身不是字句的堆砌,而是通过人物的刻画、氛围的烘托、情节的设计形成其独特的艺术感染力和效果,从而对读者具有吸引力使其产生强烈的共鸣。文学的翻译是用另一种语言,把原作的艺术意境传达出来,使读者在阅读译文时同样可以感受到读原作的美好享受。这种翻译的过程不仅要完成语言在技术层面的转换,还要对原作文化、历史创作背景以及内容有深入的了解,把握其精神,消化理解后再运用翻译技巧以自己母语的表达方式来使其重现。因此,译者必须增强文学、历史、哲学等综合文化知识才能胜任类似的翻译工作。

培养学生的跨文化意识和能力,首先要提升指导教师队伍的水平。教师应具有跨文化教学理念和综合素养,拓展自身知识面,使用新的技术方法和文化词汇等展开教学,从而更好契合跨文化教育的规范标准。在培养过程中,指导教师应强化育人导向,发挥导师言传身教的作用,做学生成长成才的引路人。激发导师的积极性、主动性和创造性，打造精品示范课程，推动优质资源共享，构建学生课程知识体系。通过课堂题材丰富的拓展教学以及课后思路开阔的指导打开学生的思路和视野，并对学生的积极性和价值理念产生正面影响。

（二）科学训练方法与艺术审美培养相结合

我们说翻译是科学，是因为它有自己的规律。比如英汉两种语言的思维模式、句法模式有很大不同。西方语言的思维方式多为线性思维，注重因果推理，在语言谋篇上表现为首先亮观点或看法，点明主题，然后依次说明背景条件和原因。而东方的思维方式讲究整体思维和主体思维，在语言的使用上，讲究的是意义的关联，并不一定有形式上的线性衔接，所以为了做好文学翻译，翻译基本功的训练必不可少，只有了解两种语言的规律才能更好地完成翻译。

此外，翻译还具有艺术性。由于不同语言文化之间在语言、审美和文化等层面上有诸多的差异，翻译的过程不是一个逐字逐句的对等翻译的过程，而是需要进行"再加工"，原文与译文有碰撞也有融合，绝大多数的文学翻译是在与原文"对话"，进而进行"再创作"，这个过程就要求译者具有艺术的审美，保证在"忠实"原意的基础上，灵活地采取"异化"或者"归化"的翻译策略，以便读者可以在译入语的文化背景下最大程度地感受到原文之美。

例一：Tom said he was going to pull up stakes to take a job in California.

学生译文：汤姆说他打算拔掉木桩去加州谋生。

从上述翻译来看，学生显然对"pull up stakes"这个短语的来源和背景没有相应的了解。该短语来源于美国拓荒时代，当年人们离开东部家园前往未开发的中西部寻找更美好的生活的时候，在出发前，这些拓荒者会变卖或赠送土地等马车拉不走的东西，然后拔出那些钉入地下用来立界的木棍或木桩离开，由此"pull up stakes"的意思为放弃土地，离开家园。人们现在沿袭了这个用法，来表达他们离开原住所，搬往别处。所以，此句应译为：汤姆说他打算搬家到加州去谋生。

以上的例句说明：翻译时译者在忠实原文形式和内容的基础上，还应充分考虑到其所处的文化背景，不拘泥于原文，在译文中确切地表达出原文的思想。在日常的教学中，应该多鼓励学生开拓知识视野，大量阅读，多学习源语文化当中由于历史积淀而形成的习语、谚语以及俚语等。如 a wet blanket（令人扫兴的人或事物），to be born with a silver spoon（出生在富贵之家）之类的用法，有了平时丰富的知识积累才能正确地翻译。

例二：The Japanese invaders were armed to teeth, but they were defeated by the just forces.

该句应该译为：日本侵略者武装到了牙齿，但仍然被正义之师击败。这里的"armed to teeth"如果译为"全副武装"，反倒不如直译为"武装到牙齿"更形象生动，因为这样才能把侵略者穷兵黩武的形象勾勒得更活灵活现，使语言更具有张力。

例三：You should keep your nose out of here and mind your own business.

学生译文：你应该把你的鼻子拿开，管好自己的生意吧。

根据原文，该句子应该使用意译：你别管这闲事，管好你自己吧！"keep one's nose out"表示少管闲事，而"mind one's own business"是管好自己的事的意思。

正如一直质疑文学翻译的"等值性"的著名文学翻译研究学者安德烈·勒费维尔（Andre Lefevere）指出的那样，文学翻译有四大制约因素，按制约等级排列为：意识形态、诗学、文化万象（universe of discourse）以及语言。[1]

从以上三个例子不难看出，英语与汉语有不同的词汇、句法结构和表达方法。翻译后的文学作品反应出译者和作者二人的语言特质、审美情趣和文化个性，译者需要根据实际情况，或用直译或用意译，达到传文达意的翻译效果。

（三）改革课程设置、增加文化模块

首先，课程设置中应该增加源语及母语的文学文化类教学模块，开设文学经典赏析和跨文化交际类课程，提高学生的跨文化交际能力和文字表达能力。

此外，教师可以在不同学期，本着由浅入深的原则向学生推荐历史、文化、哲学的经典外文书单，通过定期组织读书会等灵活方式交流阅读心得；还可以组织文化专题活动，聘请各领域专家解读优秀西方文化经典文本，构建学生的文化思维框架。并且还可以借助多媒体和互联网等多种现代教育手段，在第二课堂推出相关文化背景素材，以电影、视频等更生动的形式拓展学生的文化视野，激发他们的兴趣，加深对相关文化的理解。

（四）统筹本科硕士翻译专业培养方案，实行培养方案一体化设计

本科和硕士阶段的翻译教学大纲应该统筹设计，以便做好各个模块课程的知识衔接。以我校翻译专业的本科课程为例，目前课程中包含基础模块的课程，比

---

[1] Andre Lefevere, *Translating Literature Practice and Theory in a Comparative Literature Context*, Beijing: Foreign Language Teaching and Research Press, 2006.

如英译汉、汉译英、英语语法、现代汉语等。在基础模块设计中既注重学生翻译技能的培养又兼顾夯实学生的英语和汉语基础，双管齐下。此外，又安排了丰富的文化模块课程，如人文经典阅读、西方宗教与文化、英美诗歌、外国法律制度、法律影视欣赏等。这些课程的设计体现了在扎实基础的同时要拓展学生文化视野的设计思路，只有充分打开学生的文化视野和思路，翻译教育才能真正达到贯通中西、博古通今的教育目标。

在本科基础上的研究生课程设计要注重衔接和梯度。《教育部、国家发展改革委、财政部关于加快新时代研究生教育改革发展的意见》（教研〔2020〕9号）指出：研究生教育肩负着高层次人才培养和创新创造的重要使命，是国家发展、社会进步的重要基石，是应对全球人才竞争的基础布局。改革开放特别是党的十八大以来，我国研究生教育加快发展，已成为世界研究生教育大国。中国特色社会主义进入新时代，各行各业对高层次创新人才的需求更加迫切，研究生教育的地位和作用更加凸显。为深入学习贯彻党的十九大和十九届二中、三中、四中全会精神，全面贯彻落实全国教育大会、全国研究生教育会精神，促进研究生德智体美劳全面发展切实提升研究生教育支撑引领经济社会发展能力。文件还明确指出：研究生教育应对接高层次人才需求，优化规模和结构，适应社会需求变化，加快学科专业结构调整。建立基础学科、应用学科、交叉学科分类发展新机制，不断优化学科专业结构。探索高水平应用型本科高校、申请开展专业学位人才培养。目前我校的翻译硕士培养正是契合了这一目标。在我校的本科培养方案中聚焦文史哲等基础知识，在硕士阶段的培养方案中，实施高层次人才培养方案，增设英美社会与文化、文学翻译等课程，旨在贯彻总体的培养框架下由浅入深、由聚焦走向发散的教育理念。

四、结语

随着不同文化间交流的日益增多，高校应将翻译教学放到跨文化的语境中，从而使人才培养能够满足社会发展需求。不同文化之间的交流绝不是简单的语言之间的转换。传统的翻译训练很难培养出优秀的翻译人才，译者作为文化传播的使者，必须是博学的"文化人"，并且具有敏感的跨文化沟通意识。为了培养学生的跨文化沟通意识和能力，高校应注意转变教学模式，重视翻译的交际功能，将语言和文化放在同等重要的位置，只有这样才能培养出新一代优秀翻译人才，使得跨文化交际顺利进行，促进不同文化之间的交流和共同发展。

刘 艳[*]

从通用英语向学术英语的转型研究
—— 以中国政法大学为例

一、引言

近年来，为应对大学生国际竞争力和大学课程国际化的挑战，"学术英语"已成为中国大学英语研究的一个"高频词"，包括我校在内的部分高校已经开始试水以"学术英语"为核心的大学英语教育。

根据 Hutchinson 和 Waters（1987）[1] 的观点，英语作为外语教育有两大类内容，一类是通用英语（EGP），即除了打基础和应对考试之外并没有具体目的的英语教育；另一类是专门用途英语（ESP），即为特殊目的服务的英语教育。在 ESP 下面，又可细分行业英语（EOP）和学术英语（EAP）。学术英语（EAP）可分为通用学术英语（EGAP）和专门学术用途英语（ESAP）两种。通用学术英语侧重各学科英语中的共性内容，即培养学生在专业学习中所需要的学术英语口语和书面交流能力，例如用英语听讲座、记笔记、查找文献、撰写论文和参加国际会议以及学术交流等。专门学术用途英语侧重特定学科（如医学、法学、工程等学科）的语篇体裁以及工作场所需要的英语交流能力。前者是"适合所有专业学生的、具有共性的学术能力的教育"，后者是"适合具体专业特点的英语及其技能的教育"[2]。

世界上大多数高校针对非英语专业学生的外语教育主要是通用学术英语（以下简称学术英语）。如在亚洲，香港高校是以学术英语为主，到了高年级有少量

---

[*] 刘艳（1976—），女，河北保定人，中国政法大学外国语学院副教授，研究方向为法律语言学、外语教学。

[1] Hutchinson, T. A. Waters, *English for Specific Purposes: A Learning - Centered Approach*, Cambridge: Cambridge University Press, 1987.

[2] 蔡基刚："学业用途英语、学术用途英语及优质外语教育"，载《外语电化教学》2014 年第 3 期。

和专业或行业相关的特殊学术用途英语教学。[1]日本东京大学和京都大学的大学英语教学一年级为通用学术英语，二至四年级为特殊学术英语。[2]中国大陆的大学英语教育有所不同，通用英语一直占据主流地位，但近年来学术英语教育及其相关研究逐渐崭露头角。国内几所中外合作办学如西交利物浦大学（西浦）、宁波诺丁汉大学等，都是以学术英语教育为重点，并且是按照英国大学的要求和理念教授学术英语，拥有完善的学术英语教学体系和课程设置。教学目标是培养学生成功获得以英语授课的英国大学学位课程所需的英语专业能力。不少高校在构建大学英语课程体系时，也将学术英语作为重要的组成部分进行开发建设，如上海中医药大学的"中医英语"是上海市精品课程，解放军理工大学围绕军事英语进行大学英语教学改革，形成特色，入选第三批大学英语教学改革示范点项目学校。2010年北京外国语大学创办《中国ESP研究》期刊，主要发表有关专门用途英语，包括学术英语的理论与教学实践研究成果。

国内对学术英语的研究虽然已经开始，但相当有限，不少发表的文章仍停留在介绍国外的研究成果上。鉴于学术英语在我校尚处于发展中阶段，但作为核心课程，它不仅是教育部在《大学英语课程教学要求》中明确规定的内容，而且是国际大环境对高校英语教育的要求课程。因此有关通用英语向学术英语的转型研究具有一定的理论和实践的指导意义，也是亟待解决的课题。

二、从通用英语向学术英语的转型研究概述

我校从2012级新生开始全面开展学术英语教学，其教改指导思想是结合学校法学学科特点，创建以学术英语为核心、以分科英语为特色，通用英语、学术英语与交流能力并重，英语与专业、语言与文化相结合的多元大学英语课程体系。在此背景下，根据外语教学的相关文献以及《大学英语教学指南》（2017），结合当前社会和学生对英语学习的需求以及大学教育的特点，本文把着眼点放在通用英语走向学术英语的适应性研究上，试图分析转型期间面临的各种问题和挑战，以及如何解决问题、克服挑战，全面提升学生的学术英语能力，找到体现中国政法大学特色的从通用英语到学术英语的转型之路。具体而言，本文的研究内

---

[1] 蔡基刚："关于大学英语课程设置与教学目标——兼考香港高校大学英语课程设置"，载《外语教学与研究》2011年第4期。

[2] 张济华等："语料库与大学专门用途英语（ESP）词汇教学探讨"，载《外语界》2009年第3期。

容包括以下三个方面：

（一）通用英语向学术英语转型期学术英语课堂的研究

学术英语课程教学的重点仍然是学生英语语言的提高，但在教授语言时，侧重点不再是语法、词汇甚至语言赏析类的教学，而是学术能力的培养。从对我校历届新生的授课情况来看，多数学生的学术英语能力比较欠缺，主要表现在：不习惯全英文授课，缺乏听课经验与技巧；在进行口头学术交流方面缺乏专门的训练；难以适应专业阅读及写作方面的要求。因此，如何使学术英语课程适应我校当前的人才培养模式，以确保大学生在提高通用英语能力的同时提高专业课程学习所需要的语言综合能力，是值得我们深入研究的重点课题。

（二）通用英语向学术英语转型期大学生的适应性研究

长期以来，我国的大学教育与中学教育之间在教学、学生基本能力培养等方面存在着严重的不对接现象。中学阶段大多注重帮助学生考高分、升学。通常的外语考试偏重笔试，学生往往通过多做模拟题、多琢磨选项技巧来获得高分。进入大学，新生会发现大学的英语学习在教材、教法、学习目的和学习方法等方面和中学英语教育有极大的不同。尤其是我校自2012年全面开展学术英语教学并将之纳为必修基础课程以来，许多学生在开学很长一段时间内对学术英语学习感到"迷茫""困惑"，表现出多方面的不适应。因此，对新生的学术英语学习存在的问题进行分析，查找其不适应的根源，提出具体的对策与措施，帮助学生顺利转型是提高大学英语教学水平的关键一步。

（三）通用英语向学术英语转型期大学英语教师的适应性研究

这次转型是在教育部发起的大学英语教学改革活动的不断深化中自然出现的，大学英语教师面临着前所未有的危机。如果说传统上大学英语教师存在着学科归属不清晰、科研上处于弱势地位的尴尬局面，那么此次的转型则关系着大学英语教师的生存问题和存在的合理性问题。大学英语教师的学科背景基本上是英语语言文学，拥有双学位或跨学科背景的教师比例极低。老师们基本来自各大院校的英语系，专业知识包括英语语言学、文学、翻译，师范英语专业的毕业生还接受过教学法、教育学、教育心理学的初步教育。这样的学科知识结构相较于大学英语转型的要求是有相当距离的。大学英语教育要成功转型，大学英语教师的转型及其相关研究至关重要。

三、从通用英语向学术英语的转型研究分析

（一）从通用英语向学术英语的转型是必要的

1. 经济全球化与高等教育国际化的挑战。为了适应经济全球化与高等教育国际化的挑战，我国需要改变人才培养战略，其中英语教育作为与世界交流的窗口，承担起应对该挑战的责任。通用英语在北美等国家是初中学习的内容，而学术英语是大学的教学目标，但是我国大学仍然普遍施行通用英语的教学。因此，为了真正帮助学生做到学以致用，为未来的工作打下基础，适应国际化的挑战，我校必须实现从通用英语到学术英语的转型。

2. 大学英语教学效率与生存危机的挑战。"投入大、成效低"是我国大学英语教学，也是我校大学英语教学的问题。学生学了十几年的英语不过成为考试的工具，导致我国人才培养呈现出无法与国际接轨的缺口。而学术英语教学可以大大提高学生的学习兴趣和学习效率，同时也能服务于学生未来的工作，符合其长远发展的需求。因此，推动通用英语向学术英语的转型是必要且迫在眉睫的。

3. 大学英语教学的新定位。从通用英语向学术英语的转型是大学英语教学的重新定位，同时也是有效定位。与培养出来的仅仅会参与四六级考试的大学生相比，国际社会更看重能够阅读和查阅本专业英文文献、用英语进行交流以及参加国际学术活动研讨的人才。同时，这种能力的培养也符合学生终身发展的需要。因此，大学英语教学的重新定位也迫使通用英语必须向学术英语转型。

（二）从通用英语向学术英语转型期学术英语课堂的研究

本文调查了从通用英语向学术英语转型期学术英语课堂的情况，主要针对项目教学法的应用情况进行分析。项目教学法（Project – based Instruction）是以内容为依托的教学方法中最行之有效的模式，PBI 教学理念就是让学生通过项目研究的方式解决学科上的问题。在项目研究的过程中，学生不仅能够通过相关学科内容的研究提高其学术英语能力，而且还能发展他们的自主学习能力、团队协作能力、分析问题和解决问题的能力以及批判性思维。

笔者所带班级为大一新生，来自商学院，所开设课程为学术英语。学期开始，为了详实地了解学生的英语基础，笔者对所带班级 2017 级 50 名学生作了问卷调查，其中关于学生对基于项目的学习模式了解程度的相关数据如下图所示：

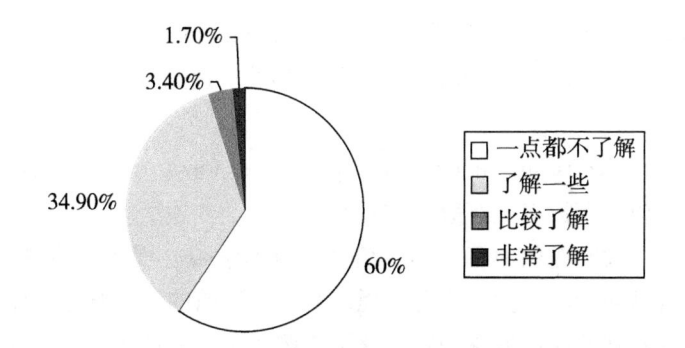

```
           1.70%
     3.40%
34.90%           一点都不了解
                 了解一些
           60%   比较了解
                 非常了解
```

从以上数据可以看出，大部分同学对项目研究并不了解，这是由于学生一直以来接受以教师传授为主的传统教学法的教授。项目研究需要学生具有较强主动性，具有发现问题、解决问题的能力，涉及专业知识和研究方法，对学生的独立思考能力和学术素养要求较高。

项目教学法的实施步骤如下：

1. 前期准备。就基于项目的研究型课程的有关问题进行文献研究和思考，做有效的前期准备。随后开展讲座和小组专题研讨，内容包括：项目研究的相关原理、研究方法、多媒体运用和 PPT 制作等技术、公共演讲基本技能等。

2. 学生小组分工。学生在教师指导下进行分组和项目选题工作，自主确定小组负责人和小组内部成员的具体分工，并由小组负责人将小组分工情况和项目计划制成电子表格交给任课教师。

3. 基于项目的探索式学习。学生根据所选项目主题和分工，在课后进行自主学习，进行资料搜集、整理、翻译、分析、PPT 制作、演讲稿写作等工作。

4. 课堂展示。学生在课堂上展示研究成果，每个小组成员借助多媒体设施，用英语陈述自己的研究成果。教师和观众同学们基于小组成员的多媒体表现形式（如 PPT）、课题完成程度、口语表达能力、团队合作效果等进行评分。优秀的团队小组还可以参加学校的学术英语口头报告大赛，进入决赛可获得证书、期末加分等奖励。

课堂展示结束后，学生就项目的准备和项目的展示过程撰写反思日记，以便查漏补缺，探究不足。为确保反思日记的成效，反思日记规定为统一的格式，由三部分构成：

· What have I done? What have I learnt?（这段时期我完成了什么？我学到了什么？）

· How did I learn/do it? Is there any difficulty in doing/learning that? What strategy have I used in solving it?（我怎么学到/做到的？遇到哪些困难？我用了什么策略来解决？）

· How effective is my strategy? Is there a better way to do that?（我用的策略有效吗？回头想想，有没有更有效的方式？）

通过以上三大问题的回答，学生结合自身的学习心得重新审视习得的知识，批判地思考自己的学习行为和学习过程，对自己当前的思维状态、学习状态提出质疑，并试图找到原因、解决问题。此举希望学生养成反思习惯，能够看到自己的进步和努力的有效性，从而制定相应的可企及的目标和计划。此举也希望学生逐渐消除学习中的困惑，激发学习动力。绝大多数同学的反思日志肯定了项目教学法的效果，也分享了他们积极迎战困难、取得进展的兴奋之情，学生的认知能力、社会适应能力及情感认知都得到了发展和提升。

(三) 从通用英语向学术英语转型期大学生的适应性研究

本文调查了我校大学生在从通用英语向学术英语转型期间的适应性情况。451位学生参与了调查问卷，其中280位是法学专业学生，171位是非法学专业学生。其主要的问卷信息如下：

1. 学术英语与高中英语的区别。

89.2%的学生认为区别很大。

2. 学术英语学习对提高本人英语水平的作用。

78.1%的学生认为有帮助，9%很有帮助，12.9%帮助不大。

3. 学术英语学习对本人专业学习的帮助。

67.4%的学生认为有帮助（多是法学专业学生），18.7%一般，13.9%没有帮助（多为非法学专业学生）。

4. 学术英语学习因素评价。

83.6%学生认为现行学术英语教学方法比较适当；62%学生认为现行学术英语难度比较适当；49%学生认为现行学术英语教材难度比较适当；58%学生认为现行学术英语学习难度来自词汇。

5. 学术英语课程考核评价。

88.4%学生赞成现行的学术英语考核方式，即形成性评价60%、终结性评价40%。

调查发现，大学生完成大学基础英语的学习后，要顺利过渡到用英语作为工具进行专业学习还存在不少问题,因此,大学英语的教师们编写了《法学英语》作为学术英语教材,教材基于以内容为依托的外语教学法(Content – based Instruction),其理论核心是,如果语言教学基于某个学科知识或学科主题进行,将外语学习和学科内容有机结合在一起,那么教学效率就会大大提高。教材的目的是通过与学科内容相关的载体提高学生在专业学习和研究中所需要的学术英语能力,具体而言,如听专业英语讲课和学术讲座的能力、搜索和阅读专业英语文献的能力、撰写专业文献综述和学术论文的能力等。调查问卷显示,学生普遍对该转型持支持态度,认为在学习中围绕每单元的学科内容,不仅可以提升学术英语能力,还能学到必要的学术规范知识。

(四)从通用英语向学术英语转型期大学英语教师的适应性研究

本文调查了我校外国语学院大学英语教研室学术英语任课老师在从通用英语向学术英语转型期间的适应性情况。17位学术英语任课教师被采访,其主要访谈信息如下:

1. 学术英语教学定位问题。

95%的教师同意学术英语课程定位。

2. 学术英语教学模式问题。

86%的教师认为经过培训、交流及集体备课已经能够初步掌握学术英语教学;14%教师认为还需要接受进一步的培训和学习。

3. 学术英语教材。

91%的教师认为现行教材还需要改进,尤其在选篇、听力部分和词汇方面;89.2%的教师认为在教学中需要补充相关教学材料。

4. 学术英语与以往普通大学英语的区别。

100%的教师认为工作量明显加大;95.6%的教师认为更具有专业性和挑战性;78%的教师认为教学方法不同;97%的教师赞成学术英语考核方式。

从以上数据可以看出,在从通用英语向学术英语的转型时期,教师们面临严峻的挑战,但也对该转型给予了支持和认可。教师们要适应转型的要求,就要从知识结构、教学理念、教学方法上进行适应性的转变。

四、结语

在开设学术英语课程的过程中,我们发现新课程的开设对教师和学生来说既是挑战也是机遇。对于教师而言,虽然教学的重点仍然是学生英语语言水平的提高，但在教授语言时，侧重点不再是语法、词汇甚至语言赏析类的教学，而是学术能力的培养。这需要教师通过适当的培训，转变观念，更新理念，结合课堂实践探索新的教学模式，创新教学方法。对学生而言，也需要通过教师的引导，转变学习理念，将应试学习和被动学习转变为主动学习，努力提高批判性思考的能力和解决问题的能力。另外，开设什么样的学术英语课程要根据各自校情来确定。不同学校的办学特色不同，办学条件（特别是师资力量）有很大的差异，需要根据学生的需求、教师的力量来确定。

经过几年学术英语教学实践改革，我们可以得出这样的结论：以需求为导向，以学科内容为依托，以项目为驱动的学术英语课程教学取得了良好的效果，无论是对学生的英语学习还是之后的专业学习，都有一定的帮助。然而，我们也发现了一些在今后的研究中需要进一步探讨的问题：①如何在加强在职教师培训的同时，帮助他们了解学术英语的特点及其教学方式，以增强他们的自信心；②如何在现有教材的基础上，完善并编写更适合我校学生学习的教材，并且拓展其他相关学术英语教材的自主开发；③除了适当的教材，如何做到学术英语课程的教学内容真实有趣、与时俱进；④如何根据学生的专业对学术英语的课程内容进行进一步的细分；⑤学生英语水平的差异会影响到项目教学的效果，那么针对英语水平偏低、学习主动性不强的学生，该采取怎样的教学模式；⑥如何适时适度地将人文素养、中国传统文化等融入大学英语的教学。这个课题还有进一步研究的空间。

辛衍君*

基于"学习通"等平台的听力课网络教学探究

语言是交际工具。在语言学习中听力是最基本的技能之一，是语言学习过程中最初的感知环节，也是获得可理解语言输入的最重要渠道，因而成为语言交流和维持正常交际的基础以及语言学习者的重点。传统听力课教学受到课时、内容实时性、交流互动性、学生水平参差不齐等诸多因素限制，课程效率不高。因此，如何转变传统教学方法，创新教学模式，构建立体化、开放型的教学环境，优化教学内容和材料，充分调动学生自主学习的积极性，加大听力教学的自由延展力度，帮助学生有效提高听力理解能力已成为英语教师亟待解决的问题。

早在 2004 年 1 月，教育部高等教育司就颁发了《大学英语课程教学要求》（试行），其中明确指出："应当充分利用多媒体、网络技术发展带来的契机，采用新的教学模式改进原来的以教师讲授为主的单一课堂教学模式。新的教学模式应以现代信息技术为支撑，特别是网络技术，使英语教学朝着个性化学习、不受时间和地点限制的学习、主动式学习方向发展。"自此，大学英语开始了网络教学的新时期。后来《国家中长期教育改革和发展规划纲要（2010－2020 年)》和《2014 年教育信息化工作要点》相继出台，进一步明确了"推进信息技术与高等教育的高度融合"和"探索以教育信息化手段破解热点难点问题"的教育发展方向，鼓励学生利用信息技术进行自主学习，这些转变对人才的培养具有重要意义。但由于硬件以及教师对网络教学的把控能力等诸多条件的限制，很多高校的听力课程教学现状和研究还落后于新时期的要求。由于新冠疫情的出现，师生在突如其来的变化中共同努力，打破了传统听力教学的模式，突破时空的界限，加快与教育信息化接轨的步伐，在实践中体验了新教学方式带来的变化。这其中的许多心得、经验和遇到的问题，笔者将从以下几方面逐一探讨。

---

* 辛衍君（1972—），女，辽宁沈阳人，英语语言文学硕士，古代文学博士，中国政法大学外国语学院翻译研究所教授，硕士生导师，研究方向为英美文学和翻译。

一、网络教学的发展

随着信息技术的发展，网络教育有了长足的进步。处于"互联网+"时代的英语听力课程不再仅限于课堂。网络课作为一种多样化教学方法有利于进一步延伸教学内容，改善学生的学习效果。

将计算机应用于辅助教学领域最早起始于美国的斯金纳（B. F. Skinner, 1955）提出的程序教学理论。程序教学就是用预先编制好的程序指导或控制学习某种知识或某种技能的整个过程。20世纪70年代以后，以心理语言学家乔姆斯基为代表的认知学派对以上程序理论进行了批评和继承，他们认为学生在学习过程中存在环境刺激、主动发现、与原有知识相互作用、重新构建知识结构这样四个主要的环节。之后在20世纪90年代中后期这种认识形成了建构主义理论，该理论的核心是以学生为中心，强调学生对知识的主动探索、主动发现和对所学知识意义的主动建构。由于建构主义所要求的学习环境得到了当代最新信息技术成果强有力的支持，建构主义理论日益与广大教师的教学实践普遍结合，也成为新时代我国外语教学改革和网络外语教学的指导思想。在建构主义模式指导下，网络教学具有个性化、协作学习、模块式学习和管理等特点。[1]经历几十年的发展过程，网络课程正朝着大规模、社会化的方向快速发展，慕课（MOOC）就是其中一种。MOOC是一种支持开放访问、大规模参与的在线课程，其设计理念是借助信息技术和网络技术，将丰富、高质量的教育内容传送至世界各个角落。MOOC不仅能为学习者提供免费、优质的教育资源，也能提供完整的学习体验，从而展现与已有高等教育体制相结合的可能性[2]。

之前高校听力教学多以面授为主，网络教学通常用于学生的第二课堂，学生在网络科技创建的新教学环境中获取相关知识，进行课外自主学习。这种教学实际上是线上线下混合教学法。混合教学法的辅助教学平台有很多，除了MOOC，还有英文学习网站、博客、QQ群、微信群、微信小程序以及手机APP等。上述平台为学习者构建了一个更为开放的教学空间，使学生可以在不限定时间、地点的情况下自主学习。

---

〔1〕 文军等："大学英语传统视听说教学模式和网络交互式视听说模式的对比研究"，载《外语与外语教学》2005年第11期。

〔2〕 赵慧霞："Mooc环境下的开放英语微课程设计研究"，载《才智》2014年第14期。

二、新形势下全线上听力课网络教学

疫情期间，听力教学因师生无法返校改为全线上教学。教师利用"学习通""腾讯会议""钉钉""ZOOM""哔哩哔哩"等平台，或采用直播方式或使用 Windows 屏幕录制软件——EV 录屏和 PPT 的录播功能开展线上听力教学。下面笔者将根据教学经历，以"学习通"为例从平台使用、课堂设计、教学重点及注意事项几个方面分享全线上听力课网络教学的心得：

（一）平台使用

疫情期间，我校主要使用"学习通"作为网络授课的平台。该平台硬件要求为可上网的电脑或智能手机。教师和学生可以从 PC 和智能手机下载客户端并使用用户名和密码登录。教师登录后激活课程，之后进行课程建设。学生登录后，选择自己上课的班级、进入相应的课堂，通过教师发送的各类通知，做好课程相关准备，紧随老师的教学进度。该平台的突出优势是强大的教学管理功能，其系统自带的发通知、自建课、点名、上传资料、上传作业及批改、在线测试及网上打分等多种功能比较便捷，但在授课集中时段，直播出现卡顿、掉线等问题且由于平台功能还不够完善，不能满足某些授课需求。

（二）课堂设计

在该平台的课程搭建模块，教师可以按照周和课时建立章节目录、提前上传音频和视频资源以及 PPT 课件和其他多种类型资源。以本人听力课为例，课程设计理念为：课堂精听为主，课后泛听为辅，充分调动学生自主学习的积极性。

1. 课堂精听为主。听力课堂通常以精听为主。开始正式进入听力练习之前，教师通常先完成授课内容的背景导入，讲解相关历史文化背景知识、关键词和词组。这个设计目的在于循序渐进、营造语言环境、突出内容重点、消除学生的听力心理障碍和由于文化差异和听力水平限制而导致的听力障碍。为提高学生听力水平，解决学生在听力中遇到的各种问题，比如最常见的听完后似懂非懂，无法把握大意和细节的问题，在课堂上通常采取逐句到逐段精听的方法，通过刻意训练使学生在头脑中逐渐形成英语句子的意识流，从而可以跟上原文的表达速度，提高理解能力。在精听过程中，通过随机向学生提问，要求学生复述听力内容来了解学生的理解程度并及时解决他们遇到的难点，而学生则可以通过复述和做听写练习来提高口语表达能力和书写速度。经过一段时间有意识的训练，刻印在学生脑海中的句型和表达不断积累，学生对原文理解能力增强，省略了在脑海中进行英汉互译的过程，提高了反应速度。在课堂设计中要充分考虑内容难易程度、知识的广泛性以及实用性，为学生打造立体的语言环境，由浅入深、由慢及快、循序渐进。

在篇章理解练习中，学生通过之前的知识积累和逻辑推理，将现有知识和原有储备知识在脑海中联系起来，减少了篇章理解的障碍。从而完成"学生在学习过程中的环境刺激、主动发现、与原有知识相互作用、重新构建知识结构"四个主要环节。课上时间有限，同学们的听力水平参差不齐，把握听力内容的难易程度是教师应该关注的重点之一。使用"学习通"提前上传资料后，教师可以鼓励听力较差的同学课前下载材料预习，课后反复听，巩固提高，从而补齐差距。

2. 课后泛听为辅。作业是课堂教学的延展，是教学的重要组成部分，应辅以丰富而广泛的材料。内容应尽量多样化，利用文字、图片、动画、音频等丰富的网络资源优势为学生提供更加优质的语言环境。学生还可以根据自己的偏好，选择不同的学习方式，如听英文歌曲、看英文电影、听新闻等。学生可以选择个性化学习方式，使学习内容和课内知识互补。

教师利用"学习通"平台可以分话题和难易程度上传几组不同的学习材料，供不同听力水平的学生自主选择。教师在"学习通"给学生布置课后泛听作业时，可以设置"任务点"，通过这些"任务点"的设置，教师可以监测学生的学习时长、进度，从而获取学习记录，完成督学。布置作业时应注意在听力材料后附随练习，跟踪听力效果，达成预期目标，避免个别学生将内容空放而并未认真逐段听完和练习的现象发生。

（三）网络教学缺陷及解决方案

基于该平台的网络教学遇到以下问题：①有时由于教师和学生所处的地理位置限制，网络信号不稳定，影响授课效果。此次疫情期间，有的学生家地处偏远山区，信号十分不稳定，课堂中时有掉线、提问环节听不清彼此发言内容的情况。②在高峰授课时段，由于平台访问量过大，直播视频卡顿严重，影响授课效率和课堂效果。③课堂互动环节，因网络延时而导致的声音断续浪费时间，学生回答问题不似面对面授课那般踊跃，教师掌控全班学生的反应和学习状态有难度。④如果使用录播，教师根据学生实际情况临场发挥、灵活和自由授课的空间受限。⑤"学习通""腾讯会议"的共享屏幕功能可以播放PPT课件，但却不能播放教师电脑中的视频文件，导致教师无法与学生直接分享自己电脑中的视频。⑥在线课程提问学生，由于学生所处学习环境不同，回答问题时常常有噪音，影响课堂效果。⑦学生长时间网络上课，加之有外界环境干扰，导致学生学习精力不集中。

针对以上的各种问题，笔者提出以下建议：①在线授课时教师可将课程内容录屏保存，课后上传平台，防止个别学生因网络问题中断课程，错过重要知识点。②熟悉多种平台的使用方法，综合利用，根据课程内容灵活转换平台，不能只依托一个平台。比如ZOOM的共享屏幕就可以播放视频，解决"学习通"和"腾讯会议"在共享屏幕的情况下，无法分享视频文件的问题。给学生发通知最好利用微信群的群待办功能，这种方法更直观有效，可以清楚了解学生阅读动态。③授课时关闭学生的麦克风和视频按钮，提问时和互动时再启动。另外，上课点名要有任意性，不能有规律，以确保学生紧随课堂进度、不走神。④授课充分利用网络授课优势，讲课要声情并茂，内容要尽量丰富，提高学生学习兴趣和专注度。⑤课后利用网络与学生积极沟通，师生可以打破时间和空间的障碍，在课下随时进行网上交流，教师能及时回答问题，接受学生反馈的意见。

（四）开启学生自主学习模式

英语是一个重在应用的学科，其重要特色就是通过听说读写多种途径的反复应用练习，使学习者循序渐进地提升综合交际能力。也就是说，听说读写四方面能力是彼此交织、互相依存的，不宜单独训练某一方面能力。然而，在英语的各项能力中，听力是交际能力中不容忽视的基础，学生只有在听懂的情况下才能将所学知识融会贯通，进而顺畅地交流，所以固本溯源，英语学习应该"听说为本，读写并重"[1]。

提高学生听力能力应该对症下药，抓住根本。提高听力能力，首先要掌握好语音基础知识。在上大学之前，很多学生没有接受过系统听力训练和发音训练，发音不准会严重影响学生的听力理解能力。如果学生头脑中的单词发音是错误的，同一单词即使听到了正确的发音也无法形成对应的理解，从而影响听力效果，所以纠正语音势在必行。关于语音，学生应该掌握英语的读音规则，如连读、轻读、重读、意群、语调等，并进行大量的模仿练习。由于课时限制，这些基础练习老师很难在课堂上一一指导学生完成，学生要依靠自己的努力，在课后补足之前的欠缺，利用网络资源解决以上问题。网络课与传统英语听说面授课相

---

[1] 刘润清："关于英语教学大纲改革——从分离式教学大纲到统一的课程标准"，载《外语教学与研究》2002年第6期。

比，在听、说基本功的准确性提高方面有较大优势。为从根本上解决问题，教师可以向学生推荐网络教程，发挥学生自主学习能力，夯实基础。比如《新时代交互英语》网络教程就提供了大量的跟读、模仿、录音、听写等练习，这些对学生训练提高听力能力有很大帮助。

学生在语音学习和训练过程中积累了大量的词汇，同时掌握了正确的语音和语调，对学生今后口语和写作能力的提高有水到渠成之功效。此外，听力教学还应充分调动学生听觉、触觉、视觉等多个感觉器官的互动，通过音像交流、影像交流等方式为学生营造仿母语的语言环境，培养学生的理解、分析、评判和表达能力，从而使学生语言的综合运用和交流能力一并得到提升。

总之，教师要鼓励学生利用网络辅助学习手段，树立自主学习听力的意识，提高自主学习能力，不再单纯依赖课堂有限的学习时间。教师可以向学生推荐英语学习网站、慕课、微信小程序等。以微信中 BBC English Podcast 小程序为例，该程序里面包含了非常丰富的资源，同学们只要在手机微信中添加该程序，有时间随时可以练习。BBC English Podcast 里面既有听力材料、词汇、练习，又有原文，非常适合学生。依据现代教学理论，外语网络课程的知识以活动为主。教师还可以依托网络资源为学生开展各类活动，这有利于调动学生学习的积极性，体现其在网络课程学习中的主体地位。因此，外语教师必须提升网络教学质量，根据不同的学习目标和知识点，设置合理的学习活动，并对活动实施情况提供反馈意见。[1]

三、结语

网络听力教学是利用网络资源的新型听力教学模式，大多数学生认可并接受目前的网络学习模式，因为这种教学模式打破传统学习方式，突破了时间和空间上的限制，为学生提供大量接触真实语料和目的语文化的机会。在听力教学改革的浪潮中，机遇和挑战并存。教师只有在新形势下及时转变教学观念，学习新技能，不断发现问题、思考问题、分析问题，最终解决问题，才能更好地适应教育改革，推陈出新，与时俱进，促进教学能力的不断提升。

---

〔1〕 魏斌、曾青松："网络课程学习平台课程资源使用的调查及分析——一项基于大学英语网络课程教学的实证研究"，载《电脑与电信》2015 年第 10 期。

刘艳萍 *

二语听力环境与听力理解的构建

一、二语习得中听的能力

语言学家努南认为听力（listening）是一种解码过程[1]，它涉及听思想、感觉和意图[2]，它包括辨音能力、识别语法、选择必要的信息、记忆信息等能力，是将声音和意义联系起来的过程[3]。由此可见，听是一个复杂的任务，是一个从感知到理解的认知过程[4]。罗斯特认为听力是人的神经感知过程，是集语言学、语义学、语用学为一体的自动过程（Michael Rost，2011）。由此可见听力是一个复杂的过程，也决定其本质上不逊于二语习得的其他能力。但是，努南同时也认为听力是二语学习中的灰姑娘技能[5]（David Nunan，1997）。实践中也的确如此，听力能力一直被忽视，由此造成听力较其他语言技能而言相对薄弱，其主要原因是构成听力能力环境系统的诸多要素失衡。

二、听力环境及构建

1. 听力环境。二语习得的听力环境涉及听力学习的语言要素和非语言要素，是学习氛围、动机、心理、习惯、活动、障碍等主观要素和客观要素的总和。在

---

* 刘艳萍，中国政法大学外国语学院教授。

〔1〕 Nunan D., *Listening In Language Learning*, The Language Teacher Online, Issue 21.9, Last modified: September 14, 1997, Document URL: http://www.jalt-publications.org/tlt/files/97/sep/index.html.

〔2〕 Gilakjani A. P., Ahmadi M. "A Study of Factors Affecting EFL Learners'English Listening Comprehension and the Strategies for Improvement", *Journal of Language Teaching and Research*, 2, 977–988.

〔3〕 Morley, 1972 as cited in Pourhosein Gilakjani & Sabouri, 2016.

〔4〕 Delvaux V., Huet K., Calomme M., Piccaluga M., Harmegnies B., Last modified: 2015, November 17, Teaching listening in L2: *A successful training method using the word spotting task*, Direct access: https://www.internationalphoneticassociation.org/icphs-proceedings/ICPhS2015/Papers/ICPHS0784.pdf

〔5〕 David Nunan, *Listening In Language Learning*, The Language Teacher Online, Issue 21.9, Last modified: September 14, 1997, Document URL: http://www.jalt-publications.org/tlt/files/97/sep/index.html.

听力环境系统中,各要素独立存在,又互相牵制,构成一个整体,制约学习者在该环境中的整体表现,进而体现学习者在听力能力上的强弱。

2. 听力环境的要素。听力环境是包含语言要素和非语言要素、主观要素和客观要素的一个有机整体,环境内各要素既互相独立,又在某种程度上相互交叉、相互作用,进而影响听力能力的整体水平。听力是语言技能,也受个体心理、文化等其他能力和水平的制约,其环境的建立受语言要素和非语言要素的约束,而个体环境的建立更多取决于学习者自身主观要素与外界客观要素。目前就国内高校二语习得的人群而言,诸多原因导致该群体的听力环境差,听力整体能力普遍低,听力成为听说读写译能力中的倒数排位榜首。因此,研究听力阻碍并改善听力环境要素有助于提高二语听力能力。

```
                    听力能力
                       /\
                      /  \
                     /    \
                    /主观要素\
                   / 客观要素 \
          语言要素/_____\非语言要素
                    听力环境
```

三、调查问卷与分析

本调查问卷采样155人,为我校大学一年级本科生。问卷设计旨在了解学生英语听力现状,包括听力阻碍要素、困难、学习习惯等,回收有效问卷155份。

1. 听力阻碍的语言要素与非语言要素。听力障碍的要素可分为语言要素和非语言要素,其与主观要素和客观要素在构建听力环境时,相互交叉,相互制约。听力理解的主观语言要素包括语音能力(发音、听音、辨音)、词汇能力、语法能力、语篇理解能力、外语综合能力;听力理解的客观语言要素包括材料的领域、难易度、国别口音差异、俚语、个体口音、连读、数字、人名、语速等。听力理解的非语言要素也包括主观要素和客观要素。非语言主观要素涉及心理要素、学习兴趣、学习方法、学习习惯,而非语言客观要素则包括文化障碍、思维障碍、母语干扰等。根据调查问卷,听力的主要阻碍是语言要素,而主观语言要素在其中占比更大。

2. 听力阻碍的主观要素及客观要素。

（1）听力阻碍的主观要素。听力阻碍的主观要素很多，本问卷列出 10 项（可多选），包括心理要素（1 项）、兴趣度低（1 项）、学习习惯差（2 项）、涉听能力弱（3 项）和语言其他水平低（3 项）等。在 10 个选择项，总人数 155 人中，142（92%）人的学生认为词汇量不足是听力的最大困难，占据榜首（16.57%）；辨音能力差（15.87%）、听音会意能力差（12.02%）、很少听英文材料（11.90%）次之；更有 4.2% 的学生对于听力缺乏兴趣；而大多数学生对其外语读写水平评价很高，2/3 的学生认可自己英语综合及理解能力（见图一）。

	占比	数量
心理因素	7.82%	67
缺乏兴趣	4.20%	36
方法不得当	8.17%	70
词汇量不足	16.57%	142
发音不准	9.68%	83
辨音能力差	15.87%	136
听音会意能力差	12.02%	103
很少听英文材料	11.90%	102
语篇理解能力差	7.82%	67
英语综合能力差	5.95%	51

图一　听力阻碍的主观要素

（2）听力阻碍的客观要素。问卷中，听力阻碍的客观要素列有 12 项，包括非语言要素（3 项）、材料要素（2 项）、说者要素（4 项）、其他要素（3 项）。

被调查者认为，非语言要素的 3 项，文化、思维差异及母语对听力的干扰程度分别为 6%、7% 和 8%，所占比例不大。材料要素中的语言难易程度占据障碍选项中的第二（13%），材料领域的阻碍度相对低，占 9%。说者要素其中两项在困难程度上趋高，分别为语速 14%，连读 12%，而另外两项口音及国别语音差异，分别为 9% 和 3%。其他要素，材料中的人名、数字及俚语使用对学生听力造成的困扰不大，分别为 5%、7% 和 7%（见图二）。

要素	占比	数量
文化障碍	5.85%	55
思维障碍	7.13%	67
母语干扰	7.66%	72
材料难易程度	13.19%	124
材料领域	9.26%	87
英美音差异	3.51%	33
俚语	7.34%	69
口音	8.51%	80
连读	11.70%	110
数字	6.91%	65
人名	5.11%	48
语速	13.83%	130

图二 听力阻碍的客观要素

3. 听力阻碍的主要要素分析。从该图表可以看出，在155名采样者中，造成听力阻碍的要素中，超过100人（65%）的选项为：词汇量少（142人）、辨音能力差（136人）、语速（130人）、材料难易程度（124人）、连读（110人）、听音会意能力差（103人）、很少听英文资料（102人）。

由此得出，学习者自身能力（词汇量、语音能力）、学习习惯（很少听英文材料）和材料难易及材料语速是听力困难的主要要素。

（1）词汇量。调查问卷显示，92%的学生认为词汇量小是导致听力困难的最大原因。学生对一些词汇的掌握仅限"音"和"容"，而不会使用；或者对一些词"只知其一，不知其二"，仅掌握词的基本含义，换个含义换个语境就全然不知。另外，一些否定意义的词等都会对其听词辨义带来阻碍。目前，高考毕业升入大学的新生，词汇量大概在3000~4000左右，大学英语四级的词汇量为4500，六级为5500。虽然高中的词汇和大学英语四六级的词汇数量有差异，但由于大学英语中听力的对话及短文的文字材料偏口语化，用词相对简单，容易理解，单从文字材料看，同一层级考试的"听力"和"阅读"语言的难易度明显不在一个重量级上。实际上，学生掌握的词汇完全可以构成听力理解的基础，但对词汇的不完全掌握，即缺乏对词的音、容、义、用的全面解读，阻碍了其听力理解。

（2）语音。语音是学生听力的最大障碍。受母语或方言的影响，加之没有接受发音规则的专项训练，学生头脑中形成的固化的错误概念导致语音、发音问题较大，主要表现为发音与标准音存在差距、缺乏基本的语音知识、辨音能力不强、对连读、弱读、失去爆破没有概念、单词重音错误、不懂意群的停顿以及不了解国别发音的差别等。对听者而言，"此音非彼音"，闻其音而不解其意，倒也是常见。"辨音"是大脑对于语音和单词的处理速度，是听力的核心难度标准。辨音速度越快，获取信息的速度越快，准确度越高。相关语音知识薄弱很容易使学生形成听觉错误，甚至听不懂语言难度很低的材料，常常在"读"到听力的文字材料时会发现文字材料原本很简单。

（3）材料。听力材料是涉及某一领域的内容，经过（特定）语言表达，以相当的语速呈现出的对话、新闻或短文。因此材料领域、语言表达、速度决定了该材料的整体难易度。目前，四六级考试听力的短文主要来自于时下流行的新闻网站（BBC、VOA、CNN 等）和杂志（纽约时报、经济学人、时代周刊、科学美国人、今日美国等），题材范围十分广泛。听力短文题材主要为记叙文、说明文和议论文，每篇文章风格不同，题材迥异，语言表达和结构差异很大。另外，材料领域的词汇也有专门性。调查问卷显示，80% 的学生认为，材料的难易程度是阻碍听力的最大要素之一。

根据调查问卷，84% 的学生认为听力难度取决于材料语速。材料语速快，要求辨音速度快，对听力能力的要求就高，材料的难度也就高。在目前的考试中，英语四级考试听力部分的语速是每分钟 130~150 个单词，六级考试的语速达每分钟 160~180 个单词。雅思听力速度为每分钟 220~300 字左右，而托福是所有考试中语速最快的。

（4）学习习惯。依据调查问卷，大多数同学认为一周 2 小时课堂听力为宜（35.48%），1/3（33.5%）的学生课后自己的听力累计时间为半小时，29% 的学生累计时间为 1 小时，9.7% 的学生听力时间为 2 小时以上，另有近 5% 的学生课后从未听过任何听力材料；学生课后常采用的听力形式是泛听；最喜欢的听力材料是电影（45%）、故事（25%）和新闻（14%）；他们认为最有效的提高英语听力的方式是多听听力辅导材料（27%）和看英文电影（24%）；他们的听力来源主要是课本（34%）和微信公众号（26%），一些学生的材料来源于电视（13%）和辅导网站（12%）（见图三）。

你认为每周听力课时多少为宜 [单选]

	占比	数量
1小时	17.42%	27
2小时	35.48%	55
3小时	29.03%	45
4小时以上	18.06%	28

你每周课后听力累计时间 [单选]

	占比	数量
0分钟	4.52%	7
15分钟以内	22.58%	35
30分钟以内	33.55%	52
60分钟以内	29.68%	46
120分钟以内	5.81%	9
更多	3.87%	6

自己常做的听力练习（可多选）[多选]

	占比	数量
精听	23.08%	45
泛听	64.62%	126
其他	12.31%	24

你喜欢的听力材料（可多选）[多选]

	占比	数量
时事广播	9.68%	15
新闻	14.84%	23
电影	44.52%	69
故事	25.16%	39
电视节目	5.81%	9

你认为最有效的提高听力的方式（可多选）[多选]

	占比	数量
听英文歌曲	13.96%	55
听新闻	17.77%	70
看英文电影	24.37%	96
看英文电视节目	14.97%	59
多做听力辅导练习	26.90%	106
其他	2.03%	8

你认为最有效的提高听力的方式（可多选）	占比	数量
听英文歌曲	13.96%	55
听新闻	17.77%	70
看英文电影	24.37%	96
看英文电视节目	14.97%	59
多做听力辅导练习	26.90%	106
其他	2.03%	8

你的听力材料来源（可多选）	占比	数量
课本	34.19%	53
广播	3.87%	6
电视	12.90%	20
微信公众号	25.81%	40
辅导网站	11.61%	18
其他	11.61%	18

你与母语为英语的人接触	占比	数量
每周一次	3.23%	5
每月一次	4.52%	7
每年一次	18.06%	28
从不接触	74.19%	115

图三　听力的学习习惯 1

高达 75% 的同学从未接触过母语为英语的人；课外自主英语学习花费时间最多的是阅读（63%），听力紧接其后（17%）。45% 的学生表示从未参加过任何形式的英语活动，仅 19% 的学生参加过演讲比赛，而演讲比赛是课外活动参加人数最多的项目（见图四）。

课外自主学习英语花费最多时间的是	占比	数量
阅读	63.23%	98
听力	16.77%	26
写作	12.26%	19
口语	7.74%	12

你参加过的英语活动	占比	数量
英语角	9.68%	15
英语戏剧	9.03%	14
英语歌曲大赛	6.45%	10
英语演讲比赛	19.35%	30
英语配音大赛	10.97%	17
从未参加过	44.52%	69

图四　听力的学习习惯2

以上信息显示了学生的学习习惯和喜好，以及课外英语学习和活动倾向。学生课外的英语学习除坚持传统的阅读外，借助现代技术与媒体的发展，听力越来越成为学生外语学习的主要活动，获得听力的渠道从传统模式转向更为便捷的利用手机学习的方式，如微信公众号等。另外，课外英语活动除传统的英语角，更多形式的活动吸引越来越多的人参与。但值得深思的是，近一半的学生从未参加过任何形式的英语活动，可见英语活动的普及度还有待提高。

四、构建良好的听力环境、提高听力理解技能

目前我国大学生英语听力的基础薄弱，影响了语言能力的全面发展。究其原因，在中学英语教学的基础阶段，听力能力培养未得到应有的重视，大量时间用在词汇、语法结构等方面的讲解和训练，背离了语言学习的自然法则。一些省份高考英语试卷未设置听力，在以考试为指挥棒的大环境下，这无疑使听力能力培养雪上加霜，致使这些学生进入大学后，缺少听的心理准备及能力准备，初始大多数学生听不懂英语授课，对听力课存在恐惧和排斥心理。

在此情形下，构建和改善良好的听力环境很有必要，在要求提高语言和非语言能力的同时，加强主客观要素的协同调节和改善，单一项素的改变注定不能带来显著效果。

1. 大环境。近些年，国家对外开放的大战略和培养高端涉外人才的政策导向，是外语学习大环境的重大利好。越来越多的国际交往带来了机遇和挑战，多媒体平台资讯丰富、及时，给语言学习带来了诸多便利。教学大纲和四六级考试的指向在某种程度上提升了听力的关注度。相比之前大环境有了太多的改善，为建立良好的个体环境奠定了坚实的基础。

2. 教师的角色。教学中，教师应注重能力培养而非纯为通过考试而设定课堂教学，教师应起到"授之以渔"的角色，听力能力培养不能脱离语言整体技能的提高。

3. 听力理解。英语听力能力应建立在语言技能整体水平的基础上。听力检测语言技巧，重点是语音、语法和词汇、篇章结构和逻辑关系等。听者运用听觉依次感知词素、词汇、意群、句子、篇章，分析抽象概念和逻辑关系，解码目标语言的信息。

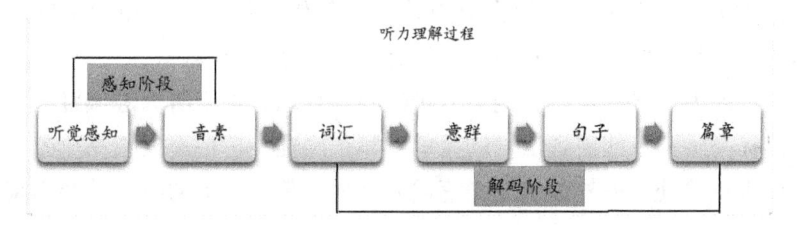

听力理解过程

听觉感知 → 音素 → 词汇 → 意群 → 句子 → 篇章

感知阶段｜解码阶段

听力理解过程中，听者会最初感知到音素，音素构成单词，单词组成意群，意群合成句子，句子构成篇章。听力就是在感知最小的音素、掌握词汇、了解意群、分割较长的句子、识别中心信息的基础上，达成篇章理解。过程中听者运用其词汇、语法能力和背景知识等进行解码，把握信息，理解含义。听力过程分两个步骤：①感知阶段。在此阶段，语言材料输入到听者大脑中，听者感知并辨认输入材料；②解码阶段。听者将输入材料整理、组合、解译。在这一阶段听者发挥其语言能力，在被触发的背景知识基础上，构建、预判或推测语言材料的意义，从而达到理解。由此可见，听力理解能力的提高建立在诸多相互作用的要素上。

4. 提高听力理解技能。听力理解是指在对输入的语言材料进行加工处理时，对材料的解码和理解。因此听者应该具备一定的语音、词汇、语法知识、学科领域及文化背景知识，这也是教师应授之以"渔"的要素，学生应抓住其重点。

构建听力理解的能力，主要表现从以下几个方面：

①语音能力。听音时，注意语音的连续、失去爆破、弱读、简化等，掌握辨音及辨明重音和语调的能力。

②扩大词汇量。了解构词法，掌握同音异义、一词多义等现象。尤其要掌握不同领域的特殊词汇，注意积累，熟悉的词汇会大大降低复杂领域的难度。

③熟练掌握语法。熟悉语法，根据句法、逻辑关系等解码材料，注意表达逻辑关系的关联词和关键词或句，尤其注意特殊句型和用法，如否定句、虚拟语气、情态动词、习惯用法等。

④拓宽背景知识。根据背景知识可预知和推测文章走向。听力材料涉及面广、包罗万象，学生应不断拓宽自己知识面，了解文化差异及生活常识，同时也要具有反预知的能力，因为有些材料常常"出乎意料"。

⑤扩大阅读量。阅读和听力有共同点，都要具有认识细节、重复信息与转述信息的能力，判断、推理、归纳及总结等能力必不可少。阅读数量和质量决定了语言整体水平，决定听者的听力分析技能与整体理解水平。阅读不同领域的材料，积累相关领域词汇，对听力理解具有非常积极的影响。

⑥其他能力。树立信心，避免紧张的心理状态。克服听力恐惧症，在一定程度上可以提高听觉感知声音信号的灵敏度和正确性；切记不要纠结个别漏听、未听清楚或难点之处。另外，快速做笔记的能力及掌握一定的听力技巧对应对考试极其有效。

五、结语

本文通过调查问卷了解学生英语听力的相关阻碍因素，分析听力环境构成的诸多要素，阐明提高听力的策略和方法。同时希望个体二语习得者，在适应听力环境系统时，努力克服阻碍，扩大积极要素，自我营造一个听力友好型环境，不断提高完善综合能力，由此促进听的能力的全方位提高。

四、培养模式：人才培养的创新与实践

赵洪芳*

基于"译者翻译能力理论"的MTI法律翻译教学模式探析**

一、引言

随着我国对外开放的进一步深化和"一带一路"倡议的逐步推进,我国对外经贸交流与合作日益频繁,亟需大量既懂外语又懂法律的复合型法律翻译人才。翻译市场对法律翻译人才的培养提出了更高的要求,因此对法律翻译人才的培养需要更加规范和高效。为使高校外语和法律教学面向世界,急需在高校建立法律翻译教学机制,提高专业化水平,满足经济服务和社会需求[1]。

由于法律翻译教学在国内开展的时间不长,正处于探索阶段,大多数关于法律翻译的研究倾向于从宏观层面来审视法律翻译人才培养的模式、困境与出路[2]。而从微观层面探讨法律翻译教学模式的研究寥寥无几。有的学者尝试在MTI法律翻译课程中运用体裁教学法,通过提高学习者的体裁意识,强化法律语篇中的结构特征和语言特点,挖掘语篇中的文化元素及其内涵,探索提高学习者法律翻译能力的道路[3]。有的学者提出建构主义教学理论主张的摒弃传统的灌输式教学、发挥学生的主体地位与创新性的观点,可以与法律翻译教学培养实用性、复

---

* 赵洪芳(1976—),女,山东省青岛市人,法律语言学博士,中国政法大学外国语学院副教授,硕士生导师,研究方向为法律语言学和法律翻译。

** 本文系2020年中国政法大学研究生线上教学规律研究项目"法律翻译(汉译英)线上教学模式探析"的阶段成果。

[1] 顾维忱:"关于改进高校法律翻译教学机制的思考",载《河北师范大学学报(教育科学版)》2010年第12期。

[2] 参见许多:"论翻译硕士法律翻译人才培养的困境与对策",载《中国外语》2017年第4期;张法连:"'一带一路'背景下法律翻译教学与人才培养问题探究",载《中国翻译》2018年第2期;黄春芳、张法连:"'全人教育'理念指导下的法律翻译人才培养模式探索",载《外国语文》2019年第6期。

[3] 居方:"MTI法律翻译教学模式探析——以体裁教学法为例",载《海外英语》2019年第24期。

合型法律翻译人才的目标相契合，因此可以在法律翻译课堂中尝试引入建构主义理论下的教学模式[1]。

本研究以译者翻译能力理论为出发点，探讨 MTI 法律翻译教学模式，提升学生的综合法律翻译能力，培养高素质复合型法律翻译人才。

二、译者翻译能力理论概述

培养高素质的法律翻译人才需要提高法律翻译者的综合法律翻译能力。因此，首先，我们必须确定法律翻译能力所包含的构成要素。Wilss 认为翻译行为的两个基本要素是知识和技能，它们是翻译加工过程中的支柱，决定翻译过程中所需的条件以及如何满足这些条件[2]。而法律翻译者的翻译能力则是一种综合能力。Sarcevic 认为法律翻译是一种法律运作机制下的跨语言、跨文化的交际行为，其最终目标是产生一个能够与源文统一解释与运用的文本。法律翻译者不仅应熟知法律术语，而且还应当熟悉法律推理，具备运用法律解决问题的能力，正确分析法律文本，判断法律文本在法庭上会如何被解读和运用[3]。

澳大利亚格里菲斯大学的 Deborah Cao 教授提出了"译者翻译能力模型理论"[4]，即法律翻译能力是一种综合能力，包括语言能力、知识结构和翻译策略能力。法律翻译是在法律语境下译者运用其翻译能力产生译文的过程。在具体语境下，翻译的语言能力、翻译的知识结构及翻译的策略有各种不同变量；内部因素与外部因素彼此互动，不同程度地影响翻译的结果。内部因素是翻译的语言能力、翻译的知识结构和翻译的策略能力，外部因素通常包括情境、目的、目标语读者（听众）、时间、地点和各种其他在翻译环境中的积极因素。翻译能力只有在将三种变量置身于具体语境下的翻译任务中才能得以观察[5]。

译者翻译能力理论提出的三种翻译能力能够很好地涵盖在全球化背景下我国

---

[1] 曲艳红："基于建构主义学习理论的法律翻译教学模式改革"，载《法制与社会》2014 年第 9 期。

[2] Wolfram Wilss, Knowledge and Skills in Translator Behaviour, Amsterdam: John Benjamins, 1996, p. 37.

[3] Susan Sarcevic, New Approaches to Legal Translation, The Hague: Kluwer Law International, 1997, p. 114.

[4] Cao Deborah, Translating Law, Shanghai: Shanghai Foreign Language Education Press, 2008, p. 38.

[5] 戴拥军："论法律翻译者的翻译能力"，载《安徽工业大学学报（社会科学版）》2009 年第 6 期。

所需要的高水平法律翻译人才所应具备的综合能力。翻译的语言能力直接决定着译文的质量，是翻译能力中的首要因素；翻译的知识构架决定着翻译者对源语文本和目的语文本所涉及的不同的法律文化的认知；而翻译的策略能力是对具体翻译方法和技巧的运用，是界定职业翻译者的有效维度。法律翻译能力的培养是一个系统、综合工程，不是一蹴而就的，不可能短时间内得到全面实现。法律翻译能力可以通过学习、培训、翻译实践和反思不断地得以提升。

三、译者翻译能力理论在法律翻译教学模式中的应用

译者翻译能力的三个能力变量在法律翻译过程中相互影响、相互作用。基于该理论的指导，本文旨在探讨新的法律翻译教学模式。其中，法律翻译课程的设计旨在提升学生的综合法律翻译能力，包括法律英语语言能力、法律专业领域知识、翻译理论和翻译策略。同时，在课程教学模式设计和实践过程中，强调通过课堂教学、课后练习、反思报告、拓展材料等诸多渠道培养学生的综合法律翻译能力。

（一）提高法律语言的输入数量和质量，全面提升学生的法律英语语言能力

MTI学生在英语和汉语方面具有较强的语言能力，基础比较扎实，但在法律英语方面，尤其在法律专业术语方面，还存在较大不足。为此，在本课程中，学生接触了大量的法律专业术语，涉及宪法、刑法、刑事诉讼法等各个部门法，要求学生能够博闻强记，为提升法律语言能力打下坚实的基础。

同时，鼓励学生查看关于法律英语的优秀公众号，赏析关于法律题材的200部英文电影，阅读相关法律英语报刊，进一步夯实并提高自己的法律语言能力。

（二）扩充知识结构，增强法律专业领域知识

语言能力是翻译的必要条件，但并不是专业领域翻译实践的充分条件。在法律翻译中，法律翻译者必须充分了解相关法律背景知识，准确把握源语及目标语法律文本所涉及的法律体系。由此可见，法律翻译的专业性对法律翻译者提出了更高的知识结构能力要求，法律翻译者不但需要熟练掌握两种语言，而且需要熟稔两种语言组织形成的法律概念及其法律体系。在《法律翻译》课程中，教师首先会简要讲授英美法系，尤其是美国法律制度的相关知识，指出美国法律制度和中国法律制度在某一具体的部门法中所体现出的异同。同时，要求学生自己梳理某一具体部门法的脉络，熟悉法律概念在两种法律体系中的运作模式。

(三) 强化翻译理论和翻译策略学习

作为一门学科，法律翻译具有自身的翻译理论和翻译策略。在进行具体的翻译实践之前，本课程首先帮助学生掌握科学的翻译理论，在正确的法律理论引导下，针对不同类型的翻译问题采取不同的翻译策略和翻译方法。在翻译策略和翻译方法教学中，教师会用大量的实例，呈现出具体的、生动的翻译过程，加强学生对翻译理论的理解，为下一步的翻译实践打下坚实的基础。

(四) 注重翻译实践活动

法律翻译是一个实际操作性非常强的学科，其教学的最终目的就是提高学生的法律翻译能力。翻译理论必须和翻译实践有机的结合起来，才能切实提高学生的翻译能力。为此，本课程布置了数量可观的翻译实践活动，包括遗嘱、聘用律师合同、独家代理协议、传票、诉状、答辩状、仲裁协定、风险代理协议、授权委托书、公证书，以及刑法、刑事诉讼法等各个部门法的汉译英的翻译练习。教师做好翻译实践的指导和监督工作，对学生的实践结果进行科学、客观的评价。学生们在大量的翻译实践中运用翻译理论，探讨翻译技巧，掌握翻译方法，进而提升自身的翻译能力。这些实践过程突出了学生的主体地位，提高了学生的参与度，切实提高了学生的法律翻译能力。

(五) 培养学生的跨文化意识

"翻译是以符号转换为手段、意义再生为任务的一项跨文化的交际活动。"[1] 法律翻译涉及不同法律体系和法律文化，因此，必须让学生建立法律文化差异意识，主动去探求中外法律文化差异，避免在目的语法律文本中运用中式思维。关于培养学生的跨文化意识，主要体现在两方面：一是在具体的翻译实例中，重点强调中外存在法律文化差异之处的法律句式和结构的处理问题，帮助学生理解西方法律文化和法律思维；二是在法律评论练习和法律翻译反思报告中，让学生自己总结中外法律文化和思维习惯的差异和应对策略，从根本上提升学生的法律翻译实际应用能力。

(六) 通过翻译评论和反思报告，提升翻译能力

翻译评论和反思报告是本课程教学过程中的一个独特环节，旨在全面检验和提升学生在语言能力、知识结构、策略能力以及跨文化意识能力等方面的水平。

在翻译评论练习中，老师会就中文源语文本提供两个版本的英文译文，一个

---

[1] 许钧：《翻译论》，译林出版社2014年版，第50页。

是官方发布的译文文本，而另一个则是有些瑕疵或不准确的译文文本。在第二个译文文本中，老师会特意设置一些"翻译瑕疵"，让同学们根据自己所学的理论知识和语言知识进行评论，包括容易出错的术语翻译问题、由于法律知识背景缺乏所导致的理解问题和翻译策略不恰当问题，以及由于中外法律文化差异导致的表述问题。在完成这个项目的过程中，学生们会积极思考，辨析每一个术语的异同，探讨不同翻译方法和策略的实施效果，从而使自己的法律翻译能力得到全面的提升。

反思就是对自己的行为和所产生的结果进行思考和分析，是一种对认识过程的自我意识、自我控制和自我感悟的思维活动。"学然后知不足，教然后知困。知不足，然后能自反也；知困，然后能自强也。"因此，反思活动对于教育而言至关重要。翻译反思报告是指学生对自己的译文文本进行审视和分析，对比自己的译文文本和官方译文文本，通过理性分析和思考，探究两种译文文本的优缺点，发现自己在翻译实践中存在的不足，进而总结出自己亟待提升的翻译能力维度。通过撰写翻译反思报告，能够激发学生们翻译学习的积极主动性，克服依赖心理，学会思考、总结，这样有利于提高学生的主观能动性，发挥教学主体作用。反思是一种良好的学习习惯，学习和思考二者缺一不可。只有在学习中积极思考，在思考中不断学习，学生才能不断提升自己的认识水平和综合翻译能力。

四、MTI 学生法律翻译能力反思报告分析

法律翻译能力是一种综合能力，作为译者不仅要精通汉英语言，还应掌握充分的中美法律知识，须熟悉双语中法律语言的内涵及外延。我校部分 MTI 学生，由于本科专业是法学，相较于英语专业的学生，不论是在词汇量、语法还是语言的敏感度方面都不够理想。而一些 MTI 学生本科是英语专业，对法律知识和法律文化的了解又比较欠缺。因此，通过大量的法律翻译实践并撰写反思报告，学生能发现自己的不足，找到进一步提升自己法律翻译能力的有效解决途径和方法。

（一）基础知识有待加强，术语积累不够，句式单一

在翻译某一个部门法的法律文本时，"必须要对这一部门法有非常详细的了解和认识，此外，翻译刑诉法也要对其中与刑法相关的各个概念熟练地掌握"。而且，法律术语是法律翻译的基石，要想做好法律翻译，"得不断扩充自己的术语库，并且时常更新，储备最合适恰当的用法。只有有了足够多的术语储备，才能做到译文的'法言法语'"。"在词汇的使用上要培养自己的法律思维，法律翻

译中的许多用词与普通词汇并不是同一个'场'当中的，所表达的含义也会有偏差，用词是法律翻译的基石，这就需要我在日后的学习中多积累。"同时，很多学生认识到自己的法律术语词汇量不足，"因为词汇量不够，在看到本文的时候常常想不到对应的词汇，而且即使是能第一时间反应出对应的词汇，往往也不是最准确的词汇"。另外，在法律翻译过程中，存在"句式单一"的问题。"在我的翻译中，使用的句式结构单一。这归因于我对于英语句式结构的知识储备低，很多时候不敢用一些复杂句式，并且不擅于构造表意明确且简洁的句子，因此造成句式冗杂。用时也会或多或少会出现语法、连接词等错误。"

法律术语翻译是法律翻译的核心。法律术语不仅受到语言的制约，也受到法律文化的影响。因此，法律翻译不能寻求词语间的一一对应，而是在基本法律体系的框架内寻找近似的词语。"比如法条中的'鉴定人'，鉴定人是受司法机关指派或聘请，运用专门知识或技能对案件的专门性问题进行鉴别和判断的人。鉴定人必须与本案无利害关系，并确实具备专门知识或技能。……英美等国一般把鉴定人称为'专家证人'，并允许当事人自行聘请。而大陆法系国家和日本则规定鉴定人只能由司法机关聘请或指定，其作用是作为审判官的辅助人来弥补审判官在专门知识上的不足。可见，我国的'鉴定人'与英美法系中的'expert witness'并不完全等同，且有实质上的差异。"

（二）中译英时，原文逻辑理解不够

法律条文有非常强的内在逻辑性，译者在进行法律翻译时，应该寻找法律条文更为深层的逻辑关联，这样"才能更准确地组织译文结构，还原法律条文想表达的意思，达到法律翻译'信、达、专'的标准"。"从句子结构角度而言，翻译的前提是深刻地理解原文，梳理出原文的逻辑脉络，分清信息的主次顺序，才能在翻译中准确地体现出原文的句意。""原文句子之间或者各成分之间的逻辑关系的理解是需要进一步加强的，中文在表达上所体现出来的逻辑关系不会像英文一样那么明显，但是在译成英文的时候，作为译者，就需要将这种比较隐晦的逻辑关系准确地表达出来。"

（三）重视法律语言的特点

学生们注意到法律语言的通用性与专门性，"法律语言体现统治阶级的意志，服务于法律与统治阶级，但同时服务于生活，给生活以可行的指导、约束，体现生活的要求，在翻译时会发现法律语言会有一套固定的模式，具有专用术语和特定的表达方式来表达具体的内容"。另一方面是专业术语的表达，例如"公安机关、人民检察院"等相关的词汇都是固定的表达。

"在翻译法律文本中的法律法规类文本时,要同时兼具法律文本的准确性和模糊性,例如语法的准确、用词的准确以及符合英文的表达习惯。另外,在遇到一些难以确定主语的句子往往会采用被动句,将中文里的宾语作为句子的主语。"

(四) 翻译理论和翻译策略的重要性

学生在翻译实践过程中,认识到掌握翻译理论和翻译策略的重要性,尤其是法律翻译文本的形式对等、功能对等以及比较研究的翻译策略。"在翻译方面,需要着重注意的就是法律术语的法律功能对等,在追求形式对等的基础之上,一定要注意这两个法律术语是否有相同或非常类似的法律功能。"另外,要熟练掌握法律翻译技巧,必要时,综合运用"增补、减词、省略或调整语序等手段完成翻译"。另外,在法律条文翻译中,"灵活使用被动句式非常重要;而且有时需要不断重复以保证译文的准确严谨。句子的逻辑与结构是重点,如何通过适当增补、词性转换、句子成分转换以及句式或者语序的调整使句子更加简洁明晰是难点,也是译文需要改进的地方"。

(五) 反思法律翻译实践的原则性问题

由于法律语言具有庄重、严肃、正式、客观等特点,准确严谨是法律翻译的最基本原则。因此,法律翻译不能依赖于计算机辅助翻译,而是需要在理解源语结构和逻辑的基础上,用心选词,认真求证,"一定要有足够的耐心去查证求实和做分析,一定要具备搜查的能力,这样,才能翻译得尽可能趋向完美"。另外,"要准确无误地传递原文的信息,切忌自我加工。在文学翻译中可以允许译者的二次创作,但是法律翻译并不是这样,译者对于原文的过度解读只会画蛇添足,这一点也需要留心。""不仅在术语方面用词严谨,在普通词汇的选择上也要尽量体现文本的公正客观,如'written'一词暗含主语为人,带有较强的主观性,没有考虑到法律文本的特点,'entered'一词凸显公正客观,强调笔录作为证据的真实性。"要重点实现对语言表象背后的没有用文字表述出来的法律文化和法律规约的清楚表述。如将"语言""文字"分别译为"spoken language"和"written language"。"减轻、免除其刑事责任"译为"mitigated punishment or exemption from criminal responsibility",增"punishment"一词,不仅不影响对原文忠实度,反而译出内在涵义,也与英文表达逻辑一致。

法律中存在大量专业术语,不能随个人的喜好翻译,必须采用固定的表达方式。"由于我对法律专业术语缺乏积累,在翻译时经常用非法律词汇表达专业意思,导致表意上的瑕疵。"其次,词语之间的搭配既要符合语法规则,又要合乎逻辑。"我在翻译过程中,经常出现词汇的搭配和选择不当,比如'证据在法庭上开示',我翻译为'submit the evidence',而正确的应当为'present the evidence'。"

(六)了解到了译后反思的重要作用

在法律翻译实践中,要善于进行反思,对自己的译文和其他版本的译文进行对比分析。"去粗存精,方能进步。不积跬步,无以至千里。""在今后的翻译练习中不断进行自我修正反思。在完成作业过程中,我发现自我修正的方式能够很好地发现问题,对比官方译文弥补不足。在今后的学习中,我也会坚持这个方法。"在反思法律翻译实践时,"我认识到翻译应当至少包含三个阶段,即对文本的理解、恰当地道的语言表达和不断自我修正和反思"。

实践表明,撰写法律翻译实践反思报告是一种行之有效的学习方式,有助于学生对自己的译文文本进行理性分析和思考,发现自己在翻译实践中存在的不足,提高学生的主观能动性,发挥教学主体作用。只有通过翻译实践反思,在学习中积极思考,学生才能不断提升自己的认识水平和综合翻译能力。

四、结语

法律翻译课程的目标是培养应用型、复合型人才,即是工作在对外企业、律师事务所等机构从事法律文本的笔译、口译工作的应用型人才,是熟练运用英语,通晓中西法律知识,能将两种法律知识、法律文化准确转换的复合型人才[1]。法律翻译教学模式在很大程度上决定了教学质量和人才培养质量,因此,有必要对现有的法律翻译教学模式进行反思和改革。目前,我国的法律翻译教学存在诸多问题,如重实践而轻理论,忽视了对翻译本质的认识,使学生产生了"翻译是简单的符号转换过程"的错误认识,注重语言技能、翻译策略的培养,而忽视法律文化、法律基础知识的传授。这与我国培养高素质复合型法律翻译人才的目标是不相符的。本研究在译者翻译能力理论的指导下,探讨确立新的法律翻译课程理念和教学模式,从而提高法律翻译教学水平,实现高素质复合型法律翻译人才培养目标。

---

[1] 曲艳红:"基于建构主义学习理论的法律翻译教学模式改革",载《法制与社会》2014 年第 9 期。

闫 琛*

外语专业教学中的"在线混合式协作学习模式"探究

受突如其来的新型冠状病毒感染肺炎疫情发展的影响，为响应党中央、国务院关于坚决打赢新冠肺炎防控阻击战的号召，教育部下达了《关于在疫情防控期间做好普通高等学校在线教学组织与管理工作的指导意见》，明确要求采取政府主导、高校主体、社会参与的方式，共同实施并保障高校在疫情防控期间的在线教学，实现"停课不停教、停课不停学"。随着全国各高校线上开课的开展，各种内容丰富的教学资源、形式多样的教学模式涌现，"云"学习一时间成为主流教学方式，让学生能够在疫情期间做到停课不停学，宅在家中也能进行多样的线上学习和活动。在这种大背景下，大规模的线上教学模式的实践与改革拉开了序幕。

一、线上教学模式的现状

在疫情之前，随着信息化教学的普及，教师和学生的角色已经被重新定位，教师的职责更偏向于以问题为导向，创设多元教学情境，激发学生学习兴趣，引导学生自主探索新知识，提高学生自主学习能力。但是多年的网络教育实践表明，在线学习无法替代传统的课堂教学，但会改变课堂教学的目的和功能[1]。尤其是外语教学的教学内容涉及语音、听力等技能训练，对师生课堂互动交流的要求很高，互动指数的高低直接影响着外语课堂教学的成效。在线下教学过程中，教师都非常重视课堂上的互动交流环节，因此该环节在整体教学时间分配上

---

* 闫琛（1980—），女，河北省秦皇岛人，语言学及应用语言学硕士，中国政法大学外国语学院讲师，研究方向为西方思想文化、英语测试学。

[1] 陈玉云：" 基于 BCL 理论的英语 '三维一体' 教学模式研究"，载《北京航空航天大学学报（社会科学版）》2016 年第 5 期。

也占据着较重的比例。随着教学的深入，线上教学的各种弊端在这场大型的网络教学实践过程中也逐渐显露出来。据统计，线上教学互动方式使用最多的是语音和视频连麦。但由于受到网络速度及稳定性差、教学空间及设备环境支持不足、互动形式不够丰富、教学平台功能不完善及稳定性差等诸多因素的影响，在外语教学过程中往往会出现这样的尴尬情况：教师使出浑身解数调动课堂氛围，激发学生积极参与课堂交流，网络那端的学生却兴趣寥寥，有的表示没听清问题，有的已经断网掉线，对老师的提问毫无回应。如此一来，不仅浪费了宝贵的教学时间，教学互动也收效甚微。由此可见，如果线上教学仍使用原有的教学模式和教学理念，是不能够取得良好的教学效果的，传统的教学模式已经过时了。同时，大部分教师对于信息化教学的认识还不够，仅限于在课堂内容中上插入音频视频资料，或者使用移动平台上的签到、抢答、投屏等工具，并没有从根本上改变教学模式。这种属于伪信息化教学，并不能真正体现"以学生为中心"的教学理念。另外，由于缺乏线下监督、学生自律性较差，线上教学中很多学生不能进行有效的自我约束，更不能进行高效的自主学习。甚至有的学生在参与线上课堂教学时，仅登录教学平台打卡签到之后就把课堂丢到一边，对老师布置在平台的各种任务点、小组讨论、课后作业等借口敷衍、甩锅网络。长此以往，学习效果大打折扣。长时间盯着手机屏幕上课，师生均出现了不同程度的视力疲劳；闭卷考试如何可以实现等现实问题层出不穷。而其中最令家长和教师担心的一个因素则是，缺乏线下课堂教学中的互动与交流，线上教学的质量如何得到保障？尤其是以视听交流为主要媒介并且对此有着较高要求的外语专业教学，教师如果无法掌握学生的真实学习状态和教学效果反馈，教学质量是难以保障的。

待疫情平稳之后，课堂教学恢复正常，外语教学该何去何从？是回归原有的教学模式，还是继续依赖丰富的网络教学资源继续线上教学？如何依据现实情况，实现线上和线下教学的顺利衔接，都是亟待解决的问题。突如其来的疫情无疑给一线教师的教学工作带来了不少新的困惑，面对这场毫无防备的挑战，不论是教育主管部门还是一线教师都必须尽快寻找适用当下的教学新路径，实现自我突破和教学模式的转型。本文将重点探讨混合式协作学习模式在外语专业教学中的应用、遇到的问题与策略。

二、混合式协作学习模式

混合式协作学习（Blended Collaborative Learning，BCL）是指恰当选择与综

合运用各种学习理论、学习资源、学习环境、学习策略中的有利因素，使学习者结成学习共同体，并在现实时空与网络虚拟时空的小组学习活动整合、社会交互、操作交互以及自我反思交互中，进行协同认知，培养协作技能与互助情感，以促进学习绩效最优化的理论与实践。

混合式协作学习能够较好地体现优势互补的"学教并重"思想，在设计的过程和方法上则兼取"以教为主"和"以学为主"两种教学设计，何克抗[1]教授提出其实施环节主要包括以下几个方面：①教学目标分析：通过教学目标分析，确定与该目标相关的教学内容及知识点顺序。②学习者特征分析：通过学习者特征分析，确定教学起点，以便因材施教。③教与学策略的选择与设计：既包括传统教学策略的选择与设计，也包括建构主义的自主学习、合作学习与自主探究等策略的选择与设计。④学习情境创设：情境创设既可在一节课的开始实施，也可在课中实施。⑤教学媒体和教学资源的选择与设计：在教学过程中作形成性评价，并根据形成性评价所得到的反馈对教学内容与教学策略作适当的调整。

由于外语教学的教学内容涉及语音、听力等技能训练，对师生课堂互动交流的要求很高，互动指数的高低直接影响着外语课堂教学的成效。在线下教学过程中，教师都非常重视课堂上的互动交流环节，并且在整体教学时间分配上给予该环节较重的比例。外语专业教学的目的在于培养学生的外语综合应用能力，提高大学生的自主学习能力和跨文化交际能力，为社会发展培养复合型人才。BCL这种新的教学模式，其目的是全面提升课堂教学体验，让师生互动更多，使教学更为便捷有效。因此，在此次教学改革过程中，要充分利用这次现实赋予线上教学的契机，充分借助先进的信息技术，基于移动教学平台开展混合式协作学习，提升英语教学质量。在外语专业课程已有的教学基础上，构建"教师组织引导与学生自主学习"相结合的"三维立体、分层递进"的混合式协作模式，并对模式的实施过程、考核方式、教学效果和教学模式评价进行深入的研究。将混合式协作学习模式应用于外语专业教学，学生获取知识的方式不再受到时间和空间的限制，可利用便利的网络环境融合各种有效的资源进行个性化自主学习。通过语音视频等方式开展线上线下小组讨论和合作，外语学科的交互性得到体现，能够有效提高学生的自主学习能力，对提高学生英语综合能力有积极意义。课程结束后通过问卷调查方法研究学生对BCL混合式协作模式的评价，问卷调查统计结果

---

[1] 何克抗："我国教育信息化理论研究新进展"，载《中国电化教育》2011年第1期。

表明，学生的积极性、学习习惯、自主学习和协作学习能力等都有了明显的提高；同时，绝大多数学生对基于 BCL 模式的改革表现出认可和赞同，整体满意度达到 98.9%，与线下教学的满意度持平。

三、外语专业教学中"在线混合式协作学习模式"课程设计

根据上述思想以及教与学的实际，具体的课程设计应包含教学目标设计、阶段任务安排、协作学习小组角色分配、在线完成阶段任务、阶段任务跟踪、混合评价六个环节：

（一）教学目标设计

所有的协作学习过程都与教学目标有关，教学目标直接决定后续环节的安排。教学目标包括课程教学总目标和阶段性目标。教学目标的设计分为三个阶段：①初始阶段。教师对学习者了解甚少，主要通过外语专业的课程教学大纲和之前课程学习者的分析资料，确定课程教学总目标和阶段性目标。②调适阶段。教师根据本阶段学习者和协作学习小组情况以及综合评价，调整下一阶段的教学目标，并根据实际情况调整课程教学总目标。③总结阶段。在课程结束后，根据此次教学过程中存在的问题和经验，总结得失，用于下一次课程教学。

（二）阶段任务安排

阶段任务的安排包括五个方面内容：设计任务内容、确定协作学习的组织方式、确定阶段性成果、整理和发布学习资源、确定阶段评价的具体形式。任务内容根据教学阶段性目标进行设计。设计的内容主要包括课堂教学任务和协作学习任务。协作学习的组织方式包括：个人学习、协作组内学习和协作组间学习。阶段性成果的形式可包括：作业、文档、小组讨论过程、小组讨论结果、专题报告会、协作学习小组间讨论等。整理和发布的学习资源主要包括：教学课件、外语参考文献、书籍资料清单和参考关键词汇列表等。阶段评价的形式包括：阶段性成果评价、个人评价、组内评价、组间评价和教师评价。这些都需要教师在线上平台提前设计完成。

（三）协作学习小组角色分配

在课程教学初始阶段，需要确定小组规模、小组成员以及角色分配。①确定小组规模。小组规模与小组成员参与程度呈现一定关系：人数越多，主动参与的人越少。因此，要适当控制小组的规模。由于外语专业的特殊性，班级规模通常在 30 人以下，实行小班教学，是非常有利于实行分小组学习的。从大量文献调

研来看，协作组人数大多在3~5人之间。②确定小组成员。成员的划分大致包括随机分组、教师指派分组和学生自由结组，每一种分组方式都各有其优缺点。另外，在小组划分的依据上可以采用同质分组或异质分组，异质分组有利于不同层次水平的学生互相交流和支持，彼此受益。总的来说，坚持以下小组划分原则：其一，分组层次性，即组内学生个体水平要有层次性，以组内异质为主，充分保证和促进学生之间的交流。其二，教师指导性，即将分组的细则提前告知学生，以学生自由结组为主，在学生自由结组的基础上，教师进行调整和指派。其三，分组公平性，意思是为了保证各个小组之间的公平竞争，应采用同一小组内异质，不同小组之间同质，使学生以良好的心态参与到协作活动中。其四，分组动态性，即一次小组划分后，组内成员并不是固定不变的，要根据实际活动情况及学生表现，进行及时调整，从而促进更广泛地交流与协作。[1]如果课程采取几次小组活动，就可以将几种分组方式结合，能够最大的满足教学的需要。例如，在一次外文读书活动中，让学生根据兴趣自由选择自己喜欢的书目并结组；在一次英文介绍家乡的活动中，学生根据自己的背景结组等。③确定小组角色。协作学习小组中的学习者，又称为学习个体，是协作学习活动中的主体。协作学习对于一个学习小组中的每一个学习者来说并非常常有效。教育专家认为，在协作学习中，最重要的是学生轮流担任一些角色进行合作，比如让学生轮流担任导师、学生帮助者或助手等角色。在协作学习中，学生不是被动地学习，而是会主动地与他人或同伴进行交互共享学习知识从而发展自身的技能。学习成效主要取决于学习者在协作学习过程中交互的程度。在混合式学习环境下协作学习活动中，小组成员的角色分配及相对应的责任分工具体包括：其一，组织者。负责协调与其他兄弟组之间和本小组成员之间的关系；在教师的指导下，完成角色分配，进行任务分工；对本小组内的活动进行组织和管理。组织者通常不是指定，例如在外语读书活动中，而是采取毛遂自荐的形式。其二，汇报者。汇报小组的活动进程、活动成果；汇报小组对组员的表现的评价；汇报对小组成果的自我总结性评价。汇报者通常采取组长指定和个人自荐结合的方式，同时不善表达的同学可以在线完成笔头的工作。其三，记录者。在线记录活动开展的重要事件；在线记录

---

[1] 伍新春、康长运：《合作学习》，北京师范大学出版社2004年版，第19页。

课堂协作学习活动的过程及活动成果。[1]在课程教学进行阶段，尽量保留学习协作小组的规模和成员，根据小组的实际情况和本阶段的任务调整小组成员的角色，原则上让小组中的每个成员都有机会参与和展示。

（四）在线完成阶段任务

在现有网络平台环境下搭建混合式协作学习环境，完成以下任务：①发布教学资源。②记录在线协作学习过程。③实现教学跟踪。④教师可以加入到在线协作学习过程。⑤协作学习过程中产生的数字资源可被进一步利用。在此过程中，如果学生采取的是非在线协作学习方式，可以通过小组角色中的记录员，将相应的文档上传至网络。网络环境的优势在于，每一个阶段的学习和每个人的工作都会形成网络记录，这点是非常有利于做出形成性评价的。

（五）阶段任务跟踪

此环节对于能否实现学习绩效最优化至关重要。有了协作学习的环境与氛围，可以在很大程度上调动学生的积极性，但是也存在着个别的消极怠工现象。另外，学习者对于协作学习的方式在开始时也存在一定的陌生感，不知道如何开始、如何更有效地开展协作式学习。此时，就需要教师在学习者的协作学习过程中，帮助学习者学会如何提出问题、解决问题，帮助学习者进行协作学习的分工，并且对于消极怠工的学习者给予一定的惩罚。例如，在外语读书活动中，教师需要先讲解任务完成的方式和途径，并提供必要的技术支持。

（六）混合评价

混合评价主要是指评价人的混合、评价时间的混合以及评价内容的混合。评价人的混合包括自我评价、组内评价、组间评价和教师评价。其中，自我评价和组内评价是对学习者的评价；组间评价是对学习小组的评价；教师评价包括两部分，对学习者的评价和对学习小组的评价。评价时间的混合包括每一个阶段的评价和最终的总结评价。评价内容的混合包括学习小组的协作印象评价、学习小组的协作学习记录评价、学习小组的阶段学习成果评价。大部分网络学习平台都能够实现混合评价，并且保证匿名，这也需要教师提前进行设计和布置。

基于现有网络平台环境的混合式协作学习模式中，需要利用信息技术解决如下问题：①学习资源的发布和获取；②学习协作环境的搭建；③学习过程的跟

---

[1] 曹刚："在线合作学习项目的设计与实施——《教学论》网络课程教学研究"，河北大学2008年硕士学位论文。

踪；④协作学习过程中产生的数字资源的进一步利用。在不购买教学软件的前提下，如何利用现有的网络平台环境解决上述问题？应该充分利用 Blog、IM 等软件，其为社区用户之间的信息共享、相互间的协作与合作，乃至群体成员间的信任关系的建立提供了平台。通过该平台，用户能够在线从事各种信息资源的生成、社区成员信息与知识共享。Blog（博客）中文意为网络日志。博客包括基本博客、小组博客、协作式的博客等。其中，基本博客是 Blog 中最简单的形式，指单个的作者对于特定的话题提供相关的资源，发表简短的评论。小组博客是基本的博客的简单变型，一些小组成员共同完成博客日志，有时候作者不仅能编辑自己的内容，还能够编辑别人的条目。这种形式的博客能够使得小组成员就一些共同的话题进行讨论，甚至可以共同协商完成同一个项目。协作式的博客与小组博客相似，其主要目的是通过共同讨论使得参与者在某些方法或问题上达成一致，通常把协作式的博客定义为允许任何人参与、发表言论、讨论问题的博客日志。IM（即时通讯），是指能够即时发送和接收互联网消息等的业务。自 1998 年面世以来，即时通讯的功能日益丰富，逐渐集成了电子邮件、博客、音乐、电视、游戏和搜索等多种功能。即时通讯不再是一个单纯的聊天工具，它已经发展成集交流、资讯、娱乐、搜索、电子商务、办公协作和企业客户服务等为一体的综合化信息平台，是一种终端连网即时通讯网络的服务。即时通讯不同于 e-mail 之处在于它的交谈是即时的，目前已经广泛的应用于班级管理、资源共享、信息交互等方面。上述的技术都已经有了很成熟的技术支持，只要能连入网络平台的地方，都能通过简单的注册步骤，免费获取。教师可以通过建立教学 Blog 发布教学课件。利用协作式的博客可以搭建协作学习平台。利用 IM 工具还能完成协作学习小组内部、协作学习小组之间以及和教师的即时通讯。并且最后形成的文档还能通过聚合进行分析和进一步利用。以"学习通"为例，班级群聊和讨论区就能够满足这个需求，学生能够实现实名聊天，并且在讨论区完成回答、评论、回复评论等活动。实践证明，这部分功能是非常强大的，并且取得了良好的效果。

　　由此可见，基于现有网络平台环境下混合式协作学习的教学模式，兼取"以教为主"和"以学为主"两种教学设计之所长，在课堂之外，在教师的指导追踪之下，利用已有的成熟技术及服务，使学习者在混合式协作学习的环境之下，促进学习绩效最优化。

四、线上 BCL 教学与线下教学的混合使用

随着疫情防控形势持续好转,全国越来越多省份的学校已经开学复课,还有更多省份也明确了开学复课时间。然而,从云端到线下,教学衔接工作该如何开展?返校复课的教学模式该如何调整?对各级各类学校来说,这些疑问都是抗"疫"战争进行到现在,摆在教育工作者面前亟待解决的问题。笔者认为,重要的有效的线上教学经验应该保留,可将以下几个方面纳入考虑范围:

(一)调整自学占比,锻炼自学能力

传统课堂教学模式主要以教师授课为主、学生课下自学为辅,更多的教学内容还是以教师课堂教授为主。而受此次突发疫情的影响,教师不得不在极短的时间内,紧急调整教学思路,改变教学方法,摸着石头过河。线上教学在实际教学过程中暴露出来的最大的问题之一就是学生自学能力差,导致教学工作难以开展。但同时我们更应该看到,学生自学能力对于教学效果的重要性。授之以鱼不如授之以渔,外语教学的重点不在于灌输多少学科知识,而在于培养学生自学意识,锻炼其自学能力。因此复课之后,教师可以结合实际,调整学生自学内容的占比,引导学生改进自学方式,加强自学能力锻炼,进而提升教学效果,保留部分线上的功能,比如教学任务的安排和混合评价。在这个过程中,教师应适当放缓教学步伐,调整节奏,耐心引导学生重新进入学习状态,重塑学习信心。

(二)利用线上资源,保证线下质量

外语教学需要大量语境资料和语音材料,而海量的慕课资源为我们提供了丰富的教学内容。疫情期间,经过教师精心筛选出的慕课资源可以沿用到线下课堂教学中。教师可针对具体教学内容,选择适合的慕课资源。这不但可以丰富课堂教学内容,同时也可顺利平稳地由云端过渡到线下,而不会因为复课前后教学内容差异过大,导致学生产生断层式的不适感。在此过程中,教师应依据学生整体学习效果和个体差异情况,平衡"新旧"知识点的比重,在分析学情的基础上,既巩固也创新,从而保证线下教学质量。

(三)保留平台互动,丰富答疑形式

疫情期间,由教育部组织的多家在线课程平台和技术平台为教学活动的开展提供了完善的教学质量保障联动机制。利用学习行为分析数据,教师不仅可以了解学生在线学习情况,开展线上教学、线上讨论、答疑辅导等教学活动,还可以

布置在线作业、进行在线测验等学习考核。[1]更为重要的一点是，教学平台丰富了教师与学生的沟通渠道，让师生交流的形式不再拘泥于原有的课堂互动，也不再局限于仅有的课堂时间。复课之后，我们仍旧可保留这些渠道，结合线下教学过程中学生的课堂表现，掌握每一个学生的真实学习情况，对学生进行一对一的教学辅导，对基础较差的学生采取查漏补缺，对能力较强的学生增加强化训练，真正做到个性化定制教学。同时在课程进行中尤其在答疑环节随时与学生保持沟通。

五、结语

突如其来的疫情，让全国各地的教育工作者陷入了一场没有硝烟的战争。我们在与疫情战斗的同时，也在进行一场与时间、与自我的较量。我们不得不在极短的时间内作出迅速反应，打破固有的教学思维，改变原有教学模式，以应对眼前从未经历过的局势。疫情期间的线上教学经历让我们意识到：信息技术与学科深度融合、线上线下模式有效结合将是未来教学的新常态，混合式协作模式能够极大地利用网络平台，并且极大限度地实现教学目标，达到教学效果。教师应更注重及时转变教学理念，调整教学策略，利用网络教学优势，优化整合教学模式，推进教学方式变革，提高教学效率，从而保质保量完成教学任务。

---

[1] 王唯怡："后疫情时代高校外语教学云端与线下混合式教学模式的思考"，载《中国多媒体与网络教学学报（上旬刊）》2020年第8期。

丛凤玲*

新时代公共俄语教学改革思考
——以中国政法大学为例

一、引言

随着我国"一带一路"倡议、"企业走出去"战略的推进，需要既熟练掌握法律又懂外语的人才保驾护航。具体到俄语，一方面，作为联合国工作语言之一，其重要性不言自明；另一方面，在"一带一路"经济带的五条路线中有四条都与俄语密切相关，这四条路线上可以使用俄语的国家和地区有十多个。因此，俄语在丝路经济带发展中的作用显而易见，同时也是不可替代的。总之，进入新时代，在国际形势错综复杂，中俄友好关系蓬勃发展的大背景下，法律加英语加俄语这种高端复合型人才必将大有可为。

2018年9月，为主动服务"一带一路"建设，加强国际组织人才培养工作，培养更多懂专业、通外语的高素质国际化复合型人才，教育部审时度势，专门召开会议，决定在全国多所高校试点启动公外教学改革。中国政法大学有幸成为试点高校之一，在经过将近一年的周密论证和充分准备之后，于2019年6月制定了《中国政法大学公共外语教学改革方案实施细则》，面向本校四大法学院2019级学生，包括俄语在内的五个小语种的公外教学班于2019年9月正式开课。

面对这一新生事物，我们不免会思考，与十几年前作为一外学习俄语的学生相比，本轮教学改革中的学习主体发生了哪些变化？学习要求和学习环境与之前有什么不同？任课教师可以采取哪些措施以实现最佳的人才培养效果？本文将尝试对上述问题做出回答，并在此基础上对二语习得理论在教学过程中的运用进行论证。

---

* 丛凤玲（1975—），女，中国政法大学外国语学院俄语语言文学研究所，俄语语言文学硕士，法学博士，副教授，研究方向为俄语法律翻译。

二、新时代围绕公外俄语学习所发生的变化

21世纪的第三个十年已经开启，从某种意义上来说，这绝对是一个空前的时代。在公共俄语的学习方面，可以观察到很多明显的变化，主要体现在以下三个方面。

（一）学习主体的变化

学习主体的变化主要表现在两个方面：一方面，综合素质普遍较高的"00"后开始走入大学校门，他们是诞生于日新月异的新世纪的新新人类，其情商、智商、学习能力、学识视野、电子化水平都有一个较大程度的提升；另一方面，针对中国政法大学而言，能通过高考被我校四大法学院录取的都是所就读高中学校的佼佼者。从本校第一年开课的情况来看，能够主动选择俄语作为第二外语的学生，普遍呈现出求知欲强、头脑活跃、学习意愿强的特点。在现在以学生为本的教学过程中，发生在学生身上的这种变化无疑是重大利好。

（二）学习要求的变化

如相关文件所阐明的，本次教学改革的目标就是切实提高学生的外语综合应用能力，培养"一精多会"（精一门外语、会多门外语）、"一专多能"（懂专业，能多语种沟通写作）的高素质国际化复合型专门人才。如果说十几年前，我校外语为俄语的学生的主要任务是学习法律专业知识，俄语是在初中或高中零起点学习的，到大学阶段仅需要考试及格，尤其是在实行考教分离之后。那么现在，要实现新时代的外语学习目标，学生就要改被动学习为主动学习，完成多重任务，既要深入自学英语，掌握学术英语，从而实现质的飞跃，又要零起点学习一门外语；既要零起点学习法律专业知识，又要加强两种外语的口语表达能力和书面表达能力。

（三）学习环境的变化

学习环境的变化主要体现在三个方面：其一，体现在各种新技术手段应运而生，练习听力的途径不再是老掉牙的磁带，甚至也不再是后来诞生的光盘，而直接是各种在线音频视频资料，甚至是扫描二维码下载APP，只要你有学习的意愿，学习的机会无处不在；其二，体现在得益于一线教师的辛苦付出，各种教材应运而生，使教材选择成为可能；其三，还体现在各种新出台的政策上，比如，新的法律职业资格考试政策规定，2018年之后入学的法学本科生拿到学士学位证书之后才可以参加法考，这对法学本科生学习时间的安排产生了重大影响。与之前大三就忙于准备司法考试的情况相比，法学本科生在大学阶段可以用于综合学习的时间明显增多。

鉴于上述变化，我们不能完全理解蔡基刚教授在论文中对这一改革表现出来的悲观情绪[1]，恰恰相反，对公外教学改革能够达到预期效果充满信心，但前提是采取切实有效的应对措施。

三、可以采取的应对策略

针对上述几个方面的变化，作为知识传授主体的老师可以采取哪些具体措施，在哪些方面有所作为或顺势而为呢？笔者认为，可以尝试在以下十个方面采取有针对性的措施。

（一）充分调动学习积极性

随着我国招生制度的改革，许多高校陆续开始实行大类招生制度。以中国人民大学为例，从2019年招生开始，该校已全面实行大类招生，比如外语专业的招生，学生填报志愿的时候只能选择外语类，入校后两周内通过试听、考试等途径选择一个语种作为大学阶段的专业进行学习。对俄语这样相对复杂的语言来说，主动选择作为专业学习的学生相对较少，因此，相关语种的老师就要花费更多的心思进行宣传，以吸引学生将本语种作为专业进行学习。类似的做法对我们具有借鉴意义。具体到我校，虽然新生在入学报到后就需要提交第二外语语种志愿，任课老师和选课学生第一次见面时同学们已经开始按部就班地学习了，但在前两周的课堂上，可以适当宣传俄罗斯的美食、用俄语创作的伟大作品以及学生喜欢的男歌星维塔斯的海豚音等能够引起共鸣的内容，提高同学们学习俄语的兴趣，增强他们学好俄语的信心。毕竟，兴趣是最好的老师。

（二）适当加快学习节奏

按照现有的培养方案，我校本轮改革中的第二外语必修课共开设四个学期，课时分别为64、64、32、32个，合计为192个课时。要想让学生在这么少的课时内掌握基本的语言技能，任务非常艰巨。鉴于学生是主动选择俄语作为第二外语，学习意愿强，愿意付出时间，所以任课教师可以相对加快学习节奏，突出重点，适当加大课堂的任务量。语言学习需要不断刺激，远远不是一周见一次面、一次见面四五个小时就可以掌握的。

---

[1] 蔡基刚："十字路口的我国公共外语教学"，载《中国大学教学》2019年第4期。

（三）广泛使用各种新技术手段

在新技术的使用方面，毫无疑问，学生绝对是已过不惑之年的任课老师的老师，所以我们面对技术问题的时候除了向百度请教、向专家请教之外，还可以把问题交给学生，共同挖掘一些软件的隐藏功能。如微信、各种公众号、APP、MOOC、SBOOK 等，把课内课外学习、线上线下学习有机结合起来。特别值得一提的是，北航俄语团队历时两年于 2019 年成功上线了三门俄语慕课：《大学通用俄语 1》《大学通用俄语 2》和《俄语基础语法》，供零起点俄语学习者课后使用。据可靠消息透露，受疫情影响，各种线上教学资源的研发力度加大，外研社的各种俄语在线课也会陆续上线。这些线上资源为课下学习俄语提供了极大的便利，是课堂学习的有益补充。

（四）适当与专业相结合

改革的目标是让学习者具备多语种沟通写作能力，我校学生所学的专业是法学，所以学生将来沟通写作的内容除了"谢谢""你好""再见"之类的日常用语之外，肯定还会有与专业相关的部分。每个学校都有自己相对主打的专业，可以给学生讲授些专业俄语方面的知识，这样有利于提高学生的学习兴趣和自觉性，比如，在法大学习到第四个学期的时候可以增加一些法律俄语方面的内容。

（五）鼓励学生不断提高英语水平

进入新世纪以来，高中毕业生的英语水平已经呈现出质的飞跃，而且在学校和家长的合力下，这种向好的趋势是不可逆的。但到了大学阶段学生的英语学习依然不能放松，语言就是拳不离手、曲不离口的技能，需要鼓励学生通过参加国内的四六级考试、其他国际通用的英语考试等不断自学强化自己的英语能力，让现在的孩子从幼儿园就一直在学习的英语综合运用能力能够稳步提升，慢慢掌握初步的双语能力。

（六）认真权衡选定教材

不同年代出版的供零起点学习俄语使用的教材有很多，如《全新大学俄语综合教程》（二外、零起点用）、《大学通用俄语》（全两册）、《新大学俄语简明教程》、《"东方"大学俄语》（全八册）、《俄语入门》（全三册）、《走遍俄罗斯》、《黑龙江大学俄语》、《俄语入门》。在上述教材当中，《俄语入门》（1986 年 6 月第 1 版，2012 年第 23 版）一书虽然内容比较陈旧，但采用的是 1982 年俄文版的有声资料。在编写过程中，编者根据我国成年人学习俄语的特点，力求深入浅出，突出重点、难点。同时，尽量注意入门阶段和自学俄语的特点，注意积极词汇、常用句式和语法现象的重复率，逐步深入，以求达到实践性和巩固性的编写教材原则[1]。因此，任课教师的普遍使用体会是，编排得当，由浅入深，循序渐进，练习量大，题型多样，尤其对语法教学非常适合。而内容相对较新的《走遍俄罗斯》一书是词汇导向编写的，语法较弱，但内容比较新颖，所以两者配合使用效果较好。其他教学辅导材料还有：《电视俄语》（MP3版、DVD版）、《交际俄语强化教程》（1~2册）、《我的第一本俄语语音》、《我的第一本俄语口语》、《我的第一本商务俄语口语》等。外研社俄语工作室自成立以来一直致力于俄语图书的出版，出版成绩在俄语圈有目共睹。

（七）精心选拔教学助理

如果说教师和学生之间可能因为年龄差过大而产生代沟的话，那么我们可以充分利用学校的政策机制进行一定的补偿，从我校俄语专业一、二年级在读研究生当中为该课程挑选语音纯正、积极向上、富有感染力的教学助理，像知心姐姐一样分享学习经验，指导学习方法。这就如同大手拉小手的方法，会极大调动学生的学习积极性，提升学习效果。

（八）统筹协调课时分配

前文提到，我校公共俄语教学分四个学期进行。在基础阶段，课上课下以语音、语调、词汇、语法基础为主，辅助以俄罗斯文化，提高学生的兴趣，增强学生跨文化交际的能力，同时树立文化自信。在高级阶段，利用各种资源，全面提高听说读写译能力，重点突出口语表达能力和书面表达能力。

（九）适当邀请外教或外国留学生

我校俄语专业教师团队的总体授课任务非常有限，不足以满足一个全职外教的规定工作量，但随着课程逐步走入正轨，可以尝试邀请其他学校的外教到我校承担部分课时，让学生感受原汁原味的俄语。同时可以拓宽思路，加强与国际教育学院的合作，邀请俄罗斯的留学生与中国学生结对学习，开展俄语角之类的活动，也可以与俄罗斯留学生较多的北京语言大学合作。还可以利用俄罗斯文化中心的资源在外语文化节上开辟俄罗斯文化板块，提高学生的参与度。

（十）切实提供后续提升通道

为激发现有学生的学习动力，激励更多的学生选择学习俄语，为学生提供一定的提升通道是十分必要的。其一，大三时也可择优选派参加我校的各种境外合

---

[1] 周鼎、徐振新编：《俄语入门（上册）》，外语教学与研究出版社1986年版，前言。

作项目。其二，我校比较法学研究院自2016年开始招收国别法硕士生研究俄罗斯法。因此，对具备双外语能力且有继续深造意愿的学生可择优保送我校比较法学研究院攻读俄罗斯法的法学硕士学位，以进一步学习法律、英语和俄语，争取最终成长为"一专多能"（懂专业，能多语种沟通写作）的高素质国际化复合型专门人才。

当然，以上所分析的十个方面并不能穷尽可以采取的所有措施，上述措施在具体落实过程中也一定要因地制宜，具体情况具体分析。

四、二语习得方法

根据Ellis的观点，"第二语言"是相对于第一语言外的任何一种其他语言而言的，包括第三、第四……语言，他所倡导的二语习得理论主要研究在二语习得过程中，各种社会因素、心理因素以及母语和其他已经习得的外语的语音、词汇迁移等对外语学习者的影响。我校学生在第一外语的基础上从零起点学习俄语依然也适用二语习得理论。

虽然俄语与英语属于不同的语族语支，即英语属于印欧语系日耳曼语族西日耳曼语支，俄语属于印欧语系斯拉夫语族东斯拉夫语支，但同属于印欧语系这一共性使语言迁移成为可能，俄语的初学者常常借助母语或所学的第一外语英语的语音、结构、语义或文化来理解或记忆新语言。因此，第三语言是俄语的语言学习者，经常通过汉语和英语在语音迁移、拼写迁移、语义词汇迁移、句法迁移和语篇迁移等方面影响俄语的习得。需要注意的是，各个层面的迁移不是孤立存在的，而是相互影响、相互作用的[1]。下面笔者从字母、词汇、句子三个方面举例说明。

（一）字母层面

俄语中一共有33个字母，其中有两个不发音字母。英语中相同字母在不同单词中发音不同，而俄语中单个字母的发音在组合成单词后发音基本不变，只存在弱化、清辅音浊化、浊辅音清化及个别的特殊发音字母组合。因此，在学习俄语时，记住字母的发音，就可以比较容易地读出单词。除了俄语的三个字母Р、Ш、Ы，其余的音素都能在英语音素中找到近似的发音，但区别在于俄语与英语

---

[1] 王剑青："三语习得在教学中的应用——以公选课《俄语入门》为例"，载《中国校外教育》2015年第35期。

这些相近的发音部位略有不同,一般都是通过舌位的移动来改变发音。例如俄语字母表中的前六个字母:Aa-a; Бб-b; Вв-v; Гг-g; Дд-d; Ее-e。

(二)词汇层面

1. 单词拼写。英语同俄语有许多单词非常接近,两种语言之间的字母转换是有一定规律的。此处仍然以前六个字母为例:

俄:а б в г д е

英:a b v g d e

这个转换规律可以辅助学生快速记忆俄语单词。如英语中的 virus 在俄语中是 вирус,corona 是 корона。但俄语和英语的某些字母虽然发音不同但在书写形式上相同,这会导致在最初学习阶段已掌握的英语会对俄语学习造成一定程度的干扰。

2. 英俄词汇之间的联系。随着世界政治、经济、文化、科技的交融,俄语中涌现了一大批外来词和以外来词为词根利用俄语传统构词方法派生的复合新词。以几个法律领域的外来词为例:демпинг – dumping,парламент – parliament,импичмент – impeachment,инаугурация – inauguration,глобализация – globalization,аудит – audit,импорт – import,гарантия – gurantee,лизинг – leasing 等。

3. 英俄个别词法范畴之间的联系。俄语动词有"体"这样一个特殊的范畴,即动词分为未完成体动词和完成体动词。从语法意义上来说,"体"表示行为与其内在界限的关系:即未完成体表示某种行为(指出行为过程或重复),完成体则表示行为的内在界限(即行为的开始或终结)。俄语未完成体动词的用法有时相当于英语的一般时、进行时,有时则相当于英语的完成时、完成进行时;俄语完成体动词的用法一般相当于英语的一般过去时、一般将来时。但完成体过去时在使用时,根据上下文,也有相当于英语现在完成时的。除此之外,英语动词的时态和俄语动词的时、体还有一些各自的其它用法,但无论如何,使用这些语法范畴时,都离不开它们的基本语法意义[1]。

(三)句子层面

在句子方面,俄语和英语之间存在不少相似之处。在学习某个知识点时,可以启发同学们思考,这个知识点与英语中的哪一点接近,来帮助学生理解和掌

---

[1] 何荣参:"俄语动词的时、体与英语动词时态的相应表现",载《渝州大学学报(哲学·社会科学版)》1997年第2期。

握。总体上来说，俄语的常用句法要比英语简单一些，比如①俄语中没有英语中的系动词：to be（"быть"）。例如："Я твой друг." = "I am your friend."（"我是你的朋友。"）②俄语总共三种时态（现在时、过去时和将来时），而英语有五个常用时态（一般现在时、现在进行时、现在完成时、一般过去时和一般将来时）。③在俄语中没有用于构成疑问句和否定句的助动词。例如："Do you want some tea?" = "Хочешь чая?"（"想喝点茶吗？"）。当然，俄语中也有一些独特的句法现象，但大部分都可以在英语语法中找到对应，毕竟，就如英俄互译一样，不同语言群体所处的现实总是同大于异，差别仅仅在于表达方法。

当然，以上各个方面的迁移也不是绝对的，迁移也分为"正迁移"和"负迁移"，如果在第二外语学习过程中发现学生的第一外语基础薄弱，则第一外语发挥"正迁移"的可能性较少，应当认真学习第二外语的相关知识，必要时可以发挥母语的"正迁移"作用。

五、结语

目前，公外教学改革正在如火如荼地试点，试点的结果将直接影响后续改革的推进。在试点过程中，必须全面考虑学习主体、学习要求和学习环境方面的巨大变化，借鉴相关高校第二外语选修课和俄语专业的传统强校在俄语专业入门阶段的授课经验，多管齐下，采取切实有效的对策。对较少接触大学俄语零起点教学的各位同仁来说，是全新的使命，也是非常具有挑战性的事情。如何迎难而上在短期内取得成效，做什么，怎么做，是我们每个俄语教师都需要深入思考的问题。

李小龙*

基于平行语料库对德汉翻译课程的教学研究**

外国语学院德语专业德汉翻译课程体系包括课程为三年级上学期的德汉笔译（一）和下学期的德汉笔译（二）、德语口译三门课程，其中笔译课程为高年级核心课程，也是学生翻译技巧和翻译能力培养的最重要课程。目前的翻译课程体系主要仍以传统的授课模式为主，即教师讲解加学生练习。如何将语料库手段与翻译教学结合，让课程体系和教学方法与时俱进，是本文的研究重点。

一、背景和意义

语料库建设以及基于语料库的研究在英美国家迅猛发展，受其影响，德国也建立了各种样的语料库，如：IDSIDSIDS 语料库、Goethe 语料库、Bonn 报纸语料库、Mannheim 语料库、Falko 学习者语料、ALeSKo 学习者语料库等。在德国语料库语言学研究的影响下，国内德语界也开展了基于语料库的研究，相关的研究主要包括以下四个方面：①早期基于德语语料库的理论研究。②基于学习者语料库的研究。2008 年，中国首个德语学习者语料库开始建设。目前来看，基于德语学习者语料库的研究主要包括学习者语言词、句子、篇章层面的研究、学习者语言偏误分析。③基于语料库的语言教学与测试研究。部分学者也将语料库技术应用到德语语言教学与测试中。通过语料库技术来丰富教学手段，探讨语料库技术是否能够用于设计德语试题（霍颖楠，2018）。④基于自建专门语料库的研究。除了上述研究外，德语领域学者还结合自己的研究领域，自建语料库开展研究，比如，自建法律语料库研究法律篇章的可理解性（高莉，2014）、自建平行语料库进行跨文化翻译研究（李小龙，2017；葛囡囡，2017）。

---

* 李小龙，男，1983 年生于山东青岛，德语语言文学博士，中国政法大学外国语学院讲师，硕士生导师，研究方向为跨文化研究、翻译理论与实践、德汉汉德平行语料库。

** 本文系 2020 年中国政法大学校级教育教学改革立项项目"基于平行语料库对德汉翻译课程体系改革的研究与实践"（JG2020A009）的成果。

将语料库语言学研究理念与方法和翻译教学与研究相结合，建设大规模、多类型的双语平行语料库和翻译语料库，进行翻译及词典编撰，甚至机器翻译的探索，已成为当前翻译教学与研究的一个战略选择，其影响已经超越语料收集技术手段或一般研究方法论的范畴，日益发展为一个相对独立的"语料库翻译学"。国内不少大学和语言研究中心也分别建立了侧重点不同的"英汉双语语料库"，国内外德语界基于汉德平行语料库的建设和研究相对较迟缓，北外德语系钱敏汝教授2011年主持的"中国科学院自动化研究所模式识别国家重点实验室与北京外国语大学联合开展德汉双语语料库研究项目"为德汉平行语料库研究的开端。基于汉德平行语料库在翻译方面做出的研究为2017年钱敏汝指导的两篇博士论文：李小龙的博士论文《基于语料库对〈论语〉卫礼贤德译本的跨文化研究》以及葛囡囡的博士论文《语料库支持下的专利文献德汉翻译探究——一项篇章语用学视角下的研究》，两者均为基于平行语料库在笔译方面做出的研究。

二、课程设计

推动语料库在德汉翻译教学中的具体应用研究，努力推进基于语料库的翻译教学模式和教学方法的应用。具体而言，语料库在翻译教学中的应用主要体现在两个方面：①利用语料库加强翻译课堂互动，提高课堂教学效果，建立基于语料库的翻译教学模式；②利用德语汉语双语语料库编写翻译教材，实现翻译教材编写理念和方法的革新。本文的研究目标为前者。

（一）研究内容

传统翻译教学多基于教师的经验式、感悟式、师徒式的传授方法，在翻译教材、课堂教授和学生自主学习等方面都存在不足之处，而"语料库与翻译教学的结合是翻译教学领域的一次革新"[1]。本文致力于德汉翻译课程体系的改革和实践，具体研究内容为基于语料库的翻译教学模式和德汉翻译课程平行语料库的建设。

1. 基于语料库的翻译教学模式特点。与传统的翻译教学模式相比，基于语料库的翻译教学模式最突出的特点是翻译教学的客观性和描写性，避免传统翻译教学的主观性和规定性。此外，基于语料库的翻译教学模式的另一特点是语料的直观性。最后，学生的参与性也是基于语料库的翻译教学模式的重要特征之一。

---

[1] 刘康龙、穆雷："语料库语言学与翻译研究"，载《中国翻译》2006年第1期。

2. 基于语料库的翻译教学模式的构建。①提高学生在翻译教学中的参与程度，这也是基于语料库的翻译教学模式的特点之一。让学生从传统的灌输式教学方式和机械被动接受的学习方式中走出来，充分利用语料库技术的优势，主动参与到翻译教学中。教师也可以指导学生利用语料库，围绕翻译策略和方法等具体翻译问题，独立开展相关课题的研究。②以学习者为中心。学生的学习自主性和师生间的积极互动是本教学模式的关键因素，直接关系到翻译教学的成败。在课程教学中，对能力不同的学生要尽量区别对待，可以根据学生的语言水平给能力较高的同学以难度较大的语料，如复杂句的对比及翻译研究，对水平稍低的学生的语料以简单语料研究为主。这样，翻译教学可以实现因材施教，也可有效提高学生整体翻译能力和水平。③强调翻译理论和翻译实践的有机结合。在基于语料库的翻译教学实践中，可以充分利用语料库所提供的技术优势，依据翻译学、语言学、文学和文化理论，结合具体翻译现象的分析，阐释翻译规律和翻译技巧。④实现翻译教学的真实化和社会化。目前，学生所接触的翻译实例基本上是与具体篇章割裂的单个语句或段落，教学内容文学翻译占比较大，但目前的翻译市场对于文学翻译需求较小，对于应用文的翻译需求巨大。故而，应确保翻译教学内容与当前翻译市场需求结合，课堂教学所用的翻译语料应选取真实的翻译实例。同时，也要选取经典的译作，如政府报告、《共产党宣言》等德汉翻译经典著作作为语料。

（二）课程研究要解决的问题

1. 基于语料库的翻译教学模式的构建和实施对教师素质提出了很高的要求。一方面，需要以学习者为中心，对翻译课程设置要求以及教材、教学方法和教学大纲进行修改和完善；另一方面，语料库的建立和应用涉及诸多计算机软件的使用以及数据统计和分析，要求教师具有较高的计算机应用能力。

2. 德汉翻译课程平行语料库的建设。笔者已自建《论语》汉德平行语料库，并在此基础上进行了课程实践和论文撰写。此外，笔者与自己的项目成员推进建设《共产党宣言》德汉平行语料库、《习近平谈治国理政》部分篇章的汉德平行语料库建设。

（三）本课程研究的主要特色

建立德汉翻译课程平行语料库，基于语料库的翻译教学模式研究在国内德语界尚未有先例，本课程研究是基于语料库对德汉翻译课程的改革实践的大胆创新，也顺应大数据时代背景下对教学研究的探索。

（四）研究实施

德汉翻译课程两个学期，每学期均为16周，一般授课周为15周，最后一周为考试周。

秋季学期为德汉翻译教学，主要从绪论、翻译的辅助工具、翻译五步骤、篇章理解技巧、文本类型与翻译、语义对比与翻译、语境与翻译、词类对比与翻译、句法与翻译几个方面讲解基本翻译理论和翻译策略。春季学期则为汉德翻译教学，讲解内容与秋季学期后半学期主要内容类似，但重点是讲述汉德翻译，也会借助平行语料库技术手段在课堂安排相关内容，探索平行语料库和翻译教学之间的关系。

三、研究效果展示

本文以春季学期汉德翻译课堂中使用平行语料库对古典典籍翻译中《论语》中"忠"字的翻译为例，主要以此作为课堂讲解和课后练习使用。

笔者借助 ParaConc 软件对自建《论语》汉德平行语料库进行检索，对"忠"字进行搜索，结果如下：

图一　ParaConc 软件对《论语》汉德平行语料库中"忠"的搜索截图

借助软件分析，对18处的"忠"字采取的译法数量及频率示意如下：

"忠"字各种译法数量及频率示意图

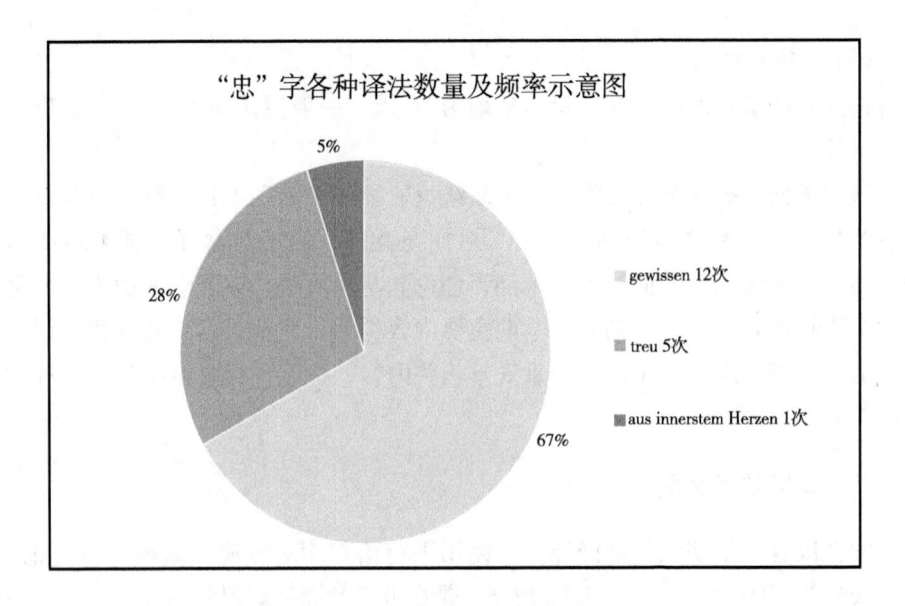

- gewissen 12次 (67%)
- treu 5次 (28%)
- aus innerstem Herzen 1次 (5%)

图二　"忠"字各种译法数量及频率示意图

虽然"忠"为儒家思想的重要组成部分，不过《论语》中对于"忠"并没有长篇详述，总共也只有18处，且多与其他美德共同出现。"尽己之谓忠"[1]，张葆全在其读本中将"忠"字解释为"对人对事尽心尽力"[2]，这也是对于"忠"字的一般解释。

采用"Treue（忠诚）"的译法首次出现在《学而篇第一》相应的翻译中。

子曰："君子不重，则不威；学则不固。主忠信。无友不如己者。过，则勿惮改。"（1·8）[3]

本章节有关"忠""信"这两个重要的思想范畴，关乎情感和人格。译者给这一章节添加的小标题为"人格文化（Kultur der Persönlichkeit）"。采取的文献型翻译译本为：Der Meister sprach：》Ist der Edle nicht gesetzt，so scheut man ihn nicht。Was das Lernen betrifft，so sei nicht beschränkt。Halte dich eng an die Gewis-

---

[1] 朱熹：《四书集注》，中华书局1957年版，第11页。
[2] 张葆全：《论语通译》，漓江出版社2005年版，第3页。
[3] 现代汉语译文：孔子说："君子，如果不庄重，就没有威严；即使读书，所学的也不会巩固。要以忠和信两种道德为主。不要跟不如自己的人交朋友。有了过错，就不要怕改正。"（杨伯峻：《论语译注》，中华书局2010年版，第6页。）

senhaften und Treuen. Mache Treu und Glauben zur Hauptsache. Habe keinen Freund, der dir nicht gleich ist. Hast du Fehler, scheue dich nicht, sie zu verbessern.》[1]卫礼贤对"忠"字采取了"Treue"的译法,并未加入任何解释,毕竟"Treue"对于欧洲封建君主制来说并不是陌生的词语。需要注意的是,由于汉语的高语境文化,源语篇章中的"主忠信"并未说明主语是谁,在翻译成低语境文化的德语目的语篇章时,考虑德语的行文习惯,卫礼贤间接给此处添加了主语,通过"du"命令式的形式显化了源语篇章中省略的主语。采取的工具型翻译译本为:Für einen Gelehrten ist ein gesetztes, ernstes Wesen von großer Wichtigkeit. Er erwirbt sich dadurch die achtungsvolle Anerkennung der andren Menschen. In seiner wissenschaftlichen Arbeit hat er sich von aller beschränkten Einseitigkeit fern zu halten. Bei der Wahl des intimen Verkehrs halte man sich an gewissenhafte und wahre Menschen und bleibe von Minderwertigen fern. Hat man einen Fehler gemacht, so suche man ihn nicht mit falscher Scham zu beschönigen, sondern gestehe ihn offen ein und mache ihn wieder gut.[2]在工具型翻译译本中对于"忠"字实则并没有给出直接解释。

采用"gewissenhaft(仔细、认真;有良知的)"相关的译法首次出现在《八佾篇第三》中相应的翻译中,这也是译本中对于"忠"字的主要翻译方法。

定公问:"君使臣,臣事君,如之何?"孔子对曰:"君使臣以礼,臣事君以忠。"(3·19)[3]

译者给这一章节添加的小标题为"君臣(Fürst und Beamte)"。采取的文献型翻译译本为:Fürst Ding fragte, wie ein Fürst seine Beamten behandeln und wie die Beamten ihrem Fürsten dienen sollen. Meister! Kung entgegnete und sprach:》Der Fürst behandle den Beamten, wie es die Sitte verlangt, der Beamte diene dem Fürsten, wie es sein Gewissen verlangt.《[4]卫礼贤用名词"Gewissen(良心、良知)"一词来翻译"忠",即"良心所要求的"以明"忠"之含义,这也是目的语篇章中唯一一次采用"Gewissen"名词形式,其他情况多是相应的形容词"gewissenhaft"。采取的工具型翻译译本为:Der Fürst Ding von Lu fragte den Meis-

---

[1] Wilhelm, Richard: Konfuzius Gespräche. Anacoda Verlag 1914/2007,第70页。
[2] Wilhelm, Richard: Konfuzius Gespräche. Anacoda Verlag 1914/2007,第70页。
[3] 现代汉语译文:子贡问对待朋友的方法。孔子道:"衷心地劝告他,好好地引导他,他不听从,也就罢了,不要自找侮辱。"(杨伯峻:《论语译注》,中华书局2010年版,第130页。)
[4] Wilhelm, Richard: Konfuzius Gespräche. Anacoda Verlag 1914/2007.

ter Kung, wie sich die gegenseitigen Pflichten des Fürsten und seiner Beamten zueinander verhalten. Meister Kung sprach:》Die Hauptaufgabe bei der Regulierung des Verhältnisses fällt dem Fürsten zu. Er muß sich in dem Umgang mit seinen Beamten an die festen Regeln der Ressorts halten unter Fernhaltung aller persönlichen Nebenbeziehungen. Auf diese Weise wird er es erreichen, daß seine Beamten von niedriger Spekulation auf seine persönlichen Schwächen sich frei machen und sachliche Gewissenhaftigkeit den Dienst beherrscht.》[1]在工具型翻译当中，译者用"gewissenhaft"的名词化形式"Gewissenhaftigkeit（认真、有责任心）"一词来继续解释"忠"的含义，在目的语中从多种角度构建"忠"的翻译。

这两种译法为课堂讲解部分。采用"aus innerstern Herzen（源语内心深处）"的译法则作为家庭作业让学生自行完成。

四、结语

理论体系的多元化、研究视野的开放性以及研究领域的综合性是翻译学发展的主要特征。因此，将语料库语言学与翻译活动进行有机结合，创建具有教学与研究多重用途的德汉双语平行语料库，不仅符合翻译学科发展的大方向，更应成为语料库建设与应用性研究的一个新课题，受到更多的关注与支持。基于语料库的翻译教学模式拥有如语料提取和分析的自动化和语料呈现直观化等不可替代的优势。在翻译教学中，运用德汉双语平行语料库，可以帮助学生建立关于翻译的意识，改变传统翻译教学中规定性教学方法，让学生成为翻译教学活动的主体。

---

[1] Wilhelm, Richard: Konfuzius Gespräche. Anacoda Verlag 1914/2007.

杜一雄　王卉妍[*]

建构主义教育观阙域下新时期涉外法律法语人才培养范式探究[**]

一、新时期我国涉外法律法语人才培养现状

近年来，国际局势风云万变，2020 年的新冠肺炎疫情，更是打乱了原有世界格局，极大影响了人类社会的发展进程。2018 年 8 月，习近平总书记主持召开了中央全面依法治国委员会第一次会议，中央全面依法治国委员会工作正式全面启动，法治中国建设迈入系统协同推进新阶段。

全面依法治国，夯实法制建设根基，在以宪法为核心的法治轨道上，坚定推进国家治理体系和治理能力的现代化，是新时代中华民族伟大复兴的根本要求。与此同时，当代中国与国际社会的合作与博弈，处理双边与多边的政治、经济冲突，更是需要具有家国情怀和国际视野、通晓国际法律规则的大量涉外法律人才，帮助我国在国际仲裁、国际纠纷中用法律武器捍卫自身权利，在法律全球治理中，贡献更多中国经验。2012 年底，教育部办公厅、中央政法委员会办公室公布了首批卓越法律人才教育培养基地名单，批准中国政法大学、复旦大学、山东大学、武汉大学等 22 所高校为涉外法律人才教育培养基地。

中国政法大学博士生导师、中国法律英语教学与测试研究会会长张法连教授指出："涉外法治人才需要具备两方面能力：一是具有国际视野，能熟练运用外语，能在国际事务中发出自己的声音，并进行有效的交流与谈判，即精通外语；二是

---

[*] 杜一雄（1989—），男，教育学博士，中国政法大学外国语学院教师，研究方向为法语教学法、国际人才培养、比较教育。王卉妍（1989—），女，北京外国语大学博士研究生在读，研究方向为国际人才培养及学科建设。

[**] 本文系中国政法大学科研创新项目"涉外法律人才非通用语种教学方案探究"（项目号 18ZFQ88001）资助下的阶段成果，由中央高校基本科研业务费专项资金资助（supported by the Fundamental Research Funds for the Central Universities）。

通晓国际规则，精通国际谈判，能够参与国际法律事务，维护国家利益。"[1]上述基地的涉外法律人才培养，主要由校内外国语专业以及相关系所承担。

随着"一带一路"与"构建人类命运共同体"倡议的综合推进，各高校积极创新，从机制层面与培养方案层面，为学生提供多种选择，譬如开设六年制本硕连读，增设法律硕士涉外法方向，以及开设多语种涉外法律精英人才培养实验班等。而在这些举措与选择中，不难看出，英语仍是各高校涉外精英法律人才培养的重中之重。[2]

笔者所在政法类高校，作为国家级涉外法律人才教育培养基地代表，在本科阶段，于2017年开设了法语涉外法律人才培养实验班，将法语与法语国家法律与文化课程写入国际法专业实验班培养方案，旨在使学生经过四年的学习，英语和法语都达到理想水平，成为能够熟练掌握两门外语、具有国际竞争力的复合型涉外法律人才。截至2020年，该项目已运行四年，每年遴选15~20名国际法专业学生进行法语加法律的专业学习，同时每年组织学生与本校专家进行论证，一步步细化培养方案，对其进行微调与修改。

2019年，依托教育部的倡议，笔者所在高校为全校多个专业学生开展大学外语教学改革，开设非通用语种外语教学改革试验班。在全校范围内，每年遴选20位左右大一学生，以法语取代英语，成为其在大学阶段专业外学习的第一外语。

2020年，笔者所在高校法语本科专业获批，学校重新组织专家论证设计了法语辅修专业的人才培养新方案与范式，本文将基于高校设计培养方案时常参照的维果斯基建构主义教育观的基本主张，重新审视笔者所在高校涉外法律法语人才培养方式，了解在何方面上述方案契合维果斯基建构主义对人才发展的要求，以及根据社会建构主义教育观，教师可在何维度调整和改进自己的教学实践。

二、维果斯基建构主义教育观的基本主张

人的知识体系是由个人在与环境的互动中，在对过往经验的审度中被一步步建构出来的，以上产生于20世纪60年代的建构主义观点，多年来深深影响了世

---

[1] 张法连："'一带一路'背景下涉外法律人才培养问题探究"，载《法制日报》2017年12月6日，第10版。

[2] 汤维建："涉外法律人才：多些，再多些"，载《人民政协报》2020年5月22日，第6版。

界各国的教育改革。在建构主义视域下,学生是教学活动的绝对中心,任何知识与技能的学习,都是由学生主观能动性生发。学生通过对外部刺激进行"同化",即将陌生知识归类于自己的已有经验中,在个人认知体系中将知识分门别类化作一个个"图式",进而在面对外部世界新的知识刺激时,用已有"图式"去理解。对于其中不能够"同化"于先前经验的部分,通过认知"顺应",在头脑中形成新的"图式"或者对既有"图式"进行修改与创新,最终学生建构起自己的知识与技能体系。[1]

上述认知过程中,教师只能作为中介、陪伴者与引导者存在,学生学习应是完全自主的行为。伴随着认知心理学与建构主义教学观的发展,来自世界各国教育学家的教学思想与教育实践使得原始建构主义教育教学理论更加丰满。其中,苏联教育家、心理学家维果斯基的社会建构主义因其更贴近如今学校教育教学模式,被世界各国的教育者广为借鉴。维果斯基的社会建构主义教育教学观的基本主张可被总结为:关注学习者的学习动机与先前经验;通过"边缘发展区"使学生取得进步;强调以学生动态发展作为学习效果评估的主要思路。具体包括:

(一)关注学习者的学习动机与先前经验

社会建构主义观点认为,学生学习知识是对自己先前经验的合理化,学习是学生主动构建的过程。因而学习者必须首先具备强烈的学习动机,一系列的教育教学活动才能藉此得以展开。而在真正的教学活动过程中,学生通过对学习任务与自身所具经验的"同化"与"顺应",实现能力的增强与知识的增加。这里所说的先前经验,既包含学生自身的知识储备,也包括学生之前的学习方式与学习观。

(二)设立"边缘发展区"使学生可以取得长足进步

在维果斯基建构主义教学观看来,学生在进行"同化""顺应"等认知心理活动时,需要在学习知识与学生先前经验间存在一定的刺激与冲突,以此学生可以在头脑中形成新的"图式",达成知识与能力的进阶。在这一过程中,教师作为陪伴与观察者,要为学生在学习环境中设定"边缘发展区",该区域内的学习任务要基于又高于学生先前经验,并且巧妙创造与学生先前知识与经验的冲突,使学生得以进阶,取得长足的进步。[2]

---

[1] 王沛、康廷虎:"建构主义学习理论述评",载《教师教育研究》2004年第5期。
[2] 孔宪遂:"试论建构主义理论对教学的启示",载《清华大学教育研究》2002年第S1期。

（三）以学生动态发展作为学习效果评估的主要思路

"动态评价"由维果斯基的同事 Luria 于 20 世纪 60 年代提出，强调学生学习是一个动态发展的过程，学生在将知识与自己的社会关系"内化"的过程中，自己的心理认知与知识储备均得以发展，并展现出继续发展潜力。北京外国语大学中国外语研究中心韩宝成教授曾援引维果斯基建构主义观点，表示："静态评价以客观、量化为特征，设计精密、结构性强。它着重描述学生目前已达到的水平，偏重学习结果，只提供学生的成败信息，且以评价者为中心。动态评价强调评价者与学生之间的互动，强调评价和教学的结合。"[1]因此，教学方案在设计学生考评部分时，应以发展的眼光，将传统的以静态成绩为中心的评估模式，转化为动态的、注重学生在各学习阶段综合表现的、基于师生互动的新型学习效果评估思路。

三、社会建构主义教育观阙域下新时期涉外法律法语人才培养方案设计

2020 年，笔者所在高校经专家论证后，法国语言文学辅修专业培养方案尘埃落定，即将试点运行。全校全日制本科有法语基础的学生（以法语为第一外语学习的试点班级学生）在第一学年已修课程达到平均绩点在 3.0 以上，且无重修课程条件下，可以申请修读法语辅修专业。由大二开始修读专业课程，三年共需修满总学分 56 学分，其中专业必修课占 39 学分，专业选修课应修满 17 学分。修满辅修专业培养方案规定的必修学分，经审查合格可授予辅修专业结业证书；修满辅修专业培养方案规定的所有学分、撰写学位论文并通过论文答辩的，经审查合格，授予外国语言文学（法语）学士学位证书。当我们以社会建构主义教育观重新审视这一辅修方案时，我们可发现其特点如下：

（一）基于学习者动机与英语学习能力的人才遴选体系

本高校法语辅修专业学生（包括涉外项目学生与试点学院学生）是在每年新入校大一学生中遴选产生。遴选方案设计主要基于学生的学习动机与语言学习能力，重点考查学生的外语表达能力与听音模仿能力素养。

考虑到国家对复语人才的要求，学生首先经过英语笔试阶段，笔试成绩过关的学生才有机会参与面试，在大学阶段将法语作为第一外语学习。面试考官由英

---

[1] 韩宝成："动态评价理论、模式及其在外语教育中的应用"，载《外语教学与研究》2009 年第 6 期。

语专业教师与法语专业教师联合组成，首先学生要通过全英文的自我介绍、能力相关问答全面展示自己的英文水平与学习能力，接下来，学生需用英文分条陈述自己对选修法语的学习决心与动机。接下来，学生将通过法语听音模仿环节，尝试法语发音，初步感受其与英文发音的异同。

这样的遴选体系，首先，可以充分了解学生先前外语学习的经验与成果；其次，通过对学生动机的考察，了解学生是否有足够动力驱动其顺利开展法语学习任务；最后，法语教师通过向学生展示法语发音，特别是其中较为复杂的部分，使其成为学生的"边缘发展区"，了解学生是否有信心直面挑战，有潜力完成更高阶的学习任务。

（二）以学生动态发展为中心设计课程与学年安排

在课程与学年设计上，涉外人才法语辅修课程与其主修专业课程相辅相成，形成合力。按照维果斯基的社会建构主义观点，学生在完成规定学习任务的基础上，应遵循其认知发展特点，逐步提高学习任务。[1] 因此，在法语辅修方案的必修专业课设计上，笔者所在高校将法语精读系列课程做了逐年进阶的安排，由《基础法语》到《中级法语》，最终到《高级法语》。并依照学生的认知规律，在学生零基础开始学习法语的第一学年，以视听说口语课程为主，培养其对法语学习兴趣与语感；第二学年增加《法语写作》《法语阅读》《法律法语》课程，在读写技能上，助力其在原基础上更进一步发展；最后一学年，由于学生已具备一定的法语知识，并且可以进行相对自主的法语写作或口语表达，此时植入《法语语法》及其他相对枯燥专业的语言学课程，使学生在法语表达上更精准，知其然更知其所以然。

关于辅修专业课程，从"边缘发展区"角度，笔者所在高校为辅修法语同学设置了法语分方向进阶模块，分为语言学、文学、翻译学、国别与区域研究四个专题，每个专题课组为学生提供四到九门课程供其自由选择。在上述四个模块之外，本校亦将法语本身视为学生法律等专业学习的"边缘发展区"，充分发挥学校一级学科优势，在法语辅修培养方案中加入了"法语国家法律模块"，即包含《法国宪法》《法国民法》《法国行政法》等部门法课程，亦囊括《法国法学前沿》等通识创新类课程。由此，从法语和专业两个维度，为学生构建"边缘发展区"，助力其动态进步。

---

[1] 潘玉进："建构主义理论及其在教育上的启示"，载《东北师大学报》2000年第4期。

（三）具有退选机制的动态人才评价体系

在辅修专业的实际操作过程中，由于学生身兼主修专业与辅修专业的双重修读压力，难免出现"顾此失彼"或者"两败俱伤"的负面情况。因而，在设计学生晋级毕业评价体系时，更需要基于人才发展，为其提供多元化动态的辅修专业评价体系。笔者所在高校在设计涉外人才法语辅修专业培养方案时，随学生发展，架构了不同的辅修结业机制和相应的人才评价体系。

首先，强调辅修专业的学生应当首先学好主修专业，未达到主修专业毕业条件的，不能申请获得辅修专业结业证书；其次，学生完成辅修专业培养方案规定的专业必修课程学分的，可以申请获得学校颁发的"中国政法大学辅修专业结业证书"；对于终止修读辅修专业或者主修专业毕业时未修满辅修专业培养方案规定学分的学生，其可以申请将所修课程中及格成绩和相应学分转入主修专业成绩库；最后，完成辅修专业培养方案规定的学分，完成学士学位论文并通过学士学位论文答辩，且确实已较好地掌握本门学科的基础理论、专门知识和基本技能，并具备从事科学研究工作或者承担专门技术工作的初步能力的学生，可以申请获得辅修专业相应的法国语言文学学士学位。

由此可见，学生在进入辅修项目后的不同阶段，均可依据自身发展及修业压力，灵活调整修读目标与学位申请意愿。即便选择中途退出辅修培养，其修读的课程亦可转换为主修专业毕业学分，对其在法语学习中所付出的时间、精力给予充分肯定。而对于有能力圆满完成双专业学习的学生，其亦可通过学位申请，为自己的辅修选择画上圆满句号。

四、基于社会建构主义培养方案的教学方式

在上述培养方案中的课程及评价模式日渐完备的同时，基于社会建构主义教育观，任课教师在教学时，亦可以学生发展为中心，充分发挥其主观能动性，在教学中通过搭建"支架"，在"最近发展区"中发布小组学习任务，以及基于学生程度设置"差异化"动态考评模式等方式，进行相应的教学调整，使后者更吻合建构主义教学培养方案的要求。

（一）"支架"教学法

支架式教学（Scaffolding Instruction）是基于维果斯基建构主义教育观发展开的新型语言教学模式。在教学中，教师将像建筑师一样，首先为班级学生构建情境式语言学习"脚手架"，在"脚手架"上发布难度逐级上升的学习任务。学生

在教师的指导下，自主学习，搜集资料，逐级攻克难关。在学生完成既定任务后，教师逐步撤掉、转移或改变所构"支架"，使学生达到掌握、建构、内化所学知识技能的愿景。[1]

在法语第一年的教学中，教师可将法国原版引进教材中，将课与课之间的壁垒打破，按照"边缘发展理论"，将知识点相近，难度略有提升的课程内容进行集中讲授。举例来说，语音部分结束后，教材第一单元第1课，通常希望学生了解法语第一组动词的变位规则，而课文中只出现了"appeler"一个法语第一组动词，学生无法对整组动词的构成及变位方式形成直接映射。这时，任课教师可将第一单元乃至之后单元中出现的所有第一组动词（habiter，aimer，manger 等）列出，搭建"支架"，让学生在支架中自主发现第一组动词特点（-er 结尾）以及对应不同主语人称代词时，规律的直陈式现在时变位规则。

（二）在"最近发展区"中安排学习小组

在社会建构主义教育者看来，学生的学习效果取决于教师—学生—学习任务三方间持续地良性多向互动。在课堂环境中，小组学习尤其能帮助学生跨越"最近发展区"，取得认知技能的提升进步。在小组学习中，学生通过帮助知识掌握程度较弱的同学，进一步内化、巩固所学，达到教学相长的效果；同时，通过与能力更强或能力相当同学的协作，共同攻克教师设计的教学任务，达到进阶[2]。因而，教师在发布任务进行分组时，应尽量注意小组成员间学习能力与学习水平的平均，避免组内学生程度过分统一。

在实际教学过程中，教师可在诸如《法语写作》或《法语高级视听说》等中阶课程教学中，将班级同学依照程度进行穿插分组，理想状态每组同学可由4人构成，包括1名程度较弱同学，2名中等成绩同学，1名成绩较好同学。由4人同时撰写一篇研究性文章或共同排演课本剧，教师作为旁观者，观察在任务进行过程中，四人的分工与合作，了解每位同学的特长与特有认知模式，对于不合理（例如某位同学完全不参与）的情况进行及时的引导与修正，最终旨在使成绩较好同学通过"寓学于教"，夯实自己的知识结构；使中等成绩同学通过完成任务及帮扶较弱同学，巩固所学；使程度尚弱同学通过其他组员的帮扶，同时观摩组内其他同学的学习方式，发现自己的不足，更加进步。

---

[1] 周舒怡："社会文化理论与支架式语言教学概述"，载《南昌教育学院学报》2011年第2期。

[2] 黄月："混合式教学中小组学习的策略及应用研究"，云南师范大学2019年硕士学位论文。

(三) 基于学生差异的动态考评模式

前文中提到,社会建构主义教育观点下,外语教学对学生的考评应以每位同学在学习中的个人发展为中心,以评估学生学习潜力与进步态势为主要出发点。因此,传统"静态式"的,以学生期末考试成绩为主要参考的考评模式,恐不能客观评价上述内容。且由于每位同学起点不同,认知发展速度各异,以唯一的期末卷面成绩很难看出每位同学的进步与学习发展态势,这也就要求外语教师在实际教学测评过程中,转变思路,以基于学生差异的动态考评模式,取代"一考定全年"的静态考试模式。[1]

具体操作过程中,任课教师可减轻期末卷面成绩所占权重,通过月考、随堂考等阶段性考试,对每位同学的学习效果进行阶段性评估,及时发现问题,对退步同学积极止损,对进步同学施以鼓励,使其能够获得动力,继续进步。

同时,基于外语教学对于"听、说、读、写、译"五方面的综合要求,每个阶段性考试试题设计,可对上述某一方面施以侧重,借此发现每位同学的擅长方面,在之后划分学习小组时可由此使组员间达到取长补短的和谐局面;对于以交流理解为目标的"听、说"部分,教师可选用更加灵活的考评模式,例如对学生的小组表达进行集体打分,或以口语讲演或辩论取代卷面考试等。

五、结语

综上所述,基于社会建构主义教育观,我们可在今后更加优化涉外法律人才培养高校法语专业辅修培养方案,并根据高校自身的优势与特色,优化"法律+法语"的课程体系。同时,通过对建构主义教学观中"最近发展区""支架教学法""小组学习"及"动态测评"等理论的灵活运用,语言教师可切实提升其教学水平,翻转课堂,培养复合型优秀涉外法治人才,为"深化新时代教育评价改革"、全面依法治国人才建设做出更大贡献。

---

[1] 任玲玲:"动态评估在外语教学中的应用研究综述",载《黑龙江教育学院学报》2015年第2期。

王 敏[*]

学术英语口头报告能力的培养与实践
——以中国政法大学为例

一、背景

在高等教育国际化的大背景下，大学英语教学的目标和性质也随之发生了巨大的变化。曾经围绕培养听、说、读、写、译五大方面能力的单一且机械的传统操练模式不仅不能提高学生的学习主动性，而且导致外语教学流于形式，无法发挥其作用。在深度分析当前大环境对大学英语教学提出的全新要求后，中国政法大学外国语学院大学英语教研室敏锐地感觉到基于纯语言学习的通用英语已经无法满足学生的专业需求。传统的通用英语教学无疑会成为培养学生用英语从事专业学习和研究的学术能力以及批判性思维能力的绊脚石。为了摒弃英语教学与学生专业脱钩的现象，坚持语言运用能力和学术研究能力两手抓，让英语成为学生专业学习和深造的坚实后盾，教研室在学院的部署和指导下围绕学校培养"国际型、复合型、应用型、创新型"的"四型"人才的培养目标制定了突显我校法学学科特点，以学术英语为核心、以分科英语为特色，通用英语与学术英语交流能力并重，英语学习与专业研究、语言运用与跨文化交际相结合的多元大学英语课程体系，从而开始了我校大学英语由通用英语教学向学术英语教学的转型之路。

学术英语教学作为我校大学英语教学改革的重中之重，旨在帮助学生运用已经学到和正在学习的英语知识辅助其专业学习和研究，从而提升大学英语在后大学英语时代作为基础课的价值。用英语就科研成果进行口头报告展示的能力，是学术英语教学能力培养的重要方面之一。它既能够精准地突显学术英语"工具性＋学术性＋人文性"的教学理念，又能够有效地实现"英语运用能力与学术研究能力双赢"的教学目标。

---

[*] 王敏（1978—），女，中国政法大学外国语学院副教授，研究方向为应用语言学。

二、学术英语口头报告能力的培养

(一) 培养理念

学术英语口头报告是突破通用英语教学瓶颈的一个着力点。传统的通用英语教学对学生英语能力的培养主要以课堂操练为主,但是英语课堂的容量之大、课时之少又极大地降低了课堂操练的效率和效果。这对矛盾一直是通用英语教学无法跨越的障碍。学术英语教学强调在"学中做"和"做中学"的理念能够极大地推动学生的学习积极性,提升学生在英语学习中的自主学习和独立探究意识,降低甚至去除被动获取知识的惰性。学术英语口头报告对学生从以培养语言基础和基本日常交际为主的通用英语课堂向着力主动建构专业语言学习意识的学术英语课堂过渡的过程中起到了桥梁作用,避免了因教学模式的突然转变给学生带来的不适。根据文秋芳教授提出的"输出驱动假设"理论,语言输入和输出是相互作用的两个过程。语言输出是目标也是途径,是促进输入消化吸收的手段;输出驱动能够促进输出能力的提高,也能改进输入的效率。[1]学生在学术英语课堂上获得语言输入,然后在课堂外围绕相关课题开展项目研究获得额外的语言和专业知识的输入以补充课堂所学,并在与他人的合作中进行语言输出的训练。当学生最终再次回到课堂上进行口头报告展示时,他们的语言和专业知识又得到了一次强化或者说内化的机会,从而完成了一个完整的输入—输出—强化/内化的语言学习过程。通过口头报告将课堂内的一部分教学实践"翻转"至课堂外,既减轻了课堂教学的密度,提升了教学效率,又使英语学习实现了课堂内外的无缝对接,增加了学生语言实践的空间。

学术英语口头报告是检验学生语言运用和知识积累的一把标尺。通用英语教材中的语言材料多涉及空泛、简单的生活话题。英语内容与专业学习的脱钩现象在很大程度上降低了学生学习英语的热情,因为它无法满足学生的专业求知欲,进而导致大多数学生很少能够用外语开展自己的专业研究。学术英语口头报告的主题以学术英语课程选取的(跨)专业领域的内容为依托,能够在专业内容与英语能力相结合的过程中将语言运用能力的培养化有形于无形,帮助学生了解并熟悉其专业学科话语的语言构建方式和特点,从而提升学生对专业学科话语的掌握,为学生深化专业学习、展开学术交流打下坚实的语言基础。

---

[1] 文秋芳:"构建'产出导向法'理论体系",载《外语教学与研究》2015年第4期。

学术英语口头报告是培养多维语用能力的一块敲门砖。通用英语课堂上的语言操练以听、说、读、写、译这五大技能的强化训练为主，其中又以后三种能力为主。然而学生的专业能力需求不仅限于此，只满足于读懂专业文献并进行简单的论文写作无法使学生适应日趋严峻的素质发展要求，进而阻碍其在各自的学科领域内具有较强的国际竞争力和国际话语权。通过学术英语口头报告开展的一系列课堂内外的语言实践不仅能够夯实学生扎实的语言运用能力，而且能够培养其过硬的调查研究能力、规范的学术表达能力、缜密的批判思维能力、积极的团队合作能力、客观的自我评估能力和高效的时间管理能力。这些能力都极具远程效应，不仅有助于满足研究型学生从事专业研究、进行国际学术交流的需求，也有助于提升期待迈向职场的学生进行实务处理的自信感。

（二）培养能力

学术英语口头报告以提高语言运用能力为前提，以增强英语学术交流能力为出发点，以提升综合学术素养为导向，旨在满足学生运用英语进行学术探索的愿望和需求。

第一，学术英语口头报告有助于提升学生的专业学术敏感性。传统通用英语课堂多围绕以提高学生日常英语交际水平为目的的生活话题开展教学。这无可厚非，因为以学生熟悉的日常话题为切入点不仅具有较高的代入感，使学生具备足够的背景知识，从而在学习中建立充分的自信，也具有较强的实践性，满足学生的日常交际需要。然而后大学英语时代的英语学习远非仅限于体现英语的工具性，还体现在它的学术性价值上。学术英语口头报告的话题涉及的是专业领域或跨学科领域的主题。这就要求学生选择具体报告话题时具备较高程度的敏感性，能够知晓相关领域的研究前沿、摸准相关领域的研究脉搏、抓住相关领域的研究高点。这种学术研究的敏感性对学生在大学本科高年级阶段乃至硕博阶段的专业深造均具有极高的价值。

第二，学术英语口头报告有助于提升学生的专业调研能力。英语的阅读能力一直是大学英语课程能力培养的一个重要方面。对于传统通用英语如此，对于学术英语也是如此。但是二者的最大区别在于阅读能力的适用范围。前者强调应试语境中的阅读能力，后者重视学术研究语境中的阅读能力。由于通用英语课程教材内容的偏生活化，学生在初涉专业文献阅读时遇到了非常大的障碍，这不仅体现为专业词汇的贫瘠，也表现为专业话语的缺失。学术英语口头报告的主题专业性强，能够在学生搜集材料的过程中提供并补充额外的专业语言知识，使学生尽可能地了解相关领域语言的特点，融入该领域的话语社团。除了英语阅读能力外，搜索专业文献、抓住主要事实和有关细节、进行文献综述的能力也都会在同一过程中得到提升。虽然这些能力相比于阅读能力可能显得更为隐性，但它们都是学生进行专业研究和深造不可或缺的基本功。

第三，学术英语口头报告有助于提升学生的调查研究能力。用英语就自己的观点展开论述在传统通用英语课程中主要以议论文写作的方式呈现。但是由于篇幅的限制，学生往往很少深入探讨，仅仅点到为止。其主要的论述方式也仅仅局限于就论述而论述，缺少必要且多样的论证手段。学术英语口头报告能够帮助学生在开展项目研究的过程中积累、熟悉并使用定量研究、定性研究等常用的研究方法和方差分析、回归分析等简单的数据分析方法，从而学会设计研究方案、收集数据、整理数据、分析数据、得出结论这一整套实证研究的脉络。这种独立研究的能力是"去语境化"的传统通用英语学习无法有效培养的。

第四，学术英语口头报告有助于提升学生的思辨能力。伦道夫·史密斯曾指出批判性思维具备以下特点：批判性思维是灵活的，其能容忍模棱两可和不确定性；能识别固有的偏见和假设；保持一种怀疑的态度；能够区分主观见解和事实；使用逻辑推断过程。[1]传统通用英语课程中泛生活化的内容多基于被广泛承认的事实、道理或经验，不利于学生进行广度和深度的拓展，导致语言能力培养与思辨能力培养的人为割裂。具备思辨能力的起点是"问题意识"。对关注对象抱有的好奇、对现象本质展开的探寻、对既定观点持有的存疑、对问题进行的反思是使学生在学习活动和学术研究中维持思考热度、保持思考活跃的前提和基础，也是驱动学生扩大学术视野、进行学术创新的动力。学术英语口头报告为学生提供了一个体验多种观点进行碰撞的场景，无论这些观点来自于文献还是来自于其他学习者。在观点的碰撞中，学生的"问题意识"被触发、个体能动性被激发、思辨的意愿被引发。在这样的锻炼中，学生的批判性思维能力会得到不断的训练和提升，并最终迁移至日后的专业学习和研究活动中。

第五，学术英语口头报告有助于学生的专业话语知识的积累和表达。任何一个学科的理论和知识都是通过特定的语言方式构建和传播的。学术英语口头报告为学生提供充分了解相关学科里各种语类的特定语言交流方式，从而有效提升其

---

[1] [美]伦道夫·史密斯著，方双虎等译：《挑战你的成见：心理学批判性思维》，中国人民大学出版社2010年版，第4~11页。

对学科话语的掌握能力和知识的呈现能力。学术英语口头报告的"学用一体"的体验式学习方式为学生搭建了一个语言实践的平台，学生在独立或合作完成（跨）专业领域的研究并用英语进行规范展示的过程中，最大限度地参与英语学习，逐步矫正其学习的被动性、建立其学术规范意识、提升其演示陈述能力。

第六，学术英语口头报告有助于提升学生的团队合作意识。合作学习对大学英语教学的意义重大，它不仅能够有效提高学生的发散思维能力和分析能力，也能够促使学生在合作中提升合作能力。[1]在以教师为中心的传统通用英语课程中，学生大多数情况下要么处于与教师的一对一交流之中，要么处于独自思考和学习的状态。因此学生不免会形成学习的惰性和对教师的依赖。学术英语口头报告将对同一报告主题感兴趣的学生集中在一起，形成小组进行项目研究的方式无疑会在小组中形成良好的共同学习的氛围、提供群体动力的刺激，使学生在与彼此的合作中提升认知的成熟性、推理的严谨性、思维的开放性、参与的竞争性、学术的包容性、评估的客观性和合作的协同性。

三、学术英语口头报告能力的实践

依托学术英语课程，自2013年以来教研室已经连续成功举办了八届学术英语口头报告大赛。该项赛事不仅是我校大学英语教学改革的一个重要结晶，更成为我校的品牌赛事之一。该赛事不仅在校内广受欢迎、获得了很高的赞誉，更是墙内开花墙外香，吸引了校外媒体的目光。中国教育新闻网就曾对赛事进行了报道，使大赛在校外也享有很高的知名度。该项赛事于每年4月份进行，每届比赛均吸引校内众多学生参与，是拓展学生学术视野、激发学生学习潜能、检验学生学术能力的重要平台。

大赛分为初赛和决赛。初赛以选手提供视频展示的形式进行。每届初赛大约有近40组选手（每组三至五人）参加。选题为学术英语教材单元主题，具体包括动物权利、堕胎、家庭暴力、学术诚信、安乐死、医疗纠纷、人工智能、众筹、共享经济等社会热点话题，涉及法学、社会学、商学等我校主要专业。根据选手们在初赛中的表现，每年有8组选手脱颖而出进入最后的决赛。决赛前，选手们基于学术英语教师及外籍教师根据其初赛中存在的问题给出的建议对其报告内容进行修改和完善。决赛以现场展示的形式进行。每组选手展示时间为15至

---

[1] 丁群："在大学英语教学中构建合作学习模式"，载《产业与科技论坛》2018年第14期。

20 分钟，其中包括展示后回答评委即兴提出的问题。决赛邀请校内外的外语教学专家和外籍教授共同担任评委和点评嘉宾，就整体效果、内容组织、语言表达、态势表达、学术规范、视觉辅助、问题回答几个方面对选手的现场展示进行评判并评选出一、二、三等奖。为了进一步提高学生们的参与积极性，最大化地发挥口头报告大赛"以赛促学"的效果，在学校教务部门的支持下，选手们除了获得物质奖励，还会获得期末成绩的加分。

参赛选手们的口头报告水平高、学术性强、语言表达地道，充分展示了我校学生逻辑思维缜密、人文情怀深厚的特点与"准法律人"的风采，获得了学校领导的肯定及校内外专家学者的高度赞扬和一致好评。学术英语口头报告大赛不仅激发了全校学生学习英语的热情，而且为学生用英语进行专业领域的学术交流提供了真实的实践语境，还为学生搭建了更广阔的校际英语交流平台，有效提升其英语运用能力和学术交流能力。

四、结语

学术英语口头报告能力的培养与实践重在培养学生在英语学习中的主动构建，而非知识的被动获取；重在拓展学生较高层次的多维语言运用能力，而非较低层次的基本功；重在培育学生的专业学术素养，而非基本日常交际；重在丰富英语学习的人文内涵，而非单纯的工具效应；重在课堂内外的学习延展，而非课堂上的机械操练；重在英语学习的远程影响，而非短视的英语应试。

学术英语口头报告将通用学术能力和专用外语能力相结合，有助于在学生中实现学术理念的传播、学术道德的灌输、逻辑思维的强化和学者身份的建构。在教育和学术国际化的背景下，有助于满足研究型高校学生从事专业研究、进行国际学术交流的需求，也有助于满足其在涉外事务中的专业外语能力要求，进而使其在学术领域与未来职场中更具有核心竞争力，成为既懂英语又通晓专业的"专业化的外语人才"和"外语化的专业人才"。

史红丽*

基于生态语言观的学术英语写作能力发展研究
——以语言专业与法学专业学生复句写作为例

公共外语《学术思辨英语》课程在教学大纲中将学术英语写作能力培养设置为教学重点目标之一。影响学术英语写作能力发展的因素很多。客观因素包括学术写作教学、学术写作评估、学术写作任课教师以及整体学术环境等；主观因素包括学习者的学习动机、学习时长、学术背景、思辨能力以及语言能力等。以上因素往往综合作用并最终决定学术写作作品的优劣。在教学实践中，一方面，需要积极思考和探索如何调配各方资源，从而在最大程度上实现教学效果的优化；另一方面，又需要抓住主要问题，有针对性地解决突出问题，充分利用现有资源有效地推进学生学术英语写作能力的快速发展和成长。

目前《学术思辨英语》教学中关于学术写作方面尚存在以学生练习为主、学习者个体针对性不强、教师指导时长短等问题，这些问题导致学生学术写作能力发展缓慢、容易出现学习滞怠期等情况。为了更好地解决以上问题，本文认为应该重新调整教学策略，强调学习者个体差异以及他们在学术写作中遇到的具体困难和障碍，按照先进行问题诊断再制定相应解决方案的流程，有效地帮助每一位学习者克服学术写作瓶颈，旨在有的放矢，做到在保证每一位学习者都跟上进度的情况下兼顾学习者的特殊需求。据此，本文借鉴了齐曦（2017）[1]关于学术英语写作的生态语言学观点，并在齐曦（2017）提出的"生态写作构念"的基础上，进一步具体化、深化了这一设想，尝试建构一个符合我校公外英语教学实际情况的、促进学术写作能力发展的理论研究模式。在此前提下，本文以我校语言学专业二年级学生和法学专业一年级学生为研究对象，调查了这两类学习者

---

* 史红丽，女，英语语言文学硕士，中国政法大学外国语学院副教授，研究方向为法律语言学、二语习得。

[1] 齐曦："生态语言学视域下的学术英语写作能力发展评估体系研究"，载《外语界》2017 年第 3 期。

在学术英语写作过程中，尤其是在处理复句这样的学术英语写作难点方面存在的问题，尝试以"生态写作模式"为不同研究对象诊断其在撰写复句时遇到的不同问题，并给出相应的解决建议。此外，本文所提出的基于学习者个体差异的"生态写作模式"也为齐曦（2017）的"生态写作构念"提供了一定的证据支持。

一、问题描述与分析

本文从学习者个体差异为出发点，调查和分析了具有代表性的语言专业和法学专业两类学习者在学术英语写作能力发展方面上的差异，提出以学习者个体为中心的"生态写作模式"更有利于其学术写作能力的快速发展。

（一）问题描述

本文调查了两类《学术思辨英语》课程学习者，一类是作为语言专业的二外课程，学习者处于大二第一学期，共计24人；一类是作为法学专业的公共外语课程，学习者处于大一第一学期，共计102人。笔者在入学/开学一个月之后，分别向各班布置了第一次写作任务，该任务要求以上研究对象撰写一篇长度在200字左右的、涉及教材中的法律话题的作文，题目自拟，体裁为议论文，写作时长为一周时间。之后，笔者共收集126份作文，其中有2份为记叙文被排除，最后共计有124份有效样本，其中24份样本来自语言学专业学生，100份样本来自法学专业学生。本文设置了五层参数用于比对语言专业的样本和法学专业的样本之间的差异。第一层参数考查篇章框架的合理性与逻辑性；第二层参数考查句法复杂度与复句正确率；第三层参数考查语篇衔接指标和语篇衔接标识语的使用情况；第四层参数考查了样本里的整体表述是否符合英文习惯；第五层参数考查学术思想的深度表达。在对比分析相关数据之后，本文有以下发现：

1. 语言专业样本篇章架构更加合理、行文更加逻辑。语言专业样本显示，学习者已经基本掌握了议论文体裁的学术英语写作的要旨，在一定程度上具备了问题意识，基本能够按照提出问题—分析问题—解决问题这样的标准议论文程式行文，尽管还存在所提问题过于宽泛、焦点不明确、分析缺乏新意、偏离主题、论证不充分、结论过于仓促等问题。相比之下，法学专业样本显示，多数学习者没有掌握如何正确撰写议论文体裁的学术英语作文。很多学习者没有提出任何具体问题，全文整体结构更类似记叙文，就某个法律话题或提出一些自己的感想，或简述这方面的个人经历，文中既没有问题又缺乏相关分析。整个文章的结构松散、逻辑性弱。

2. 语言专业样本中句法复杂的句子使用率更高。学术英语写作能力的重要衡量指标之一就是对句法复杂度高的句子的掌握和应用。句法复杂度包括五个方面，包括"长度、主从关系的数量、并类关系的数量、详细指数和固定形式的频率"[1]。语言专业样本使用复句的频率和正确率远高于法学专业样本。前者不仅在复句数量上高于后者，在复句句式变化上也多于后者。后者使用的复句多为并列关系，较少有主从关系，有一小部分学习者甚至出现全文都使用简单句的情况。

3. 语言专业样本中使用更多的篇章衔接标识语。判定学术英语写作能力的高低还可以根据其是否能恰当使用篇章衔接的标识语。在法学专业样本中，多数学习者仅使用了少量的且语力较低的显性衔接标识语，有的甚至没有使用任何衔接标识语。而反观语言专业样本，不仅有能够表达复杂照应关系的标识语，而且有的甚至使用了隐形的语义链接手段。缺少必要的、恰当的语篇衔接标识语大幅降低了法学专业样本的流畅性和可读性。

4. 语言专业样本的表述更符合英文习惯。若具体到词语、词语搭配层面，语言专业样本更加倾向于选择规范的学术词汇，而法学专业样本在选择词汇时出现更大的不确定性，经常在正式词汇与口语词汇之间跳跃，从而造成全文文体的不统一。前者的表达更符合英语习惯，而后者的表达更多时候是从汉语直接对译为英文，造成信息传达误差。

5. 语言专业样本所展示的学术思想表达更加有深度。语言专业样本中，由于使用了较多的长句和复句，其思想表达更加丰富，论证也更加细致，逻辑更加严密，避免了因反复使用简单句、并列句等而造成句间衔接不足、逻辑不清、论证不充分等问题。尽管不能说复杂句表达了复杂的思想内容，简单句只能表达简单的思想内容，但至少可以说，复杂句比简单句包含了更多的细节，充分合理的细节描写无疑增加了思想表达的深度和广度。

综上所述，以上五点原因造成法学专业样本无法表达深刻系统的学术思想。这是典型的语言能力不足而导致思想表达匮乏。学术英语写作能力上的欠缺已经严重地阻碍了法学专业学习者使用英语正常表达学术观点的可能性。以上数据详

---

[1] 侯俊霞、陈钻钻："中国工科大学生英语写作能力发展轨迹历时研究"，载《中国外语》2019年第3期。

见表一。

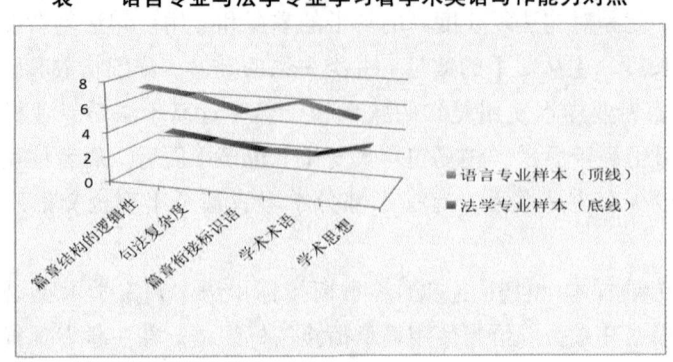

表一 语言专业与法学专业学习者学术英语写作能力对照

[图表：横轴为篇章结构的逻辑性、句法复杂度、篇章衔接标识语、学术术语、学术思想；纵轴为0-8；语言专业样本（顶线）、法学专业样本（底线）]

（二）问题分析

总体来说，语言专业样本整体质量上明显优于法学专业样本。据本文分析，这大概有以下三个方面的原因：其一，语言专业学生本身比法学专业学生对语言有更多敏感性和学习主动性。尽管笔者选择的语言专业学生为二年级第一学期的学生，但他们一年级的时候并没开设任何二外英语课程，所以他们实际上并不比一年级法学专业的学生在学习时长上有太多优势。其二，语言专业学生对于英美文化有更多的了解。由于西方文化有一定的共同性，西语专业的语言学生会间接地接触到更多英美文化。这一点也显著优于法学专业学生。其三，语言专业学生更加熟悉英语的表达习惯和表达逻辑。最后一点似乎尤为关键。在笔者收集的样本中，法学学生能够很轻松地修改语法问题，但遇到英汉表达逻辑上的差异，法学学生表现出极大的困难。他们往往是将汉语字字对应地翻译为英语，虽然没有语法错误，但却完全违背了英语的表达习惯和逻辑。就本文所收集的语料来看，最后的这个问题才是法学专业学生在学术英语写作中需要克服的最大障碍。相比之下，语言专业学生违反英语表达习惯和逻辑的严重程度要低很多。

以上124份样本的分析结果表明，学术英语写作中出现的最大障碍是英汉表达习惯和表达逻辑上的差异。相同的是，语言专业学生和法学专业学生都可以比较轻松地改正语法错误但不能轻松地改正逻辑表达错误；不同的是，法学专业学生在语法与逻辑表达两方面的错误率远远高于语言专业学生。以上分析表明，相较于语法规则，英语习惯表达和逻辑表达应该被视为高级英语习得阶段的难点和重点。本文认为,搭建"生态写作模式"正是针对高级阶段学习者这一方面的问题,帮助不同学习者熟悉正确的学术英语表达习惯和逻辑思维惯例,按照学术英语的规范正确、准确地表达自己的学术思想。

二、"生态写作模式"建构

"生态写作模式"的理论基础是生态语言学。生态语言学是最近几十年新发展起来的语言学分支,国内外都有学者提出将生态语言学视为一个学科[1]。顾名思义,生态语言学是生态,或者说环境对于语言的作用关系。实际上,早在Halliday(1996,2005)的书中就已经出现了"意义是通过物质体现的,意义系统需要体现为物质的过程,才能被接受、感知和理解"[2]。换言之,生态语言学强调了语言意义的形成是物质的、是环境的。语言是人类这个生物体在环境中与多种因素互动过程中生成的一个多方因素合力的产物。其中,人类生物体发挥主动作用,客观环境对人类生物体具有反作用力。人类生物体在行使语言能力时,不仅仅受到大脑认知的支配,也必然在不同程度上受到外在语言环境的影响。

基于上述理论,学术英语写作也是语言能力应用的客观表现方式之一。在写作过程中,学习者需要协调英语能力、写作能力、逻辑思维能力以及客观写作环境等各个方面的要素才能最终生成写作作品。齐曦(2017)提出的学术英语写作能力的发展生态动态评估体系将影响学术英语写作能力的因素分为两大类:直接课堂情景和间接学校教育情景[3]。前者主要包括学习者要遵守的学术写作流程以及教师辅导;后者主要涉及课堂环境以外的其他能够促进学习者写作能力发展的各类学术写作活动。

本文认为,尽管齐曦(2017)较为全面的列出了影响学术英语写作能力发展的关键因素,但却没有就这些因素具体的影响力大小进一步论证。实际上,这些因素的影响力是不平衡的。据本文分析,学习者个人的英语语言能力、学术研究能力、逻辑表达能力等因素发挥着更重要的作用。这就解释了在大致相同的课堂

---

[1] 黄国文、陈旸:"作为新兴学科的生态语言学",载《中国外语》2017年第5期。

[2] 苗兴伟、雷蕾:"基于功能语言学系统进化观的生态语言学维度探析",载《中国外语》2020年第1期。

[3] 齐曦:"生态语言学视域下的学术英语写作能力发展评估体系研究",载《外语界》2017年第3期。

教学环境下，如使用相同的教材、由同一个老师授课，但不同学习者却表现出不同的学术英语写作能力。针对这种情况，本文认为，应该着重强调学习者个体的学术英语写作能力的实际情况。先对其现有学术英语写作能力进行全面客观的预估，再根据该评估表制定出针对学习者个体特征的学术英语写作能力发展方案，要兼顾学术英语写作能力发展的一般特征和具体特征。换言之，就是在维持现有统一大纲教学模式不变的前提下，增加符合学习者学术英语写作能力特征的教学内容和辅导。根据本文收集的语料，结合上述生态语言学理论以及语言生态观下的学术英语写作能力发展理论，现提出新的"学术英语写作能力发展生态模式"方案，具体如下：

1. 学习者学术英语写作能力预评估。预评估包括5项内容：①学习者个人的学术英语语法能力；②学习者学术英语语言综合能力；③学习者英语逻辑思维能力；④学习者学术英语术语使用能力；⑤学习者学术英语句法能力。这5项评估的综合结果为对学习者初始期的预判。预评估旨在对学习者的优劣势综合评估和打分，有利于对其薄弱环节制定个性化的后期方案。预评估以学习者的两份代表性写作作品为依据，根据其中的语法、句法、术语、语篇结构、论述内容等方面的表现综合评测而得出。

2. 学习者学术英语写作能力的分类。根据预评估结果，学习者的学术英语写作能力将被分为5个由高到低的等级。1级为最低级，表现为语法错误多、未使用学术术语、句法简单、论述混乱、篇章结构不合理；2级为倒数第二级，表现为语法错误较多、使用极个别学术术语、出现了句法复杂的句子、论述不条理、篇章结构不合理；3级为中级，表现为有一定语法错误、使用少量学术术语、多个句法复杂的句子、论述有一定条理、篇章结构较合理；4级为高级，表现为少量语法错误、大量使用学术术语、大量句法复杂的句子、论述条理、篇章结构合理；5级为最高级，表现为基本无语法错误、基本使用学术术语、句法结构复杂、论述条理分明、篇章结构逻辑合理。

3. 学习者学术英语写作能力的干预。按照学习者的预评估报告和等级划分，制定以学习者个体为导向的学术英语写作能力发展方案。这个方案以教师干预为主，以动态性地调整为特征，以适应学习者不断发展着的写作能力。因为"二语发展过程中，学习者与其他变量构成的系统在与环境进行信息、能量和资源交换时,相互适应、自我组织,系统有序性不断增加……"[1]。在整个教学过程中,学习者学术能力发展始终处于动态监测之中,并随着其能力的发展而不断调整教学策略。

4. 学习者学术英语能力发展评估。在教学周期结束后,对学习者进行最终评估。最终评估的标准重点放在英语表达习惯和英语逻辑思维两项。因为通过一学期的训练,绝大部分学习者都在语法上有显著进步。然而,在其学术写作是否符合英语表达习惯和逻辑表达方面仍有不小差距。这两项标准能够真正检测出学习者在教师干预之后,是否有显著进步。

综上,本文根据实验语料所提出的"学术英语写作能力发展生态模式"(下文简称为"生态写作模式"),包括四个层层递进的有机环节。该模式以学习者的个体学习特征和发展为导向,制定出有效的教师干预方案,尝试最大程度上推进个体学习者学术英语写作能力的发展。在下一小节,本文将就这一方案的具体实施效果进行汇报。

三、"生态写作模式"应用

笔者就"生态写作模式"做了一个先导研究。本文从法学专业一年级的4个班级各抽取了5名学生,共计20名学生进行小范围的"生态写作模式"实验。经过为期8周的实验研究,本文有以下发现,见表二。

表二 "生态写作模式"的先导研究数据

组别	标准	语法评分		句法评分		术语评分		逻辑评分		综合得分	
		第1周	第8周	第1周	第8周	第1周	第8周	第1周	第8周	第1周	第8周
1	高级组	8.5	9.2	8.0	9.1	8.5	9.5	7.8	9.0	32.8	36.8
2	次高级组	8.0	8.8	7.7	8.5	7.5	9.0	7.0	8.5	30.2	34.8
3	中级组	6.5	7.5	6.0	7.0	5.5	7.5	5.0	7.0	23.0	29.0
4	次中级组	5.0	6.5	4.5	6.5	5.0	7.0	4.5	6.0	19.0	24.5
5	初级组	4.5	5.5	3.0	4.5	2.5	4.0	2.5	4.0	12.5	18.0

---

[1] 雷鹏飞、徐锦芬:"任务重复对学术英语写作的影响:以动态系统理论为视角",载《外语界》2018年第5期。

据表二的数据分析,为期 8 周的"生态写作模式"为有效干预。以学习者个体为导向的"生态写作模式"取得了预期效果。1~5 组均有显著提高。尤其是初级组的涨幅最大。这表明,学习者在学术英语写作时,不仅在建构"作者身份"[1],也在不断发展和完善作者身份。以上数据表明"生态写作模式"有效地推动了学习者学术英语写作能力的发展。

四、结语

在调查了 124 份两种专业样本的基础上,本文根据语言生态学尝试构建学术英语写作能力发展的"生态写作模式",并对该模式进行先导研究,结果表明该模式为有效干预模式。

---

[1] 娄宝翠、王莉:"学习者学术英语写作中自我指称语与作者身份构建",载《解放军外国语学院学报》2020 年第 1 期。

刘 华 *

准确定位法律英语培养涉外法律人才

法律英语学科在 20 世纪 70 年代末就开始发展起来[1]。半个世纪过去了，法律英语取得了长足的进步，但另一方面，最初的那些困难，现在似乎仍然是困难。首先，国家依然缺少急需的涉外法律人才。2019 年底，全国共有执业律师 47.3 万多人[2]，但截止到 2019 年 5 月，据全国范围内初步统计，涉外律师的人数仅为 7231 人[3]，也就是说，能从事涉外法律事务的律师人数仅约占全国律师总数的 1.5%。其次，人才培养也似乎仍然没有合适的师资和教材，法律英语翻译服务市场对法律英语翻译人才的评价也不高[4]。本文认为，突破这一局面需要对法律英语的概念和作用进一步准确定位，并在此基础上确定如何教学。

一、准确认识和定位法律英语

（一）应当意识到法律英语也是分领域的

1963 年，美国法律语言研究权威梅林可夫将法律英语定义为：" 在以英语为官方语言的国家里，律师在一般的司法活动中通常使用的语言。" 之后，此概念中 " 律师 " 被扩大到法学研究人员、法官和其他司法工作者[5]。于是，法律英语比较有代表性的概念包括：法律英语是以英语为官方语言的普通法系的法律职

---

* 刘华，女，1970 年出生，中国政法大学外国语学院副教授，国际经济法法学博士。

[1] 张法连：" 法律英语学科定位研究 "，载《中国外语》2019 年第 2 期。

[2] "2019 年度律师、基层法律服务工作统计分析 "，载 http://www.acla.org.cn/article/page/detail-Byld/29691，最后访问时间：2021 年 9 月 10 日。

[3] 张清、商天然："新时代法律英语专业建设刍议"，载《山东外语教学》2019 年第 5 期。

[4] 周玲玲、太婉鸣："京津冀地区法律英语翻译服务需求的调查分析"，载《上海翻译》2018 年第 3 期。

[5] 张纯辉："我国法律英语教学现状研究"，载《天府新论》2008 年第 S2 期。转引自：David Mellinkoff, the Language of the Law, 1963.

业者、法学家所使用的习惯语言[1]；法律英语指以英语为母语的习惯法国家的法学研究人员、法官、律师和其他司法工作者在以法律为职业和以法学研究为目的的过程中所使用的法律习惯语言[2]；法律英语"主要是指普通法国家的律师、法官、法律工作者所使用的习惯用语和专业语言，它包括某些词汇、短语或特定的表达方式"[3]；法律英语是指"普通法国家以普通英语为基础，在立法和司法全过程中逐渐形成的，具有规约性的民族语言的社团分支。它包括规范性法律文件用语以及法律工作者在执法过程中使用的一整套规范化的法律公务用语"[4]；法律英语是"以普通英语为基础，在立法、司法及其他与法律相关的活动中形成和使用的具有法律专业特点的语言，是表述法律科学概念以及从事诉讼或非诉讼法律事务时所使用的英语"[5]。

本文目的不在评论各个定义的优劣，或是各个定义中相关的概念是否准确，但从这些定义可以得知，学者普遍认为法律英语由两个部分组成，一是英语，二是法律。"涉外型法律人才需具备两方面的能力：一是精通英语；二是熟练运用法律专业知识处理问题。这也就是我们常说的'法律+英语'人才。"[6]"法律英语专业人才，顾名思义，不仅需要精通法律领域内的专业知识，还需要具备高水平的英语语言技能，是能够'精英明法'的人才。"[7]这些说法固然是正确的，但还可以明确指出，学好"法律"不是一个人所能做到的，或者说一个人所能掌握的只能是法律的某一个领域，就如当人们说学好外语，实际上是指学好一门外语而不是要求一个人精通所有的外国语言一样。当然，会有人懂两门甚至多门外语，也有人会涉猎多个法律领域，但这不是法律英语教学和研究的重点。而且一个民法专业的学生甚至学者，即便用中文，即便对刑法有了解，也未必能深入讨论刑法的前沿问题，而起草《民法典》的不会是行政法专家，到 WTO 应

---

[1] 王光汉："谈谈法律英语的词汇特点"，载《法商研究（中南政法学院学报）》1999 年第 5 期。
[2] 李剑波："论法律英语的词汇特征"，载《中国科技翻译》2003 年第 2 期。
[3] 魏小璞："语言与法律——兼谈法律英语的历史嬗变"，载《宁夏社会科学》2005 年第 3 期。转引自：陈庆柏编著：《涉外经济法律英语》，法律出版社 1994 年版，第 711 页。
[4] 肖云枢："法律英语语法特点初探"，载《外语教学》2000 年第 4 期。
[5] 张法连："法律英语学科定位研究"，载《中国外语》2019 年第 2 期。
[6] 郭锋："应用型本科院校专门用途英语课程群建设的必要性——以法律英语应用为视角"，载《国际公关》2020 年第 9 期。
[7] 张清、商天然："新时代法律英语专业建设刍议"，载《山东外语教学》2019 年第 5 期。转引自：张法连："新时代法律英语复合型人才培养机制探究"，载《外语教学》2018 年第 3 期。

诉的也必不是刑法专家。一个人可能是某一领域的专家，但精通"法律"的不会是一个人，而是多人的集合。

（二）从学科划分的角度看为什么要分科

法律英语中的法律对应的学科是法学[1]，而法学是包括理论法学（例如法理学）、法律史学（例如外国法律思想史）、部门法学（例如宪法学、民法学、行政法学、民事诉讼法学、刑法学等）、国际法学（例如国际公法学、国际私法学、国际经济法学等）和法学其他学科等五个二级学科的一级学科概念[2]。与法学对应的一级学科语言学包括的二级学科有普通语言学、比较语言学、语言地理学、社会语言学、心理语言学、应用语言学、汉语研究、中国少数民族语言文学、外国语言和语言其他学科。而英语是外国语言下的一个三级学科[3]。

也就是说"法律英语"之表述是一个一级学科与三级学科的组合。当然，将法律与英语并列本身并无不妥，但需要意识到，法律英语中的"法律"是包含了五个二级学科几十个三级学科的一个一级学科概念。能掌握好一门三级学科，例如法理学，或者法律制度史或者宪法学或者国际经济法学，已属不易，掌

---

[1] "学科分类与代码"，见国家标准全文公开系统网，载 http://www.gb688.cn/bzgk/gb/newGbInfo?hcno=4C13F521FD6ECB6E5EC026FCD779986E，最后访问时间：2020年10月9日。

[2] 法学作为一级学科，包含的二级学科有理论法学（包括法理学、法哲学、比较法学、法社会学、立法学、法律逻辑学、法律教育学、法律心理学、理论法学其他学科）、法律史学（中国法律思想史、外国法律思想史、法律制度史和法律史学其他学科）、部门法学（宪法学、行政法学、民法学、经济法学、劳动法学、婚姻法学、民事诉讼法学、行政诉讼法学、刑事诉讼法学、刑法学、刑事侦查学、司法鉴定学、军事法学、卫生法学、环境法学、安全法学、知识产权法学、宗教法学、部门法学其他学科）、国际法学（国际法学、国际公法学、国际私法学、国际刑法学、国际经济法学、国际环境法学、国际知识产权法学、国际法学其他学科）和法学其他学科。

[3] 语言学包括的二级学科有普通语言学（语音学、语法学、语义学、词汇学、语用学、方言学、修辞学、文字学、语源学、普通语言学其他学科）、比较语言学（历史比较语言学、类型比较语言学、双语对比语言学、比较语言学其他学科）、语言地理学、社会语言学、心理语言学、应用语言学（语言教学、话语语言学、实验语音学、数理语言学、计算语言学、翻译学、术语学、应用语言学其他学科）、汉语研究（普通话、汉语方言、汉语语音、汉语音韵、汉语语法、汉语词汇、汉语训诂、汉语修辞、汉字规范、汉语史、汉语研究其他学科）、中国少数民族语言文学（蒙古语文、藏语文、维吾尔语文、哈萨克语文、满语文、朝鲜语文、傣族语文、彝族语文、壮语文、苗语文、瑶语文、柯尔克孜语文、锡伯语文、中国少数民族语言文字其他学科）、外国语言（英语、德语、瑞典语、丹麦语、挪威语、冰岛语、拉丁语、意大利语、法语、西班牙语、葡萄牙语、罗马尼亚语、俄语、波兰语、捷克语、塞尔维亚语、保加利亚语、希腊语、阿尔巴尼亚语、匈牙利语、芬兰语、爱沙尼亚语、拉脱维亚语、立陶宛语、梵语、印地语、乌尔都语、僧伽罗语、波斯语、土耳其语、阿拉伯语、希伯来语、豪萨语、斯瓦希里语、越南语、柬埔寨语、印度尼西亚语、菲律宾国语、马来语、缅甸语、泰语、老挝语、日语、朝鲜语和韩国语、世界语、外国语言其他学科）和语言学其他学科。

握"法律"是不可能的，何况还要再要求学生精通英语。人们普遍认为法律英语难，与目前法律英语研究和教学没有明确指出法律英语是分领域的有着莫大的关联。

（三）分领域后法律英语难度会大大降低

法律英语在各个领域有不同的特点。各国的民刑等领域，由于与自身的发展密切相关，有着久远的历史背景，而与我们的距离较远，所以难度更大。例如，这些领域有很多的古词和外来词。法律英语的古词距今有 500 到 1000 年之久[1]，那时使用的词汇对今天的学生来讲，自是非常困难。外来词则是英语中的外语。仅 1250~1400 年间大概就有 10 000 个法语词汇进入到英语词汇中，其中 75%，也就是约 7500 个单词一直沿用至今[2]。相比之下，我国高校对英语四级的词汇量要求是 4700 词左右，即便是六级，也只是 6000 词左右[3]。如果不分领域，就是要求学生在法律英语的学习过程当中，掌握比自己的英文词汇量还要多的法语词汇，而这还没有包括法律英语中的希腊语和拉丁语等外来语。况且，法律英语外来语中的法语，也不是现代法语，其难度又更进一步。

如果分领域，我们会发现有些领域，例如国际贸易、国际投资、世界贸易组织等诸多领域，由于产生于国际交往并且出现的时间较晚，这些领域外来词、法语词和古体词相对较少，而且几乎没有生词。即便民刑方面的法律甚至是法制史包含对常人来讲较多的上述古体词和外来词，但是，如果能分领域学习法律英语，对于学习这些专业的学生来讲，由于了解这里面的背景，并且经常会接触到这些词汇，学习的难度肯定要大大小于外专业的人。而且，法律英语时态简单，通常为一般现在时（案例判决中还多使用一般过去时来表示之前法院的判决），句式多为陈述句，本专业的学生学习本专业领域的法律英语，应该是件愉快而有成就感的事情。

现在总结的法律英语的一些词汇和句法特点，其实并不是法律英语所特有，

---

[1] 法律英语的古词是指古英语时期（公元 450~1100 年）和中古英语时期（公元 1100~1500 年）的英语词汇，而在这两个时期从拉丁语、法语和希腊语中借用的外来法律词汇 70%仍沿用至今。见李剑波："论法律英语的词汇特征"，载《中国科技翻译》2003 年第 2 期。

[2] 李剑波："论法律英语的词汇特征"，载《中国科技翻译》2003 年第 2 期。转引自：秦秀白编著：《英语简史》，湖南教育出版社 1983 年版，第 11、77、82 页。

[3] 蔡基刚："新时代我国高校外语教育主要矛盾研究：70 年回顾与思考"，载《中国大学教学》2020 年第 1 期。

而且，脱离了学科领域泛泛而谈，只会让人望而生畏，甚至有些结论会误导读者。例如，普遍认为法律英语中的成对词和近义词体现了法律语言的严肃性和法律文本的准确性和严密性，或认为这些词使定义或所指更为精确，避免了疏漏和误解。但实际上，使用成对词或者三词连用是因为当时的律师同时使用了诺曼法语、中古英语和拉丁语来表示同一个概念，也很可能是因为当时起草文件的人是按字数收费的。如今，成对词和三词连用被认为是完全没有必要的，人们只需使用其中最简单的词而忽略其他词即可[1]。

当然，并不是说学生不需要其他领域的知识，但是，首先，学生在用中文学习法律专业知识时，已经完成了必要的跨学科的知识架构。其次，如下文所讲，法律英语学习的核心任务是阅读某一法律领域的权威教材和知名期刊，有能力的学生，自可以选修针对不同领域开设的法律英语课程。如果某一领域与另一学科或领域的交叉不容忽视，权威教材和知名期刊肯定也会涉及相关方面。因此，本文想要明确指出的是，法律英语的出发点和着眼点应该是如何培养一个领域的涉外法律人才。的确，国际事务中，也不难想象个人会遇到一个问题横跨多个学科的情况，但这时应该是多人合作来完成，而不是要求一个人通晓所有的领域。

（四）法律英语的作用：法律英语是涉外法律人才培养当中的一个环节

法律英语是涉外法律人才培养的一个环节，但却不是唯一的环节。首先，大学生的英语已经达到了一定的水平，很多材料是可以自己阅读的，所需要的只是教师的引导和协助。因此法律英语学习过程中的重点不应该是语言的讲授。法律英语教学以语言教学为核心的定位培养不出既懂法律又懂外语的人才，这是当前实践已经证明了的。

法律英语也不是讲解法律知识。各校对于法律知识传授的体系是成熟全面的，法律英语无法也没有必要取而代之，法律知识的传授应当仍然由专业课教师用中文完成。

法律英语并不是既要负责学生学好法律，又要负责学生学好英语。相反，法律英语是在学生已具备一定的英语能力，已经掌握相关法学知识的基础上，让学生用英语复习巩固所学领域的法学知识，熟练掌握自己专业领域知识的英文表述，并练习用英文阐述自己专业领域的相关知识，讨论相关的话题。也就是说是要在学生已经知道了想说什么的时候，帮助学生掌握练习相关的英文表达。

---

[1] Thomas R. Haggard, *Legal Drafting*, Law Press, 2004, pp. 318 – 319.

二、如何分科教授法律英语：突出国家需要的领域，兼顾各个学科

（一）突出国家需要的领域

涉外法律人才最终应该具有"国际视野、通晓国际规则，能够参与国际法律事务和维护国家利益"[1]，或者说国家需要的是"通晓国际法律规则、善于处理涉外法律事务的涉外法治人才队伍"[2]。习近平总书记在中央全面依法治国委员会第二次会议的重要讲话指出，要加快推进我国法域外适用的法律体系建设，加强涉外法治专业人才培养。由此可知，国家需要的已不仅是通晓国际规则的人才，还有能推进我国法律域外适用的人才，所以，法律英语应该重点从下列方面展开：国际法学领域，主要是国际贸易领域，包括货物贸易、知识产权贸易和国际服务贸易；国际投资领域：直接投资和间接投资（即国际金融）；国际税收领域；国际公法领域；国际私法领域；国际争端解决领域；重要的国际组织及相关法律规则，例如欧盟法和 WTO 规则；中国的法律；其他各国的法律。

上述中国的法律和其他各国的法律，仍然需要分领域进行，因为即便是针对某一个国家，也不可能了解这个国家所有领域的法律，突破点还应该是与我国关系密切的领域，例如投资法、外贸法、反垄断法等。还应当明确，尽管我们培养出来的人才完全能胜任法律口笔译的工作，但我们要培养的绝不仅仅是从事法律服务的人才。

（二）兼顾各个学科

上述领域无疑是我国最需要涉外法律人才的领域。但其他学科，例如民法、刑诉、行政法等，学生们也需要知道国外的学者在干什么，在做着哪些方面的研究，将来也需要与外国同行进行面对面的交流，因此，他们同样有法律英语方面的需求。

中国政法大学国际法学院自 2021 年起，将开始招收"国际法涉外法治人才实验班"，每年通过推荐免试选拔 30 名专业为英语的优秀本科毕业生到国际法学院攻读国际法学专业全日制学术学位硕士研究生[3]。选择语言过关的本科生专

---

[1] 2011 年教育部和中央政法委联合制定了《中央政法委员会关于实施卓越法律人才教育培养计划的若干意见》。

[2] 2014 年党的十八届四中全会通过《中共中央关于全面推进依法治国若干重大问题的决定》。

[3] 见中国政法大学国际法学院网站，载 http://gjfxy.cupl.edu.cn/info/1039/7044.htm，最后访问时间：2020 年 10 月 23 日。

攻国际法学,这是鼓舞人心的发展。但也要注意到,这些学生的学习仅限于国际法,没有涉及其他领域涉外人才的培养,且如果这些学生主要还是学习中文的材料,就还存在英语与法律分离的情况。

三、如何教学

法律英语的教学重点如果只是专门术语的辨析理解、两大法系在概念上的差异、法律制度背景的补充介绍、法律英语中复合句的讲解等[1],还不足以培养国家急需的涉外人才。法律英语应该帮助学生用英文表达自己心中已有的专业知识,而阅读本领域的权威英文教材(以下简称"权威教材")和有代表性的英文期刊(以下简称"知名期刊"),是实现这一目标的有效途径。

(一)法律英语的核心任务是带领学生阅读本领域的权威教材和知名期刊

1. 教材是让学生自己学,还是开设课程呢?

在确定了法律英语应该通过阅读本领域的权威教材和知名期刊之后会产生下面的疑问:这些权威教材和知名期刊是应该让学生自己阅读还是应该开设课程呢?

语言输入的途径有两种,自然环境和非自然环境。在我国,学习者学习外语,输入主要在课堂,即非自然环境中获得。纵观我国外语教学历史也可知,我国外语人才的培养得益于课堂教学,法律英语的课堂教学也不例外[2]。所以,法律英语应该通过课堂,带领学生进行阅读而不是让学生自己读。

由于现在的法律英语教学体系有其自身的价值,权威教材和知名期刊为内容的法律英语教学可以以选修课的形式展开。上述各个领域以及所有的有权威英文教材和知名期刊的法学三级学科,都可以开设法律英语选修课,有的学科,例如国际经济法学,还可以开设多门选修课。学生每学期可以根据自己的情况,选修一门或多门相关课程。相关的课程可以与学生学的中文课程同时开设或稍后开设,这样法律英语课堂就可以避开法学知识的讲解,在学生已经掌握了相关知识的基础上展开教学。同时开设,还有助于学生发现问题,与法学专业课教师就法学问题进行深度交流,也能避免"千院一面"[3]。

---

[1] 海云:"法律英语课程全英教学研究",载《国际经贸探索》2005年第S1期。

[2] 崔童鹿、郭鑫华:"试论二语习得理论指导下法律英语教学中和谐心理环境的创设",载《河北法学》2007年第11期。

[3] 张法连:"新时代法律英语复合型人才培养机制探究",载《外语教学》2018年第3期。

2. 教材：各个领域的权威教材和知名期刊。

法律英语教材不尽如人意，许是因为怎么做都不是正确答案的缘故。现在的法律英语教材多由不同的部门法组成，一方面是要求大家对各个学科（宪法学、民法学、刑事诉讼法学、经济法学等）都有涉猎，这对初次接触者来讲比较困难；另一方面，各章的内容又较为简单，并不能达到用英语对某一学科进行深入探讨的目的。比较理想的做法是由各学科的专业课老师推荐该领域的权威英文教材和知名期刊，由教授法律英语的老师开设课程带领大家进行阅读，可以一本书一门课，或者一种期刊一门课。

法律随着社会的发展一直在变化，教材往往具有滞后性，那还该不该将之用作法律英语课程的材料呢？如前面所讲，法律英语课程的任务是学习某一法律领域的英文表达，即便法律本身发生了变化，英文表达不会发生变化，有变化，也不过是产生了新词，或旧词消失了，前者不会多，后者不会增加难度。况且，权威教材之所以能够成为权威教材就是因为即便时光流逝，也总会有一些值得所有人阅读思考的东西。就像是所有研究 WTO 规则的人，无论如何也要阅读 *The jurisprudence of GATT and the WTO：insights on treaty law and economic relations* 这本书一样，尽管这是 John Jackson 在 20 年前出版的著作。美国的圣约翰学院现在仍然要求学生研读"看似原始，甚至错误的古代的地心说、灵魂学说或是伦理学"[1]，这也证明了权威教材有着不可或缺的价值。

而相关的期刊反映了某一领域法学发展的最新状况，可以弥补教材的不足。要掌握某一法学领域的专业知识，走在学科发展的前沿，不跟读期刊的相关文章是不可想象的。各校每年投入大量的人力物力丰富各领域的资源，不加利用，也实在是可惜。

(二) 教师

法律英语需要大量的师资，因此，即便有留学归来英语很好的专业课教师，但大学英语老师仍然在数量上、教学经验以及发音阅读能力等方面存在着不可替代的优势。所以，目前最好的分工仍然是，专业课教师教授某一领域的法律知识，大学英语老师负责法律英语课程，即以法学某领域的权威教材和知名期刊为内容的选修课。

---

[1] "'极端'的通识教育"，见光明网，载 http：//epaper.gmw.cn/zhdsb/html/2012 - 08/01/nw.D110000zhdsb_20120801_2 - 09.htm，最后访问时间：2020 年 10 月 25 日。

大学英语老师能否胜任法律英语的这种教学要求呢？答案是肯定的。首先，大学英语老师英语过关；其次，明确了法律英语应该分领域进行后，法律英语老师的任务明确，难度降低。老师的任务就是阅读材料（一本权威教材或者跟踪一种期刊），找出术语，设计问题，让学生通过回答问题，用英语巩固复习所学知识，掌握和练习相关的英文表达。对于英语教师来讲，这不是不能完成的任务。当然，这也不是轻而易举就能做到，而是需要大力扶植的，例如：

1. 与专业课教师，尤其是推荐教材和期刊的教师形成互助组，使得大学英语教师在有问题时，可以向专业课教师请教。还可以与专业课教师合作，二位老师同时用中英双语上课，专业老师讲专业，英语老师进行翻译，让学生在学习专业知识的同时，接触英文表达。

2. 学校制定相应的鼓励政策，教师每开设一门领读权威教材和知名期刊的选修课，就记作一篇科研论文。开设新课需要投入的时间和精力，完全不亚于一篇论文的写作，却能使学生更直接地受益。

（三）授课方式

既然学生已经具备了相关的法学知识，法律英语教学的重点就不是法律知识的讲解。法律英语的教学中心也不该仅仅局限在对法律素材（教材和期刊）的词汇、句型、语法的讲解、分析上。况且，一本权威教材一般有 500 到 1000 页，上述的讲解方法既不可能完成教学任务，也非常低效，老师所讲非学生所需，而学生需要听到的可能又没有讲到。

因此，授课方式最好是，学生提前阅读；课堂上，学生用英文就自己阅读中遇到的问题进行提问；教师除了用英文回答学生的问题外，还要设计简答题，让学生通过回答这些问题复习相关知识并练习英文的表达。学生课前进行大量的阅读是法律英语教学最重要的一环，是学生能够成为合格涉外法律人才最重要的一步，且学生已经有了一定的英文水平，基本能够完成这一任务。而有效解答学生阅读过程中遇到的问题，比满堂讲解更有效率。通过向老师提问以及回答老师的问题，学生可以练习英文表达。这样，学生才能既理解知识，又可以通过目的语进行交流，真正掌握所学的专业知识[1]。

上述授课方式，能够提供充足的语言材料输入，创造充分的条件让学生以英

---

〔1〕 张清："以内容为依托的法律英语教学探究——以美国合同法为例"，载《中国外语》2019年第2期。

语为媒介进行大量的交际活动，从而自然习得语言知识[1]。这也符合 Swain 提出的"输出假设"，即成功习得二语，既需要可理解输入，也需要准确性输出[2]。

四、结语

我们培养出来的学生应该能够参与规则的制定，在国际谈判的时候，能表达自己的立场；在出现国际纠纷时，能通过选择适当的法院或仲裁机构，运用适当的法律，或提起诉讼或提交仲裁，或进行答辩来捍卫自己的权利，而在研究具体问题时，能查找阅读相关的法律和案例进行分析评论。

要达到这一目标，必须准确认识和定位法律英语，意识到法律英语是分领域的。分领域进行教学，教材的问题会迎刃而解，法律英语的难度会大大降低，师资的问题也有了解决方向。法律英语不是一门全新的语言，它的内容是学生熟悉的专业知识，法律英语老师的任务是带领学生通过阅读各领域的权威教材和知名期刊，掌握并练习本领域专业知识的英文表达。不能脱离专业领域去谈论从事法律工作、参与国际谈判或处理国际事务。

---

[1] 海云："法律英语课程全英教学研究"，载《国际经贸探索》2005 年第 S1 期。
[2] 崔童鹿、郭鑫华："试论二语习得理论指导下法律英语教学中和谐心理环境的创设"，载《河北法学》2007 年第 11 期。

雷 佳 *

在线教学模式影响公共第二外语学习动机的调查研究
——以中国政法大学意大利语选修课为例

一、引言

近年来，互联网技术的发展和应用，为教育领域带来了理念和模式的革新。"互联网＋教育"理念的形成、慕课（即 MOOC，大规模在线开放课程）等形势的发展，改变了传统教学模式，拓展了教学时空，也促使教学的内容、方法、模式和教学管理体制发生变革。2020 年初新型冠状病毒肺炎疫情（本文简称疫情）爆发，进一步加速了这一进程，迫使高校全面开启在线教学模式。2 月 4 日教育部发布指导意见，要求高校"立即组织在线教学组织与实施方案，保证在线学习与线下课堂教学质量实质等效，实现'停课不停教、停课不停学'"[1]。依照这一指示，以中国政法大学为例，学校提供定制版超星泛雅网络教学平台和学习通 APP 用于授课，同时允许教师采用教育部备案的其他直播平台作为补充，还可选择微信、QQ 等通讯工具辅助教学。

面对课堂形式从线下到线上的转换，公共第二外语的教学面临着许多变化和挑战。公共第二外语，指非外语专业学生在基本掌握一门外语（一外）之后，又学习的第二门外语（二外）。此类课程在高校培养计划中通常属于公共选修课，学生没有语言等级考试的压力，还可以在期末考试前放弃学分，缺乏外在约束力。因而，在动态学习中，学生自发的兴趣和动力对于学习效果尤为重要。而在线教学的模式，使得这类课程在传统课堂上教师面授发音、课堂氛围的带动等积极因素受到极大削弱。另一方面，录课让学生可以灵活安排学习时间，要求通

---

* 雷佳，中国政法大学外国语学院副教授，意大利罗马第三大学（Università degli Studi Roma Tre）博士。

[1]《教育部应对新型冠状病毒感染肺炎疫情工作领导小组办公室关于在疫情防控期间做好普通高等学校在线教学组织与管理工作的指导意见》，见中华人民共和国教育部网站，载 http://www.moe.gov.cn/srcsite/A08/s7056/202002/t20200205_418138.html，最后访问时间：2021 年 9 月 1 日。

过教学平台和 APP 定期完成作业，增加过程性评估，也对学习效果产生了一些正向效应。所以，如何尽量减少对学习动机的负面影响，加强其中的积极因素，是教师在线上教学模式下保持甚至提高教学质量的关键。

二、二语自我动机理论与中国政法大学意大利语第二外语课程的在线教学

二语学习动机理论发展到 21 世纪，Dörnyei 在社会心理学派研究的基础上，结合自己多年的实证研究，将自我引入动机研究的框架，构建了二语动机自我系统理论[1]。该系统由三部分构成：二语理想自我、二语应该自我和二语学习经历。二语理想自我来自个体内部，是个体对完美未来自我的预想。二语应该自我来自个体外部，是个体所处的社会环境（如社会、学校、家庭等）对个体的期望。有研究表明，理想自我保证现实自我朝好的方向发展，对学习者具有促进作用；应该自我保证现实自我不朝不好的方向发展，对学习者具有监督作用[2]。二语学习经历则是指与当前的学习环境和以往经历相关的情境动机，包括教师、教材、教学方法、课堂环境等。这一因素使得研究不再仅针对宏观的视角，而将学习的具体情境纳入到影响动机的范围。在 Dörnyei 的二语动机自我的理论模型中，二语理想自我、二语应该自我、二语学习经历都与二语学习者的预期学习努力相关。预期学习努力与实际学习努力是相对的，指学习者为实现某一学习目标而愿意或打算付出的努力[3]。

本文在二语自我动机理论的指导下，以中国政法大学意大利语第二外语教学为例，通过与历年期末弃考率的数据对比，反映在线教学与传统课堂授课两种模式对学生学习动机的影响程度，并发放问卷探究各项变化因素起到的作用，最终总结对教学的启示。

中国政法大学外国语学院于 2020 年春季学期开设《初级意大利语（一）》，该课程为零起点的公共选修课，疫情之前以传统课堂的授课方式为主，要求学生完成两次小组作业，2~3 人一组完成 2 篇对话或作文，并在课堂上展示，计入期末总分，占总成绩的 20%~30%；教师每周布置语音及书面作业，由学生自觉完成，在班级微信群中提交可获得单独点评，不计入总分；期末考试主要考查学

---

[1] Dörnyei, Zoltan, *The Psychology of the Language Learner: Individual Differences in Second Language Acquisition*, Lawrence Erlbaum Associates, 2005.

[2] 许宏晨：《中国大学生英语学习自我动机系统实证研究》，世界知识出版社 2015 年版，第 28 页。

[3] 刘晓玉："二语自我动机研究的现状和未来"，载《教育教学论坛》2019 年第 28 期。

生整个学期的词汇量和知识点及其在翻译、写作中的应用能力，占总成绩的70%~80%。转为在线教学后，笔者结合语言教学的特点，录制发音视频、PPT微课，上课之前在教学平台上发布，在学生按课表或者提前学习录课之后，通过腾讯会议直播答疑。课后每周预留练习（含语音和书面）考查学习效果，还分别于第一周和第十周就选课动机和意大利文化为主题设置两次讨论作业。在此模式下，课程进行到第十三周时，依学校要求确定期末考核方案，每周练习和2次讨论的过程性评估占总成绩的80%，期末考试为语音和写作2道大题，占总成绩的20%。简言之，该课程从线下改为线上的教学模式后，学生在二语学习经历（包括课堂设置、环境、学伴等）方面遭遇了不少改变。

该学期《初级意大利语（一）》共47人选课，学生第一周在教学平台的讨论区对选课动机进行自由分享，不要求动机的唯一性，有43人参与话题讨论，其中为多学习一门语言、增加技能而选课的16人（占37.21%），对意大利文化感兴趣而选课的36人（占83.72%），为留学做准备的1人（占2.33%）。从数据可以看出，期望获得与相关文化更多亲近感或者增加语言技能而学习这门语言的占绝大多数，这与成为"更好的自己"这一理想自我有关。这也意味着，假如学生在学习过程中无法持续保有对二语理想自我的期待，无法不断地将预期学习努力转化为实际学习努力，就容易因学习进度脱节而受挫，中途放弃，从而期末选择弃考。在此，学生弃考率的高低可以作为参考，了解他们在期末仍然保有学习动机的比例，而教学模式作为二语学习经历的构成要素，则可对学习动机产生影响。因而，在该学期期末考试之后，笔者将选课人数和弃考率与课程前9次的数据进行了比较，发现该学期的弃考率处于低位。具体统计数据见下表：

表一　《初级意大利语（一）》近10次选课人数及弃考率

学期	选课人数	考试人数	弃考率
20年春季	47	42	11%
19年春季	32	28	13%
18年春季	45	35	22%
17年春季	16	15	6%
16年秋季	31	24	23%
15年秋季	22	15	32%

续表

学期	选课人数	考试人数	弃考率
15年春季	17	9	47%
14年春季	31	23	26%
13年春季	41	28	32%
12年春季	32	21	34%

从以上数据可以发现，尽管在线教学模式和线下相比有许多变化，但并未对学生的学习动机造成负面影响，甚至和大多数线下教学的课堂相比，对其保持更为有效。

三、在线教学模式对公共第二外语学习动机的影响

（一）问卷的发放与内容

为了探究上述现象背后，二语学习经历的各项变化因素对学生学习动机形成的影响，以及同一因素所产生不同面向的效力之间的对比，笔者设计调查问卷，在期末面向所有听课的同学发放。

问卷分为4个部分：第一部分（第1~2题）针对课堂形式的转变，了解学习情境部分因素的变化在学期初对学生预期学习努力的影响，即是否会让他们对于实现二语理想自我的过程预期更多的困难，是否会对学习效果产生更多担忧；如果有，主要体现在哪些方面。其中主要预置了3项课堂变化的影响因素，包括软性层面：教师无法面授，影响学习发音的准确性，缺少教室的学习氛围影响积极性，以及硬性层面：网络可能不稳定，影响听课效果。此外设置一个开放式选项，由学生补充。

第二部分（第3~7题）针对前面呈现的各项负面因素，考查教师采取的应对策略是否有效，包括录制发音视频、PPT微课、直播答疑3个方面，以五分量表（效果从高到低分别为完全有效、比较有效、不确定、不太有效和完全无效）来测量各项具体策略的有效程度。此外，PPT微课还可能在学习情境上延展出积极的因素，比如可以允许学生反复回听，避免知识点遗漏，以及可以缓解学生在课堂上当众发音的尴尬心理，在单独学习中增加开口练习的可能。对此，也采用五分量表来测量以上可能存在的积极效果，便于相互比较。

第三部分（第8~11题）着眼于本学期新增的细化学习目标的模式，即要求

学生每周在教学平台上提交语音和书面作业，将一学期的任务细化为每周的小目标，考查这一策略是否有助于学生的学习效果，将预期学习努力不断转化为实际学习努力。其一，通过五分量表检测书面和语音作业分别在检验、复习知识点以及练习发音方面的作用；其二，了解学生每周查看教师作业评语的比例，以及这些评语是否对学生每周的学习起到了提醒和矫正的作用。

第四部分（第 12~13 题）作为总结，一方面通过多选题厘清让学生保有学习动力，坚持学到期末的原因，其中预置了 4 个具体选项，2 个与强化学生的二语理想自我有关，包括对语言或者文化的热爱，以及 5 月下旬公布的期末分数构成中增加了过程性评估的比重，增强了对期末成绩的信心；2 个与学习情境的助力有关，包括发音视频+PPT 微课+直播答疑的课堂设置基本满足了学习内容的需求，周作业中与老师的互动让自己能够及时把握学习状态。此外，还设置 1 个开放式选项，由学生补充。另一方面，设置 1 道非必填题，邀请学生分享一学期的学习体验，并针对可改进之处提出建议，以弥补前述问卷中的盲点。

（二）结果与讨论

问卷共回收 48 份，除期末参加考试的 42 人以外，还包含 3 位弃考和 3 位旁听的学生。针对第一部分，面对课堂形式由线下转为线上，在学期初对学习效果心存顾虑的有 33 人，占 68.75%。其中主要顾虑来自学习情境中软性层面的变化，担心教师无法面授发音和缺少在教室里学习的氛围会影响学习效果的，两项均为 25 人；对硬性层面的不确定——网络不稳定，对听课效果的负面影响有顾虑的有 15 人。此外，这 33 位学生未做其他补充，说明以上 3 项基本涵盖了学习情境变化对学生学习心态可能产生负面影响的主要方面。

教师所采取策略的具体效果及相互比较如下：首先，教师依照发音规则录视频的方式，有 47 名学生表示在解决无法面授学习发音的困难上有效，其中 18 人认为完全有效，29 人认为比较有效，1 人表示不确定。其次，教师录制 PPT 微课的方式，共 46 名学生表示在避免因网络不稳定而影响听课效果的问题上有效，其中 36 人认为完全有效，10 人认为比较有效，2 人表示不确定。而同时有 47 名学生表示 PPT 微课在反复听讲、避免知识点遗漏方面发挥了作用，其中 36 人认为完全有效，11 人认为比较有效，1 人表示不确定。再次，有 43 人认为 PPT 微课可以缓解课堂上当众发音的尴尬心理，从而在单独学习中增加开口练习的可能，其中 33 人认为完全有效，10 人认为比较有效，4 人不确定，1 人认为不太有效。最后，直播实时互动答疑的过程，有 44 人认为能成为 PPT 微课的有效补充，及时解答个人学习中的问题，其中26人表示完全有效，18人比较有效，4人不确定。

根据以上数据，将有效程度从高到低换算成1~5分的数值后，发现录制发音视频的效果平均分为4.35；录制PPT微课3个面向的效果分值分别为4.71、4.73和4.56，3项平均分为4.67；课堂直播答疑的效果平均分为4.46。总体而言，3项策略的有效程度均在4分以上，即比较有效到完全有效的区间内。相较之下，PPT微课受认可程度最高，学生认为对学习最有帮助。同时，PPT微课3项功效之间相比，学生认为可反复听讲、避免知识点遗漏这个方面最为有用。这与课程的特点有关，学生从零开始，正逐步建立这门语言的知识结构，自学能力不足，微课允许学生以时间换空间，不错过教师讲授的每一点内容。

关于周作业对学习效果起到的作用，因3位旁听同学未在教学平台上实际参与，排除之后，有效问卷为45份。首先，共44人认为书面作业可以起到督促自己对课堂学习中的知识点加以检验和复习的作用，其中30人认为完全有效，14人比较有效，1人表示不确定。其次，45人均认为语音作业能起到督促自己课下多听音频、看视频、练习发音的作用，并在这一过程中有助于自己发现问题，其中28人认为完全有效，17人比较有效。将以上效度换算成为数值后，两者的平均分为4.6和4.62，均在比较有效之上，相较之下语音作业所起的作用略有胜出。而与上一部分课内设置的3个方面比，这2项的效果优于直播答疑与语音视频，略逊于PPT微课。受认可程度较高的原因主要在于，与线下课堂上学生主动提问或教师点名抽查的方式相比，周作业向每位学生提供与教师交流沟通的机会，这在零起点发音纠错的阶段显得尤为重要。

针对教师对周作业的书面或语音评阅意见，有44人表示会回看或回听，1人表示不会。而这44人中，有43人认为教师的评阅意见可以起到提醒自己在后续学习中特别关注相关问题的作用，其中22人认为完全有效，21人认为比较有效，1人认为不太有效。效度换算的数值为4.36，也属于比较有效之上。

在总结让自己未中途放弃、坚持学到期末的影响因素中，排除3位弃考的同学之后，共45人参与作答。基于对语言和文化的热爱的有40人；课程后半程增加过程性评估的比重，从而增强了自己对期末成绩的信心的有20人；因课堂设置基本满足了学习内容需求的有38人；周作业及与老师批阅的互动有助于自己把握学习的动态过程的有35人。另外，共有4人做出补充，其中2人表明基于自己一贯坚持的学习态度而不轻言放弃，2人表示对教师授课风格的喜爱（如对知识点讲解细致、课堂互动氛围好、对学生态度耐心等）会促使自己对学习更加投入。有 2 名弃考学生解释了放弃的原因，1 位实习工作太多，无法在课外投入时间复习；1 位在学习中感觉太难而半途而废，而这 2 位也的确未能坚持完成周作业，可预期期末成绩无法得到高分。

  以上数据说明对二语理想自我的追求依然是影响学习动机的最大因素，基于对语言和文化热爱而坚持学下去的占到 88.89%，这与学期初学生对选课初衷进行自由分享的数据一致；而更为实际的目标——对期末考试成绩的追求的人数则占 44.44%，未到一半的比例，这和选修课的属性、学分可以放弃等因素有关，也就是如上述 2 位弃考学生一样，假如对成绩预估不理想可以选择放弃，反之对考分的期待则不会构成主要的影响因素。另一方面，外在学习情境在动态学习中给予的助力对学习动机的影响占据了较高的比例，对在线课堂和周作业设置的肯定分别达到 84.44% 和 77.78%，再加上个别学生对教师个人授课风格的褒奖，都意味着二语学习经历在实际教学中发挥着重要作用，可以在学生的动态学习中帮助他们达到较好的学习效果，成为在追求二语理想自我的过程中，将预期学习努力转化为实际学习努力的催化剂。此外，2 名学生对自己一贯坚持的学习态度的说明，也意味着个体素质的差异不可避免地对学习效果产生影响，这也是教师在因材施教时应当尊重的因素。

  最后，在对学习体验和课程建议的自由分享中，共 20 人留言。其中 14 名学生表达了学习中获得的愉快体验，其中有 4 人再次对发音视频＋PPT 微课＋直播答疑的课堂设置表示肯定，有 3 人指明周作业对自己很有帮助，有 4 人表示教师在课堂和课后批阅作业时认真耐心的态度给予了自己很多信心，有 3 人认为课程中教师对文化的介绍以及对相关资讯的分享让自己进一步加深了对这门语言的印象。另外，也有 2 名学生表达了学习这门语言中体会到的困难，需要投入较多的时间和精力才能学好。另有 4 位提出了具体建议，内容集中在两方面，一方面，希望增加师生或生生之间口语练习的机会；另一方面，建议在每个单元结束时对知识点进行系统梳理总结。

  上述正向体验的分享可以视为对选择题作答的再次确认，基本围绕对二语理想自我的追求、二语学习经历的助力展开，而提出的建议也颇有建设性，给教师未来的改进提供了方向。

四、结论与教学启示

本文以中国政法大学意大利语选修课为例，针对在线教学模式对公共第二外语学习动机的影响进行了调查研究，从学生弃考率与历年线下教学的数据进行对比之后，反向考查在线模式下学习情境各项变化因素所起的作用，发现教师为应对线上教学而设置的各项策略有效值均在比较有效和完全有效的区间内，不仅降低了因线下课堂缺失可能造成的负面影响，而且线上教学平台带来的新方法（如作业的在线提交和批改）还成为学生学习效果的正向助力。

尽管在疫情缓解之后当前线下教学仍是主流，但特殊时期在线教学的经验和调查研究的成果仍可以融入后续的教学实践中，起到借鉴作用。

一方面，将在线教学中验证有效的策略作为传统课堂教学的补充，形成混合教学的模式。比如继续保持周作业的设置，帮助学生细化学习目标，提高学习效率。再如，在课堂授课之外每单元录制一段PPT微课作为小结，通过教学平台发布，便于学生复习时回听。

另一方面，在线教学模式中未能有效解决的问题，可以在线下教学中加以完善。比如学生提出增加师生或者生生之间的口语练习，在线上教学时教师未能及时实现，可以在线下课堂以小组作业和课堂展示的方式呈现。

最后，问卷中2位弃考同学对放弃原因的反馈以及另2位对学习中困难体验的分享，在一定程度上反映了第二外语学习对学生课外时间和精力的要求与他们通常对选修课的预期投入之间的矛盾。尽管公共第二外语的课程属性等客观事实无法改变，但这也为教师提出了教学研究的方向，如何在现有的框架内进一步调整策略，包括学习互联网新技术、借助新媒体等手段让学习的过程更为丰富和多样化，利用碎片化的时间增加学习的趣味性等，由此从二语学习经历的维度增强学生的学习动机，使其获得更多轻松愉快的学习体验。

刘瑞英 *

疫情背景下以任务型教学法为基础的英美诗歌课线上教学模式研究与实践

在信息化时代大背景下，线上线下混合教学模式并不陌生。慕课、微课、翻转课堂等都利用了现代信息技术使教与学更加有效。这些教学模式打破了传统教学模式的时空限制，方便学生在有网络的环境下随时随地学习，有利于提高学生自主学习的能力。同时，这种模式可以高效利用优质师资，使所有对某一学科有学习热情的人都可以根据自己的需要参与到名校名师的课堂中。然而，这些教学方式也存在着各种不足。如果能与线下课程结合，会收到更好的效果。2020年伊始，新冠肺炎疫情突如其来，给整个世界按下暂停键的同时也为不得不进行线上教学的教师们按下了快进键。学校组织线上教学平台使用方法的培训，教师们也积极学习各种网络新技术，以适应新的形势。如何充分利用这些线上资源，同时又能更好地与学生进行个性化的交流，成为每一位有责任心的高校教师思考的问题。本人为英语专业本科生开设的英美诗歌课程，以课堂讨论为主，借助学习通平台、微信群和网络资源，实现了比较好的教学效果。

一、背景

中国是诗歌的国度。自第一部诗歌总集《诗经》，经战国时期的《离骚》、汉代乐府诗词、唐诗、宋词、元曲，其意境、语言、节奏，无不美轮美奂，令人流连忘返。央视节目《中国诗词大会》和《经典咏流传》更是让全民热爱上了诗歌。诗歌中蕴含的传统文化、历史哲学也是诗歌得以永葆生命力的重要原因。孔子曾说："诗，可以兴，可以观，可以群，可以怨。"作为英语专业的学生，通过诗歌可以领略其他体裁不能表现的英语文化及英语语言特色，理解英语诗人

---

* 刘瑞英（1975—），女，河南安阳人，英语文学博士，中国政法大学外国语学院副教授，研究方向为英美诗歌、英语教学。

借助诗歌进行的兴、观、群、怨。同时，可以在熟读成诵的基础上体会英语的节奏，提高自己的英语表达能力。另外，作为学院最受欢迎的课程之一，英美诗歌如何才能不辜负选课学生的期望，在疫情肆虐之际不仅作为一门英语专业的课程来提高他们的英语能力，而且能给他们人生的启迪，对抗疫情带来的不确定感，也是我认真思考英美诗歌课线上教学方法的重要动力。

二、任务型教学法

任务型教学法（Task-based Language Teaching Method）是指在课堂活动中，教师通过引导语言习得者完成课堂任务而开展的教学模式，兴起于20世纪80年代，强调"做中学"（learning by doing）。在具体教学活动中，教师视学生为教学活动的主体，根据特定的教学内容，设计相应的教学任务，引导学生自主完成教学任务。[1]宋建勇认为，英语作为培养性技能，其掌握必需经过大量实践。因此，教师的讲解宜简明扼要且重点突出，其目的是更好地指导学生实践。[2]另外，任务型教学强调合作学习、交往学习、探索发现学习等，其主要实践原则是互动性。[3]

三、以学生为中心的课堂实践

爱因斯坦说过："兴趣是最好的老师。"只有对学习产生了浓厚的兴趣，才可能形成强大的内驱力并最终获得好的学习效果。任务型教学视学生为教学活动的主体，任务的选择、设计和组织力求尊重学生的兴趣和需求，使他们形成学习的内在动机。[4]因此，第一节课我便努力展示英美诗歌的魅力，让学生产生对这门课的兴趣。我通过提前录屏讲解了《牛津词典》中有关"诗歌"的概念及中西方作家文人对诗歌的定义，并且通过古今中外与诗歌有关的名人轶事说明诗歌对于人生的重要意义。课堂上我针对这些诗歌定义提出了一些问题，让同学们思考并讨论。这节课我还明确了本学期诗歌课的考核方式，强调学习过程的重要

---

〔1〕张玮等："任务型教学法中的教师角色及任务型教学法在大学英语读写课程中的应用"，载《教育现代化》2019年第65期。

〔2〕宋建勇：《高校英语任务型教学与评价研究》，西安交通大学出版社2017年版，第2页。

〔3〕宋建勇：《高校英语任务型教学与评价研究》，西安交通大学出版社2017年版，第104页。

〔4〕樊玲："任务型教学的借鉴意义及其局限性"，载《北京化工大学学报（社会科学版）》2008年第2期。

性。我向同学们展示了本学期要学的诗人的名单，让同学们自由分组，选择自己喜欢的诗人做 PPT 进行课堂展示。为了避免学生不加甄别地直接拷贝粘贴网站上的内容，我规定了 PPT 要包含的内容，并强调不得超过 8 页。

（一）课前预习

因为我注重启发学生思考，尽量避免在学生对诗产生直觉之前灌输我的观点，所以没有事先录屏对诗人或诗歌创作背景进行介绍或对诗歌进行讲解，而是提前一周把需要读的诗歌作品发布到学习通平台"资料"版块中，供学生们打印并预习。这种教学方法始于 I. A. Richards 的实践批评，更注重诗歌文本本身有利于充分调动同学们的积极性，有助于他们对诗歌内容展开想象。同时我还会把能够找到的诗歌朗读音频（比如抖森读的莎士比亚的 Sonnet 18）发到平台，让学生通过"听诗"感受英诗的音韵之美。

（二）课堂互动

我主要利用学习通平台的"讨论"版块，与学生实时在线讨论。在提出有关诗歌的问题之前，我通常让学生们先浏览小组做好的 PPT。内容包括诗人的生平、创作特色、代表作、在中国的影响与研究。针对这些内容，我会在"讨论区"发布一个问题，这个问题与 PPT 中的内容相关，同时又可以为同学们阅读诗人的作品做好铺垫。

接下来开始读诗人作品，我一般由浅入深对每一首诗提出至少三个问题。第一个问题是对诗歌主题的提问。第二个问题是对细节的提问，比如某个词在上下文中是什么意思，某一节诗表达了什么样的情绪。后面的问题可能是对诗歌修辞的分析，也可以是对跨了几行的一句话的结构分析。最后我还会让同学们回答有关诗歌形式的问题，包括诗歌中的意象、韵式和节奏怎样服务于主题。

利用学习通"讨论"版块的"新建话题"功能，可以实时粘贴一些较长篇幅的内容。为了活跃气氛并关注时事，我有时会临时增加一些内容供同学们讨论。比如 6 月 1 日那天，鉴于美国正在发生的反对警察暴力执法致黑人死亡的抗议活动，我在讨论区粘贴了美国诗人兰斯顿·休斯（Langston Hughes）的诗歌——《我也歌唱美国》（"I, Too, Sing America"），让同学们思考这首诗要表达的思想和讲话人的语气，以及这首诗隐含的与惠特曼诗歌的对话。

与传统的课堂相比，学生们认为这种用文字讨论的方式有如下优点：有更多思考的空间及时间，每个人都能发表意见，互动很充分。在传统的课堂上，我提出问题后一般会给学生几分钟思考时间，但因为时间所限，只能允许几个人回答。而利用学习通的"讨论"版块，所有同学都可以发表自己的见解。我可以通过快速浏览他们的答案发现共同存在的问题，从而引导他们获得正确的理解。我也会通过在平台回复同学们的答案启发同学们进一步思考，或对比较完美的答案点"赞"引起同学们的关注，达到向同伴学习的目的。

诗画结合，加深对诗歌的理解。在讲解美国诗人弗罗斯特的《未走之路》（"The Road Not Taken"）时，我让同学们用一幅简笔画来表示"way leads on to way"，并拍下来上传到讨论区。为了帮助同学理解，我在事先发到"资料"版块的《未走之路》的文本旁边添加了博尔赫斯的名言：时间永远分叉，通向无数的未来。大概同学们并没有注意到这行字，也没有考虑我把它放到这儿的用意。多数同学只画了一个岔路口，只有一位同学画出了无限分叉的意境。在传统的课堂上，几十个人的教室里，老师不可能迅速浏览完所有学生的画作，也只有坐在该同学附近的同学才可能在短时间内看到小幅简笔画的细节。而在学习通的平台上，同学们都可以很快很清晰地看到这位同学的简笔画。通过这样一个细节，同学们不仅对弗罗斯特这首诗有了更好的理解，更能深刻领会到每一次选择之于人生的重要意义。

互文思考，文学史中看诗歌。当读到爱伦坡的诗作《安娜贝尔·李》（"Annabel Lee"）时，我想起不久前指导的一篇有关英文小说《洛丽塔》（Lolita）的本科毕业论文。为了更好地指导学生写作，我和学生一起读了这部奇特的小说。小说中多次引用或化用爱伦坡的诗句，而女主人公的名字也与"Annabel Lee"密切相关。当我把这些告诉诗歌课上的学生时，其中一名同学立即拍照上传了《洛丽塔》中的一个注释，其中提到小说的男主人公"在书中使人相信，安娜贝尔·李是他苦难的起因"。这样有深度的互动在普通的线下课堂上不太容易实现。

（三）课后复习

我要求同学们每隔一周选一首课堂上讲过的诗歌朗诵并录制音频，分享到微信群。诗歌之美包括意境、意象、意义、节奏等。节奏和韵律是诗歌的基本要素。而只有朗读才能体会到诗歌的音乐美。黄宗英教授在一文中回忆自己在北大读书时常常在未名湖边数十遍、上百遍地诵读英文诗歌。[1]据他在北大教过的学生说，他也要求自己的学生反复诵读诗歌，感受英诗格律美、音乐美、直至音义的契合美。值得欣慰的是，我的学生们非常认真地挑选自己喜爱的整首诗歌或诗

---

〔1〕 黄宗英："英美诗歌微课教学"，载《中国外语》2015年第6期。

歌片段，常常读得声情并茂。书读百遍，其义自见。在多遍诵读之后，同学们往往会发现理解一首诗没有那么难了。

（四）补充资料

在中国高校慕课英美诗歌方面的课程资源中，北京师范大学章燕教授主讲的《英语诗歌》、北京联合大学黄宗英教授主讲的《英美诗歌名篇选读》及河北师范大学李正栓教授主讲的《英美诗歌欣赏》都是精品。这些教授在英美诗歌理论方面有着很深的造诣，发音纯正，讲课重点突出、旁征博引的同时又深入浅出，广受欢迎。他们的课程内容涵盖了诗歌欣赏、诗论及诗歌术语解析等，风格不同而各有侧重。

4月23日是世界读书日，也是莎士比亚的诞辰日。中国诗歌学会公众号于当天发表了屠岸先生翻译、章燕教授赏析的莎士比亚十四行诗中的第73首——《你从我身上能看到这种火焰》。我的诗歌课上也正好刚刚讲过这首诗，于是我把公众号的文章分享到班级微信群，作为课堂学习的补充。

四、总结

通过一个学期的线上教学，最初有关上课效果及学生上课主动性的担心消失了。并且，线上诗歌教学还有其自身的优越性。隔着手机和电脑屏幕，并且没有摄像头，同学们发言更加随性、自由。我这门课的学生来自整个年级不同的班，同学们彼此可能不完全认识，与我更没有见过面。加之微信群互动的即时性、亲密性，同学们抛却实体课堂上的拘谨含蓄，变得畅所欲言，有时甚至用表情包表达他们的情绪。在讲到迪金森的一首诗（"Why do I Love You, Sir?"）时，一位同学忍不住发了这样的评论：这首诗爱了爱了。另一位同学写道：我决定把这首诗、"How do I love thee"和《我用什么才能留住你》并列三大爱情诗歌。学生的这种直抒胸臆在实体课堂上是不可能出现的。

英美诗歌课程的线上教学取得了不错的效果，这与学校的技术支持密不可分。对线上教学进行反思、改进，将其作为线下课堂教学的补充，必将推动课程更加适应互联网时代的要求，全面激发学生的学习动力，促其成长为真正的栋梁之材。

张立新 董小双 庞凯垣[*]

法律视域下英美文学的教学与研究

一、法律：英美文学教学与研究的新视域

文学指的是所有的文学文本，包括小说、短篇故事、散文、诗歌和戏剧等。传统上，文学被认为是细微的、富有情感的和复杂的。法律指的是整个法律制度，包括法律行业、司法实践、法律判例、法律概念和法律文件等。传统上来说，法律被认为是分析性的和冷漠的，是由一些固定的法则组成的空洞的范畴（empty domain）。但是另一些学者却认为，法律本身并不完全是由冷漠的规则组成的。例如，简·巴伦（Jane Baron）认为，法律也是充满了激情和人性的混杂，而文学则也不完全是情绪化的。她认为，这两个学科之间肯定是有区别的，但是它们的区别只能在对两个学科进行比较时才能够被反映出来。[1]艾尔弗雷德·马修森（Alfred Mathewson）认为，文学与法律的区分界限并不是不可逾越的，而且，文学对法律有一定的影响。他认为，法律只是文学叙述和推理的另一种形式，两个学科在获取更加富有想象力的文献方面具有同样的想象力和认知过程。因此，文学与法律有许多的相似之处。总的来说，它们的共同之处表现在3个方面：①法律文本与文学创作通常都采用相似的修辞手法，而且法律文本创作，包括传统的法律主体，基本上具有相似的审美原则。②法律和文学都是一种解释性的行为，而且都存在一个解释性的空间。③在法律与文学之间存在一种写作的维度。总的来说法律的解释者与文学批评家的职责都是为了解释文本的意义，因此，他们都在从事一种创造性的工作。双方使用的语言都没有本质上的差异。分

---

[*] 张立新（1963—），男，山西忻州人，法律文学研究会会长，中国中医药研究促进会传统文化翻译与国际传播专业委员会副主任委员、副会长，中国法律英语教学与测试研究会常务理事、博士，中国政法大学教授，硕士生导师。董小双、庞凯垣，中国政法大学外国语学院硕士生。

[1] Baron, Jane. "Interdisciplinary Legal Scholarship as Guilty Pleasure: The Case of Law and Literature" in M D A Freeman and A D E Lewis (eds), *Law and Literature*, Oxford University Press, Great Britain 1999, p. 1060.

析性的推理是双方共同使用的技巧。无论是在法律研究还是文学研究中都是如此。文学作品和法律文本对于学者们的评论都持开放性的态度，都可以通过不同的人得出不同的解释。因此无论文学家还是法律文本的创作者都可以成为自己作品的解释者。例如，每一个法律文本都会有不同的解释，而这也成为律师的重要工作之一。文学家和法律创作人员在写作、阅读和修改文本时同样使用分析性的推理。法律与文学具有共同的缺陷：它们并不是完美无缺的。另外，语言又成为法律与文学的共同媒介，而司法实践和文学创造的共同特征是它们都把解释看作一种创造性的活动。实际上，尽管理查德·波斯纳（Richard Posner）认为文学的方法与法律的方法有所不同，但他却同样承认法学与文学的重要联系。他认为，有许多文学作品是与法律诉讼有关的，这些法律诉讼在文学作品中又往往起到了主要的或者强调的作用。同时，法学与文学艺术都把文本的意义作为中心的问题加以关注，很多法律文本，特别是判决书则非常强调修辞而不是冷静的说明和阐述。与文学家们一样，法官和律师们都善于精心选词造句，而且特别喜欢使用明喻和隐喻。[1]在谈到法律与文学的关系时，詹姆斯·博伊德·怀特在一篇研讨会的引言里总结道："这篇引言以提出问题的方式开始。我的目的是要回答我所听到的有关这个问题的根本。那就是，文学对于那些律师们有什么作用？因为大家都知道，文学从根本上来说是关于个人感情和认识的表达。它受到美学和权威的标准的检验，但是法律是政治权力的表现，它受到理性和司法的检验。其实，这种认识是错误的。因为文学和法律都是关于理性、感情、美学和政治的。这两个学科都要通过提醒人们注意当人们写作或者相互谈论时会发生什么来把这个问题中错误地提出分离的东西重新融合起来。"洛克伍德·布鲁斯（Rockwood L. Bruce）认为，在快速变化的现代和后现代世界里，法律与文学好像是打火石与铁片一样。它可以点燃我们的怀疑和不确定。通过文学的打火石与法律的铁片的撞击，我们可以产生能够照亮我们未来前进方向的火花。[2]在内容上，法律与文学联系的最基本点在于"人"，对"人"的关注构成了法律与文学联结的纽带。法律和文学都是整个社会生活的一部分，而绝不存在于真空之中。社会生活中的"人"都成为它们的关注对象。而文学本质上是人学，它不仅关注人，也

---

[1] Posner, Richard. "Law and Literature: A Relation Reargued", *Law Review*, vol. 72. 1986. For example, the emphasis on rhetoric and legal themes in writings, p. 49.

[2] Bruce. L. Rockwood. , *Law and Literature Perspectives*, Peter Lang Publishing, 2008, p. 1.

关注社会生活；法律保障人的权利，同样也在关注人，关注社会生活。它们有着同样一种终极关怀，都在尊重人性，因此，二者有着相同的价值取向。文学和法律从本质上都是个人人生和民族生活的表现，而且，他们都以语言作为自己不可或缺的表达手段，都以语言作为自己的存在方式。文学与法律的"联姻"由来已久。法律一直是与正义联系在一起的，而英国剧作家爱德华·邦德（Edward Bond）评论道："所有剧院、所有戏剧和其它许多形式的目标都是正义。我认为，这正是人性所追寻的。后现代作家的任务……应当是重述当今的世界，重塑我们所处环境下正义的含义。"[1]文学与法律强调文学与法律的交叉学科的联系。文学与法律虽然与文化、文明密切相关，但是它依然是一个于20世纪末出现的相对比较新型的学科。文学与法律是一个非常独特的交叉学科，涉及人类的基本问题、社会科学，甚至是自然科学。它是一个富有活力的学科，这一点不仅反映在写作、学术讨论还有课堂。在文学与法律的框架内，有许多问题需要回答、许多文本需要研读，但是能够提供正确与错误的答案却很少。

虽然直到今天，有些学者对于文学与法律的关系还抱有怀疑，但是可以肯定的是，文学与法律有着千丝万缕的联系。即使是那些对文学与法律的关系持怀疑和批评态度的人也承认这种联系。他们认为，尽管这两个学科不可能完全融合在一起，但是两个学科有许多相互借鉴的地方。例如，法律成为许多文学作品的主题，法律问题也成为许多作家探讨的问题。一些作家从事法律和文学两个主题的创作，而在一些判决中也引用了文学的作品。文学与法律两个学科的交叉为广大的学者们也提供一个新的视角。

当然，文学与法律的区别也是明显的，有的学者认为，文学与法律的区别之处首先在于两者在结构上是不同的。当司法解释用来裁决司法争端的时候，一般的法律解释会遵循富有权威的解释。另外，在司法解释中，法官可以不去考虑美学的成分而更加直接。

二、文学：法律教学与研究的催化剂

作为一个交叉学科，文学与法律相互借鉴、相互作用。无疑，文学对法律的

---

[1] Larner, Daniel, "Interview by UlrichKoppen with EdwardBond, in Modern and Postmodern Theatres", vol. 13, *New Theatre Quarterly*, 103 (1997). 转引自 Daniel Larner, "Teaching Justice: The Idea of Justice in The Structure of Drama," vol. 23, *Legal Study Forum*, 201 (1999), p. 31.

影响是巨大的。这种影响可以反映在以下几个方面：文学可以为人们认识法律提供不同的视角，对法律提出批评，并促进法律的改进。帕特里克·格伦（Patrick Glen）认为，文学提供了一个从法律的局外人的角度对法律进行审视的机会。这些从不同视角对法律的认识应该被当作一个整体来看待，这样才能得到法律的全景图。例如，《审判》（The Trial）和《律师领地》（The Lawyerland）两部小说对于法律的描述有很大的不同，前者从法庭外部对法律进行了描述，法律被看作是主观的和随意的，而后者则从法庭内部对法律进行了描述。这两部作品从不同角度对法律进行了描述，两者互为补充，对法律进行了不同角度的、整体的描述。例如，一些学者经常引用小说《荒凉山庄》（Bleak House）来说明文学对于法律改革的作用。在这部小说里，狄更斯根据自己的观察和与律师交往的经历对19世纪20年代英国法庭的腐败和不公正进行了描述。这些描述在当时引起了轰动。最终，英国专门成立一个委员会负责对英国法庭的司法程序进行调查。后来证明，狄更斯描述的内容是真实的，因此，这部小说对于19世纪中叶英国法律制度的改革起到了关键的作用。乔治·奥威尔（George Orwell）认为，狄更斯对当时的英国社会和法律进行了批评，但是他的创作意图也只是道德上的批评而不是试图进行社会和法律的改革。狄更斯并没有为人们提供他所抨击的法律制度的替代品，他也没有试图推翻现存的法律秩序。但是，毋庸置疑，通过揭露英国法律制度、法庭的黑暗和存在的问题，狄更斯的小说对英国的法律改革产生了巨大的影响。约瑟夫·塔尔塔科夫斯基（Joseph Tartakovsky）认为，狄更斯更像是一位在公众舆论法庭上的法官。作为一位小说家，他像律师一样取得了成功。[1]作为一位著名的作家，狄更斯的作品无疑对英国的司法制度改革起到了推波助澜的作用。狄更斯对于"詹狄士诉詹狄士（Jarndyce v Jarndyce）诉讼案"的描述已经成为对英国对衡平法院（court of chancery）改革的导火索。直到今天，《荒凉山庄》仍然经常被学者们用来对司法道德进行讨论。《荒凉山庄》的重要性不仅仅在于它对司法制度的看法，而在于具体的小说人物之间以及小说人物对于司法制度的反应。也许，文学不能在技术层面确切地表现法律，但是，它却能够从许多不同的角度精确地对法律进行描述。在谈到文学对法律的影响时，学者们经常引用《屠场》（The Jungle）的例子。在出版后的六周之内，该小说被销售25 000

---

[1] Tartakovsky, Joseph. *Dickens V Lawyers*, New York Times (Feb. 5, 2012), http://www.hytimes.com/2012/02/06/opinion/dickens-v-lawyers.html.

册之多。理查德·波斯纳认为,《屠场》的出版直接导致了联邦政府对于食品加工业的立法和 1906 年《纯食品药品法案》(Pure Food and Drug Act)的制定。《屠场》是 20 世纪初期美国文艺界"揭发黑幕运动"的第一部小说,在它之后,连续出现了许多部作品,对美国各方面的问题进行了大胆的揭发。但是富有戏剧性的是,《屠场》引起轰动的不是厄普顿·辛克莱(Upton Sinclair)对资本主义工资奴隶制的纪实描述和对垄断资本骇人听闻的剥削行径的血泪控诉,而是书中对肉制品质量的描写,这也许是作者未曾预料到的。但是无论如何,作者厄普顿·辛克莱坚信,在一个民主的社会里,小说的创作一定能够带来社会和法律的变革。而事实也证明了作者观点的正确性。《屠场》也是一部从局外人的角度对法律的精确描述。在这部小说里,作者通过描述尤尔吉斯(Jurgis)和他的家人的经历,揭露了美国肉类加工行业的黑暗、肮脏和欺骗。虽然法律并不是《屠场》的中心,但是,在小说里,有好几个场景涉及了法律的内容和审判的场景,揭露了法律的不公正和虚伪性以及肉类加工行业法律监管和法律制度的缺失。《屠场》对于美国肉类加工行业和这个行业存在的法律缺失的批评引起了人们的共鸣。小说描写的内容,特别是那些小说中所配的插图,使多数读者对于美国食品行业的法律法规的漏洞感到震惊。它为人们认识当时美国的法律提供了一个全新的视角,从不同的角度对美国的法律进行了真实的描述,并提出了唯一改变令人恐怖的现状的方法。结果,该小说推动了美国食品法律的相关改革。一些学者认为,文学作品不仅能够对法律进行平面的描述和揭示法律的真相,而且能够对法律和法律制度提供一种语境上的解释。小说家们通过对主人公和他们内心冲突的描述,使读者进一步了解现实社会中相互冲突的社会和法律原则。因此,我们可以借助文学作品来了解人间的悲剧,从一个参与者的角度来认识法律。艾尔弗雷德·马修森认为,文学可以澄清法律的错误和不公正,并提供一个具有说服力的、更加公平的社会的替代物。他以小说《一脉相承》(The Marrow of Tradition)为例,解释文学是如何介入文化对话并改变那些对话的。他认为,切斯纳特(Chesnutt)的小说致力于挑战 1898 年发生在威尔明顿(Wilmington)的种族骚乱和 1896 年美国最高法院在"普莱西诉弗格森案"(Plessy v. Ferguson)审理中表现出的种族主义逻辑。在"普莱西诉弗格森案"中,美国最高法院的多数人支持法律所规定的种族隔离政策。在小说中,切斯纳特通过详细描述种族不平等所导致的暴力、极端的人性侮辱、痛苦和恐惧,对法律的这一条款提出了挑战,并由此揭露了法律的荒谬和法庭辩论的非逻辑性,提出了一个由多种族组成的理想社区的设想。由此可见，阅读文学作品可以使读者寻找小说所要澄清的问题的答案并加深读者对当时情况的理解。另一位学者 C. R. B. 邓洛普（C. R. B. Dunlop）则认为，文学的价值在于它能够为读者提供一个现实社会的替代物。文学的这种为读者提供一种新的可能性的功能使读者能够对他们对于法律的设想提出挑战、改变他们关于社会环境的思维方式，并影响他们的行为和决定。[1]另外，文学也可以激发社会多数沉默者对于社会问题和法律的批评，使他们敢于对社会的司法制度进行分析和批评，避免过去的错误判决再次发生。

  关于文学在社会中的作用，不同的学者有不同的看法。一些学者认为，文学无法改变社会的结构，文学作品只能给人带来文学解释和文本理解上的快乐。这种审美功能主要表现为文学作品的艺术感染力。作品通过对对象的艺术描写创造出完美的艺术形象，表现出作者丰富的感情、深邃的思想，从而给人一种赏心悦目的审美快感。文学解释主要涉及的对象是一首诗歌、一本小说和戏剧的含义，因此，它只涉及感念的分析，并没有涉及一个具体的非常迫切的议事日程。作为审美的社会意识形式，文学作用于社会生活，是通过陶冶人的性情、塑造人的灵魂的途径实现的。这种作用是精神的，它虽然归根到底会影响人的实践活动，进而促进社会历史的变革。但是，它毕竟不能等同于物质作用，也没有物质作用的直接性和立竿见影的社会效果。文学只有通过读者才能实现它的社会作用，而读者又是生活在一定社会历史环境之中的。无论他是否自觉，他对于文学作品的接受活动都会受其社会存在的制约。因此，要正确认识文学的社会作用，就必须注意到人的社会存在是怎样从根本上规定他对文学作品的把握。与一切社会意识形式一样，文学对社会生活的作用只能是一种反作用，是第二性的，要以社会存在对自身和读者的决定作用为前提。文学还有其它多方面的功能。比如，文学具有一定的社会组织功能和社会调节功能，它可以促使一些人去改变或者形成一种风尚、可以推动人们参与社会的改造活动等。参与"法律与文学运动"的一些作家认为，文学可以通过具体的例证来促进司法的变革，文学作品还可以熏陶法律从业人员和律师们的道德修养，提高他们对于法律文本的理解能力、修辞水平和写作能力。对于具有科学和技术性特性的法律，文学可以起到一种"道德矫正"的作用，从而在道德和伦理上提高法官和律师们的水平。关于文学作品的道德

---

[1] C. R. B. Dunlop, "Literature Studies in Law Schools", *Cardozo Studies in Law and Literature*, vol. 3, 1991, p. 63.

性，不同的学者有不同的观点。有的学者认为，文学作品本身并不存在"道德"和"不道德"，只是存在"好"与"坏"。乔治·奥威尔认为，并不能够根据道德情操来评判文学作品。而理查德·波斯纳则认为，文学只是"为了艺术而艺术"。而文学作品的最基本要素并不是它是否有道德性，而是是否有意思。他认为，作家可以根据自己的爱好和意愿创作任何作品，因此，文学作品并不是本身都具有道德性，因为它经常描写不道德的东西。(Dutton：456) 有时文学作品甚至描写一些读者不能赞同的内容。文学作品经常充斥着各种各样的人们不可接受的罪行，例如强奸、谋杀和人性的扭曲。另一方面，柏拉图认为，文学作品中应该具有道德原则。约翰·加德纳 (John Gardner) 认为，文学艺术应该具有道德性，文学批评的首要任务是判断文学作品的道德性。而读者在阅读时应该选择那些具有道德性的作品。毋庸置疑的是，阅读好的文学作品可以提高法官和律师们的道德素质，并影响他们在个人和司法领域的决策。不过，也有一些学者认为，律师的作用是建立在法治的基础上的。律师应该严格按照法律办事，而在办理案件的过程中，不应该添加个人因素。这样，尽管人们对于道德的认识有差异，但是在法律面前应该人人平等。如果在办理法律案件中夹杂着个人的价值观、信仰和主观判断，就会损害法律的公平性。但实际上，法官和律师在处理法律案件和做出决策时，很难完全不受个人因素的影响。美国学者邓肯·韦伯 (Duncan Webb) 认为，要求法官和律师完全不受个人因素审理案件几乎是一件不可能的事情，因为它基本上否定了这些法律人所具有的道德本性。怀特则认为，把律师的作用与律师本人分离开来的观点是不客观的，因为，如果按照这一观点，法律工作就是一种缺乏自我的纯粹技术性的工作。而事实上，律师在他们的工作中更应该以争取正义为目标。伊恩·沃德 (Ian Ward) 认为，法律工作不仅涉及权利和法则，而且涉及爱心和激情。由此，律师不应该忽视自己行为的社会和道德成本。法官和律师们应该采取一种道德立场，使得他们能够不仅按照法律原则和决策程序办事，而且要关注别人的利益。[1] 玛莎·努斯鲍姆 (Martha Nussbaum) 认为，在法律决策中不应该排除感情因素，感情因素与客观的法律规则一样应该成为正常法律语篇的一部分。如果一个法官完全以一种正式的方式做出裁决，他就会因为忽视这一裁决本身对人的影响而失去应有的理性。她相信，对于在法庭上所打交道的各种人物，法官很有必要具有同情心。这一同情心能够使法官把辩

---

[1] Ward, Ian. "Literature and the Legal Imagination", *NILQ*, 167, 1998, vol. 49, p. 178.

护人看成是一种受到复杂环境影响的人物。因此，在断案中，不仅要参照案例而且要具有善解人意的知识。[1]玛莎·努斯鲍姆相信，小说可以在法官做出裁决、立法者进行立法、政策制定者制定政策时起到指导性的作用，使他们能够根据生活常识做出判断。阅读文学作品可以提高法官和律师的道德水准，影响他们思想和做出决策的方式，最后影响他们的法律决策。也就是说，阅读文学作品可以使这些人更具有人性，可以使人们有身临其境的感觉，可以让人参与到文学作品中体会另一个人的生活、了解其他人的情感和欲望，并由此产生一种同情心和善解人意的态度。文学可以告诉读者人生中可能会发生的事情，而这些因素可以导致不同的思维方式，并影响到现实生活中的决策。因此，文学毫无疑问可以影响到读者的道德情操。邓肯·韦伯相信，通过让读者参与到另一个人的生活，文学可以帮助读者更好地了解人性、产生同情心。理查德·波斯纳认为，文学想象可以使读者经历他们所没有过的体验，产生感情的共鸣并扩展他们的感情空间。例如，当阅读《比利·巴德》（Billy Budd）时，读者就能够感觉到主人公的孤独。在《一脉相承》里，读者可以感觉到美国社会和美国司法程序中所存在的种族歧视。在阅读《律师领地》时读者会本能地唾弃小说里描述的律师人物，读者的思想和行为从而受到影响，使他们避免成为那样的人物。同时，在小说里，读者会更深刻地了解美国司法制度的黑暗和不公平。在阅读《大卫·科波菲尔》（David Copperfield）时，读者可以了解詹姆斯·斯蒂尔福斯（James Steerforth）家庭的不幸和复杂的人物个性，了解其行为的动机和原因并了解人生的反复无常。在阅读的过程中，读者与文学作品的相互交流可以使读者改变自我。阅读的过程也是读者不断地进行自我调整的过程。阅读文学作品的这种体验可以培养人们认识环境的新的方法并拓展人们的道德才能，使法官和律师做出裁决时不仅仅局限在法律文本的范围之内，不仅仅局限于事实本身，使他们了解不同的环境，并提供更加广泛的视角。另外，经常阅读文学作品可以帮助法官和律师提高自己的写作能力和理解法律文本的水平。

  总之，尽管一些学者在文学对于法律的影响这一问题上有不同的意见，而实际上，文学作品对于读者的影响也因为读者的投入和反应程度而不同，但是，毫无疑问，阅读文学作品在对法律制度和司法程序提出批评、推动法律改革、提升法官和律师的道德修养中起到重要作用。

---

[1] Nussbaum, Martha. "Equity and Mercy", *Philosophy & Public Affairs*, vol. 83, 1993, p. 111.

三、英美法律文学的教学与研究

随着社会经济的发展,如何培养面向 21 世纪的人才是教育工作者面临的重大课题。为此,结合我校的实际情况,将英语专业的培养目标确定为培养"英语语言文学 + 法律"的应用人才,"使培养出来的学生不仅具有扎实的英语语言基本功、宽广的知识面,还要掌握与毕业后所从事的工作有关的专业基础知识及具备获取新知识、新信息的能力和独立思考创新的能力,并在思想道德素质、文化素质和心理素质等方面得到提高,使其在就业、择业市场上具有相当强的竞争力"。因此,法律文学应该作为培养"英语 + 法律"人才培养的重要组成部分,要明确提出法律文学的培养目标,转变过去纯文学研究的思路,把培养"法律 + 文学"复合型人才作为英语专业人才培养的主要目标。

中国政法大学是一所以法学为主要院系和主要学科的大学。如何正确处理英语专业与法学专业以及英语专业课程与法学专业课程的关系,完善英语教学与法学复合型人才的培养模式,为培养英语专业创新型人才创造条件是一个非常重要的问题,而课程设置是实现"法律 + 文学"复合型人才培养目标的重要一环,其科学与否直接影响到我校专业人才培养的成败。为此,英语专业已经对其培养计划进行了多次调整。从经过修订的英语专业的培养方案来看,已经把法律文学作为本科生的必修课。另外应该增加其他法律文学相关的课程,例如法律电影等。

要培养"法律 + 文学"的应用型、创新型的复合人才,首先应树立新的教育理念,改变目前以知识传授为中心和教师以教材和课堂讲授为中心的教学模式和方法,确立以培养学生创新精神和能力为重点,尊重和发挥学生个性、给学生以充分学习自由的教学理念。因此,法律文学课程的教学应该进行大胆的改革和探讨,采用启发式、讨论式、参与式、案例教学等方式,同时在教学中,老师一定要加强对学生法律文学基本知识的教学,把传统单向教学方法改变为师生双边互动的双向教学方式。培养学生独立思考的能力、批判思维的能力、严密分析的能力、从不同视角看问题的能力。应该鼓励广大教师积极改革和创新教学方法,教师应当积极鼓励学生主动参与到学习中来,鼓励学生及时适应"以学生为中心的教学法"。

在培养"法律 + 文学"复合型人才的过程中,首先遇到的是外语师资队伍知识结构单一的问题。近几年来,在学校加大投入力度的前提下,大批高学历、高职称的优秀外语人才充实了英语专业师资队伍。他们具有较强的听、说、读、写能力。但由于他们基本是在传统教育模式下培养出的人才，无论是在教学观念、教学方法，还是在知识结构上，都不能完全承担培养创新型复合人才的重任。教师要努力突破语言层面，做到多学科性多文化性，为学生创造一个全新的、多元化的外语学习环境，使学生在潜移默化中发展语言交际能力、创造能力和整合知识的能力。因此培养一批"法律＋文学"的复合型师资队伍，才能更好地担负起培养复合型人才的重任。

四、结论

总之，法律研究为英美文学的研究提供了一个崭新的视域。但是令人遗憾的是，在国内，这一研究仅仅处于起步阶段，从事这一领域的研究者大多数是一些法律学者。但是无疑，它不仅开辟了文学与法律对话的新天地和可行性手段，而且将成为文学与法律研究的尝试范例。法律视域下的英美文学研究不仅对于理解、拓展、更新文学的研究成果和重新认识文学家和文学作品具有推动作用，而且对于洞察研究对象国家的法律内涵、复原研究对象国家的法律发展历史并阐释其司法背景与庭审模式具有非常重要的意义。

霍颖楠*

在线教育背景下外语教学面临的机遇与挑战

一、问题提出的背景

随着信息技术的迅猛发展，大数据、云计算、人工智能等技术正以其革命性的力量重塑教育生态，以技术驱动的信息化外语教学也在逐渐形成。[1]外语教学为了适应信息化时代的教育新环境，必须进行教学方法和教育手段的根本性改变。自本世纪初以来，虽然信息技术和外语教学的融合改革一直在有条不紊地进行着，但是其实施的规模和深度并不理想。2020年初，突如其来的疫情打乱了各学校已拟定的教学计划，因防控疫情需要，教育部下达了2020年春季学期延期开学的通知，并提出"停课不停学"的倡议，为广大学生提供优质的学习资源和学习支持服务。在线教育成为特殊时期每一位外语教学者的唯一选择，这也为笔者提供了长期观察的良机，以便深入思考在线教育背景下外语教学所面临的机遇和挑战。

二、外语在线教学的现状

教育部在其发布的《关于在疫情防控期间做好普通高等学校在线教学组织与管理工作的指导意见》中指出，"停课不停学"不是单纯意义上的通过互联网上课，而是一种广义的学习，强调的是开展有助于学生成长和进步的在线教学活动。[2]"停课不停教与学"，暂"停"的是沿用几百年来的固定场所和时间、固定教师和学生人数的"班级上课制"的"课"；"不停"的是依托网络开展的无

---

* 霍颖楠（1978—），女，吉林东丰人，德语语言学博士，中国政法大学外国语学院德语语言研究所讲师。研究方向：篇章语言学、法律语言学、语料库语言学及教学法。

〔1〕施建国："展望2035：技术重塑教育生态"，载《浙江教育技术》2017年第6期。

〔2〕教育部应对新型冠状病毒感染肺炎疫情工作领导小组办公室：《教育部应对新型冠状病毒感染肺炎疫情工作领导小组办公室关于在疫情防控期间做好普通高等学校在线教学组织与管理工作的指导意见》，2020年2月。

固定场所和时间、教师与学生人数的数字化的"教"与"学",这对我国普通高校教师、管理者和学生来说无疑是个尚未准备充分却又必须面对的挑战。鉴于此,各高校高度重视在线外语教学,积极依托教育部组织的 22 个在线课程教学平台,制定了疫情期间线上教学工作方案,体现了"停课不停教与学"的宗旨。笔者根据调研,对疫情期间的外语学科在线教学状况进行了如下总结:

(一)在线教学平台的使用

为了避免因网络、访问量大等问题造成教学活动的卡顿、中断等问题,外语教师通过联合使用多个平台的方式,保证教学活动的顺利实施。问卷的结果显示,最受师生欢迎的在线教学平台包括 QQ 直播、中国大学 MOOC、钉钉、腾讯课堂、学习通、微信群、智慧树、腾讯会议等。

(二)教师教学的情况

1. 教师深入探索在线外语教学方法。教师努力克服疫情带来的不利因素,将阻碍教学的消极因素转化为推进信息时代新教学理念和教学模式改革的积极动力,展示出新时代外语教师应有的责任与担当。

2. 教师采取多种在线教学方式。为确保线上教学的顺利开展,教师们精心设计并准备多个预案,着力保证教学效果。外语教师选用的教学方式主要包括直播+在线互动、直播、录播+在线互动、录播、学生自主学习+在线互动、学生自主学习、SPOC、提供其他课程资源、及时答疑、录制讲解视频+直播等,其中直播是学生最喜欢的教学方式[1]。

(三)学生在线学习的情况

学生通过在线教学平台可以获得丰富的学习资源。外语教师以在线教学为契机,以学生为中心,推动学生自主学习。师生通过在线教学,共同打破了时空的限制,而且网络教育平台还可以为学生提供各种丰富的听说、阅读及练习的资料。学生利用各种网络平台和社交软件同教师以及同伴充分互动,他们最喜欢的互动方式包括微信群聊、学习通群聊、QQ 群聊、教师在线答疑、小组讨论等。

三、在线外语教学带来的机遇和挑战

(一)在线外语教学呈现出的优势特点

与传统的线下外语教学相比,在线外语教学的突出特点是既为师生们提供了

---

[1] 胡小平、谢作栩:"疫情下高校在线教学的优势与挑战探析",载《中国高教研究》2020 年第 4 期。

崭新的教与学的体验,也为教师及教育管理者制定教学方案提供了各类大数据的支撑。其优势还在于学生不仅可以共享最优质的教学资源,也可按照自己所需要的学习时间来安排学习活动,享受个性化学习体验。网络平台为教学者和学习者提供教学和学习方式的多种选择的同时,也为外语教学研究开辟了新领域并创造了新的教学思路。具体体现在如下几个方面:

1. 为师生提供了新的教学和学习体验。[1]

(1) 教师:外语教师通过在线教学不仅丰富了教学资源而且还提升了其教研能力。一方面,使用直播、录播以及课程平台授课的方式是外语教师对教学的一次全新体验,有了网络平台的承载,教师会用心地选择或者自建课程资源,提供更加全面而优质的教学资源;另一方面,与传统的教学方式相比,在线教学在课程设计上所花的时间和精力比以往要多,虽然教师的备课压力较以往大,但是其收获也更大。

(2) 学生:学生通过在线学习得到的主要收获是其自主学习以及创新能力在一定程度上得到提高和培养。一方面,疫情期间的在线教学是特殊时期的应急举措。通过使用教学平台,学生之间的互动讨论和各项学习成果能够得到及时反馈并受到同伴关注。此外,由于产出导向和任务教学理论的驱动,在感到同伴"监督"的压力下,学生的自主学习能力会得到明显提升。另一方面,在线教学能够激发学习者进行探究性学习,提高学生的创新能力。例如,学生可以通过合理规划课前、课中、课后时间占比,做到"掌控学习"。学生需要在课前通过自主学习、观看课件,完成初步的考核;在授课过程中教师则要求学生开展研讨或角色扮演,完成课堂考核;课后还要完成必要性的口头和书面作业以及实践任务。这种新的外语教学模式让学生真正感受到自己成为掌控自己学习过程的"负责人"。

(3) 师生关系:在线教学虽然缺少了线下授课时的面对面交流,但实际上提高了教师对学生的关注度,拉近了师生的距离。一方面,教师采用直播课堂、微信群、QQ群等多种网络互动方式,组织学生开展在线讨论和答疑解惑,师生的联系更加频繁,从而使师生的联系更加紧密;另一方面,在线下课堂表现不够活跃的同学,互动的积极性也被调动起来。大多数学生更喜欢和老师在线上互

---

[1] 胡小平、谢作栩:"疫情下高校在线教学的优势与挑战探析",载《中国高教研究》2020年第4期。

动。此外，网络交流促进了语言教学的合作研究，在不受时间和空间限制的条件下完成人与人的交际。网络还使有限的语言教学资源得到充分利用，扩大了资源共享的范围和力度[1]。

（二）在线外语教学中出现的问题及挑战

虽然在线教学具备上述的优势，但其优点必须在比较理想的软件和硬件条件下才能体现。这次疫情期间全国高校开始统一推行的在线教学，是应急性的，因此也暴露出在线外语教学平台、外语教师教学以及学生在线学习过程中的诸多问题及挑战。

1. 在线教学平台。

（1）在线进行外语教学的过程中，网络教学平台的流畅度和灵活性时常会受到阻碍。由于我国高校的"互联网＋教育"正处于初步建设与发展阶段，在各项设备和措施都不甚完善时，就受到突如其来的疫情冲击。千百万的高校师生几乎同时上线，一时间海量访问给网络教学平台的服务器带来巨大的压力，时常引起断网或无法登录等不得已的"教学事故"。

（2）平台过多，给学生学习带来不便。由于不同教学平台提供的教学资源以及具备的辅助教学的功能不一样，各高校基本上允许教师在教育部规定的平台名单里自主选择在线教学平台，方便教师进行在线教学前期准备及教学实施。但这个"应急管理"的决定却带给学生一定的困扰。学生们不得不在各种平台和群聊中疲于"奔波"，耗费了更多本应用于学习专业知识的时间。

2. 教师的信息素养[2]、师生互动及教学设计。

（1）教师对在线教学平台的操作尚未十分熟悉。因为特殊时期，全体教师必须实行在线教学，大部分外语教师都没有经过相关的信息素养培训就初次尝试在线教学的方式，所以感到困难重重。如果网络不畅通、平台交互性不足或者对相关软件操作不够熟练，教师将面临教学中断的尴尬情形。

（2）师生互动并未达到预期效果。疫情期间的在线教学过程中，师生的互动表面看上去比传统课堂更活跃，但如此高的互动频率有时却无法达到预期的效果。有些学生上课时间，同时打开多个聊天工具，各种群聊和讨论的信息使学生

---

[1] 谢春晖："有效利用新技术促进外语教学及所面临的问题分析"，载《外语电化教学》2004年第4期。

[2] 吴砥等："大规模长周期在线教学对师生信息素养的挑战与提升策略"，载《电化教育研究》2020年第5期。

难以集中注意力认真思考老师提出的每个专业问题。人际关系在外语教育过程中至关重要，而在线的外语教学中学生有时只能孤立地和教材打交道，教师的意见只是通过网络媒介间接地传达给学生，有些学生容易产生孤独感。教师有时不能在学生最需要思考的阶段给予及时的鼓励和启发。面对面的教学能营造有利于交流的环境。这种交际将心理机制、认知、情感及人际交流都包含在内。人们对视觉的依赖程度大大超出我们的想象。许多时候，从学生的身体语言及反应中，教师可以知道学生是兴趣浓厚还是索然无味，进而决定课程的进度及结构安排。而在线教学中，视觉语言的使用被大大降低，许多网络交际手段被设计出来以取代它的功能。此外，在线教育在很大程度上依赖于技术，技术上的考虑有时往往优先于教学的需要，甚至未必符合既定的教学目标。学生通常要花大量时间作技术上的准备，用于学习上的时间被相对削减。

（3）教学设计不甚合理。有的外语教师简单地将在线教学等同于直接把线下课堂搬到线上，他们仅仅上传录播资料或使用现成的课程资源，或者只是上传了相关的 PPT 课件却没有采用在线直播或录播的方式，而在线互动也只是在线回答学生的问题或与学生在线聊天。但学生对简单使用录播资料或单纯直播讲授课件等做法并不认可。教学活动需要特别注意教学方法和教学设计。教学设计对于教师在线教学质量至关重要。在教学过程中，教师对在线课程中教学资料的选择、课程进度、讲授与讨论环节时间的分配、课程评价的选择等都应该做好教学设计。在线外语教学的成功与否更大程度上取决于课前准备、课后补充的教学活动，而非技术设备本身。例如：根据教学目标制定教学方式和方案，选择教材、软硬件设备，选择制作教学课件等都是教师在课程开始前应准备充分的[1]。

四、应对在线外语教学挑战的建议

针对上述在线外语教学过程中出现的教学平台、教师素养以及学生学习力等三个方面的问题，笔者提出如下建议和对策：

1. 进一步争取学校主管部门对课程电子资源及在线教学平台的支持，完善在线教学的软硬件质量。事物都有两重性，网络技术的蓬勃发展不可避免地给外语教学带来了挑战，甚至是负面影响。"工欲善其事，必先利其器"。网速慢等

---

[1] 谢春晖："有效利用新技术促进外语教学及所面临的问题分析"，载《外语电化教学》2004年第4期。

网络自身的弱点和各种计算机技术问题可能使学习者失去耐心，因此适时为学生提供引导和帮助也非常重要。网络辅助教学可加强学生的自主学习能力，但由于网络的特殊性，教师的引导职责变得更为复杂和艰巨。

2. 外语教师应努力提升自身的信息素养以及在线教学的水平，保障在线外语课堂的教学质量。

首先，使用网络促进外语教学，教师必须明确教学目的。在线资源可以在很大程度上开阔外语教师的视野，拓宽外语教学的渠道，但网络也增加了教学的随意性和发生意外的可能性。[1]只有明确教学目的，教师才可以设计适宜的课型，选取合适的教学材料，采用恰当的教学方法，以确保学生能领会教学意图，取得良好的教学效果。

其次，教师应综合考虑全面规划和设计课程。在线教学和传统教学一样也应注重外语的听、说、读、写等各方面能力。在线教学的各种方法通常比较有助于写作和阅读水平的提高，因此在课型设计时应更强调听力和口语的训练，增加讨论和协同完成任务的比重。疫情期间的在线教学，在学习环境、师生关系、教学组织结构、管理方式及信息技术的地位等方面都发生了变化，不能照搬面对面课程教学设计的策略与方法。具备情境性、融合性特点的任务式教学策略正好能体现在线学习的优势。其一，任务式在线外语教学所创设的实际情境，更容易促进学生利用原有知识结构中的经验去同化或顺应新知识，达到对新知识的意义建构；其二，任务式在线外语教学能灵活创设体验、探索、交流、反馈、评价等一系列学习活动，有助于将学习活动的各个环节有机地结合起来；其三，任务式在线教学有利于将书本知识与生活实践相结合，且能将认知活动与情感活动联系起来，促进学生全面发展。

再次，教师最重要的价值还体现在为学生提供直播课后的学习支持服务，即通过引导学生进行反思、讨论、答疑、分享、表达等个性化的活动延续和扩展直播课程内容，实现对课堂内容的深度学习。在线任务教学法的优势在于，线上自主学习资源可以使学生自由接触与主题相关的各领域的学习内容，更能有效地引发深度学习。但前提是学生在在线学习的过程中要有较高的参与度。

最后，在技术上，教师要精通计算机和网络的使用以备应对各种突发问题，

---

[1] 谢春晖："有效利用新技术促进外语教学及所面临的问题分析"，载《外语电化教学》2004年第4期。

因为技术和设备问题可能影响到学生的学习效果和学习兴趣。教学中，教师要随时留意学生的学习进展，适时给予鼓励和引导。及时反馈对在线学习的学生来说非常重要。这种反馈可以提高他们的学习积极性以及学习动机。

3. 注重加强学生作为学习主体的自我管理能力，增进师生间的有效沟通，提高学生在线学习效果。例如，可以建立学习共同体，用协同化的力量改进教学过程。因为课程设计、教学实施和学习实践三个过程将师生紧密结合，推动双方积极参与知识和经验的建构，所以应该主张发挥个体主动性促进其在合作探究中解决问题。虽然现代信息技术的发展提供了远程在线学习的机会，但学习者在网络环境中进行在线学习会产生"情感缺失"，容易遇到各种各样的学习障碍，如学习时间投入偏低、学习过程缺少计划、对在线学业的自我评价不太积极等。[1]这些将会导致学习者的学习动力不足，最终影响学习活动的效果。在线教育的基础是大量现代信息技术，因而容易形成以机器为中心的局面，缺乏人情味。居家"在线学习"与学校"面对面学习"学习体验截然不同，为消除学生孤独感、疫情带来的焦虑感，提高在线学习的参与度，可以构建各类学习共同体，这样学生们就可以在团队互动中协同构建知识，并实现各自的身份认同，从而完成各自的学习任务，提高在线学习的效果。

五、结语

进入21世纪后，新技术层出不穷，新形势千变万化，外语教学因此面临着越来越多的机遇和挑战。我们应当对新技术支持下的在线教育对外语教学的影响进行深入研究，发现并探讨该研究领域存在的问题，提出相应的解决办法，使之充分发挥优势作用，更好地服务于新时代的外语教学。此外，还应对学生的在线学习力进行深入研究，这不仅有助于学习者克服在线学习障碍，提升在线学习情感体验和在线学习的效果，而且对其个人人格的可持续发展也具有重要意义。

---

〔1〕 魏刃佳等："在线学习系统中情感识别模块的设计与实现"，载《现代教育技术》2014年第3期。

张艳萍[*]

"外语+法律"本科生复合型人才培养过程中的问题与思考

一、建设"外语+法律"复合型人才培养模式的必要性

随着中国参与国际竞争的日益深入,国际交流和交往愈加活跃,国家急需一大批涉外法律专业人才,以帮助中国企业或个人更好地适应和利用国际规则,参与国际事务,而目前熟悉和擅长这一领域的人才少之又少。为适应国家和社会需求,中国政法大学成为复合型、应用型、涉外型"卓越法律人才"教育培养基地,无论是国家战略层面还是社会各行各业需求层面,都急需外语水平高、通晓法律的高端人才。学院近年来开展外语本科生人才培养模式改革,逐步形成了立足于学院雄厚的外语教学资源,依托学校法学优势学科教育,以培养传承中西文化、语言基础扎实、知识结构完善、具有跨文化交流能力的"外语+法律"的复合型人才为目的培养模式,并在人才培养方案、社会实习、实践和学术研究等各方面进行了设计和改革。几年来的教学科研实践和社会用人单位对学生社会满意度的反馈,也进一步证明了建设跨学科、复合型外语专业本科生培养模式合理性和必要性。

二、当前"外语+法律"本科人才培养中存在的问题

通过多年的实践和反复的学科论证,2002年学院将本科生人才培养目标正式定位于培养"外语+法律"的复合型人才培养模式,此后多年来围绕这一培养目标,学院将大量的精力投入到本科生专业建设上来,最初是在已有的英语专业和德语专业的课程建设中,增加了涉外法律方面的课程。2015年学院对英语专业进行了调整,突出了学院外语专业的法律特色,将原有的英语专业调整为法

---

[*] 张艳萍(1975—),女,陕西铜川人,法学博士,中国政法大学外国语学院副教授,分管学院学生工作,主要研究领域为高校学生思想政治教育、学生教育与管理。

律英语方向和法律翻译方向，分别招生。德语专业也进一步完善了"5+2"即"德语+法律"的双专业加保送比较法学研究生的培养机制。在专业制度建设已经确立的情况下，如何通过完善课程体系建设，优化课程培养方案，让学生在外语专业的本科学习中学有所获、学有所得，进而使学生更加认同所学本科专业，增进学生的专业自信心和学科影响力，最终实现"外语+法律"的复合型人才培养目标，就成为学院人才培养和学科发展建设中的关键。

根据专业调整的需要，学院课程培养方案经过几次修订，想要一方面突出外语基本功的培育，另一方面强调法律外语的特色。但在实践中，学生对课程体系及课程内容的统筹布局，以及课堂教学质量都提出了一些问题和意见，希望学院在课程育人环节加以改进和完善。为此，学院针对前期调研中学生们提出的意见和问题，确定了调研主题和调研提纲，并邀请分管教学的院领导、各研究所负责人一起与学生交流、座谈，收集了相关意见。为学院进一步研讨和研究、优化课程培养方案和提升人才培养质量提供依据。

（一）关于如何提升专业归属感和吸引力

在法科强校中如何提升外语专业学生的专业归属感问题，学生指出，面对学校优质的法学资源和行业影响力，学习法律知识，是大部分学生的内在需求，学院依托学校优质法学资源，强化外语专业的法律特色，使得外语专业对学生具有一定的吸引力。但是在实际教学和课程计划中却存在一些冲突，使得学生在平衡双专业学习中存在矛盾。具体表现为，外语专业学生的课业压力较大，学分要求在全校居于前列，专业必修和选修课程设置过多，学生的压力倍增；希望能够平衡双专业修读的需要；"外语+法律"的主流和特色的深度融合不理想，学生在实际学习中没有更多的感受到外语专业教学中的法律特色，而是经常会感受到外语教学和法律学习"两层皮"的学习体验，使得外语专业的"外语+法律"的人才培养有时陷入较为尴尬的局面。

（二）关于课程建设和课程培养方案的修订建议

关于外语专业学分要求高、课程设置不均衡方面的问题。其一，课程培养方中开课时间可能存在冲突。根据学生培养方案，外国语学院学生需修满专选课程36学分方可毕业。但是学院的专选课程每学期开课较少，在政法大学学习外语的学生90%以上都希望通过修读法学双学位来实现法学和外语双专业学习。但法学课程和专选课程很多时间的冲突，导致学生难以完成专选课程的修读要求。有很多学生需在大四仍进行专选课程的学习，这对实习、考研、法考造成了影响。其二，大一下和大二上置入课程23学分，最高修读28学分，学生按规定也就只能选2门课，在开课少、与其他课冲突以及还要修读其他课程的情况下，学生在大四修读完36学分的专选的可能性非常小。其三，希望学院多开些专选课，但同时希望老师们错时排课，都在一个时间排课，学生只能选一门，教学资源没有得到充分利用。其四，某些专选课课时长且学习压力较大，无论是日常学习还是期末都不亚于甚至超过专业必修课，建议可以借鉴其他专业的做法，将这类专选课的学分提高；很多专选都闭卷考试，压力太大。

关于外语专业课程设置与法学专业课程设置冲突的问题。英语专业培养方案一共39门专选，但是有民总、刑总、民诉、刑诉这4门法学课，大家基本都会在法学方案里学；二外一共日德法三种，但是一般来讲一个人也只会选一种二外，因此还要再减掉四门，所以只剩31门了。第一学期置入了3门，其余6学期要修完13门，包括四节连上的二外（据说目前二外也有和专必课冲突无法选课的情况出现），有些专选还有限定先修的专必课等，再加上时间冲突，而且专选经常会掉课选不上，以上因素综合导致很可能修不完要求学分。另外还存在法学专业有网课的专选，而外院老师开的雅思和英美诗歌的网课却是通选。

学院在课程培养方案中，课程开课的指向不明确的问题。其一，相关老师指出国际课程只要与英语文学相关的，理论上讲都是可以换成英语专业的专选的，而实际上并不是这样。以及外院老师开设的用英语教授的、与法学相关的课，如美国合同法等课程属于专选，而外国法律制度（二）等课程也是差不多性质的，却不能算作专选。所以外院里面对英语专业学生的定位到底是什么方向呢？虽然叫法律英语专业，有些英语授课的法学课程却不能算作专选，要说是文学方向，文学相关的课程开设也不多，要说是翻译的话，有的老师开设的标志翻译也只是翻译专业的专选，英语专业却是通选。其二，排课时间冲突，存在专业必修课冲撞二外3、二外4的情况，希望学院在排课的时候统筹协商。虽然二外3、4是专业选修课，但外语专业二外还是比较有意义的，以及二外3、4作为专业选修课，占了4学分就相当于2门专选，可以减轻选专选课的压力。其三，同类课程存在设置差异。有些课程并不是专选课，但是建议可以算作专选课程，比如有的老师开设的外国法律制度（二），虽然是408开头的课程，但却不是学生的专选课，但是另外老师开设的外国法律制度（一）却是外语专业的专选课。

（三）关于国际课程的建议

学校在小学期开设了国际课程，外语学院开设的国际课程多为与法学相关的课程，将英语与法律学习相结合，符合法律翻译人才的培养目标。同时国际课程与大量专选课程性质相似，所以允许将外国语学院小学期开设的国际课程作为专选课程供同学们修读，既能保证学习的质量，又能有效缓解同学们专选课程的修读压力。教务处规定，各研究所可以决定哪些国际课程可以作为专选课程，希望能将国际课程中符合要求的课程同时列为专选课程供同学们修读，减轻专选课程修读压力。

三、优化课程培养体系，提高"外语+法律"人才培养质量的路径

（一）针对学生提出的专业必修和专选学分太多，学生的学习压力太大，无更多精力和时间修读法学专业的问题

外语专业的国家标准规定的学分要求本身就比其他专业要高，为体现学院本科专业的法律外语特点，近年来学院对外语学分已经进行多次的调整，在外语国标框架下，降低了外语学分，将部分专业课学分改为专业选修课学分，减少了授课时间，增加了相关法律课程。因为学生要在五年内修读两个学位，所以课程累加就会很多，外语学院学生的学习压力和强度也就较大，这是客观存在的。学院今后将进一步优化课设体系建设，努力做好英语+法律的专业课程平衡。

（二）针对翻译专业课程体系布局不合理的现象

针对高年级同学反映的法律翻译专业低年级必修和专选开课少，导致高年级出现抢课或大四还有很多必修学分的现象，翻译专业已经在2019年新的培养方案中进行了优化和调整。以后这种现象会得到缓解。

（三）针对学生反映的法律课程设置比较随意，没有系统性的问题

外语学院具有法律背景的教师目前有20多位，外语师资实力强，法律师资是其补充。外语学院教师开设的法律课程更多的是对英美国家法律体系和背景文化的介绍。"外语+法律"的培养机制主要通过4+1双学位完成，法律理论和实务课程主要通过学生修读法学专业课程实现。外语学院提供的法学课程主要侧重于法律翻译和法律语言的应用等方面，鉴于外语学院具有法学背景的专业教师较少、法学知识储备具有各自研究领域、整体团队建设还不系统和完善的现状，学生提出的以上问题确实在现实中存在，学院将在新的培养周期中统筹协调，并加强法律外语专业教师团队建设，完善法律课程体系。

（四）针对学生选修法学第二课程缺乏系统的选课指导的问题

学院学工系统每年都会邀请高年级同学举办针对法学辅修和4+1双专业的

选课指导培训活动来帮助低年级同学。今后将进一步提高培训频率和提高培训质量。通过"培英咖啡时间"等活动对学生进行小范围交流和指导。

（五）针对学生对提高课堂教学质量的问题

学生集中反映个别专业教师课堂教学质量随意、没有按照教学大纲进行教学，或者备课不充分、知识传授时间没有保障的问题，学院研究院领导、所领导将分别对教师课堂进行督导、听课，督促教师改善和提高课堂教学质量；同时对个别教师进行约谈，提出规范要求，针对教师的整改情况，进一步研究惩戒措施。

（六）针对学生希望将听力和口语继续设为必修课的意见

学院人才培养的目标是"外语+法律"的复合型人才，学科定位是通过特色入主流。因此在人才培养方案的修订过程中如何平衡好外语和法律两个课程体系的关系至关重要。首先，要让教师和学生明确我们的本科专业是外语文学专业，所以我们的课程设置首先要按照外语专业国家标准进行设置，这样才能在学科和专业评估中获得肯定和认同；其次，法大的外语专业具有鲜明的特色，那就是学生既拥有夯实的外语技能又具有深厚的法学知识储备。所以为让学生能够有更多的学习法学知识的机会，学院研究考虑将口语和听力的学分降低改为专选，增加法学课时。这是学院修改的客观背景，同时也是基于目前大学生的外语水平本身基础较好的这一主观认同。可能针对少数外语基础较弱的同学，政策的修改会使这些同学受到影响。学院也将针对有口语和听力需求的同学通过学习社团的学业帮扶等活动来加以指导和帮助。

四、关于提高"外语+法律"人才培养质量的思考

经过调研和与学生充分沟通，学生提出的大部分关于提高人才培养质量的意见和建议都是具体的，学院通过努力整改，是可以改善和部分解决的。但外院本科专业的定位和未来发展是需要学院顶层设计并需要学校支持的。目前学院的法律英语和法律翻译专业仍然是语言文学本科专业，所以课程设置必须按照外语专业的国家标准开设，法律课程体系都是学院自主开设的课程，因此造成课程设置的繁杂和某些程度的不规范。当前学院正在积极开展设立法律英语本科专业的申请，如果专业申请成功，课程体系将按照法律外语的专业要求进行论证和设立，这对外国语学院的人才培养和学科建设具有深远影响。

五、教研管理：管理机制的发展与完善

郭步云　闫　俊*

翻译类科研成果评价制度指标建设
——以译著为例**

科研成果评价制度是高校和科研院所等以科研为主的事业单位对科研人员学术能力和水平的重要量化标准，也是职位晋升的主要参考依据。一个科学的科研成果评价制度不仅对个体和科研团体的发展有一定的导向性作用，还为科研单位自身在国内外学术领域的发展构建了坚实的桥梁，帮助它在学术领域竞争中拓展自身影响力。但目前在对人文社科相关领域科研事业单位的调研中不难发现，译文译著等翻译类科研成果通常会作为一个特殊类别被单独界定，且并未就认定标准形成较为科学的、学界统一认可的制度标准。制度的缺失带来的并非仅仅是对外语学科的影响，更多的是对各学科领域自身学术价值的影响，不论是从人类文明发展的历史角度，还是从一个国家对外战略的角度来考量，翻译类成果的重要性不言而喻。因而根据翻译类科研成果的特殊性构建一套科学合理、公平公正的指标参数就显得尤为关键了。

一、研究背景

2016年，习近平同志在哲学社会科学工作座谈会上强调："要建立科学权威、公开透明的哲学社会科学成果评价体系"。[3]2020年2月，科技部会同财政部研究制订了《关于破除科技评价中"唯论文"不良导向的若干措施（试行）》，旨在改进科技评价体系，破除科技评价中"唯论文"不良导向，提倡分类评价、

---

* 郭步云（1991—），陕西榆林人，管理学硕士，中国政法大学外国语学院助理研究员，研究方向为教育管理学；闫俊（1993—），北京人，德语语言文学硕士，中国政法大学外国语学院科研秘书，研究方向为外国语言文学。

** 本文系中国政法大学校级科研项目"翻译类成果认定办法及评价标准研究"（项目编号1000-10819424）的阶段性研究成果。

[3] 习近平："在哲学社会科学工作座谈会上的讲话"，见新华网，载http://www.xinhuanet.com/politics/2016-05/18/c_1118891128_4.htm，最后访问时间：2020年10月10日。

注重实效的原则。文件中鼓励对于不同类别的研究成果进行分类考核评价,强调应注重评价科研成果的学术价值及影响。2020年10月,中共中央、国务院印发了《深化新时代教育评价改革总体方案》,方案对目前通行的高校教师科研评价制度给出整改建议,建议根据不同学科、不同岗位特点进行分类评价,推行代表性成果评价,探索长周期评价。翻译类科研成果的学术价值和影响力具有较强的特殊性,其本质为用一种语言来表述另一语言的思想、理念和观点,与其他人们广义理解的包含纯粹的理论或实践创新特点的科研成果不同,因此翻译类科研成果的评价要素也应与非翻译类科研成果有明显的区别。另外,在我国"一带一路"政策实施的影响下,跨文化交流的需求明显增加,翻译类科研成果所承载的文化影响也愈发深远,从这一角度来看,翻译类科研成果评价制度构建的重要性也愈发明显。

目前国内对学术评价制度的研究多倾向于分析定性和定量评价的优劣,缺乏基于学科特点构建学术评价制度相关的研究。正如黄海群和林培锦指出的,现有的学术评价制度研究中往往以"破"(制度批判)为主,忽视"立"(制度创新)的研究[1]。他们从制度创新理论的角度,围绕动力与原因、模式与方法、环境与条件这三个维度来解读学术评价制度创新的可能性与实施条件。蒋洪池和李文燕认为,现行大学教师的学术评价标准存在"重统一化轻多样化"的问题[2],忽视学科文化的存在,建议制定分学科多样化的学术评价标准。在上述政策和研究背景下,笔者将基于对国内知名外语类高校现有翻译类科研成果评价制度的对比分析和评价,以译著为例构建一套翻译类科研成果评价制度指标体系。

二、国内外语类高校现行翻译类科研成果评价制度对比分析——以译著为例

在对外语类高校翻译类科研成果评价制度进行调研和资料收集后,从评价客体的概念定义和具体评价标准两方面来对比分析其中的异同。

(一)样本选择

本次研究共搜集了6所国内具有代表性的外语类高校的科研制度作为研究样本,原因在于该类高校以语言为特色,其对翻译类科研成果评价制度的重视程度

---

[1] 黄海群、林培锦:"论我国大学学术评价制度的变迁与变革",载《教育评论》2015年第1期。
[2] 蒋洪池、李文燕:"基于学科文化的大学教师学术评价制度构建策略探究",载《高教探索》2015年第11期。

较高，理解程度也更具代表性。评价的主体多为学校职能部门（科研处）及校学术委员会。同时本次所选样本的 6 所高校均为在第四轮学科评估中获得 B 以上评价的高校（参评 163 所高校的前 24.5%）。所属类别划分：教育部直属高校 1 所、省属高校 2 所、市属高校 3 所。所属地区：华北 3 所、西北 1 所、东北 1 所、东南 1 所，在样本选择中地点满足了均匀分布的要求。

学校	是否外语类高校	学校所属类别	第四轮外国语言文学学科评估结果	所属地区
A 校	是	教育部直属高校	A+	华北
B 校	是	省属高校	B+	西北
C 校	是	市属高校（直辖市）	B	华北
D 校	是	市属高校	B	东北
E 校	是	市属高校（直辖市）	B	华北
F 校	是	省属高校	A	东南

（二）样本分析

以下仅对比分析六所外语类高校对译著的制度评价，相较译文而言高校对译著的评价制度更清晰且具代表性。

学校	译著定义
A 校	译著指把优秀的中文学术著作、经典名著翻译成外文，或把具有重大学术价值的外文学术著作、经典名著翻译成中文的著作。
B 校	译著是指将学术、文学、专业著作从一种语言文字转换成另外一种语言文字而产生的新图书。
C 校	学术译著是指将学术著作、文学名著、典籍从一种语言文字转换为另一种语言文字而产生的新图书。
D 校	译著指把优秀的中文学术著作、经典名著翻译成外文，或把具有重大学术价值的外文学术著作、经典名著翻译成中文的著作（常识类、介绍类、通俗类等译著不在奖励之列）。原则上字数不少于 15 万字（以汉字计算）。
E 校	译著是指与译者研究领域有关、具有 ISBN 编号、公开出版的翻译著作。
F 校	学术译著是指将学术著作从一种语言文字转换成另一种语言文字而产生的新图书（含文学翻译和典籍外译）。

上述六所高校对译著这一概念的定义从不同角度进行了确定，从内涵出发确定其外延，以概念的形式作出诠释。有部分高校将标准提高，将原著的学术价值视为重要衡量标准，将其同一般通俗或科普性译著加以区分。表中的 E 校则是将译者的研究领域和特色纳入考虑范围，相较其它几所外语类高校更强调了学科的特色化。

学校	译著评价标准
A 校	A 类：经典著作和具有重大价值的文献的翻译，每部计 40 分； B 类：一般性学术著作的翻译，字数在 15 万字以上，每部计 25 分； C 类：15 万字以下的译著，每部计 5 分。作为参考，专著计分在 15～70 分之间。
B 校	一级出版社：50 分，二级出版社：45 分，三级出版社：40 分。
C 校	一级出版社：7 分/万字，二级出版社：3 分/万字， 三级出版社：2 分/万字，四级出版社：1 分/万字。
D 校	A 类：中译外类，每部奖励 2 万元；B 类：外译中类，每部奖励 1 万元。
E 校	一、特类 1. 获"傅雷翻译出版奖"的译著； 2. 国家社科基金项目中获得"优秀结项"评定的"中华学术外译项目"结项成果。 二、A1 类 1. 对国外经典学术著作、著名文学作品进行翻译且原文字数不低于 15 万字的译著； 2. 对国内经典学术著作、著名文学作品进行翻译且原文字数不低于 10 万字的译著； 3. 对著名诗集、剧本等多种形式的作品进行翻译的译著由校学术委员会予以认定。 三、B1 类 对国内外重要学术著作或具有一定影响力且原文字数不低于 10 万字的文学作品进行翻译并在正规出版社出版的译著。 四、C1 类 一般译作，对国内外学术著作以及多种形式的文学作品进行翻译且在国内外正规出版社出版的译著。
F 校	一级出版社：10 分/万字，二级出版社：6 分/万字，三级出版社：1.5 分/万字。

从外语类高校对译著的评价标准来看，在制定标准时主要考虑了以下几方面：出版社的等级、出版字数（万）、原著学术价值、译著获奖情况、译著语言等。总体上看以语言为特色的外语类院校缺失统一且系统的评价标准，各自侧重点有很大不同。

三、译著类科研成果评价标准体系的构建

（一）明确建立译著评价制度建设的实际意义

制度的建立究竟是对标高校国际排名、国内高校学科发展和评估还是学校内部的目标责任制、评优评奖亦或是教师个人的岗位晋升，根据目的性的差异，制定标准的考量要素有较大区别。以翻译类科研成果建设对标高校国际排名为例，评价制度的建立需要结合国内外对译文的评判标准来确定，是否区分国家和语言差异也是考虑因素。而对国内高校学科发展和评估而言，需要全面考量的是国内语言类高校、综合性一流大学和翻译行业内的主流标准。评价标准体系如对标的是学校内部和教师个人，则可适当根据高校教师的整体水平降低标准，以期能达到实际的鼓励意义。

（二）译著评价制度建设指标体系

译著评价制度建设指标体系				
一级指标	二级指标	三级指标	四级指标	说明
专著	内容	影响力	科研奖项、民间奖项	科研奖项和民间奖项是对专著学术价值较直接的认定，民间奖项需判定其颁发机构的颁发资质和价值
			图书馆馆藏指标、引用价值指标、网络利用指标	该指标以科学的方式对专著的收藏和引用率进行统计
		价值	学术价值	专著的学术贡献要从内容入手，是否弥补了学术空白或提出了前沿思想和理论
			社会价值	衡量对国际或国内的社会价值要看是否对国家政策、社会现象有一定影响力，是否具备国际、国家视野
	文字	原著难度（原著读者的可理解性）	—	原著文本的可理解性决定了读者对原著内容的理解难度，也决定了翻译难度
		原著字数（万）	—	原著字数以万为单位

续表

译著评价制度建设指标体系					
一级指标	二级指标	三级指标	四级指标	说明
专著	其它因素	出版社	等级	是否为一级出版社，曾出版专业类书籍证明
		作者	学术水平	专著作者学术能力和水平在业界的认可度和影响力
译著	内容	影响力	科研奖项、民间奖项	科研奖项和民间奖项是对译著翻译水平的肯定，民间奖项需判定其颁发机构的颁发资质和价值
			图书馆馆藏指标、引用价值指标、网络利用指标	该指标以科学的方式对译著在输出语国家的影响进行统计
		价值	学术价值	译著的学术贡献要从原著的内容入手，是否弥补了输出语国家学术空白或提出了前沿思想和理论
			社会价值	衡量译著的影响力，要看其是否对输出语国家产生一定影响
	文字	译著的语言	-	输出语自身的难度对译著科研价值的评判有重要影响
		译著读者的可理解性	-	输出语读者对译著文本可理解性的评价是对译著翻译水平最直接的体现
		译著字数（万）	-	译著字数以万为单位
	其它因素	译著出版社	等级	是否为一级出版社，曾出版专业类书籍证明
		译者	学术背景和翻译水平	专著作者学术能力和水平在业界的认可度和影响力
评价专家	专业学术背景	-	-	是否具有专著所涉及学科的学科背景
	双语能力	-	-	双语的掌握程度，自身是否具备"信达雅"的翻译水平

建立科学全面的译著类科研成果评价指标有助于科研管理部门更有针对性地开展工作、分配学术资源，从而促进高质量译著成果的出版与传播。构建一套定性与定量相结合的评价指标体系，将其与同行评议方式相结合，对优化评价方法有极为重要的意义，对现行的社会科学整体水平的提升同样有潜移默化的推动作用。上述尝试对译著构建的指标体系采用了三项一级指标、八项二级指标、十三项三级指标和十二项四级指标，从定性和定量角度构建有说服力的指标体系。在评审专家的组织方面，应配备学校内部权威的学术委员会，同时为了保证客观公正应灵活配置专家库中校外专家运行混合制评价，要做到评审信息适度公开、完善专家回避制度、建立评审意见反馈制度、保证评价结果的科学处理与公示、建立申诉制度等，同时根据专家的评审结果对专家的评审能力作出科学评价，及时更新专家库中有评价资质的专家的信息。

四、结语——译著评价制度建设的难点及建议

本文着眼于目前翻译类科研成果评价制度的系统化建设这一问题，笔者基于对国内六所外语类高校现行译著评价制度样本的对比分析，给出了拟构建的译著评价制度指标体系。然而其中的质性评价部分在实践中执行难度较大，同时各个指标之间的权重关系尚未明确，仍有很大的研究空间。针对目前国内现行译著评价制度中的主要问题，笔者在此对未来译著评价制度建设给出以下建议。

（一）在译著评价中重新审视文学类译著的价值

在译著认定标准中不可仅局限于学术类译著，应重拾对文学类译著的关注和认可。"到底翻译何种类型的文本才有被认定为科研成果的价值？"是一个值得我们思索的问题，事实上，文学翻译是翻译学科中不可或缺的一个重要分支，也是翻译实践中的重要文本类型，与学术类作品翻译相比，其承载着更为丰富的翻译理论和技巧，在传播中华民族的精神和文化方面也有着极为重要的作用。国社科中华外译项目申报通知中的要求[1]同样注明：当代我国哲学社会科学优秀成果包含"研究中华优秀传统文化，具有文化积累和传播价值，有助于国外了解中国文化和民族精神的优秀成果"。因此，在译著认定标准中应重视文学类译著的作用和价值。

---

[1] 见全国哲学社会科学工作办公室网站，载 http://www.nopss.gov.cn/n1/2020/0915/c219469-31862072.html，最后访问时间：2020年10月20日。

（二）在译著评价中引入同行评价机制

目前国内高校普遍采取量化指标对译著进行评价认定，基于译著内容本身的质量评价及其在译文文化中的影响力评价部分有所欠缺。为确保译著评价的科学性与公正性，应在高校译著评价制度中引入同行评价机制，基于目前主流的评价主体、评价标准和评价方式，笔者认为引入同行评价机制的译著评价可采取以下三种实施方式：

1. 以学校学术委员会为评价主体的评价方式。定期组织高水平译著认定专项学术委员会会议，根据申请者所提供的支撑材料进行审核认定。这种评价方式对高校的学术委员会的组成结构有一定的要求。在专家的学科构成方面，要求尽可能覆盖学校的全部学科且各学科分布均匀；在专家的语种构成方面，要求配置一定数量的小语种专家。

2. 以校外专家库为评价主体的评价方式。聘用国内外相关学科专家加入专家库，以邮寄或通讯的方式定期组织译著认定。

3. 以科研管理职能部门为主体的评价方式。细化译著评价制度，加入译著翻译质量及文化影响相关评价要素。

马晓宇*

教师岗位类型调整的个体需求：
背景、价值衡量及制度路径
——以中国政法大学外国语学院为例

教师分类分型管理是我国高校人事制度改革中的基础性举措。教师岗位类型的选择与归属通常会受到教师个人需求与特长、个人发展阶段、学校学科性质等多项因素的影响。目前，关于高校教师岗位类型的动态调整机制成文规范较少，在某种程度上存在政策盲区。针对我校公共外语教学改革新环境下部分教师岗位类型调整的个体需求，本文拟借鉴高等教育从业者对于学术职业的需求层次理论框架，在做好文本分析、政策理解和案例总结的基础上，从个人与组织的不同角度出发，将岗位类型调整的合理性与可行性置于特定的历史背景下予以价值衡量。本文亦对特定人群的岗位类型动态调整机制的构建提供了一定思路。

一、概述

（一）教师岗位类型的界定

我国高校教师聘任制与分类管理的政策至今已实施二十余年之久。2000年，中组部、人事部、教育部在《关于深化高等学校人事制度改革的实施意见》中首次明确表明要对高等学校的教师和其他专业技术人员实行职务聘任制，文件还对其它不同岗位的改革分类予以阐述。2007年，人事部、教育部发布的《关于高等学校岗位设置管理的指导意见》文件中明确提出，"学校可根据教师在教学、科研等方面所侧重承担的主要职责，积极探索对教师岗位实行分类管理，在教师岗位中设置教学为主型岗位、教学科研型岗位和科研为主型岗位。"

中国政法大学作为我国知名高水平研究型大学，岗位聘任与分类管理的政策

---

* 马晓宇（1981—），女，山西太原人，英语语言文学硕士，中国政法大学外国语学院综合办主任。研究方向为高等教育管理、外语教学管理。

可追溯到 2008 年《中国政法大学首次岗位聘用实施办法》。该文件以岗位分类（专业技术岗、管理、工勤）为基础，对各个岗位的分类管理方式、结构比例、聘用人员范围、聘用条件、聘用程序等方面进行规范。随之制定的《中国政法大学专业技术岗位设置与聘任办法》成为我校多年来专业技术岗位设置管理的基本法，从基本原则、组织机构、岗位设置、岗位聘任、聘任程序、岗位管理等方面予以全面规范；该办法在 2016 年和 2019 年先后历经两次修订。对于专任教师类型的划分，最初的文件仅规定为教学型与教学科研型两大类，其中教学型岗位设在公共基础课领域。由于十多年来学校办学事业飞速发展，特别是新型科研机构影响突出，目前我校专任教师岗位分为教学科研型、教学型、科研型（A 类和 B 类）。依据 2019 年颁布的《中国政法大学专业技术岗位设置与聘任办法》，教学科研型岗位指"以专业课教学及科学研究为主要职责的岗位，即有本科生招生培养任务学院的教师岗位"，教学型岗位指"以教学为主要职责的教师岗位，即承担公共基础课教学的岗位"，科研型岗位指"以科学研究为主要职责的岗位，即学校在编科研机构和比较法学研究院的教师岗位，其中没有研究生独立招生培养任务机构的岗位为科研型 A 类，有研究生独立招生培养任务机构的岗位为科研型 B 类"。

（二）外语教师的岗位类型划分与调整转型实践

关于公共基础课教学型教师的设置，现行办法（2019 年版）规定，"共分为法学、法学以外学科、公共基础课三类。法学按二级学科设岗；法学以外学科原则上按一级学科设岗。"同时补充规定，"体育、外语、理工科技、艺术等公共基础课按所属院部设岗；有博士、硕士点的学科承担公共基础课的，不再单设岗位。"然而，关于可否给我院承担公共基础课的硕士点学科单设公共基础课岗，抑或如何规范以公共外语教学和科学研究为主的教学科研型教师，这两句补充的规定似乎略显语义不明，因此以上问题成为本文的研究焦点。

经过多年的发展，中国政法大学外国语学院实现了从教学型向教学科研型的跨越。学院学科专业基础厚实，特色突出。公共外语教学成果在全国已具有示范效应。学院现设一个外国语言文学硕士点（包括英语语言文学、德语语言文学、法语语言文学和俄语语言文学四个学科），一个翻译专业硕士点（MTI）和三个本科专业（英语、德语和翻译）。下设五个研究所（英语语言文学研究所、德语语言文学研究所、法语语言文学研究所、俄语语言文学研究所、翻译研究所），三个教研室（大学英语教研室、研究生外语教研室和西班牙语教研室）和一个硕士专业学位教育中心。学院不仅负责本院本科专业的教学工作和学术型硕士研究生、专业硕士研究生的培养工作，而且承担全校学生的公共外语教学任务（包括本科生公共外语、研究生公共外语），教学语种涉及英语、日语、俄语、法语、德语、意大利语和西班牙语等7个语种。

学院专任教师岗位类型分为教学型和教学科研型两大类，分别对应"公共基础课"和"法学以外的一级学科"。在"人才强院"的战略指引下，学院内培外引，汇聚造就一批高层次领军人才，建设成了一支结构层次较为合理的专任教师队伍。近十年来，从教学型向教学科研型的岗位转型的教师共计12名，从教学科研型向教学型的申请无人获批。

针对我院从教学型向教学科研型教师岗位转型实践，可以简要归纳出一些关键环节与实施要点。岗位类型调整转型的实施节点设定为2013年和2016年两次专任教师岗位的聘期届末考核结束后，实施流程可分为：个人申请、学院学术委员会和学院党政联席会审议、学校备案三个阶段。从申请资格来看，要求申请教师的个人业绩表现突出，一般为副高以上职称，且专业和研究方向契合当时学院学科、专业发展、人才培养之急需。院内该项工作以学术委员会主导，并经院级的党政联席会审议。从过程管理来看，院内申请启动、考核、公示的流程步骤清晰，院内审批和向学校报备的相关档案文件较为齐全，重要环节有据可查。院级各阶段的工作，与学校人事部门的前期指导、备案、审批监管紧密相连。从教师发展来看，转型成教学科研型的外语教师，科研方向更为明确，大多已成长为外语学科内的学术骨干。

（三）教师岗位类型调整转型的个体需求：高校教师学术职业的视角

学术职业可以称作是"微小的世界、差异的世界"[1]，但学术职业的发展则是多数高校教师的共性需求和大同世界。从社会学角度来看，高校教师岗位类型的分型与调整转型实质是学术职业分化。社会学家鲁曼认为，与传统社会分化相比，现代社会分化更强调社会不同类型职业横向层面的功能性分化和专业化[2]。有学者专门论述了大学教师学术职业分化的概念、内涵与规定性，认为"大学学术职业分化后，教师不同的学术职业类型与教师自身的能力和发挥的作用相对

---

[1] Burton R. Clark, "The Academic Life: Small Worlds, Different worlds", *Educational Researcher*, 5 (1989), 4.

[2] 高宣扬：《鲁曼的社会系统理论与现代性》，中国人民大学出版社2005年版，第13~14页。

应。这也是大学学术职业分化过程中大学管理者和教师管理机构必须要面对的事实，也是在教师评价机制、激励机制和专业发展制度等方面进行革新的重要动力"[1]。

亚伯拉罕·马斯洛（Abraham Harold Maslow）是心理学领域以及人本主义运动最杰出的代表人物。他在1943年发表的《人的动机理论》（A Theory of Human Motivation Psychological Review）一书中提出了著名的马斯洛需要层次理论，认为人作为一个有机整体，具有多种动机和需要，包括生理需要（Physical needs）、安全需要（security needs）、归属与爱的需要（love and belonging needs）、自尊需要（respect & esteem needs）和自我实现需要（self-actualization need）。

依据马斯洛需要理论，有学者对我国长三角地区多所高校教师需求进行调查。研究表明对于经济较为发达地区的高校教师而言，生存的需求最为重要，其次是尊重的需求，再次是自我价值实现的需要，然后是安全的需要，最后是发展的需要。研究者建议应根据教师需求多样性、差异性的特征，设计出多样化的教师激励方案[2]。针对马斯洛需要层次中"安全的需要"，学者潘艺林、蒋冬梅认为当今学术职业中的安全需要愈发明显。针对外力拘束与学术职业自主性之间的失衡，文章主要论述了"学术职业的正义诉求不能停留于传统的分配正义，还必须诉诸承认主义"[3]。"关于学术职业中有学者承认正义需求"的基础理论框架基本形成。

面对教师岗位类型调整等个体需求，高校应当从"以人为本"和"人文关怀"的角度出发，保证教师学术职业选择权，并给予一定的调整空间。在制度和程序设计上，采取相应调节策略，助推相关教师进入新的学术职业发展周期。在本研究中，外语教师岗位类型调整转型的需求，在某种程度上讲，体现了相关教师面对"外力拘束与学术职业自主性之间的失衡"。在此背景下，学术职业中的"承认正义需求"成为本文的主要理论支撑。

二、教师岗位转型的外部环境分析

（一）外部环境

外语教育要主动对接国家战略新需求。在加快推进国际化卓越人才的培养进

---

[1] 杨超："大学教师学术职业分化：概念、内涵与规定性"，载《现代教育管理》2016年第2期。
[2] 陆慧："经济发达地区高等学校教师的需求研究"，载《大学教育科学》2010年第3期。
[3] 潘艺林、蒋冬梅："略论学术职业的风险与承认正义需求"，载《学术界》2018年第8期。

程中，公共外语教学与外语专业课的边界弥散，逐渐走向融通。其中最重要的特征可以表述为，要用外语专业的培养方式开展公共外语教学[1]。

我校于 2012 年被教育部遴选为复合型、应用型、涉外型三种类型的"卓越法律人才"教育培养基地，并在原有的四大法学专业的基础上相继建立法学人才培养模式改革实验班（法学实验班）、涉外法律人才培养模式实验班（涉外法学实验班）、法学专业西班牙语特色人才培养实验班（西班牙语法学实验班）、法学学术精英人才培养实验班（法学学术精英实验班）[2]。我院以培养"法律＋外语"的卓越法律人才为"体"，以构建突显法学特色外语课程体系、搭建多维法科外语实践平台为"两翼"的卓越法律人才外语实践能力培养新模式取得了显著成效。该项目为国家"分类卓越"教育战略目标的达成提供了改革思路，具有推广价值[3]。2019 年，教育部高等教育司司长吴岩题为"新使命、大格局、新文科、大外语"的主旨报告，更吹响了新时代中国外语教育的号角。高教司在发布的 2019 年十项工作要点中，明确指出为了服务新时代国家对外开放战略和"一带一路"建设，要在有条件的高水平大学推动开设第二、第三公共外语课程，培养"一精多会，一专多能"国际化人才，为国家储备参与国际治理的拔尖人才。高教司在全国 22 所高校推进试点工作，我校荣列其中。

外国语学院深入推进公共外语教学改革，创新构建"由点及面"辐射发展的"专业＋多语种"大学外语课程体系。"点"，即围绕各学院各专业人才培养特点，针对我校实验班人才培养模式，先后为法学实验班、涉外法学实验班、西班牙语法学实验班、法语特色涉外法学实验班、学术精英实验班开设相应的外语课程；为商学院、政管院研发定制外语课程。"面"，即满足非外语专业学生个性化学业与职业发展需求，作为教育部首批公共外语教育改革示范校，积极开展"一精多会、一专多能"外语教学改革，全面开设二外选修、必修课程及三外课程。外国语学院从 2019 年起面向法学专业本科生增开五个语种（德、俄、法、日、意）的第二外语通识必修课。"专业＋多语种"大学外语课程受到广泛关注

---

[1] 郭英剑："对'新文科、大外语'时代外语教育几个重大问题的思考"，载《中国外语》2020 年第 1 期。

[2] 田力男："浅谈涉外法律人才培养方案中外语课程设置方案与依据——以中国政法大学涉外法学实验班为例"，载张清主编：《中国政法大学外语教育论丛（第一辑）》，中国政法大学出版社 2019 年版。

[3] 张文娟："卓越法律人才外语实践能力培养模式探究"，载张清主编：《中国政法大学外语教育论丛（第一辑）》，中国政法大学出版社 2019 年版。

与积极参与。2020 年，多语种通识必修课程的大一报名人数达到 316 人。经面试及志愿补选，2020 级本科生修读第二外语通识必修课的录取人数为 89 人。

（二）外部环境分析

我校公共外语教学改革的纵深发展离不开学院各教研室、各研究所在师资配备等方面的全力保障，突出表现为全范围的协同参与。学院进一步优化领导分工与统筹管理，调动全院五个研究所（英语语言文学研究所、德语语言文学研究所、法语语言文学研究所、俄语语言文学研究所、翻译研究所），与三个传统公共外语教学的主体单位（大学英语教研室、研究生外语教研室和西班牙语教研室）协同开展参与我校公共外语教学改革。在此情况下，我院部分教学型和教学科研型教师的岗位界限不再清晰，主要体现为：我院德语所、翻译所、英语所、法语所、俄语所五个研究所的老师都限定为教学科研型教师，但研究所每年都需要抽调数名教师，主要从事非外语专业本硕博各阶段的多语种或实验班的公共外语课。部分教学科研型教师本应"以专业课教学及科学研究为主"，但却以从事公共课教学和科学研究为主，主要涉及英语、德语、法语、俄语四个语种的教师。因此，公共外语教学改革背景下的外语教师岗位分型的实践与我校人事文件中规定的"教学科研型"与"教学型"教师类型的定义出现了明显分歧。涉及人员主要是以公共外语教学和科学研究为主的教学科研型的个别教师，涉及人员范围有限。因其他原因产生此种情况的，不在本文讨论范围内。

由于公共外语教学改革的战略需要，这部分教学科研型岗位的教师偏离了专业课教学的本职岗位任务，并产生了不同程度的影响。据 2019 年课时完成量的总体统计，我院各研究所教学科研型教师的课堂教学工作总量的超额惊人，教学科研型教师人均实际完成的课时数达到了该岗位额定课时数的两倍。经访谈了解，教师们普遍认为，如果时间和精力被过多教学任务挤占，势必会影响科研投入与产出。部分研究所和学院负责人也认为，我院部分二级学科的师资普遍较为年轻，职称群体性偏低，如果政策允许个别教学科研岗教师在某 1~2 个聘期内（3~6 年）按照教学型调转，则有助于师资结构优化，促进学科发展。

（三）岗位分型相关制度分析

在某种程度上，现阶段我校教学科研型岗位要求与岗位激励机制并不匹配。突出表现在职称评审与评价机制方面，教学科研型岗位与同一级别的教学型岗位相比，科研评价的要求难度明显偏大，例如教学科研型副教授、教授的评审条件在纵向项目、核心期刊发文数量等方面的要求差距大。

在岗位激励机制方面，部分教学科研岗位教师感觉激励机制优势并不明显。鲍威等学者在"我国高校教师人事制度改革：现状、问题与挑战"一文中的调研所示，C9院校中能实现"教师分类化、差别化的绩效考核机制及收入分配"的仅占比64%，该项指标是调研院校的人事制度改革举措体系中完成度最差的一项[1]。据此，文章指出，"现有绩效考核亟需根据学科和岗位，做精细化设计"。实力雄厚的C9院校尚且如此，面临资金不宽裕、创收能力差或者保障条件不足的普通高校，要建立与教师分类分型相配套的分类绩效机制的难度可见一斑。

我校岗位考核和岗位激励方面相关规范制度主要为《教师岗位考核办法》《教师教学工作考核办法》《科研考核办法》《本科教学超工作量奖励办法》《研究生教学超工作量奖励办法》《教育教学奖励办法》《科研成果奖励办法》以及社会捐赠设立的专项教育教学奖等。其中前五个办法是按照不同岗位类型和级别确定分类分层的考核标准，将定性与定量考核相结合，并将考核结果和绩效分配挂钩。超额完成的课堂教学工作量可以获得超课时绩效奖励。专业课教师讲授的专业课曾经获得过一定比例系数的课时补贴，但该项政策已经取消多年，目前我校可获得课时补贴的仅剩双语课等特殊类型课程。但据教务部门的解释，外语教师讲授的课程称为外语课，讲授的一般课程都不属于双语课的定义范围，仅有个别专门针对非外语专业，用英语讲授的外国法律课程可以有相应补贴。在后两个办法中，《教育教学奖励办法》《科研成果奖励办法》给予的奖励并不区分教师岗位的级别和类型。此外，学校坚持开展校内绩效工资改革，自2016年起便建立了正常的调整机制，基本每两年可以调整一次校内岗位津贴。每年年终向学院划拨绩效奖励，由学院自定绩效奖励方案。但对于没有创收能力的学院无法给超额完成工作量的教师们实施相应衡平措施。

对照本文第一部分中"学术职业存在承认正义需求"的理论研究，我们可以发现，在公共外语教育改革的强势语境和战略关注下，我校外语教学科研岗的教师们受到强大的外力拘束。当这种外力拘束与学术职业自主性之间失衡严重，我们可以保守地认为，如果资源分配的绝对公平难以实现，承认学术职业的正义不失为一条明智之选，以此来获得权益的衡平。

---

[1] 鲍威、戴长亮、金红昊、杨天宇："我国高校教师人事制度改革：现状、问题与挑战"，载《中国高教研究》2020年第12期。

实践中，我校在教学科研岗和教学岗位之间的衡平已有先例，例如，学校针对教学科研型岗位教师（50周岁以上）的群体，建立了较为灵活的考核机制，即可以申请减少科研考核工作量，转而增加教学考核工作量。

鉴于以上分析，本文认为，允许教学科研型岗位外语教师（某个聘期内完全从事公共外语教学的群体）转型为教学岗的外部条件已经完全具备，建议管理部门因时、因地制宜予以规范；改革成功的关键在于学校人事部门和学院要做好宏观调控、过程管理与审批备案以及相关制度设计。

三、价值衡量：在目标责任制的视域下

现阶段，为加强学校战略管理，推动世界一流法科强校建设，我校对各二级单位建立了任期内目标责任制考核机制，旨在通过建立科学的任期目标体系、实施目标分解，实现精细化管理；通过区分责任，实现全方位管理；通过分解任务，实现全要素管理；通过协同配合，实现全过程管理，最终形成目标清晰、权责明确、绩效凸显和奖惩结合"四位一体"的制度体系和运行机制[1]。目标责任制管理的基本理念是以责任传导压力，以压力释放动力。其制度优势在于使"部门和学院明确了工作方向，教师在指标压力下的潜能得到了激发，高校的各项事业获得了较快的发展"，但其存在"物本管理"的特质和制度刚性，刚柔并济才是高校目标责任制的完善之策[2]。

对于学院而言，在合理规范的前提下，允许个别教师的类型从教学科研型到教学型的弹性调整，不仅能顺应教师发展的需求，而且完善形成了教师岗位类型"有进有出"的动态调整机制。从教学型向教学科研型的单向转入，从长期来看，由于教学科研型教师授课定额少，势必会影响到学院整体教学工作量安排。教师类型双向调整机制，从"以人为本"出发，便于各研究所在落实目标责任制时能将指标压力调整负载在不同类型岗位上。

对于教师个体而言，符合准入或准备转型的老师在面对新的考核评价体系时，必然会产生新的内生动力，有望利用好新的机制实现新的突破。学院在入口审批方面，可以加强准入总量和质量的双线管控，兼顾绩效与公平。学院还可以

---

〔1〕《中国政法大学目标责任制考核暂行办法》

〔2〕 仇永民："从制度刚性到刚柔并济：高校目标责任制管理的实践走向——以上海海洋大学为例"，载《南昌师范学院学报》2015年第1期。

通过统筹协调控制、调控和扶持相关学科，加快内培外引的步伐，进一步调整和优化学院教学、科研团队的规模与结构，盘活相关资源。

对于学校人事管理部门而言，岗位类型从教学科研型向教学型调整的个别需求，只是学校人事日常管理中的个体、微观问题，但剖其实质，则是高等教育领域简政放权、放管结合、优化服务（简称"放管服"）在人事制度方面的微缩体现。

2017 年《教育部等五部门关于深化高等教育领域简政放权放管结合优化服务改革的若干意见》和《中共教育部党组关于加快直属高校高层次人才发展的指导意见》进一步要求高校对各类受聘人员要全面落实聘用合同，做好人员聘后管理。2018 年，中共中央办公厅、国务院办公厅印发《关于分类推进人才评价机制改革的指导意见》的通知，强调要分类建立健全科学合理、各有侧重的人才评价标准。2019 年教育部人事司发布的年度工作要点中，明确提出要"继续推进直属高校人事制度改革，坚持事业为上与以人为本有机融合，优化高校人事管理"。

综上所述，我校外语教师分型调整机制的双向规范机制，可以成为我校人事管理制度对于公共外语教学改革的政策配套支持，以及进一步深化"放管服"的生动体现。事实上，在我校"师资队伍建设"的"十四五"专项规划中，已明确提出下一阶段要优化人才分类评价的任务，即"在现行的分类评价基础上，要根据学科、岗位类型和人才发展阶段进一步细化岗位聘任、岗位考核评价标准和周期。逐步实行学校考核学院、学院考核教师个人的考核制度，充分发挥学院在队伍建设中的自主作用"。鉴于此，如何借鉴现有理论与实践，优化顶层设计，避免"一管就死，一放就乱"的情况，是改革的重点与难点所在。

四、制度路径的构建思路

（一）完善教师岗位类型动态调整机制的总体思路与基本原则

根据学校和学院的发展战略，结合实际和发展需求，结合学科发展和人才培养的具体要求，允许在一定条件下开展教师岗位类型的动态调整。学校层面要做好政策导向、总量控制和备案监管。校院二级层面均应坚持学术权力为主、行政权力为辅的原则；兼顾公平与绩效；在保障学院自主权的同时，坚持责、权、利统一的原则。对于教师岗位类型动态调整的诉求，可由学院根据实际情况，出台相应实施细则，让制度走在前面。严格准入准出环节，继续将教师岗位分类发展的思想贯穿于设置、聘任、评审、考核、培养、激励等各环节。

（二）关键环节的政策设计

第一，教师岗位类型动态调整的前提条件是有岗位可以调配。不同类型的专任教师总量和比重由人事处设置和把控。对于各个学院各类型教师的不同占比，则主要取决于学科和专业发展以及人才培养等各项任务。

第二，严把入口关。在准入资格条件的设置方面，应当确保上位法优先。例如刚入校的青年教师在前6年就不具备申请准入的资格，从而避免和现行的预聘制冲突。可以适当增加限制条件，防止来回跳转等不良投机行为。教师岗位类型动态调整的开展节点，应当明确在聘期考核后和新聘期开始之间的时间段。

第三，保障学院拥有自主办学权。允许学院做好内部统筹，从全局出发，从现有教学科研岗师资中，推荐、选拔可在某一个或几个聘期内专职从事公共外语基础课教学或准专业外语教学的教师。学院应在学校人事部门的专业指导下，做好过程管理、相关人事类档案文件留存和信息化管理。

第四，在学校层面，建议学校契合将师资人事合同与聘任制趋同的理念，以契约形式保障新的聘任师资类型以及配套的权利和义务，与学院协同形成与完善责、权、利统一的制度设计。

宋　波*

关于高校研究生教育质量保障体系建设的几点思考

2020年7月29日，全国研究生教育会议召开，中共中央总书记习近平就研究生教育工作作出重要指示指出，中国特色社会主义进入新时代，即将在决胜全面建成小康社会、决战脱贫攻坚的基础上迈向建设社会主义现代化国家新征程，党和国家事业发展迫切需要培养造就大批德才兼备的高层次人才。研究生教育在培养创新人才、提高创新能力、服务经济社会发展、推进国家治理体系和治理能力现代化方面具有重要作用。李克强总理作出批示指出，研究生教育肩负着高层次人才培养和创新创造的重要使命，是国家发展、社会进步的重要基石。要坚持以习近平新时代中国特色社会主义思想为指导，认真贯彻党中央、国务院决策部署，面向国家经济社会发展主战场、人民群众需求和世界科技发展等最前沿，培养适应多领域需要的人才。[1]

总书记的重要指示，总理的重要批示，指出了研究生教育的重要地位，以及研究生教育要立足国家利益和国家需求。会议要求高校全面贯彻党的教育方针，落实立德树人根本任务，以提升研究生教育质量为核心，深化改革创新，推动内涵发展。这就给研究生培养单位和研究生教育工作者指明了方向。如何围绕研究生质量，构建完善的研究生质量保障体系，是每一个学位授予单位应该思考和面对的课题。

一、开展研究生教育质量保障体系建设的背景

2020年全国研究生教育工作会议召开后，出台了《教育部、国家发展改革

---

* 宋波（1973—），女，吉林白山人，1996年毕业于中国政法大学经济法系，现为中国政法大学研究生院质量监督办公室主任。

[1] "习近平对研究生教育工作作出重要指示"，见中华人民共和国人民政府网站，载 http://www.gov.cn/xinwen/2020 – 07/29/content_5531011.htm，最后访问时间：2020年7月29日。

委、财政部关于加快新时代研究生教育改革发展的意见》（教研【2020】9号）、《国务院学位委员会、教育部关于进一步严格规范学位与研究生教育质量管理的若干意见》（学位【2020】19号）等文件，其中学位【2020】19号文件规定："要落实落细《关于加强学位与研究生教育质量保证和监督体系建设的意见》《学位授予单位研究生教育质量保障体系建设基本规范》……"[1]，可见，2014年出台的这两个文件，依然是研究生教育工作的重要指导性文件。

2014年3月，国务院学位委员会、教育部颁发了一个意见和两个办法，即《关于加强学位与研究生教育质量保证和监督体系建设的意见》（本文简称《意见》）《学位授权点合格评估办法》《博士硕士学位论文抽检办法》。《意见》指出，学位授予单位是研究生教育质量保证的主体，要求学位授予单位健全质量保障体系[2]。2014年11月召开的国务院学位委员会第31次会议，就是以研究生教育质量工作为主题的，这也是中华人民共和国以来的首次。会议指出，"提高质量、内涵发展是新时期研究生教育的核心任务"。应当说，从那时起，我国的研究生教育，从过去的规模时代，跨入了质量时代。

（一）《关于加强学位与研究生教育质量保证和监督体系建设的意见》（［2014］学位3号）主要凸显了以下五个改革的思路

1. 推动高校进行自主建设发展。鼓励学位授予单位建立自我评估制度，将其作为高校自身建设发展的一项内容；鼓励高校办出自己的特色教育。

2. 理顺政府、社会组织和高校三者的关系，以此构建研究生教育质量监督体系。将建设目标表述为"构建以学位授予单位质量保证为基础，教育行政部门监管为引导，学术组织、行业部门和社会机构积极参与的内部质量保证和外部质量监督体系"。在外部监督体系方面，逐步开展由社会机构对高校进行的第三方评估。

3. 权力和管控重心下移到学位授予单位。这也是教育部简政放权的一个重要举措。高校有了更大的自主权，但同时，也意味着高校承担着更大的责任。

4. 鼓励学位授予单位特色发展。教育行政主管部门的职责是，保证基本的质量，引导高校发展自身特色教育，争创一流。

---

[1] 见中华人民共和国中央人民政府网站，载http://www.gov.cn/zhengce/zhengceku/2020-09/28/content_5548010.htm，最后访问时间：2020年9月25日。

[2] 见中华人民共和国教育部网站，载http://www.moe.gov.cn/srcsite/A22/s7065/201402/t20140212_165554.html，最后访问时间：2014年2月12日。

5. 加强质量文化建设。《意见》将质量管理和质量文化，专门作为一个重要的内容提出来。其中，质量管理方面，要求学校明确研究生教育质量管理机构，规范研究生培养过程信息与档案管理。质量文化方面，要求学校营造质量文化，通过制度建设和规范管理，加强导师研究生和管理人员的质量意识，形成自身的特色质量文化。

（二）在以上五个改革思路下，教育部完成了以下具体举措

1. 完成制度的设计、权力控制，主要是理顺了三者的关系。教育部放权，从评优等职能中退出，评优交给第三方机构，如全国优博评选工作。

2. 完成了人才培养的基本质量要求，即《一级学科学位授予基本要求》。

3. 建立了全国学位与研究生教育质量信息平台。要求高校在平台上公开自己的培养方案、质量标准、特色制度、教育报告等内容，进行资源共享，接受社会监督。

4. 完善研究生质量与资源的配置，主要是财政拨款。

5. 加强省级教育行政主管部门质量监管力度。其中，包括硕士学位论文抽检及部分学位授权点的抽评工作，由省级教育行政主管部门负责。这些工作都是以前北京市教委没有开展过的。

6. 开展学位授权点合格评估，加大学位论文抽检力度。这是国务院学位委员会、教育部加强研究生教育质量的重要举措。教育部《博士硕士学位论文抽检办法》规定，"对连续2年均有'存在问题学位论文'，且比例较高或篇数较多的学位授予单位，进行质量约谈"，"在学位授权点合格评估中，将学位论文抽检结果作为重要指标……不能保证所授学位的学术水平，将撤销学位授权。"[1]

在这一背景下，各高校也积极开展了相应的工作。如，研究生院成立专门的质量办公室，开展研究生学位论文抽检工作，撰写本校研究生质量年度报告，向全国学位与研究生教育质量信息平台报送相关研究生教育信息等。

（三）2020年出台《教育部、国家发展改革委、财政部关于加快新时代研究生教育改革发展的意见》（教研〔2020〕9号）突出了质量导向

文件进一步提出，全面从严加强管理，提升培养质量。要求学位授予单位健全内部质量管理体系，压实培养单位主体责任；加强学风建设，严惩学术不端行

---

[1] 见中华人民共和国教育部网站，载 http://www.moe.gov.cn/srcsite/A22/s7065/201402/t2014-0212_165556.html，最后访问时间：2014年2月12日。

为；完善质量评价机制。并强调，扩大学位论文抽检比例，提升抽检科学化、精细化水平[1]。

这一背景下，建立健全研究生质量保障体系，成为学位授予单位研究生教育工作的一项重要内容和必须面对解决的课题。

二、研究生教育目前存在的主要问题

2014 年刘延东同志讲话及 2020 年陈宝生部长讲话中指出的问题，至今依然或多或少存在。在研究生教育进入质量时代的新形势下，目前还存在几个主要问题：

第一，研究生学位论文、教育质量方面还存在一定问题。近几年来，无论是研究生学位论文学术规范审查，或是授予后的学位论文被举报作假，还是国务院学位委员会、北京市学位论文抽检工作，都反映出高校研究生学位论文和培养质量，包括博士生培养质量，还存在一定问题。

第二，质量意识还没有在全校师生中树立起来，尤其是导师责任意识还需要进一步加强。教育部、国家发改委、财政部 2013 年联合颁布的教研 1 号文件《关于深化研究生教育改革的意见》中，明确要求学位授予单位要强化导师责任。指出"导师是研究生培养的第一责任人，负有对研究生进行学科前沿引导、科研方法指导和学术规范教导的责任"[2]。但是，在具体工作中，没有认真对待自己的责任，或对责任认识不清的导师还大有人在，整个导师群体甚至没有完全建立起以抄袭剽窃为耻的普遍观念。

第三，还面临质量与规模之间的矛盾问题及其观念转变问题。研究生教育质量，与中央的要求和人民群众的期盼相比，与国际高水平研究生教育相比，都存在着明显差距。我们的发展理念还未转变，工作重心没有转移到内涵发展的道路上，提高质量还没有成为学院、导师和研究生的自觉意识。有的学院、学科，盲目扩张发展的冲动依然存在，在经费不足、生源不佳的情况下，仍把增设学位授权点、增加招生指标作为工作重点。

以上这些主要问题的存在，要求学位授予单位尽快转变观念，采取措施，构

---

[1] 见中华人民共和国教育部网站，载 http：//www.moe.gov.cn/srcsite/A22/s7065/202009/t2020-0921_489271.html，最后访问时间：2020 年 9 月 21 日。

[2] 见中华人民共和国教育部网站，载 http：//www.moe.gov.cn/srcsite/A22/s7065/201304/t2013-0419_154118.html，最后访问时间：2013 年 4 月 19 日。

建本单位研究生质量保障体系，切实提高研究生培养质量。这既是上级行政主管部门的要求，也是自身发展的内在需求。

三、研究生教育质量保障体系构建的几点思路

正如厦门大学李国强所说，高等教育质量危机是高等教育由精英阶段进入大众化发展阶段以后一定会遇到的问题；大众化时代的西方高等教育质量危机，其本质是传统的精英时代的高等教育价值理念、质量观念、制度体系和高校办学行为在大众化高等教育背景下"变与不变"的矛盾危机；化解大众化高等教育质量危机的办法，是在充分认识大众化高等教育发展规律的基础上，构建一套全新的高校内外部质量保障体系，形成高等教育质量评价与资源配置的新机制；该质量保障体系保障的是每个学生在其兴趣与能力范围内自主选择和充分发展的权利，保障的是每一所高校的教学、科研、社会服务等与本国本地区社会需求之间达到良好的契合程度[1]。如何避免质量危机，有效借鉴国际社会应对教育质量危机的经验，科学构建适合我国高等教育发展实际及本单位实际的质量保障体系，是我们当下必须面对和思考的问题。

（一）以学位授权点合格评估为抓手，开展研究生教育质量自我评估

第一，高校应转变观念，认识到以研究生院质量为核心的自我评估，是学校发展的内在需求，且在评估指标和评估方式上有较大自主权。跟学科评估不同的是，自我评估是自我诊断式评估，不是为了拿到相应奖励和资源，为了得到好的排名而开展的评估。因为研究生教育还存在一定问题，每个培养单位都要把自己当成一个病人，本着到医院看病、解除病患、达到健康的心态去开展这项工作。清华大学、上海交通大学这些国内一流大学，早在几年前，国家出台文件之前，就根据自身需要，为了找出跟国际高水平大学之间的差距，在一些学科中开展了国际评估，比如，清华大学的物理学专业，在杨振宁的协助下，按照国际标准，请外国专家进行评估，查找自身跟国际一流大学物理学学科发展上的差距。这一做法，使清华大学物理学专业迅速发展，拉近了与国际物理学专业学科水平的距离。所以，我们要对研究生教育质量评估的性质、目标有一个清晰的、共同的认识，本着自我诊断式的心态，围绕提高质量这一目标，切实开展相应工作。

---

[1] 李国强："高校内部质量保障体系建设的成效、问题与展望"，载《中国高教研究》2016年第2期。

第二，通过开展自我评估，可以促使学位授予单位和二级培养单位思考，哪些学位点需要进行动态调整。比如，近年来招生情况不理想，生源情况不佳，或就业情况不理想的学位点，可以考虑调整、合并，从而立足国家发展需求，优化教育资源，为社会培养人才。

第三，通过学位点合格评估，制定符合本学位点实际的学位授予标准，具有本学科特色的学位论文规范以及评阅标准，以保证本学位点学位论文的基本质量。"质量标准必须反映高等教育的总体目标，特别是学生的批判性与独立性思维、终身学习能力的培养等目标。标准应鼓励创新和多样性"[1]。

以研究生教育质量为核心的自我评估，不是运动式的，而是一项长期的、常态化制度，应逐步开展，总结经验，全面推进自我评估，建立成熟的研究生教育质量自评机制，从而推动研究生质量的整体提升，并成为研究生质量保障体系的重要组成部分。

(二) 立足学位论文，以学术不端审查和论文抽检制度为抓手，事前预防与事后监督相结合，确保学位授予基本质量

学术不端检测和学位论文抽检工作，自2014年以来，基本上已成为各高校常规工作及高校内部研究生质量保障体系的重要组成部分。《教育部、国家发展改革委、财政部关于加快新时代研究生教育改革发展的意见教研》(〔2020〕9号) 规定，要"加强学风建设，严惩学术不端行为……将科学精神、学术诚信、学术（职业）规范和伦理道德作为导师培训和研究生培养的重要内容，把论文写作指导课程作为必修课……健全学术不端行为预防和处置机制，加大对学术不端行为的查处力度"[2]。这一规定，给高校这项工作指明了方向。在授予学位前，应对学位申请人的学位论文进行学术不端审查，对杜绝抄袭剽窃行为，保证论文基本原创性。

论文抽检工作原本是国家教育行政主管部门对高校培养质量进行抽检的一种外部监督机制，但高校如何利用好抽检结果，开展好本校的论文抽检工作，对"存在问题学位论文"的结果如何使用，如何确定抽检规则……是高校内部质量保障体系的重要组成部分。这一工作，可以倒逼导师在培养过程中，提高责任

---

[1] 熊建辉："2009年世界高等教育大会公报：高等教育与研究在促进社会变革和发展中的新动力"，载《世界教育信息》2009年第9期。

[2] 见中华人民共和国教育部网站，载 http://www.moe.gov.cn/srcsite/A22/S7065/201304/t2013-0419_154118.html，最后访问时间：2013年4月19日。

意识。

以学术不端审查和论文抽检制度为抓手，事前预防与事后监督相结合，确保学位授予基本质量，成为高校研究生质量保障体系的重要支撑。

（三）将过程管理作为质量保障体系的重要手段，把过程管理做实做细

研究生过程管理一直是各高校研究生教育工作中的薄弱环节，也是共同面临的课题。教育部部长陈宝生在全国研究生教育会议上总结讲话时指出，要严把过程质量。学位管理与研究生教育司司长洪大用在《适应国家事业发展需要，着力培养德才兼备的高层次人才，加快推进新时代研究生教育高质量发展》的报告中指出，"要严把过程关，抓住课程学习、实习实践、学位论文开题、中期考核、论文评阅和答辩、学位评定等关键环节，落实全过程管理责任"[1]。以上各环节，落实落地都是实际工作中的难点。应该充分利用现代化科学技术手段，对研究生培养进行全过程监督管理。论文质量是衡量一所高校培养质量的重要标尺，因此，论文写作过程的管理对提高研究生培养质量至关重要。论文撰写时间方面，不仅要在科学论证的基础上具有明确规定，还应该有切实的手段加以保证。利用现代化信息手段，对学位过程稿进行有效规范的管理，对未能按时提交过程稿的学位申请人，可以提前预警；对研究生论文写作过程中，导师的参与、指导的次数、工作量等，进行科学有效的监督管理，做到奖勤罚懒，引导研究生导师在研究生论文写作过程中加大投入力度，对一所高校研究生论文质量的整体提升具有重要的作用。因此，把过程管理做实做细，也是高校研究生质量保障体系的重要组成部分。

（四）以在校生满意度调查、课程评价为主要手段，及时发现研究生培养过程中的问题

《国务院学位委员会、教育部关于进一步严格规范学位与研究生教育质量管理的若干意见》（学位〔2020〕19号）要求培养单位"落实研究生培养方案、监督培养计划执行、指导课程教学、评价教学质量等工作。加快建立以教师自评为主、教学督导和研究生评教为辅的研究生教学评价机制，对研究生教学全过程

---

[1] "适应党和国家事业发展需要 着力培养德才兼备的高层次人才 加快推进新时代研究生教育高质量发展"，见中华人民共和国教育部网站，载http://www.moe.gov.cn/fbh/live/2020/52461/sfcl/202009/t20200922_489542.html，最后访问时间：2020年9月22日。

和教学效果进行监督和评价"[1]。

及时发现研究生培养过程中存在的具体问题，并有针对性地进行调整，是维护高校研究生质量保障体系健康运行的重要动力。通过科学设计，以问卷调查或座谈会的方式，针对不同学科专业的教学、导师培养、课程设置、教学秩序等培养全过程进行调查调研，找出本单位二级学科之间的差异，取长补短；通过学生的视角，可以发现管理者不容易发现的问题和学生群体的新内在学习需求。对发现的问题，及时向二级培养单位反馈，并有针对性地寻找解决方案。

选择一部分专业核心课程，对课程进行评价。科学制定课程评价指标体系，跟本科生课程评价区分开，体现研究生培养的层次及个性化和专业化，在评价指标的基础上，对课程进行评价。课程评价方式，以同行专家、教育专家、学校高层管理人员打分为主，适当引入实务部门专家，对课程内容、课程设置、授课方式以及培养方案等进行深入考察，并予以综合评价。将课程评价和在校生满意度调查结合起来，以及结合教学督导工作，及时发现教学过程中的问题，并及时解决，使其成为一所高校内部质量保障体系的重要源动力。

此外，研究生教育管理工作还应与就业工作紧密结合，实行有效联动。可以委托第三方机构对本校就业状况进行调查和数据统计分析，以就业结果反观培养过程，找到研究生培养与社会实际需求之间的距离和影响培养质量的因素，找出培养过程中存在的问题。

四、结语

研究生教育肩负着高层次人才培养和创新创造的重要使命，是国家发展、社会进步的重要基石。而研究生培养质量是高校办学水平的重要标尺和核心竞争力。高校质量保障体系，就是在保证研究生教育基本质量的基础上，不断提升质量，追求卓越，培养出面向世界科技竞争最前沿，面向经济社会发展主战场，面向人民群众新需求，面向国家治理大战略的高端人才。研究生质量保障体系，也是一个可持续发展与更新的工作体系，有很多需要攻克的难点难题，需要不断建设，不断创新理念，并与外部质量监督体系结合起来，才能臻于完善。

---

[1] 见中华人民共和国人民政府网站，载 http://www.gov.cn/zhengce/zhengceku/2020-09/28/content_5548010.html，最后访问时间：2020年9月25日。

薛羽晨　王静娴*

MTI 教管实践探索
——以中国政法大学 MTI 教育中心微信公众平台转型为例

2018 年 3 月微信全球月活跃用户数业已突破 10 亿，在这样一个"互联网+"时代，微信已当仁不让地成为国内首屈一指的集社交、商务和办公于一体的服务平台，旗下的微信公众平台也成为人们日常获取和传播信息的主要渠道之一。由于微信公众平台账号注册程序简单、门槛较低，个人、企业和组织均可注册申请，因此，近年来以人文社科、自然科学、时政要闻、情感交际等为主题的顶流公众平台层出不穷。故而，为顺应信息传播变化趋势，紧跟时代发展步伐，近几年全国各高校及其二级院系均不断加大微信平台建设力度，一是学校需要一个有力的对外宣传媒介，其招生政策、实事要闻需要被外界知晓；二是学校需要一个便捷的信息交互平台，掌握资讯、接收反馈以便及时做出应对调整，这样的需求使得微信公众平台在高校的招生和宣传，乃至教学和管理中具有十分重要的作用。

一、中国政法大学 MTI 教育中心微信公众平台转型背景

选择微信公众号作为中国政法大学 MTI 教育中心对外宣传的主渠道主要基于微信公众平台所具备的信息传播优势。其一，进入微媒体时代，人们获取信息的途径逐渐从纸质媒体、固定终端转变为移动终端，多数人已经习惯通过微信推送获取信息，充分利用碎片化的时间。其二，微信公众平台信息传播的速度和广度是传统媒体可望而不可及的，微信推送除向其订阅者自动发布外，还可以通过用户一对一发送、微信群发布和朋友圈分享三种模式进行传播，于短时间内获得可

---

* 薛羽晨（1990—），北京人，诉讼法学硕士，中国政法大学外国语学院翻译硕士教育中心办公室副主任，研究方向为刑事诉讼法学。王静娴（1997—），中国政法大学外国语学院硕士研究生，研究领域为法律翻译。

观的阅读量，吸引更多的不特定用户关注。其三，微信公众平台推送内容可根据发布者需要有所侧重，通过调整字体大小、颜色变化、图文排版、附加音乐及视频等多种形式，突出主题，给予读者感官刺激，激发阅读兴趣。最后，微信公众平台的"互动性"与其他媒介相比具有巨大优势，发布者可以及时收取读者反馈，并予以回应，同时亦可通过后台的"评论展示"功能侧面进行意识形态引导，避免评论区失控。

"中国政法大学MTI教育中心"公众号自2016年建立，已有时日，但长期内容单一、缺乏活力、关注度不够，并未充分发挥其应有的宣传作用。基于对往期数据的综合分析，公众号活跃度低下、吸引力不足和影响力较弱等问题逐渐浮出水面。同时，基于前期调查我们发现，对内，在校学生希望MTI公众号可以提供一个获取校内外资讯、展示自我风采的平台，毕业生们也渴望通过一个平台实时了解学院动向；对外，考生们在报考前希望对我校MTI人才培养模式有大致了解，知晓专业特色，获取考试经验，从而合理有效备考。在综合研判后我们认为，中国政法大学MTI教育中心微信公众平台从内容、形式、团队等诸多方面均有巨大的提升空间，亦为本次转型的着力点。

二、中国政法大学MTI教育中心微信公众平台转型目标

本次转型以"服务本校师生、吸引校外资源"为目标。通过"院系活动""名师介绍"和"优秀学生"等栏目的建设，宣传本专业法律翻译特色，鼓励本校学生跨学科修读；同时融入"翻译工作坊""抗疫法律汇编"等特色内容，将师生共同参与完成的翻译项目和成果进行展示，增进师生之间的亲切感以及对集体的归属感。我们相信，一个内容丰富的微信公众号，既是MTI学生在校期间的记录簿，也是其毕业后的一张名片，有意报考的学子和前来招聘的用人单位均可通过这里了解本专业教学特色、培养模式和学生素质。

三、中国政法大学MTI教育中心微信公众平台转型的具体措施

（一）打造一支能力出众、传承稳定的运营团队

团队能力不足且人员更迭频繁几乎是每个高校微信公众号运营队伍必须要面对的困境之一，本专业的情况更为严峻。2019年之前，历届的做法为每年从新生中招募新3~4名新成员，同时老成员自动退出。对于两年制翻译硕士学生来说，经历一年的摸索和熟悉后，就要迎来光荣退役，同时指导老师也要进行年复

一年的"从零指导",无限循环的"从零开始"使得团队综合能力提升艰难,甚至在新老衔接时期公众号运营一度举步维艰。针对以上问题,本次转型首先瞄准团队成员进出机制调整。经过协调沟通最终确定,老成员在新成员加入后仍留在团队中3个月至半年左右,这一时期老成员减少基础性运营工作,主要对新成员进行经验传授和技术指导,起到传帮带的作用,以使运营团队的能力得以保持和延续。同时,以往团队组成人数仅有3~4人,每位成员都需要付出较多的时间和精力,在相对课业紧张的时间段,公众号运营的工作任务变得更为繁重。为改变这一现象,我们首先应突破人数限制,对团队成员的数量不再设限,欢迎各位有志之士的加入,从数量上缓解人手不足的现象;同时注重挖掘在校生潜力,招贤纳士时不再有时间限制,而是实现人才的"即挖即用",调动且尊重学生主观意愿,充分发挥每位成员的优势与特长,使各位成员可以在擅长的岗位上发光发热,为微信公众平台的运营贡献力量。

(二)优化内部资源共享,前浪带动后浪

都说万事开头难,因此前人的经验与资源是公众号运营团队得以维系和进步的宝贵财富。每届团队成员都不辞辛苦,牺牲个人时间,不遗余力地推动公众号做大做强,但以往不留痕迹的工作模式,容易使得每届成员都要经历一遍"摸着石头过河"的经验积累历程,难以实现前人经验和资源的最高效配置。故而,从2019年起,运营团队开始注重经验总结,一是在推送制作过程中将优质推送模板和动态图文予以储存,供其他成员直接取用;二是成员充分发挥自身优势,总结视频软件操作技巧、寻找配色及版式设计相关书籍,在团队内部进行资源分享;三是共享各类视频及海报制作软件使用心得,组内进行探讨比较,使团队成员在实际工作中得以迅速选取最合适的软件完成推送制作。此外,团队成员皆对人民日报、央视新闻和校级新闻网保持较高关注度,学习官方新闻写作模式,注重语言的规范性和严肃性,并在推送中予以转化利用,亦使自身写作能力得到充分锻炼和提升。

(三)平台栏目深度改革,扩充广度和宽度

由于之前公众号定位的限制,推文同质化程度高,团队成员和师生都难以在公众号中找到归属感。一个家园化的公众平台应当具备"可读性"而后才能使受众群体产生归属感。因此,本专业微信公众平台具体内容转型的着力点定位在改善固有形象、丰富栏目内容和增加互动交流三方面。

专业的教学实践、班级团建、活动讲座、荣誉奖励等内容是高校微信公众号中不可忽视的一部分内容，与之相关的推送可以使校内外用户及时跟进专业动态，了解本专业培养模式。然而，这一部分也是读者最容易跳读和忽视的内容，因其多数缺乏"可读性"，只是大纲提样的记叙文或是言之无物的复制粘贴，转型后的公众号则依据不同目标群体的需要丰富内容并调整推文形式。比如，在原有讲座基础上，进行总结创新，将讲座分为"法律人进课堂"和"翻译人进课堂"两个系列，利用新闻推送，及时报道，适当公开讲座内容，逐步将相关学术讲座形成体系，打开知名度。在常规活动推送报道中增加图片、视频和音乐，做到图文并茂，同时匹配适当的文体措辞，使新闻推送具有故事性。在每年特定时期进行"名师推介"，以开放的姿态使考生提前了解学院、了解导师，抢占招生宣传的前沿阵地。

微媒体时代，早已不是"酒香不怕巷子深"的时代，被淹没在信息洪流中的内容不计其数，自我宣传和营销是自媒体和官媒都需要接受并掌握的重要手段。对于校内师生而言，为他们提供自由的展示平台，既是对学术研究的一种鼓励和肯定，也是一种自我宣传，让公众号成为师生们的线上家园。学生分为数个小组，自由组队，在教师指导下完成与专业或时事热点相关的翻译工作，并做成推送予以展示，既丰富公众平台推送内容，又锻炼学生翻译能力和综合素质，吸引在校师生广泛参与，提升了师生对于 MTI 大家庭的归属感，增进人文关怀。对于校外考生，适时提供备考资讯，邀请在校生撰写经验贴，提供可靠经验参考；主打"翻译+法律"复合学科这张牌，有策略地通过推送宣传，使考生了解专业优势和在校生培养模式，将微信公众平台建设成为升学信息主阵地，吸引更多考生报考，提高生源质量，促进专业发展。

法律与翻译文化节是本专业的招牌活动，也是自我宣传的重要名片，公众号运营团队在此期间更是着力做好宣发和咨询工作，如各类赛事前期宣传和报名、及时跟进比赛信息、做好后台沟通回复等。由于团队人手充足且技术过硬，2019年文化节期间增加了线上比赛和人气投票环节，使公众平台真正用起来、活起来、动起来。内容的创新对技术的支持也提出了更高的要求，一方面，文化节的宣发手段更加多样，增加了通过视频等方式进行宣传；另一方面，在"交互机制"的建设和运营理念下，公众号新增了自动回复、投票计票等常用功能，提升了用户的交流感，收获了大量活跃用户，更为后期专业宣传提供助力。

（四）转变平台运营模式，提供实践锻炼机会

以往微信公众平台以学院和负责教师为主导，团队成员和主管教师之间更像

是雇员与雇主的关系，成员按照教师要求完成工作任务，且由于一个推送需要耗费大量时间，反复修改方可完成，成员不可避免地产生主动性差、甚至消极怠工的情况。转型后，微信公众平台将运营的大部分权力交由学生，由学生团队将微信公众号品牌人格化，以学生视角打造属于学生自己的微信公众平台，教师仅进行适当引导和补充。同时，定期进行小组茶话会，探讨公众平台发展方向，团队成员集思广益开动脑筋，与时俱进不断创新，完善微信公众号的"人设"。这一模式下，团队成员不再是微信公众平台的"雇员"转而成为平台的"主导者""塑造者""讲述者"，身份的转变使得运营团队成员产生极大的归属感和认同感，维持运营的过程变成了与公众平台共同成长的经历，一篇篇推送则是团队成员的心血和成就。微信公众平台不再是一张黑白画映的剪影照，而是包容每位成员个人色彩的集体照。

团队成员的个人审美、新闻撰写能力和知识储备是公众号运营中的关键因素，平台在充分利用团队成员自身优势维持运营的同时，也应为成员提供提升业务能力、弥补自身短板的机会。作为学生，其最宝贵且最需要充分利用的就是在校期间的多种实习实践机会和途径，作为学生培养的主体，学院理应为学生提供实践平台，而微信公众平台的运营就是一个极佳的"训练场"。诚然，新媒体运营、视频制作和图片处理已成为学生群体中广受认可的非学业技能，但个体掌握程度和运用熟练度参差不齐，因此本专业的微信公众平台更应该成为学生锻炼、提高技能的平台，工作过程中给予学生充足的时间进行尝试和调整，不断提升他们的综合能力。同时，满足学生对新闻写作和专业指导的需求，对于实效性要求不高的推送，由指导老师逐字逐句反复与学生沟通修改内容，使学生掌握写作思路与规范、提高写作能力。此外，学院也应定期邀请知名报纸、杂志等企事业单位专家面向全体在校生讲授相关知识，也可邀请拥有较高的写作排版能力或计算机技术的人才开展讲座，让有意尝试、加入运营团队的同学迅速获得基本技能，不因能力不足而受限。

（五）完善界面栏目设计，提高内容质量

寥寥无几的内容、近乎月更的频率，势必无法打造逻辑清晰、内容丰富的栏目效果，当更新频率得以保证后，完善公众号的界面设计、进行合理的栏目分类则至关重要。人性化的菜单设计、美观实用的页面与功能设置和特色栏目的搭建可以给用户带来良好的体验，提升公众号的美誉度。[1]因此，本专业的公众号将往期推送进行整理归纳，以"院系风采""信息资讯""Workshop"为一级类目进行分类，并根据需要下设"文化节""法律人进课堂""翻译人进课堂""疫情法律编译"等特色栏目作为二级类目，增加信息承载能力，丰富充实各个栏目。目前，已形成基本结构完整、内容相对充实的微信公众平台框架。

原创栏目和内容是微信公众号核心竞争力的重要体现，也是其实现个性化发展、维护核心用户群体的关键。[2]本专业微信公众号推送中原创内容占95%以上，但如前所述，由于其中同质化内容较多，缺乏吸引力。因此，在转型期间，整个团队更注重推送内容质量的提高，从标题、结构、文字到图片、配乐和视频，均在保证推文客观性和真实性的基础上，力求突破与创新。好的标题是吸引读者阅读的入口，要使读者在略读中能够停住移动的目光，更要使其产生进一步阅读的兴趣，因此标题需要言简意赅直切文章主旨。此外，摘要作为辅助，应进一步解构标题，将文章内容予以概括阐述。在内容上则要与时俱进，灵活运用网络语言，避免文字冗长拖沓，即便是院内官方活动报道，也要在注重措辞的基础上尽可能减少语言上的阅读障碍，变通运用吸睛词汇，使内容更加"接地气"。考虑到本专业微信公众号受众群体的阅读习惯，我们充分利用图文组合及视频配乐，给予读者多重感官刺激，轻松实现信息传播。目前，通过后台统计和院内调研，《给新生的一封信：你存在，我深深的脑海里》《太阳很大、但不打伞：MTI奥森秋游日记》和《法大MTI：我与保利有个约会》等推送从内容与展现形式上深受学生群体认可，阅读量和互动量均高于其他推文。

四、结语

尽管一年有余的转型之路已初见成效，但仍有极大改进和提升空间。未来，我们仍将摸索运营团队进出机制的调整，使运营团队人数及架构更加合理，尽可能的吸纳更多学生为本专业公众平台建设作出贡献。另外，需进一步提升微信公众平台运营的基础保障，从团队运营权限分配、内部人员分工和奖惩机制等方面予以调整尝试。除了建立一支高效稳固可持续化运营的团队外，我们也将探索外

---

〔1〕 孔薇："科技期刊微信公众号信息传播效果和运营策略研究"，载《中国科技期刊研究》2019年第7期。

〔2〕 杜焱、蒋伟、季淑娟、李忠富："典型高校期刊社微信公众号传播力与运营策略研究"，载《中国科技期刊研究》2021年第1期。

部合作，在目前与《信使》杂志合作转载本专业学生译文的基础上，合理借力联络更多外界资源，丰富本专业微信公众平台内容，将师生成果以多角度予以宣传展示。与此同时，我们也会充分挖掘院内资源，探索微信公众平台与专业课堂教学之间的联通，合理利用碎片化时间辅助提高学生专业技能，丰富本专业微信公众平台的功能。